木造住宅のコストがわかる本

改訂版

建築知識編

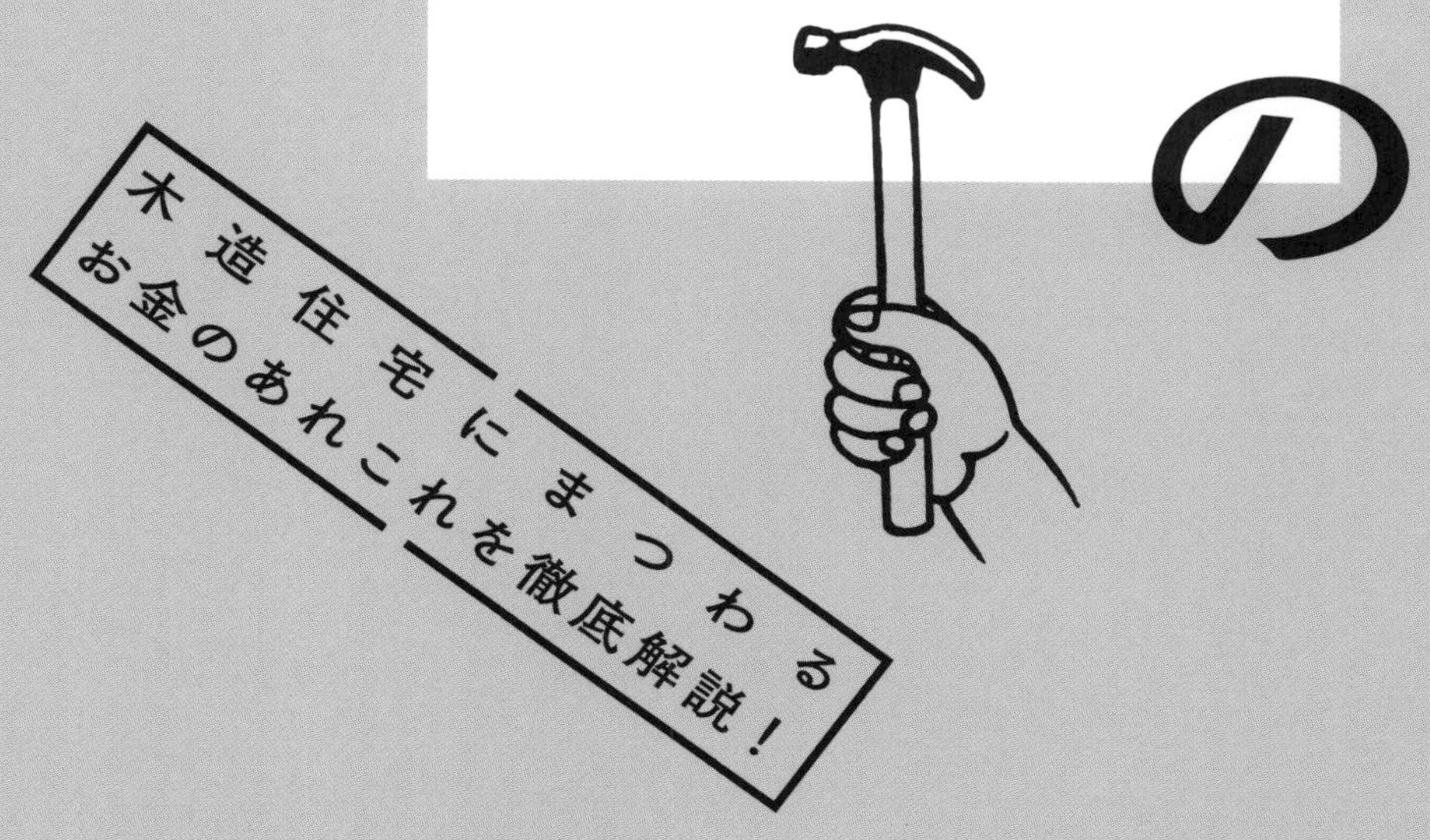

X-Knowledge

第1部　コストデザインの極意

本書は、2020年3月に発行された『木造住宅のコストがわかる本 最新版』の内容を見直し、加筆修正したものです。

イラスト（改訂にあたり作成）＝堀野千恵子
カバーデザイン＝加藤賢策（LABORATORIES）
組版＝ユーホーワークス
印刷・製本＝シナノ書籍印刷

第1部 コストデザインの極意

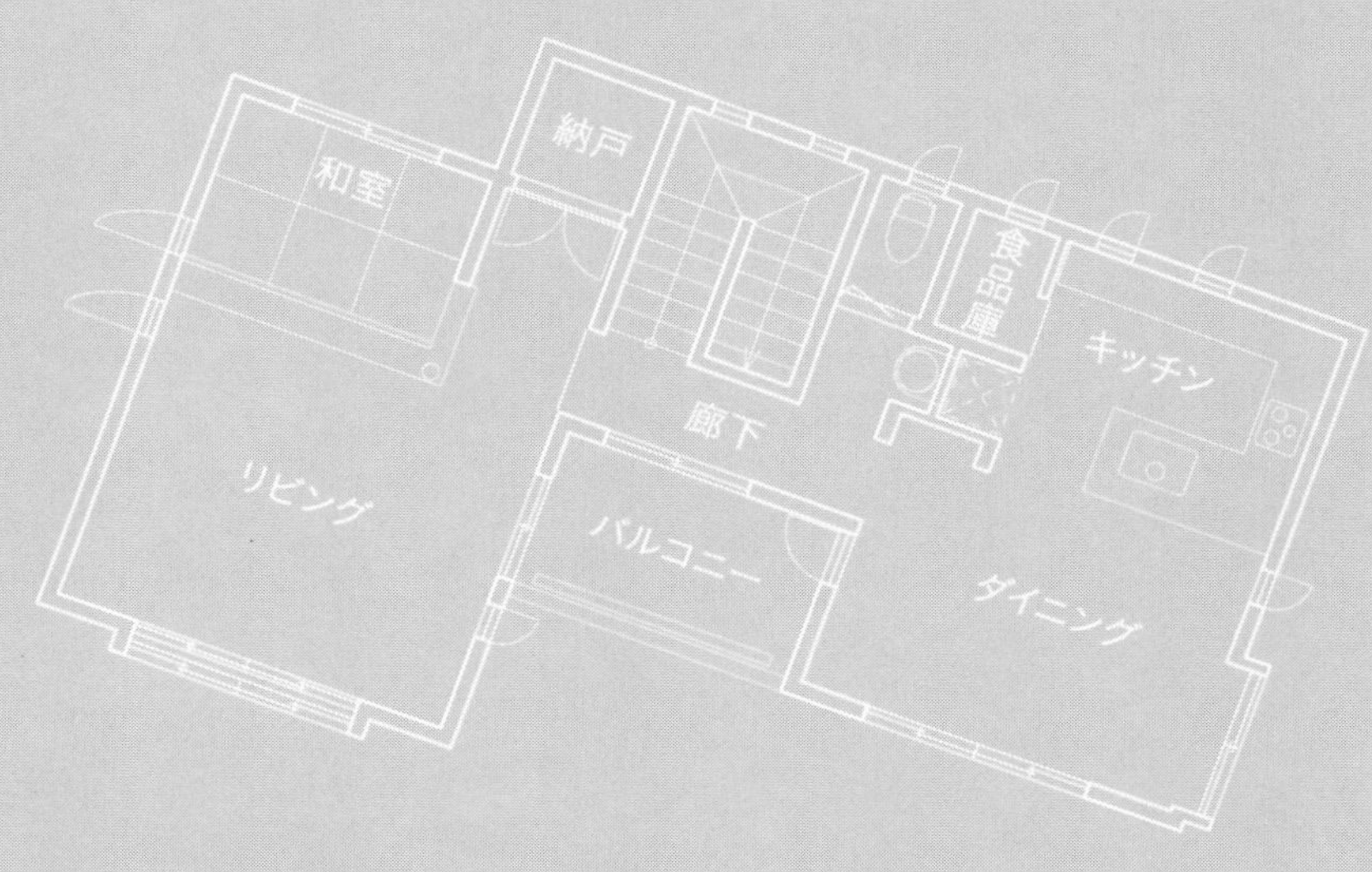

コストから見えてくるもの

何十年と、長く暮らし続ける住まい。だからこそ住まいには、機能性や耐久性、そして居心地のよさが求められる。この「居心地」が、そこに暮らす人々の生活スタイル、ひいては生き方にも深く影響を与える

図1　居心地のよさを生む1,000本ノック

注文住宅が竣工するまでには、野球における「1,000本ノック」のように、多くの質問を建築主に投げかける。この質問のやりとりが、居心地のよい住まいづくりのカギとなる

居心地のよさを考える

住まいの居心地のよさを生みだすために、設計者と建築主は何度も打ち合わせを重ね、質問の受け答えを繰り返す。さながら、「1、000本ノック」のようなものだ。ノックとは、野球における守備練習のこと。打者役が打ったボールを捕球し、速やかにホームベースまで戻す。この一連の動作をノック1本とし、これを1、000回続けるという、気の遠くなるようなトレーニングである。これと同じように、注文住宅が竣工するまでには、設計者はおよそ700～800

図2 「2階にもトイレは必要ですか?」

2階建て住宅を設計する際に、設計者が建築主に「2階にもトイレは必要ですか」と質問をしたとする。これに対して建築主は、設計段階の予算状況だけで2階にもトレイが必要かどうかを決めてしまうことが多い。設計者としては、コストだけではなくこれからの暮らし方もあわせて考えてもらえるような提案をしたい

提案例❶

2階にもトイレを設置したいが、建築主の予算にあまり余裕がない場合。たとえば、1階には来客対応も考えて意匠性の高いタンクレストイレを設置し、2階には比較的安価なタンク付きトイレを設置することでコストを抑えられる。タンク付きトイレは、災害時などでタンク内の水を活用できるというメリットもある

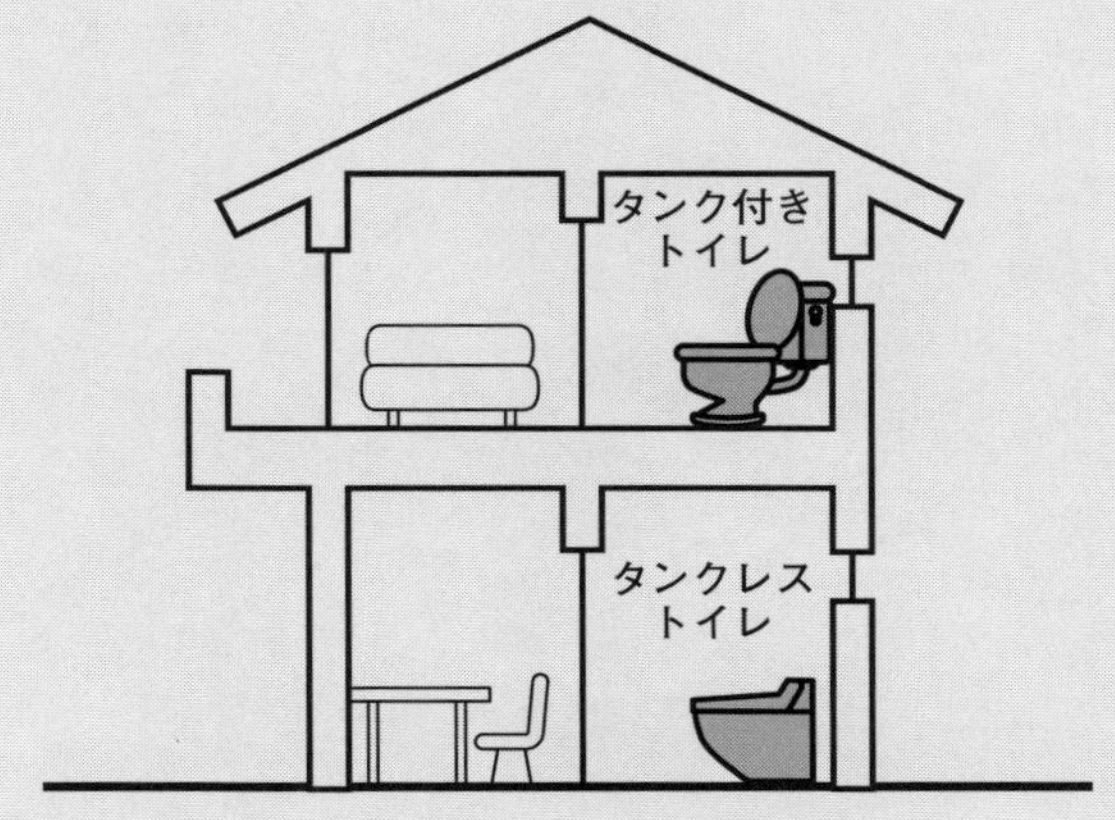

提案例❷

たとえ予算に余裕があったとしても、子どもの独立などで将来的に2階のトイレが無駄になってしまうかもしれない。2階のトイレを設置することで掃除やメンテナンスの手間が2倍かかってしまうことも考えれば、別の設備に予算を割くというプランも提案できる

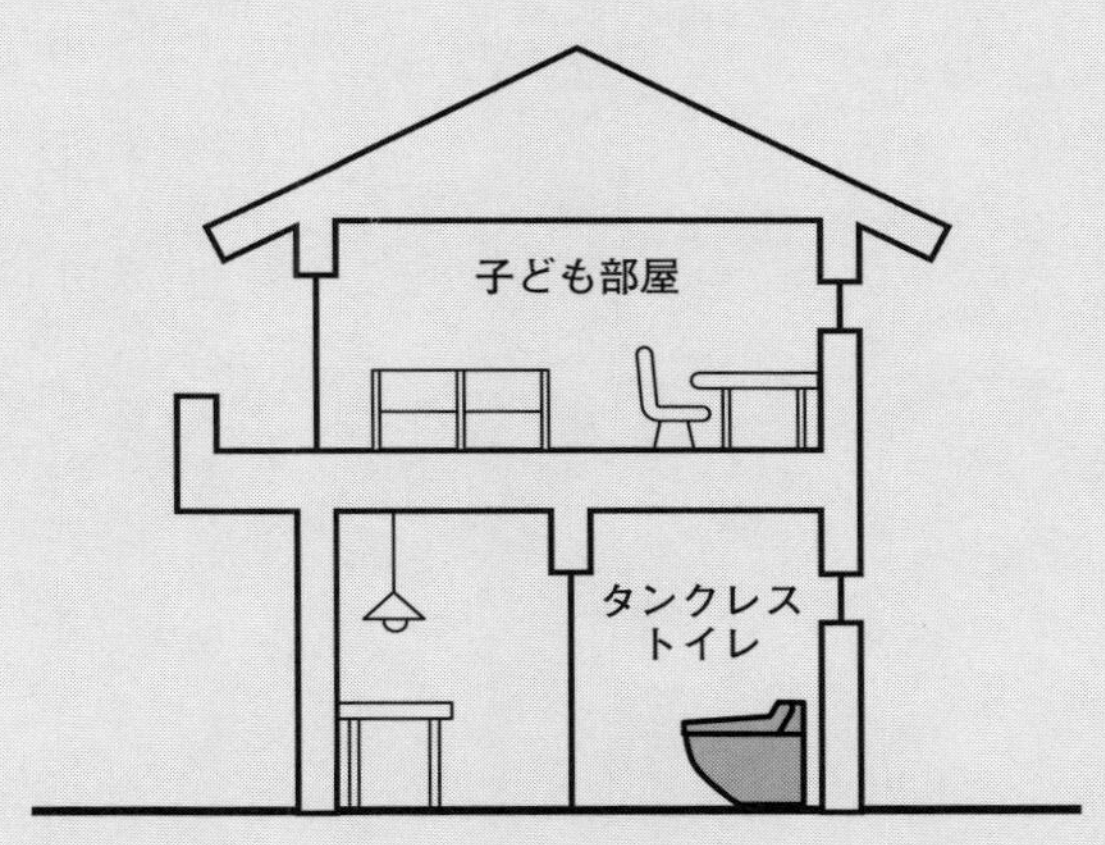

の質問を建築主に投げかける。住まいの居心地のよさをつくり出すためには、こうした検討の積み重ねが重要となる。

コストを軸に信頼関係を築く

設計者が建築主に投げかける質問は、程度の差こそあれ、すべてコストの問題を含んだ内容となる。住まいのコストを考えるとき、建築主はつい経済的な指標のみで考えてしまいがちだ。たとえば、2階建て住宅を設計する際にいくつトイレが必要か、という質問。設計段階の予算状況だけでトイレの数を決めてしまう建築主も多いが、設計者としてはここで、これからの暮らし方も考慮した提案をしたいところだ［図2］。こうしたコストを軸にしたやり取りを通して、建築主には少しずつ迷いがなくなり、暮らしに対する方針が生まれていく。自分たちの生活スタイルが見えてきたというワクワク感にも繋がったり、大切にしなければならないことに気づいたりもするだろう。

設計者にとっても、コストをしっかりと読み解くことは大切だ。打ち合わせを重ねる中で建築主の生き方を察知し、そこからまったく新しい提案が生まれ、信頼関係が構築されるケースもある。コストに関する質問のやり取りを、いかに上手くコントロールしていけるかが設計者の力量ともいえるだろう。（佐川旭）

見積りオーバーに赤信号！

いま問われるコスト調整力

2009年9月3日、「予算額を大幅に超過した設計は設計契約での債務不履行にあたる」とする高裁判決が確定し、設計者の間に波紋が広がっている

認められなかった設計者の言い分

この裁判は、戸建住宅の建築に際し、4千500万円（建築面積170㎡）の予定工事額に対し、設計者側がその1・7倍にあたる約7千700万円の見積り額を提示したことが債務不履行にあたるとして、建築主が設計者を訴えたものである。東京地裁は、「見積り超過による契約解除は妥当であり、建築主はそれまでの設計料を設計者に支払う義務はない」とする判決を下し、東京高裁もこれを支持した。なお、見積り額の超過に関しては、「工事業者でない設計者に正確な見積りは出せない」としながらも、「建築主の工事予定額を遵守した設計をすべきことは明らか」「工事予定額を上回る場合でも、その程度には限度がある」という判断を下している。

一方、被告となった設計者側は、「見積り額の超過については事前に説明しているし、コスト調整についても話し合うつもりだった」と主張したが、実際には建築主との間でコンセンサスが得られていなかった。

この判決について、これまで多くの建築関連訴訟にかかわってきた弁護士・日置雅晴氏（神楽坂キーストーン法律事務所）は、「至極まっとうな判決」と断言する。「このような案件は建築関連では少なくなく、判決についても取り立てて話題にするほどのことでもありません」（日置氏）。さらに、前記のような設計者の主張については、「依頼を受ける側（設計者）は、たとえ説明したことが事実だとしても、その内容を依頼者（建築主）にしっかり認識させていないという点で、報酬を受けて活動する専門家とは言えない」と厳しく指摘する。

コスト管理とコミュニケーションの力

多くの設計者にとって、見積り額のオーバーは日常茶飯事だろう。しかしこの判決は、それを当然のこととしてきた建築業界のコスト管理を、根本から改める必要があることを示唆している。そもそも、建築業界における「見積り」とは何か、そのポイントを整理してみたい。

本件の場合、問題点は①見積り全額が工事予定額と離れ過ぎていたこと、②設計者と建築主との間でコスト調整に関するコンセンサスが得られていなかったこと、の2点にある。いわば、コスト管理とコミュニケーションの不備である。

この2つがいかに重要であるかは、

裁判の概略

本件での設計者の主張は、多くの設計者にとって理解できる部分が多いかもしれない。それでも裁判では、大幅な予算オーバーの見積りが債務不履行にあたると判断された。設計者は今、コスト管理の考え方を大幅に見直す必要に迫られているといえるだろう

建物概要

建築地：東京都　延床面積：170㎡　用途：専用住宅

建築主　設計者

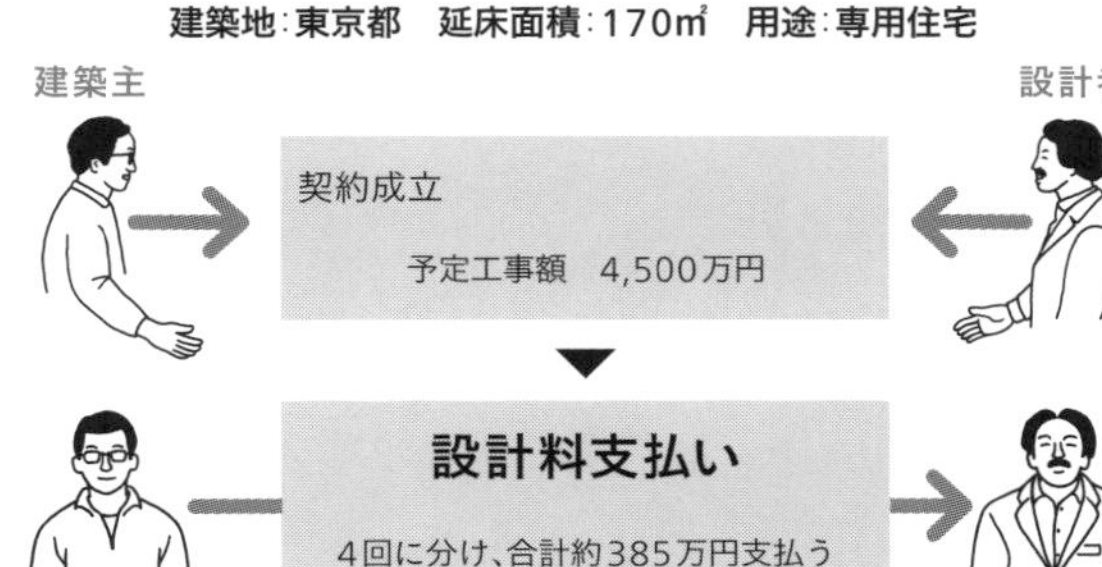

契約成立

予定工事額　4,500万円

▼

設計料支払い

4回に分け、合計約385万円支払う

▼

見積書提示

見積り額（2社）　約7,700万円

▼

減額案

約5,800万円

▼

契約解除の申し立て

▼

裁判

▼

判決

見積り超過による契約解除は妥当であり、建築主がそれまでの設計料を設計者に支払う義務はない

本件での設計者の主張

- 建築主の予算と希望するグレードが一致しないことは多い。通常設計者は、まず建築主の要望を聞いて設計し、施工者から見積りを出してもらったうえで仕様や設備のグレードを検討し、予算に合うよう金額を調整する。今回も、出てきた見積り額をもとに減額案を提示し、そこから話し合うつもりだった
- 最初のプラン提出時、建築主に最低でも5,000万円の工事予算をみてほしいと伝えた
- 建築主は高額事例（坪単価130万円）のオープンハウスを見てそれを希望していた
- （建築主が希望する）環境重視型の住宅にすると比較的高額になると説明した

このようなトラブルに巻き込まれないために必要なのは、

大幅な予算オーバーのない
見積り・コスト管理

＋

建築主―設計者―施工者間の
コミュニケーション力・交渉力の向上

＋

双方が合意した内容での設計契約

論を待つまでもない。「依頼を受ける際は、依頼者の要望を聞きつつ予算的なキャパシティを見極めることが重要。設計者であれ弁護士であれ、これは同じです」と日置氏も指摘するとおりだ。分野は異なるが、弁護活動にどれくらいの費用をかけられるかも依頼者の予算次第。調査を伴うような案件では、予算が潤沢ならその分調査が行き届き、提案できる解決策の数も増える。逆に予算が少ない場合はそのなかでできることに絞って最適な提案をしなければならない。

建築でもまったく同じことがいえる。建築主の要望をすべて聞き入れて設計を進めても、建築主の予算が少なければそれを実現できず、手戻りは多くなるだろう。要望を聞きつつも、予算に合った提案ができなければ意味がないということだ。

また、建築実務者のコスト管理について日置氏は、大幅な見積りオーバーを防ぐために「設計・工事金額の上限や標準金額を決めるべきではないか」と提言する。各設計者が自分の過去の施工例から標準金額を設定し、そこからの足し引きで見積りを行えば、材料費や工賃が見えにくい建築業界とはいえ、何千万円単位の誤差は生じない。

さらに、「構造・設備・仕様などのグ

金銭トラブル事件簿　設計・施工で契約した建物の工事完了後、建築主は工事金額の1/3程度の追加請求を受けたが、追加工事を施工者のサービス工事と考えて支払わなかったため、施工者から代金支払請求の訴えを起こされた。追加請求の内容は組み立て家具類の追加が主で、建築主と下請け工事業者との口頭での確認で施工され、工事費の取り決めはなかった。裁判では、追加された家具で建築主は相応の利益を得ているとして、追加工事費の請求は認められた

レードから想定される坪単価をもとにして、プランとともにある程度余裕をみた概算見積りを建築主に提示すべきでは」と提唱するのは、一級建築士でもある弁護士の富田裕氏（TMI総合法律事務所）である。

富田氏自身、見積り金額が予算の2倍になった経験があるという。しかし「金額のことは、プラン提示のたびにある程度余裕をみた概算見積りを添付して説明していました。だから正式な見積りをとる段階でいくらくらいになるか建築主も分かっていて、トラブルにはなりませんでした」（富田氏）。

たとえ見積り金額が予算額をオーバーしても、コミュニケーションがしっかりとれていればトラブルは回避できるのである。

建築中止なら設計料はゼロ！？

本件のもう1つのポイントは、建物が完成に至らなかった設計に対して、設計料を支払うべきか否かという点である。

本件では、建築主が契約解除を申し入れた時点で、設計者には約385万円が支払われていた。建築主は、建物が完成しなかったこと（債務不履行）を理由にその返還を求め、それが認められた。そうなると今後、「何らかの理由で建物が完成しなかった場合、それは債務不履行となり、設計料が支払われなくなるのか」と戦々恐々とする人もいるかもしれない。

しかし、そこまで心配する必要はない。民法には「典型契約」と呼ばれる規定がある。これは、贈与・売買・雇用など13種類の典型的な契約形態について定めたもので、設計契約に該当する請負や委任もこれに含まれる。典型契約は、一般的に「任意規定」とされる。これは、原則的には典型契約の規定が適用されるが、契約を交わす当事者間の合意事項（特約）があれば、それを優先的に契約事項に設定できることを意味している。

2020年4月から適用となった民法改正では、途中解除の場合の請負人などの報酬請求権が規定されたが、業務の進行に応じてどのような段階ごとにいくらの報酬が請求できるかが契約書において明確になっていないと、裁判による実際の請求は困難である。これまで以上に、契約書において設計者が何をやるかを明確にし、それに対応して業務のどの段階でいくらの報酬が発生するのかを明記しておく必要性は一層高まった。トラブルを回避するためにも、建築主とコミュニケーションをとって理解を得ながら業務を進めることが、ますます重要になったといえる。

建築主―設計者の新しい関係性

今、建築主と設計者の関係は、以前とは確実に変わってきている。

かつて設計者は、専門知識のない建築主に対し、専門家としての優位性・主導権をもって設計を進めることが通常だった。しかし、ギリギリの予算でも注文住宅を望む建築主が多くなっている昨今、設計者を「先生」としてではなく、適切な予算で望みを実現してくれる専門知識をもった「気軽な相談相手」として認識する人も増えている。

もう少しドライにとらえれば、メーカーと消費者という関係で設計者をみている人も少なくない。消費者庁の創設など、社会一般がより消費者重視の方向へとシフトしつつある昨今、これまでどおりの「コスト感覚」で設計を進めていくことは、もはや許されなくなりつつある。

設計者・施工者は、このように変化している建築主の意識を見極め、的確に対応していかなければ、トラブルを招きやすくなる。トラブルを回避することはもちろん、建築主からの信頼を獲得するためにも、「根拠ある見積り・コスト管理」を実践すべきときが来ているといえるだろう。

その後、建築士法が改正され、今では契約前の重要事項の説明（建築士法第24条の7）や、一定規模以上の建築物については必ず書面で契約書を締結することが義務化（建築士法第22条の3の3）されている。

もとより、契約内容を明確にするとともに、それをきちんと依頼者に理解してもらうことの重要性は前述したとおりであり、法律上の義務付けの範囲に限定せずすべての設計業務について業務内容と報酬を明確に説明・協議し、契約書をきちんと作成することは、設計者側の立場を守る上からも不可欠な時代になっている。

写真：
日置雅晴氏（神楽坂キーストーン法律事務所）。
1956年生まれ。東京大学法学部卒。早稲田大学大学院法務研究科教授（2014年退任）。現在は早稲田大学・立教大学講師。建築関連の訴訟を数多く手がけるほか、さまざまな自治体の審議会やまちづくりの市民会議に参加している

写真：岡本寛

金銭トラブル事件簿

実施設計の段階で建築主が逝去したため計画中止となり、その遺族が設計料支払請求の訴えを起こされた。相談を受けた筆者が設計図書一式（A2判で100枚程度）を精査したところ、意匠、構造、設備のいずれも完成した図面と見なせるものだった。計画中止の時点で実施設計が完了していたかは不明だが、設計図書を見る限り、設計者は契約に則って業務を完了したと評価できた。後日、代理人から請求の一部を控除して和解したと連絡を受けた

住宅建築のコスト構成 1　本体工事費の内訳をザックリ把握しよう

■一般的な本体工事費の割合
（木造２階建ての場合）

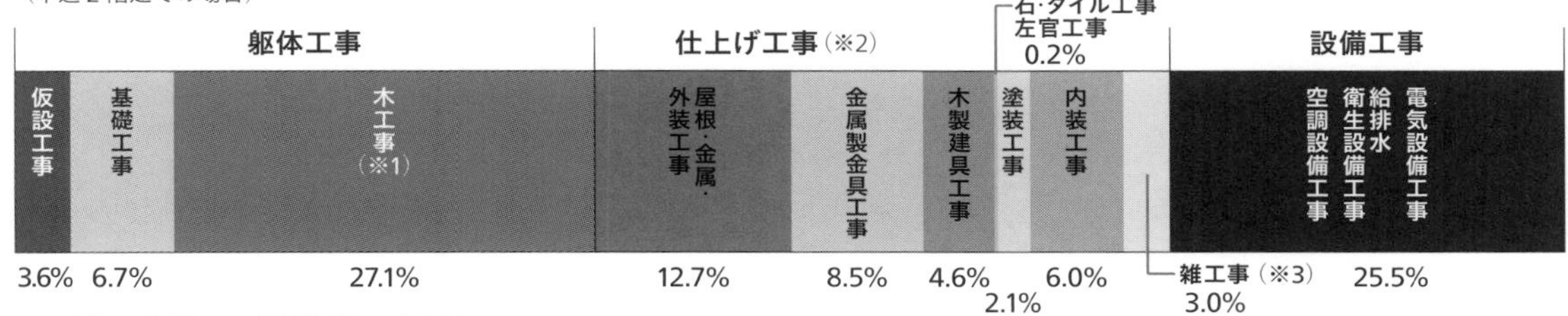

※1：造作や下地材など、一部躯体以外の工事も含む
※2：屋根工事の防水工事など、一部仕上げ以外の工事も含む
※3：家具工事も含む

■ 全体的に上がる工事費
（個人住宅の建築費指数）

個人住宅（延床面積125㎡）の建設物価指数（2011年における東京での平均を100としている）の推移をグラフ化した。躯体・仕上げ工事の材工費用を表す「建築」、設備工事の材工費用を表す「設備」、「工事原価」とも上昇傾向にある

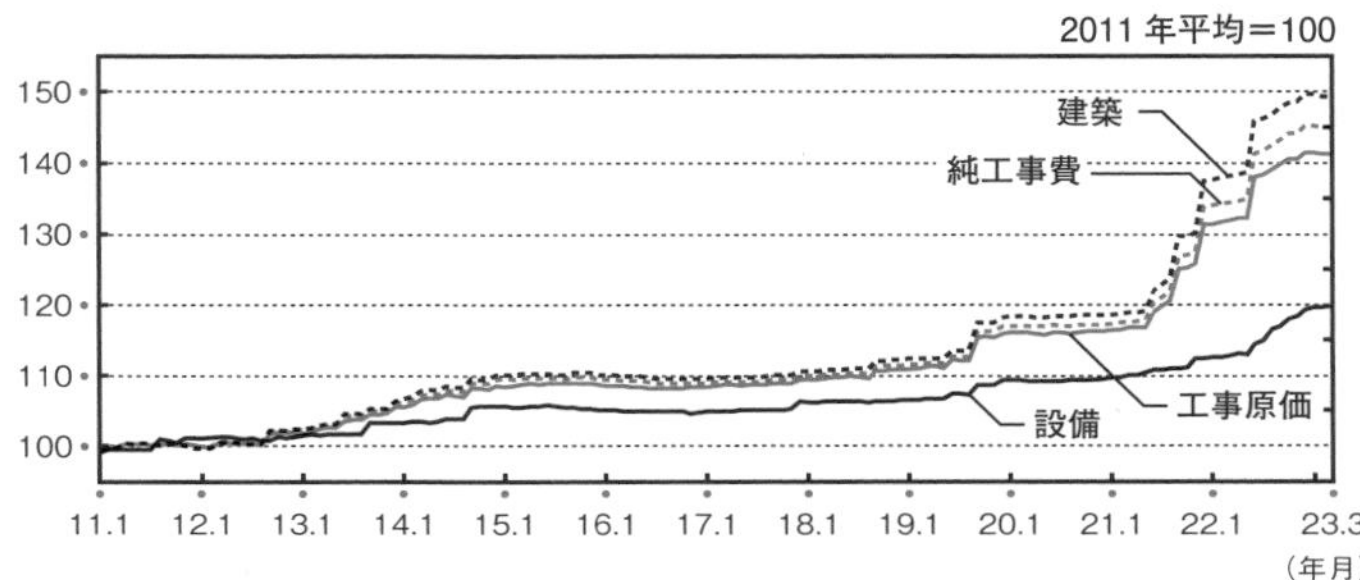

「建設物価指数月報　2023年3月分」建設物価調査会

■コストアップに影響する労務費と自然素材

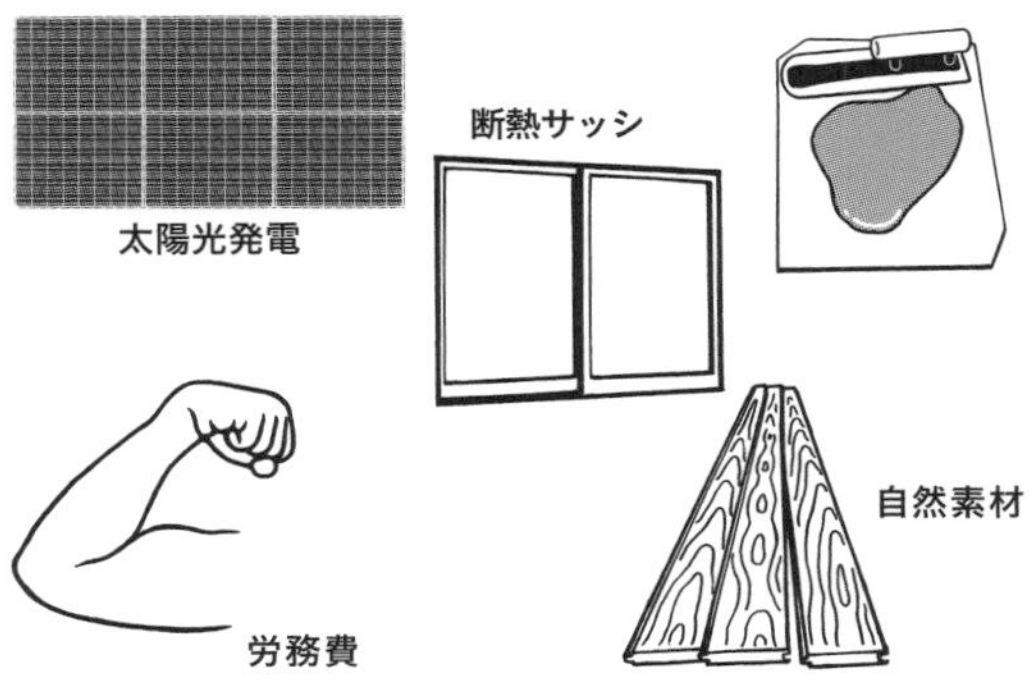

躯体工事費はほとんどが木工事

住宅建築コストの中心である本体工事費は、大きく躯体工事費、仕上げ工事費、設備工事費の3つに分けられる。そのうち最も大きな割合を占めるのが、約40％弱の躯体工事費である。木造住宅ではなかでも木工事の費用が、全体の約30％を占める。

一般的な木造住宅ならこの割合に大きな変化はない。しかし、建物の凹凸が激しくデザイン性に富む住宅などでは躯体工事費が高くなる。躯体工事費の割合が高くなると、見積りの超過額も大きくなりやすく、仕上げ工事費を下げても十分な減額にならないことが多い。したがって概算見積りの際は、躯体のかたちを見極めたうえでおおよその見積り金額を把握しておくのが望ましい。それには、現場での経験や経験者のアドバイスを参考にすることが欠かせない。

「エコ」がコストを上昇させる

一般に、コストダウンは、上図の「仕上げ工事」「設備工事」のグレードを落とすことで進められる。しかし近年は、環境や健康への関心が高まって、断熱サッシや断熱材、自然素材などにこだわる建築主が多くなった。特に省エネを重視する時流のなかでは、温熱環境にかかわる高性能建材は避けて通れない。このため昨今は、内装材ではコストダウンしにくくなっている。さらに労務費も上昇傾向にある。

設備機器にも同じことがいえる。最近は、性能やデザイン性の高い省エネ型設備機器の採用が多くなり、10年前は工事金額に占める割合が20％前後だった設備工事費も、近年は約25％まで上がることもある。高機能の設備機器はグレードを上げるとすぐに快適さを実感できるため、建築主はつい高品質のものを選びたくなるものだ。これもコスト上昇の一因であろう。（佐川旭）

金銭トラブル事件簿　ある建築主に「家電量販店でエアコンを買うので配管だけをそちらでお願いしたい」と言われた。通常行わないが、特別に配管だけを現場の電気工事会社にお願いした。引渡し後、建築主から「エアコンの調子が悪い」と連絡を受けた。そのときは電気工事会社に無償で直してもらったが、このような場合、問題がエアコン自体にあるのか、取付け方にあるのか、配管の仕方にあるのかによって責任の所在が変わるため、施主支給は慎重な対応が必要だ

住宅建築のコスト構成 2

本体工事費以外も大切

■建築にかかる費用の割合

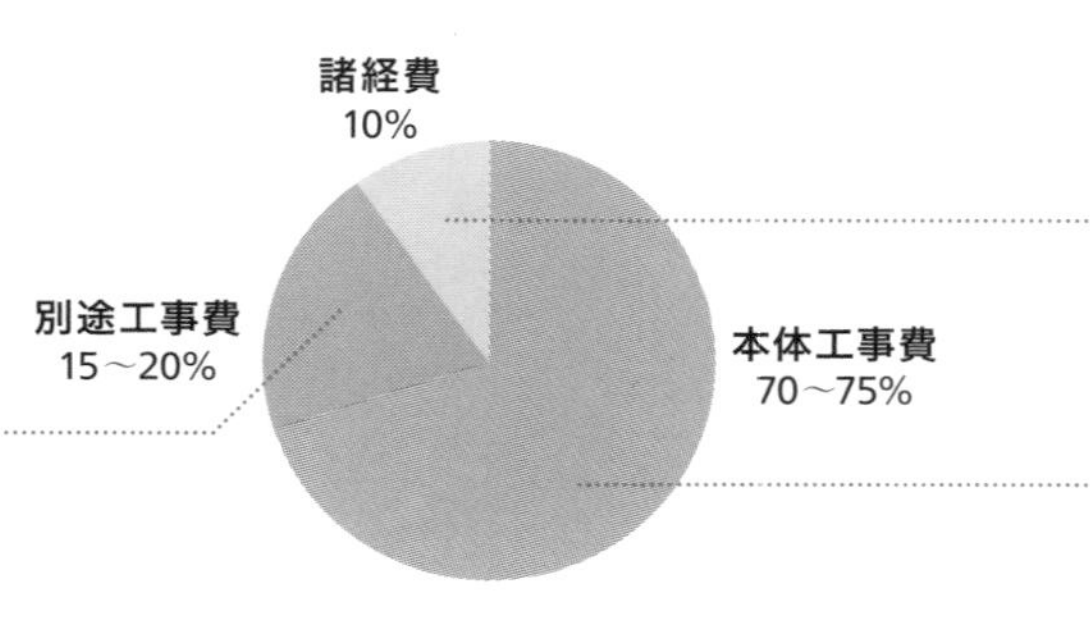

解体費、敷地調査費、地盤調査費、地盤改良工事費、引越し仮住まい費、設計料、水道負担金、給水・電気などの引込み費用、冷暖房工事費、追加・変更工事費、カーテン工事費、外構工事費、造園工事費など

建築確認申請料、契約印紙代、ローン契約に伴う費用、登記費用、火災保険、不動産取得税、固定資産税、都市計画税など

建築主にとってはすべての費用が建築費。本体工事費以外の説明を怠ると、思わぬトラブルに巻き込まれかねない

建築にかかる費用は本体工事費だけではない。「別途工事費」「諸経費」という費用も存在する。見積りを誤らないためには、この2つも正確に押さえておかなければならない。

　別途工事費とは、給排水管やガス管の引込み工事や冷暖房工事、外構工事など本体工事費に含まれない工事費を指す。設計者や施工者とは異なり、建築主にとってはこれらが不可解な費用と感じやすい。「特別なものは注文していないのになぜ別途工事が必要なのだろう」と疑問をもつのである。

　諸経費についても同様の疑問をもたれやすい。こういった疑問がふくらんで爆発すると、設計者・施工者側と建築主との間でトラブルに発展しやすくなる。トラブルを回避するには、建築業界独特の慣例や用語について、分かりやすい言葉で丁寧に説明し、建築主に納得してもらったうえで次に進むことが大切だ。

不確定要素が多い別途工事費

　別途工事費は、建築主の住まい方や工事の依頼先によって大きく変動するが、一般には工事費全体の15～20％である。

　しかし、別途工事費には予想がつかない部分がある。たとえば地盤に関する費用だ。地盤補強工事は、建築面積25～30坪で100～150万円程度かかるが、地盤補強工事の要否は地盤調査をしないと確定できないことが多いため、概算見積もり時に決まった金額を提示しにくい。

　また、給排水工事も不確定要素をはらむ。給排水の本管が敷地のすぐ前を通っていればよいのだが、本管と敷地の距離が遠い場合や、地下に障害物が埋まっている場合には、障害物を取り除くなどの別途工事が必要になる。

　これらは100万円単位の金額になることもあり、「別途」にしてはとても大きな費用だ。設計者はそのことを建築主によく説明し、地盤補強工事や管の引込み工事などが必要になったときでも納得してもらえるような態勢をとっておくことが重要である。

追加・変更工事費はトラブルのもと

　別途工事費で最も注意しなければならないのは、設計変更に伴う追加・変更工事である。

　たとえば、「絵を飾りたいので、どの壁にもフックをつけられるようにしておいてください」と建築主に言われ、後で追加金額を提出したとする。現場は大きめの絵に備えて何ヶ所かの壁下地に構造用合板を使用し、その材工費を請求する。しかし、一方の建築主にはフックのことしか頭にない。「なぜフックだけでこんなにかかるのか」と、トラブルにつながることもある。

　このような例は枚挙にいとまがない。追加を伴う変更工事は、工事前に金額を提示して建築主に説明し、了承を得るのが無難だ。その際、単にいくら増額になったかだけを伝えても納得してもらえないことがあるため、設計段階での金額と、変更による増減額とその内訳、をきちんと説明して、明確な見積りを出すことが大事になる。

意外と知らない諸経費の中身

　一般に、諸経費は本体工事前と本体工事終了後にかかり、工事中には発生しない。設計事務所に設計を依頼した場合、設計料は諸経費に入り、通常は工事費全体の10～12％前後である。ほかにも引越し費用、登記費用、火災保険などがあるが、一般に、設計者・施工者は諸経費の内容についてあまり知識や関心がなく、建築主への説明もおろそかになりがちだ。だが建築主にとっては、工事費も諸経費もお金を出す点では同じこと。設計者・施工者も、大まかな項目・費用くらいは把握しておく必要がある。

（佐川旭）

金銭トラブル事件簿　当社で設計・施工した住宅で、引渡し時に建築主に精算書を提出した。それを見た建築主から、「カーテンがない」「照明器具が請求されるのはおかしい」などと言われた。カーテンや照明器具の費用は、当初の見積書で別途工事費としていたが、建築主は「すべて工事費に含まれていると思った」と主張した。設計者・施工者の「常識」と建築主の「常識」との間には大きな隔たりが生じることがある

このまま使える！ 別途工事費・諸経費プレゼンシート

別途工事費・諸経費の内訳を、時系列に沿って一覧化した

	項目	金額（記入例）	建築主への説明（内容例）
本体工事前	○解体費	35,000～50,000円／坪	既存建物がある場合に発生する
	○敷地調査費	100,000～150,000円	正式な測量図がない場合に発生する
	◎地盤調査費	30,000～50,000円	建物の４隅と中央、合計５カ所を調査する［＊］
	○地盤補強工事費	1,000,000～1,500,000円	地盤調査の結果によって、補強工事が必要なケースが出てくる。地盤改良や杭工事などがある
	○引越し、仮住まい費用	―	建て替えで発生する。金額は、仮住まいの地域や、面積により異なる
	○設計料	工事費の10～12%が目安	設計事務所に依頼する場合は設計契約をし、支払い時期も決める
	○建築確認申請料	公的機関　30,000円 民間　60,000円	民間と公的機関では手数料が異なる。建物の大きさによっても金額が変わる（金額は延床面積125㎡を目安。2回分含む）
	○契約印紙代	工事金額1,000～5,000万円で20,000円	契約書類に貼付される印紙代。工事請負金額によって変わる
	○ローン契約に伴う費用	―	生命保険料など借入金によって変わる
	○地鎮祭費用	45,000円	地域の神主にお願いをする。神主への謝礼は30,000円が目安で、ほかに供物代や飲食代がかかる
	○近隣挨拶	1,000円×隣家数	1,000円前後を目安にお菓子やタオルなどを用意
本体工事中	○上棟式費用	100,000円以内	職人には5,000円の祝儀。建築主の意向で行われないこともある
	○電柱移動費	80,000～100,000円	道路標識や電柱の移動にかかる費用
	○水道負担金	200,000～250,000円	既存建物がある場合には発生しない
	○ガス工事費	150,000～200,000円	ガス工事会社に見積りを依頼する
	○ケーブルテレビ導入費	数万円	ケーブルがある地域かを確認し、あれば問い合わせる
	○給水管、電線などの引込み費用	0~1,000,000円	本管からの取出し費用。引き込み状況によって費用は大きく変わる
	○冷暖房工事費	100,000円／台（取付費込み）	隠ぺい配管のときには注意
	○カーテン、家具などの備品代	1,000,000～1,200,000円	カーテンは300,000～500,000円（グレードの差が大きい）
	○追加・変更工事費	―	工事中に必要が生じた場合、建築主から金額変更の了承を必ずとる
	○支給品の取付け費	―	寸法や取付け位置、現場搬入日などに注意し、その後の責任を明確にする
	○引越し費用	―	移動先が近くても意外と費用がかかる。見積りをあらかじめとること
本体工事後	○外構工事費	1,000,000～2,000,000円	最も平均的な予想金額
	○造園工事費	平均400,000～500,000円	グレードによる金額差が大きいため、打ち合わせ内容をもとにおおまかな予想をたて概算見積りをする
	○登記費用 不動産関係の登記費用（滅失登記・建物表示登記・所有権保存登記・抵当権設定登記など）	200,000円	表示登記、保存登記ともに100,000円前後
	◎火災保険	30,000～60,000円／5年	ローンの借入年数に応じる
	○地震保険	―	控除額については税務署に確認
	○不動産取得税（新築1年以内にかかる）	評価額次第	軽減措置があるので内容を税務署で確認をする
	○固定資産税（毎年かかる）	―	毎年1月1日時点の所有者に課税
	○都市計画税（毎年かかる）	―	毎年1月1日時点の所有者に課税

＊金額はスウェーデン式サウンディング調査の場合のもの

◎は必ずかかる費用　○は条件によって変わる費用
グレー文字は別途工事費　色文字は本体工事中～本体工事後すぐにかかる諸経費　黒文字はやや遅れて引渡し後にかかる諸経費

見積りに苦手意識のある人は、まずは絵で見て住宅建築にかかるお金をザックリ把握しよう。ここで示している金額は、「詳細見積りで信頼を勝ち取る」の想定事例（33頁）をもとに、若干改変を加えている。あくまで、「おおまかな」コスト構成を把握するものとご理解いただきたい

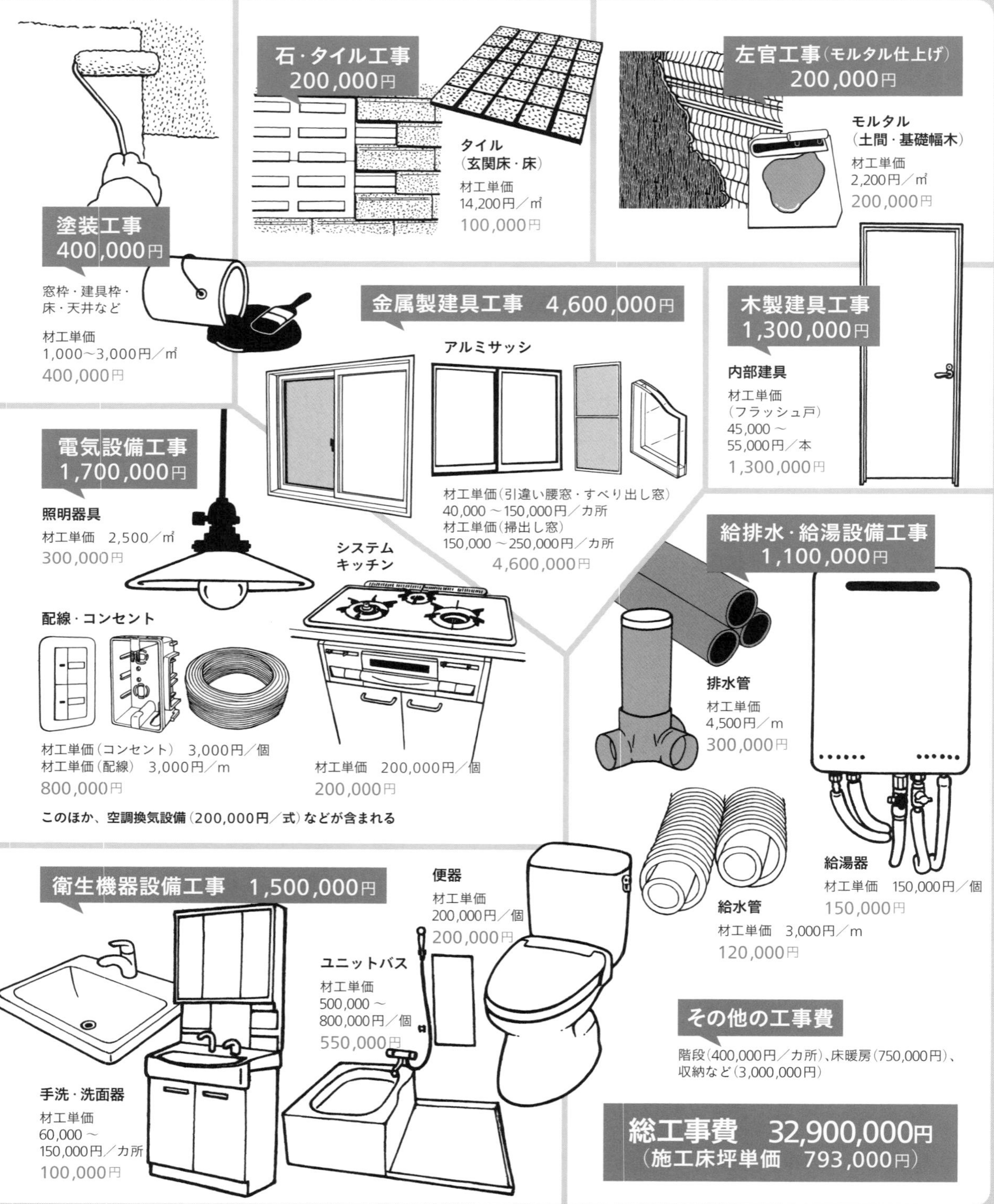

建物概要　構造：在来構法木造2階建て　建設地：神奈川県　延床面積：121㎡（詳細は33頁参照）

住宅コストが見える!

見積り大図鑑

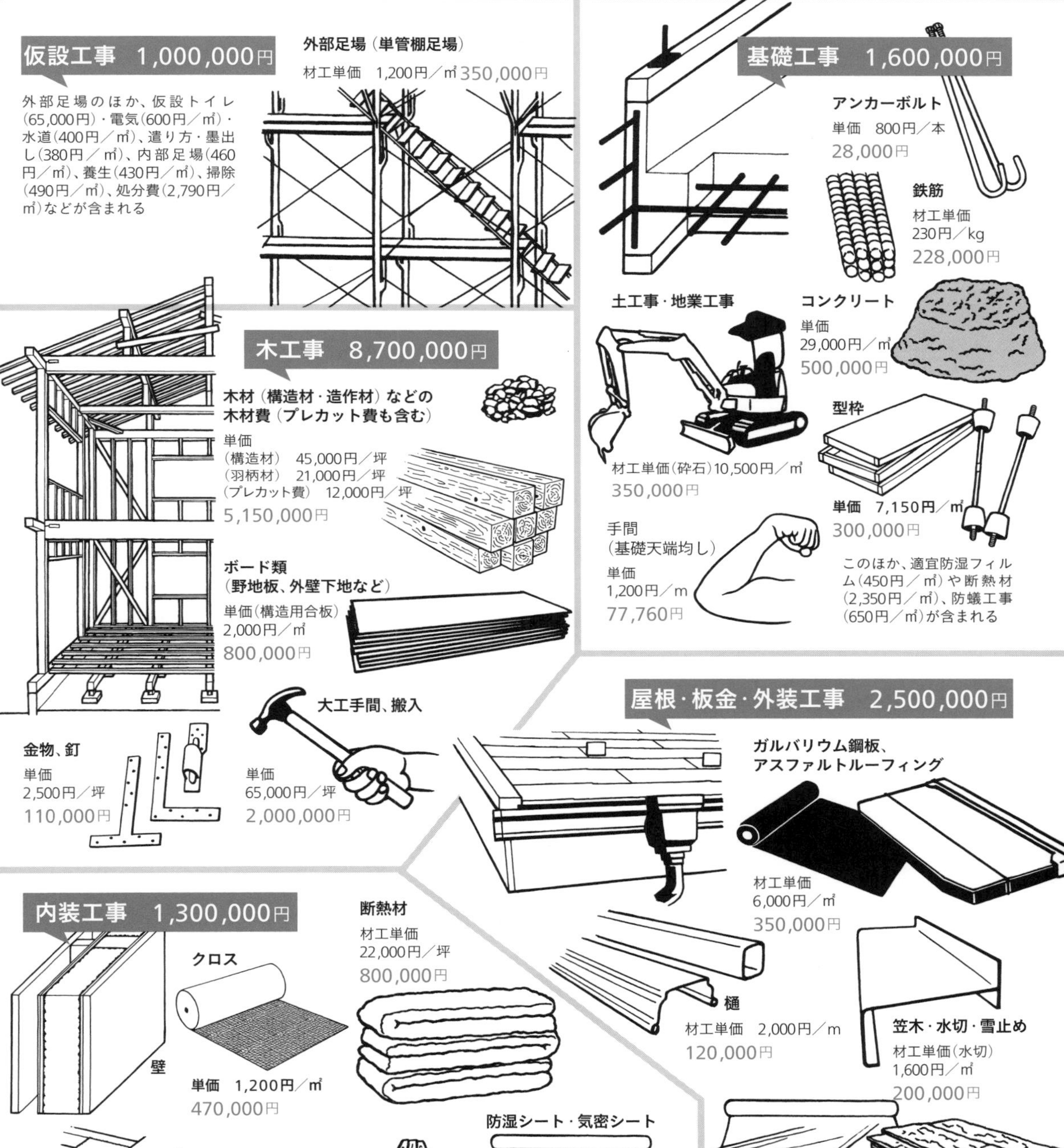

COLUMN

認識の違いによるコストトラブル

「個客」を考える

住まいに何を求めるのかは、人それぞれだ。建築主（顧客）一人ひとりが独自の価値基準をもっているため、顧客は個々の客、つまり「個客」と考えることが大切である。設計者は「個客」が求めるものがどこにあるのかを見極め、分かりやすく説明しながら設計を進めなければならない。そうすることで、トラブルを避けて「個客」の満足度を高めることができるだろう。

価値基準の違いで特に気をつけたいのが、土の中・光・風・音・臭い・温熱など目に見えない要因によって起こるトラブルだ。たとえば、次のようなトラブルが想定される。

・寝室の窓の位置を決める際に、ほかの部屋とのバランスを考えて窓の高さを設定した。ベッドを搬入した際に、窓台がちょうど寝そべった肩の位置になることが分かった。夜の冷たい外気が直接体にあたることに。

・隣家からの視線が気になるため、玄関ホールには窓を設けないことにした。しかし、通気性が悪く、想定以上に臭いと湿気が気になる。

・子ども部屋のある2階にもトイレを設置することにした。しかし、排水音が意外と気になる。

個人差があり見落としがちな要因ではあるが、住まいの居心地を決めるうえで重要なポイントだ。壁紙のイメージの違いや設備機器の間違いなどとは異なり、あとから取り替えることが難しい問題であることが多い。事前の打ち合わせの際に、特に詳しい説明や別の提案を考えたい。

「伝わる」ことを意識する

現在の住宅業界においては、建築主（顧客）の変化が顕著である。SNS（ソーシャル・ネットワーキング・サービス）の普及・進展により、情報を容易に入手できるようになったことで、一定以上の建築知識をもった顧客が増えているのだ。さまざまな情報から建物を比較検討する情報量でいえば、顧客のほうが設計者よりも多いかもしれない。顧客のプロ化が進んでいるともいえるが、だからこそ、設計者から顧客への詳しい説明と提案が求められている。

裏を返せば、この説明を怠ってしまうとクレームにつながりトラブルになりやすいということでもある。また、たとえ事前の説明をしっかり行っていたとしても、顧客は専門家ではない。「説明はされたかもしれないが、理解はできていなかった」と言われてしまうこともある。そこでいま一度、設計者や施工会社の担当者には「伝える」ことと「伝わる」ことの違いを考えてもらいたい。顧客への説明で、「伝える」だけで話を進めていないだろうか。認識の違いによるトラブルはさまざまあるが、「伝える」と「伝わる」を意識して打ち合わせを進めていくことが、このSNS時代には求められている。（佐川旭）

図　クレーム発生の仕組み

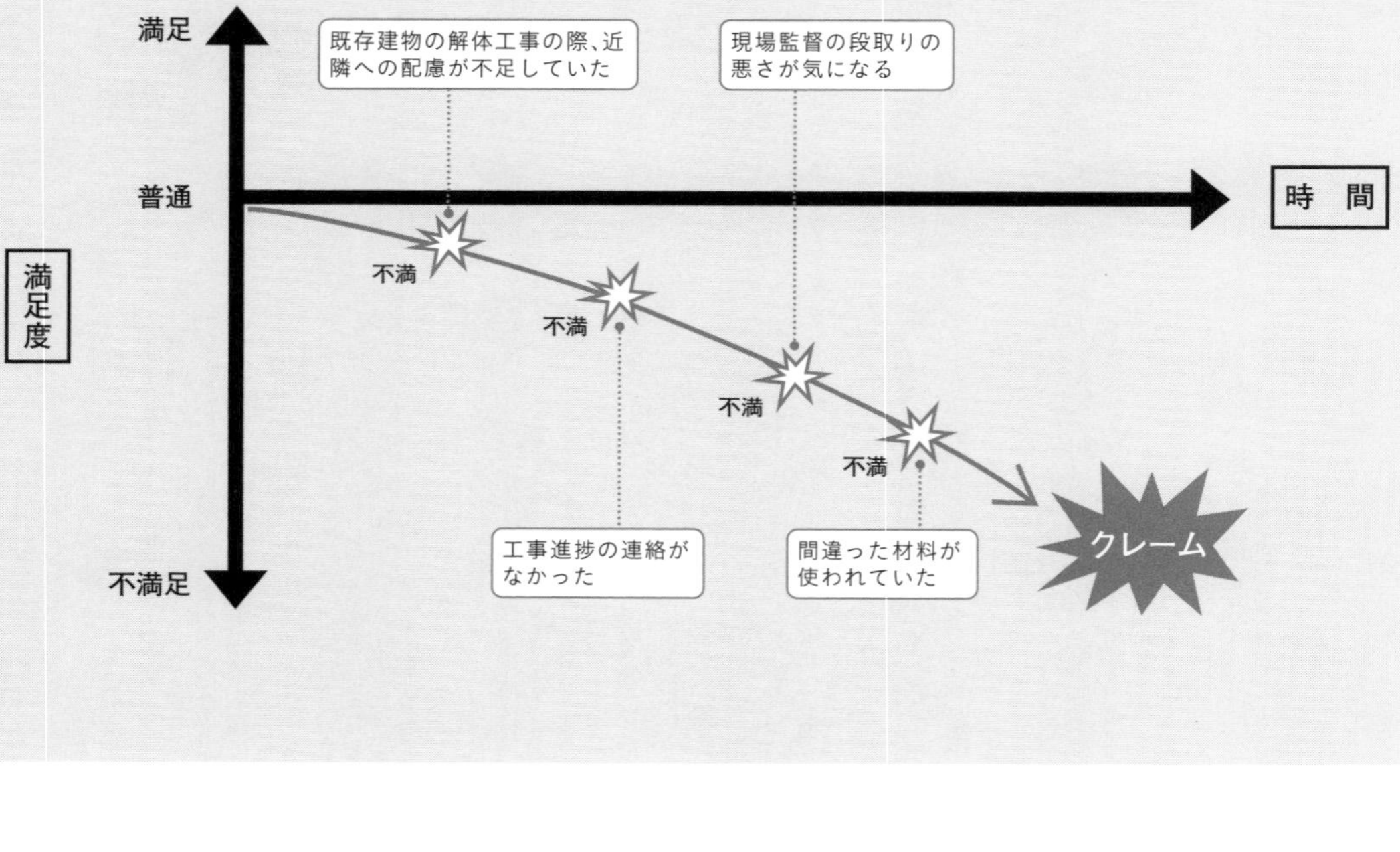

平面・立面図だけで詳細見積りを出す 特命概算法

図1　特命概算法の流れ

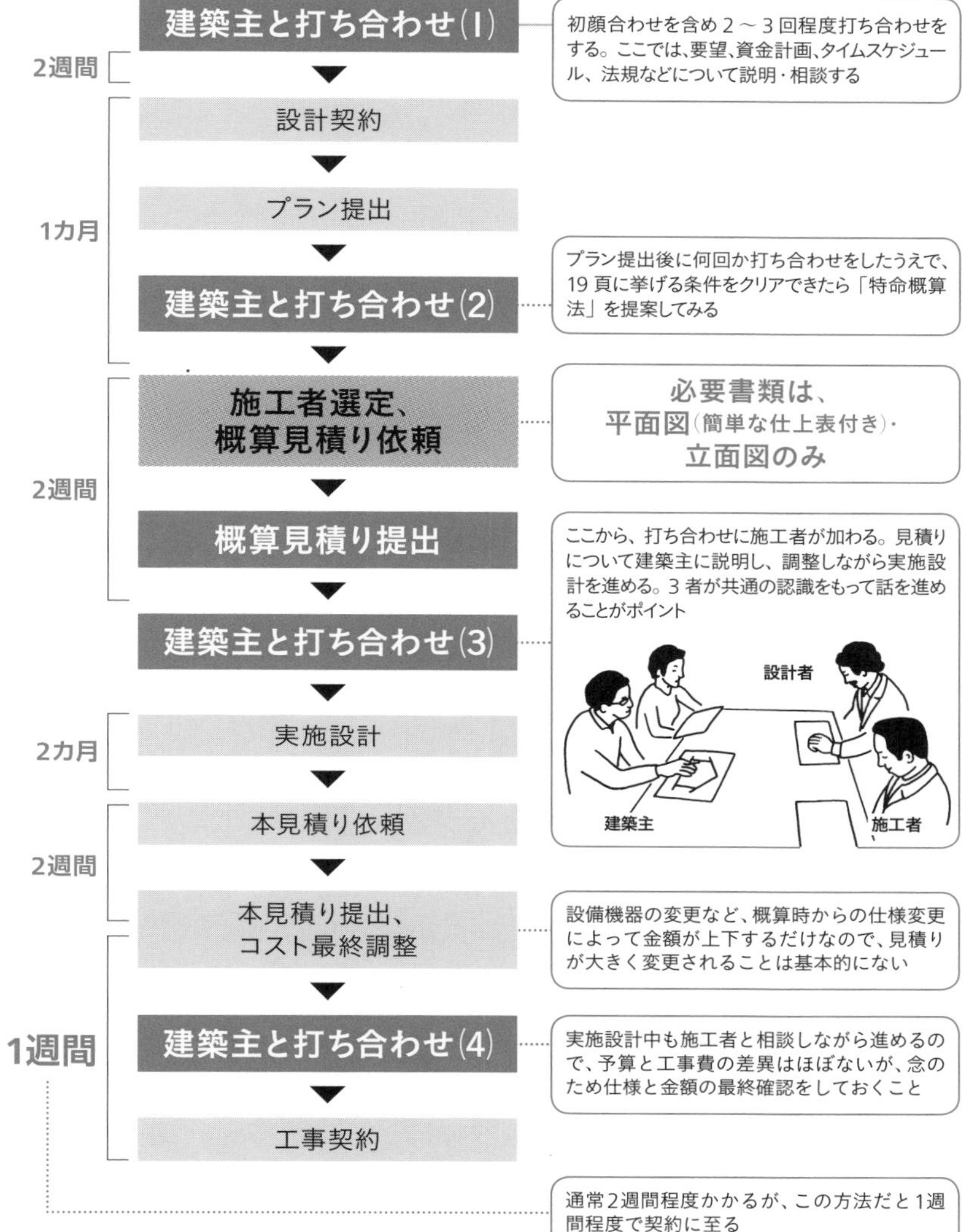

概算見積り時から施工者を1社にしぼる特命発注は、しばしば行われている発注方法だ。設計者にとっては、最初から勝手の分かる施工者に依頼することで仕事が進めやすいというメリットがある。「特命概算法」は、その特命発注を前提として、基本設計後の概算見積りの段階で、施工者からかなり密度の高い見積りを出してもらう方法である［図1］。

施工者に提出するのは50〜100分の1の平面・立面図だけ。施工者は、これらの図面と過去の事例での仕様を参考に、通常より詳細な概算見積りを出す。

建築主には早い段階から根拠のある見積りを提示できるため、説得力をもって予算との差額を説明できる。また、施工者にも早い段階から打ち合わせに参加してもらうことで、納まりや施工法などについて相談しながら設計を進めることができる。ただし、施工者と

図2　施工者は平面図をどう読むか

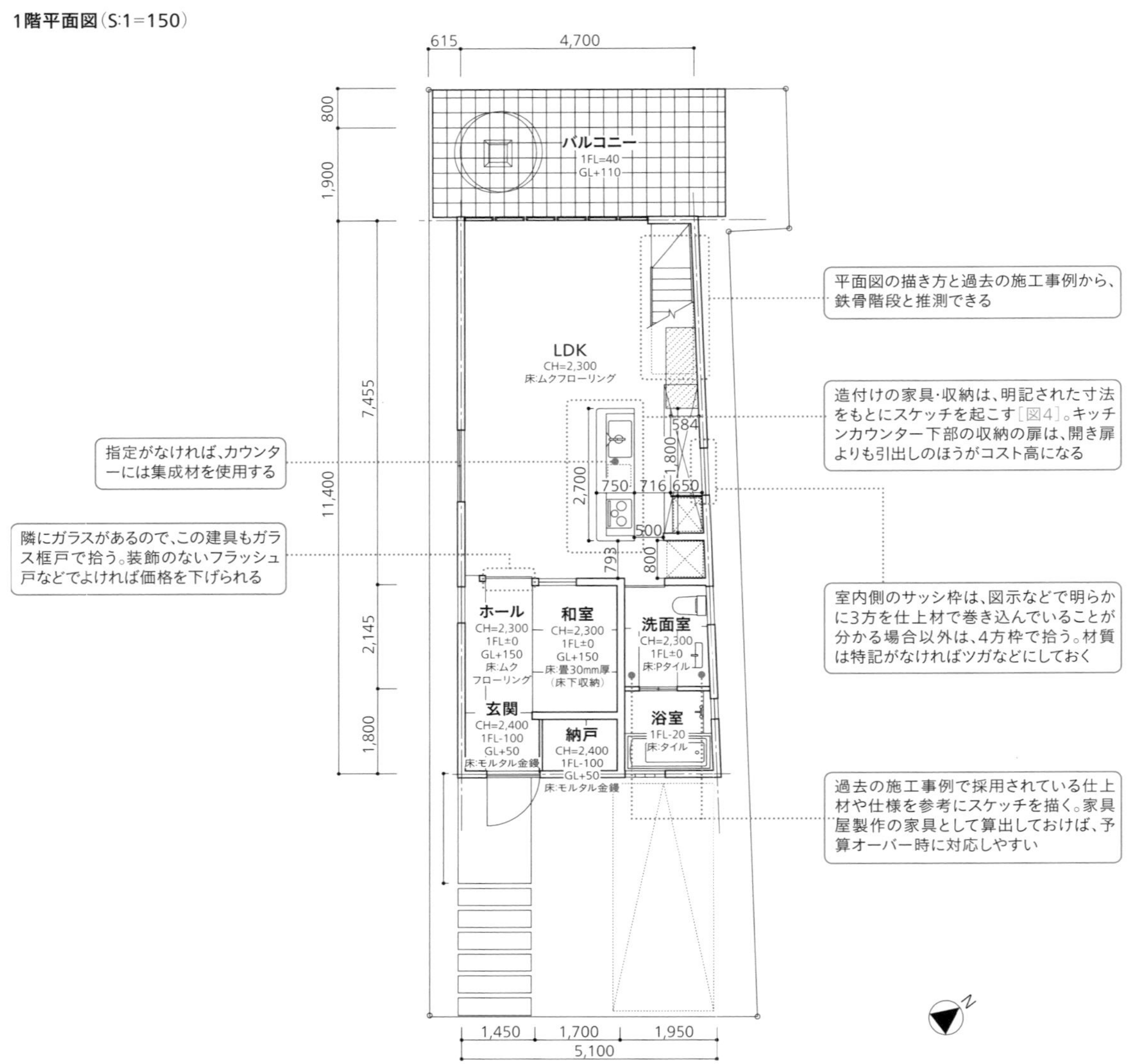

の間に信頼が確立されていること、この方法を建築主に理解してもらうことなどの前提条件を満たすことが必須なので注意が必要だ。

詳細な概算を出す3+1のポイント

ここからは、施工者の立場から詳細な概算を出す3つのポイントを説明する。

❶図面にない工事項目の情報を拾い出す

工事項目は、図面に記載がなくても適宜拾い出す必要がある。たとえば樋や水切のような部材は、立面図に描かれていなくても必要になる可能性が高いため、忘れずに拾う［図2・3］。このほか仮設工事では、敷地内に駐車スペースがない場合の駐車場費や、隣地が迫っている場合の仮囲いなど、現地で確認しないと要否を判断できない工事項目もある。時間的に現地での確認が難しい場合でも、地図ソフトの「グーグルアース」などを手がかりに概略だけでも把握する。

❷足りないサイズ情報を補う

木材量を拾う際、基本的には過去に依頼を受けた事例のデータなどをもとに算出するが、プランが複雑な場合はプレカット工場に概算見積り依頼を出す。また、仕上材などの数量を拾う際、

図3 施工者は立面図をどう読むか

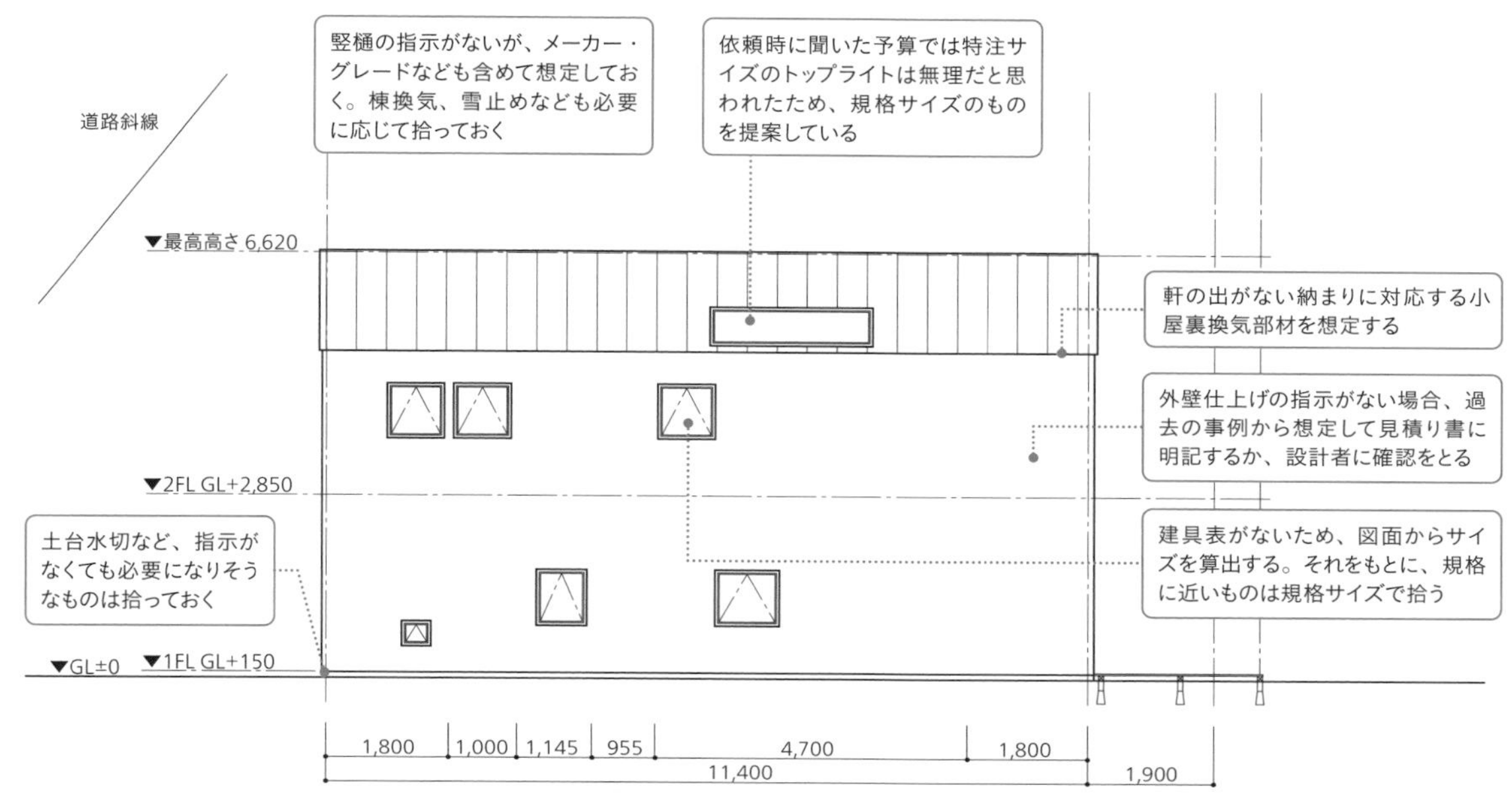

特命依頼をスムーズに進める4カ条

一 信頼関係が確立している施工者に依頼すべし

複数回仕事を依頼し、工事の進行と工期の管理、建築主への対応、工事後の追加金額の妥当性のほか、設計者の立場を理解しているかなどを見極める

一 建築主に特命であることの了解をとるべし

「基本的に特命の見積りは相見積りよりも安くなりやすいですが、他社との比較検討や相場の確認はできません」。このように、リスクも含め具体的に建築主に説明し、納得のうえで了解を得る

一 概算見積りはあくまでも目安であることを建築主に了解してもらうべし

通常より詳細な概算見積りのため、最初の段階で細かくチェックし、「ネットで買ったほうが安い」などと言ってくる建築主もいる

一 実施設計段階での建築主との打ち合わせに、施工者にも参加してもらうべし

初期段階から建築主・設計者・施工者が顔を合わせて話し合うことで、互いに信頼関係を築きやすくなり、見積り書や工事に対する不信感が生じにくくなる

天井高さが明記されていない場合は2千400㎜で想定する、サイズ表示がない外部建具で規格サイズに近いものは規格サイズで拾うなど、数量の拾い方についてある程度のルールを設ける。

❸過去の事例から材料のグレードを想定する

仕上材や建具、設備機器などは、過去の事例や予算をもとにグレードを想定する。仕様の想定が難しい場合は、やや高めのグレードを選択しておく。想定したグレード・サイズ・仕様は、見積り書のそれぞれの項目に明記する。さらに、造付けの家具・収納は、スケッチを起こして設計者へ見積りの根拠を示す[20頁図4]。

以上が3つのポイントだが、もう1点、最も重要な要素がある。

見積りの資料が少ないこの概算法では、過去の事例のデータが図面の情報と同じくらい重要になる。過去の事例の資料からは、設計者の建材の選び方や納まりなどに「癖」が見えてくる。その癖を読み取ることが、平面・立面図だけで密度の濃い概算を出すポイントである。よく使う材料や納め方の癖などを見極められれば、設計者の意図をくみやすくなり、見積りの精度を上げることができる。（大塚泰子・菅沼利文）

図4 施工者の家具スケッチ

家具に関しては、扉付きかどうかなどの細かい仕様は平面図だけでは分からないため、下記のようなスケッチを施工者に描いてもらい、概算見積りの仕様を明確にしてもらう

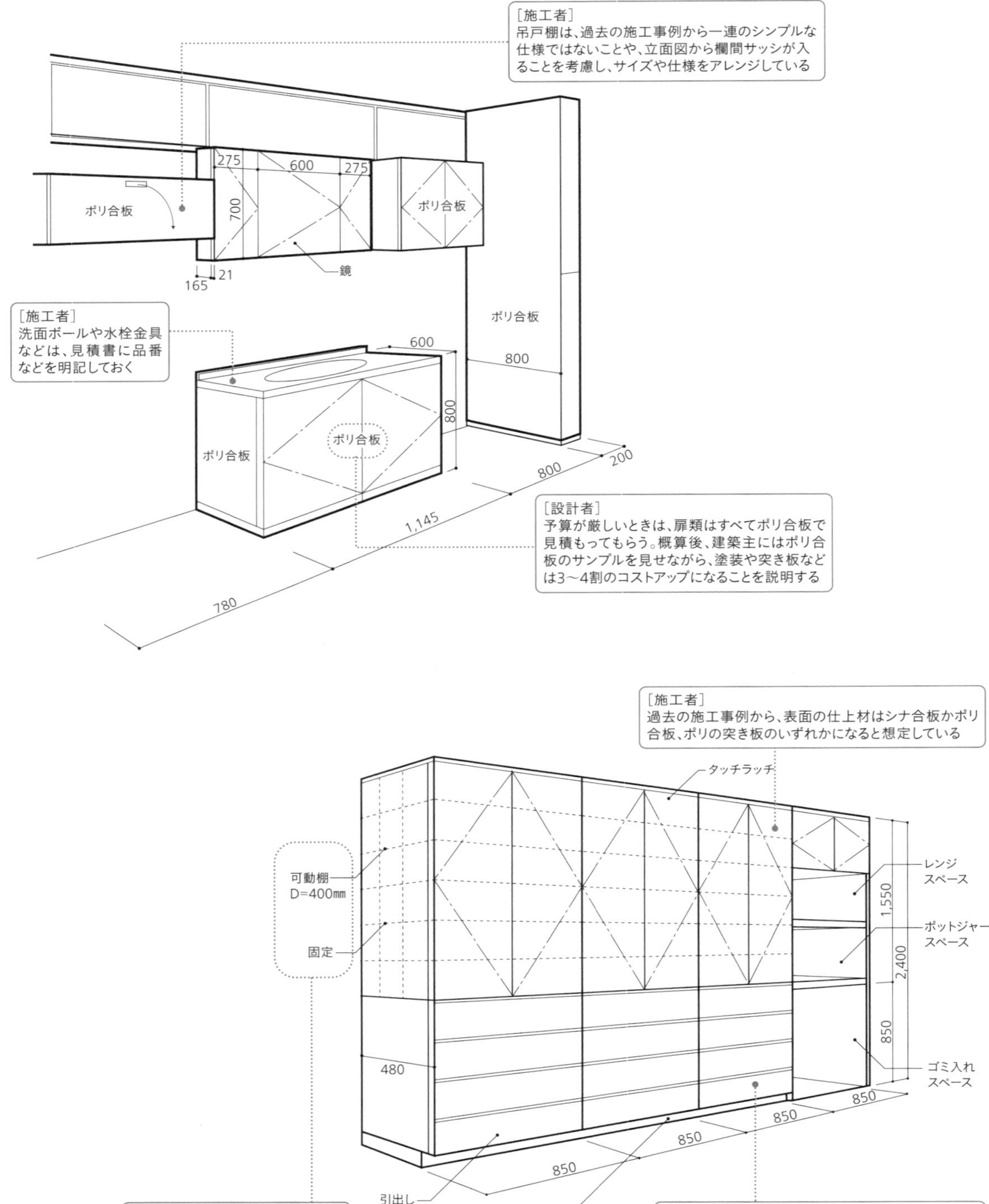

図5 特命概算法の見積書

施工者は過去の事例を参考に建材を選定するため、提出図面が少なくても設計者の意向から大きく外れることがない。また、早い段階で具体的な製品が指定されるため、根拠があり精度の高い概算見積りが出せる

外部建具工事の概算見積書［※］

場所	形状	幅(mm)	高さ(mm)	網戸	ガラス	数量	単位	単価(円)	金額(円)
	特記なき限りYKK 防火窓Gシリーズ アルミ樹脂複合NEO ／ Low-Eブルーガラス								
玄関	玄関ドア	1695	2195	無	防火ドアコンコードM01	1	カ所	277,900	277,900
主寝室	高所用すべり出し	1690	570	固定	Low-Eブルー透明PHW+A12+FL3	1	カ所	78,100	78,100
主寝室	縦すべり	405	1170	固定	Low-Eブルー型WKH+A12+FL3	2	カ所	39,500	79,000
浴室	高所横すべり	1235	570	固定	Low-Eブルー型WKH+A12+FL3	1	カ所	72,000	72,000
洗面所	すべり出し	405	570	固定	Low-Eブルー型WKH+A12+FL3	1	カ所	32,200	32,200
トイレ	すべり出し	405	570	固定	Low-Eブルー型WKH+A12+FL3	1	カ所	32,200	32,200
階段	すべり出し	405	570	固定	Low-Eブルー型WKH+A12+FL3	1	カ所	32,200	32,200

通常の概算見積書にはない建具のガラス・サッシの種類やメーカー、寸法も入っており、より具体的になっている

既製品のなかで、図面の寸法に適合するものを入れてもらう。規格の寸法から規格外の寸法への変更は、2割増しと考えてよいだろう

［施工者］
ガラスの種類など、グレードを判断しにくい部材は、高めのグレードで見積っておく

衛生器具の概算見積書［※］

小項目内訳		形状寸法	数量	単位	単価(円)	金額(円)	摘要
浴室	システムバス	TOTO ／サザナHSシリーズTタイプ	1	台	549,600	549,600	定価916,000円（基本仕様）
サニタリー	洗面化粧台	サンワカンパニー／プレーンVアップライト	1	台	103,685	103,685	定価103,685円
	洗面ミラーボックス	サンワカンパニー／ステムズミラーボックスLED	1	台	46,648	46,648	定価46,648円
	タオル掛け	KAWAJUN ／SC-311-XC	1	個	1,820	1,820	定価2,600円
	タオル掛けウォーマー	北欧タオルウォーマー／TF45-W80	1	台	31,900	31,900	定価36,400円
	洗濯機パン	TOTO ／PWP740N2W	1	台	6,400	6,400	定価13,900円
	洗濯機水洗	KAKUDAI ／721-606-13	1	個	5,300	5,300	定価10,600円
WC	便器	TOTO ／ZJ（手洗い付き）	1	台	130,000	130,000	定価260,000円
	ペーパーホルダー	KAWAJUN ／SC-313-XC	1	個	2,450	2,450	定価3,500円
	タオル掛け	KAWAJUN ／SC-311-XC	1	個	1,820	1,820	定価2,600円
衛生設備機器取付け費		ユニットバス接続	1	式	9,200	9,200	

浴槽や水栓金具、照明、換気扇などは以前使ったメーカー・品番を入れておいてもらう

［施工者］
設備機器は品番・定価を明記し、変更の際に差額が明確にできるようにする

上記のほか、手摺や階段など製作金物のデザインも以前と同じ仕様で見積ってもらう。また、地盤改良費や水道管引込み費など、すでに分かっている場合はそのまま入れてもらうなどの工夫で見積り精度を上げる

図6 特命見積り依頼のメリット・デメリット

メリット

- 実施設計後の設計変更が少なくて済む
- 見積書の内容が具体的なため、要望の多い建築主に、予算的に厳しいことを切迫感をもって理解してもらえる
- 施工者から、過去の発注ミスなどで残っている在庫をサービスしてもらえる
  →定価40万円くらいする便器を無料で提供してくれたことがある
- 設計者も知らなかった安くてよい材料を、基本設計の段階で施工者から教えてもらえる
  →通気層をとる左官仕上げの外壁の納まりを検討していたところ、既製品でメーカー保証があるものを施工者が教えてくれた。これでクラックのリスクを軽減できた
- 技術的な相談・打ち合わせが設計段階でできるので安心
  →どちらの納まりが安いかなどはもちろんのこと、納め方に自信がないときの相談役となってくれる
- 施工者に工事予定を入れておいてもらえるので安心
  →実施設計が終わる間際に慌てて施工者に声をかけても、優秀な工務店ほど手が空いていないことが多い。優良な工務店をキープするうえでも有効である
- 基本設計から実施設計への業務区別がしやすい
  →基本設計と実施設計との境が曖昧になりがちだが、概算見積りをとることで一区切りとなるため、建築主に設計料を請求しやすい

デメリット

- 1社の見積り金額しか提示できないため、金額の比較検討ができない
  →建築主が相場感をつかみにくい
- 比較的早い段階から詳細が決まるため、コスト上の理由で大きな変更の要望がある場合の手戻りが大きい
  →実施設計後の変更ではないものの、ある程度プランが固まった時点で構造の変更を要求されたことがあった。構造設計者への依頼後だと追加の構造設計料が発生する場合もある

※：見積書に記載の製品名および価格は、2020年時点のデータ

図1　設計～契約の流れ

狙いどおりの見積りを得るためには、施工者に対し、金銭面だけでなく設計内容や施工方法に至るまで、設計者の意図をできる限り理解してもらうことが肝要だ

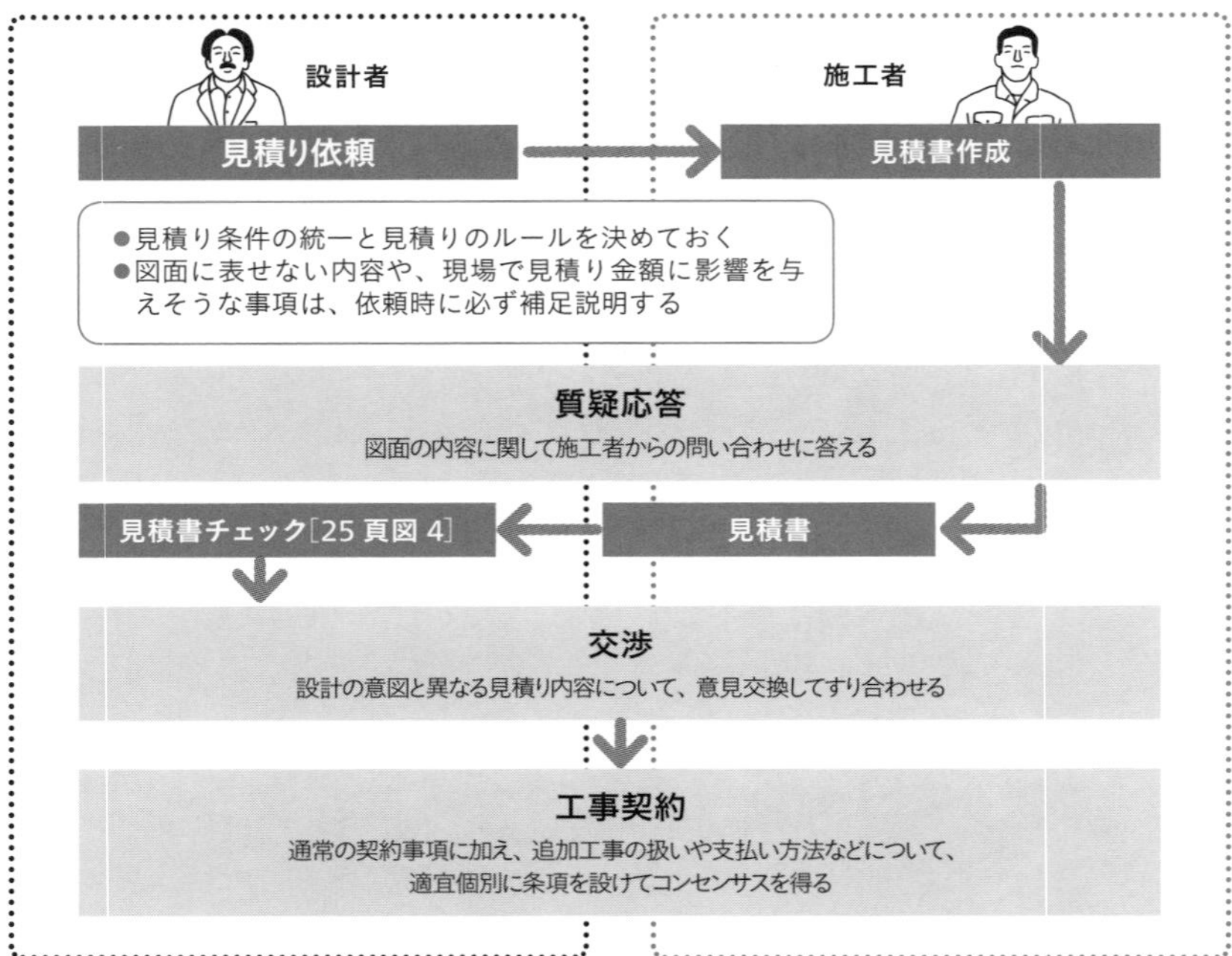

見積り依頼時の必要書類

設計図書のほかに、見積り概要書・工事共通仕様書も一緒に渡すとよい。渡す際には口頭での説明も行う

- **設計図書一式**
  いい加減な設計図書からはいい加減な見積書しか出てこない。設計者の意図ができるだけ細かく正確に伝わるように描く
- **見積り概要書**［図2］
  建築概要や見積書の項目など、設計・見積りの全体像のほか、工事範囲や工期など、契約に必要な事項も明記する
- **工事共通仕様書**［24頁図3］
  工事中の打ち合わせや工事変更の扱いなども見積り金額に影響する場合があるため、この時点で渡しておくとよい

施工者が出してきた見積書を見て、こちらの意図が反映されていなかったり、解釈に齟齬があったりで頭をかかえた経験は、設計者なら一度は身に覚えがあることだろう。そのような誤解や考え方のズレは、工事開始前に解消しておかないと、後にトラブルのもととなる。トラブルは施工者との関係だけに留まらず、建築主へも影響する。設計者としての信用を失い、それ以降の仕事に悪影響を及ぼす原因にもなりかねないのだ。

ここでは、施工者との交渉を円滑に進めるための注意点について解説する。

見積り概要書を添付する

見積書の書式は工務店ごとにまったく異なる。相見積りをとる場合はこの点を踏まえ、見積り依頼の際に工種・工事項目を指定したり、独自書式の見積書フォーマットを用意したりして、できるだけ仕様を統一した見積書をも

図2 見積り概要書作成のポイント

見積り依頼時には、図面のほかに見積り概要書と工事共通仕様書［24頁図3］を作成し、概要書を見せながら説明を行うとよい。見積り概要書では、設計と見積りの全体像を説明するとともに契約に必要な事項も明記する

1ページ目：表紙

（見積り概要書・工事共通仕様書の表紙を1枚付ける）
見積り概要書及び工事共通仕様書
工事件名
○○年○○月○○日
事務所名

2ページ目以降：見積り概要書

概説
1. 工事概要
  1）設計名称
  2）工事名称
  3）工事場所❶
  4）建築概要
    敷地面積　㎡（　坪）
    用途地域　防火地区
    地域・地区　主要用途
    工事種別
    構造規模　造・地上　階・地下　階
    建築面積　㎡（　坪）
    延べ面積　㎡（　坪）
    最高高さ
   竣工年月日❷ 確認済証　有・無　番号
  5）見積り書内訳項目
    A）共通仮設
    B）建築工事❸
    C）外構工事
    E）解体工事
    F）電気設備工事
    G）機械設備工事
    H）諸経費
2. 見積り概要
  1）設計図書
    意匠図　枚
    構造図　枚❹
    電気設備設計図　枚
    機械設備設計図　枚
    工事仕様書　部❺
  2）工事範囲
    設計図書に含む範囲とし、現場説明事項及び質疑応答事項を含むものとする。❻
  3）工事期間
    着工　平成　年　月　日（予定）❼
    竣工　平成　年　月　日（予定）
  4）契約
    民間（七会）連合協定書式による❽
  5）工事金の支払い
    別途打ち合わせによる❾
  6）火災保険・瑕疵担保責任保険
    保険金の工事着手より完了引渡しまでの間、出来高に相当する火災保険を付し、受取人は注文者とし、証書は係員を経て注文者に渡しておくものとする。❿
  7）別途工事⓫
  8）見積り書
    単　位　メートル法による
    書　類　1－5）による
    宛　名⓬
    提出場所⓭
    提出部数　契約者・建て主（1部）設計事務所（2部）⓭
    提出期限　平成　年　月　日　時⓭
  9）質疑応答
書類を以って行うことを原則とする。但し、電話にても可とする。現説事項及び質疑応答事項は書類にまとめ契約書に添付するものとする。回答日　年　月　日　時⓭

❶住居表示と地名地番との両方を表記する

❷増改築時に記入する

❸明細工事項目は学会規準などを参考にするとよい

❹木造の4号建物申請でも部材寸法表と伏図だけでなく、軸組図も作成しておくとよい

❺この見積り概要書と、工事共通仕様書を指す。図面を渡す際にこれらも一緒に渡し、この書類で概要を最初に説明する

❻工事範囲を明記する

❼予定工期を明記しておくとよい

❽使用する契約書の書式を明記するとよい。民間（七会）連合書式は建築主・施工者どちらにも偏っていない中立的な契約書と考えられるのでよい。場合によっては契約書の作成要領も説明しておくとよい（例：金文字黒表紙製本など）

❾採用する支払い条件が決まっているときは明記する

❿工事火災保険を明記するとよい。瑕疵担保責任保険に入っているか確認する

⓫別途工事はすべて明記する。支給材料も同様に明記する

⓬契約者名を確認して必ず明記する

⓭必ず明記する

図3　工事共通仕様書作成のポイント

通常の工事共通仕様書とは違い、ここでの記載内容は現場での工事事務作業に関することが主体となる

工事共通仕様書

総　則	工事範囲・契約書、損害補償等の取り扱い・着工時提出書類、工事下請人名簿・既設架空物及び敷設等障害物の処置の取り扱いについて詳細を明記する。❶
工　程	工程表作成・工程変更についての詳細を明記する。提出期日も明記する。❷
検査及び試験	中間検査・立会い検査・材料検査・材料試験についての詳細を明記する。又、検査合格後でなければ次工程に進めないことを明記する。材料試験結果は文章で報告することを明記する。❸
施工図	施工計画及び計画図・施工詳細図についての詳細を明記をする。仮設計画図・躯体図・納まり図・設備図等の提出期日を明記する。❹
報　告	日報・月報・コンクリート報告書・その他の報告・工程写真についての詳細を明記する。出来高払いを採用する場合は特に必要。❺
手　続	手続・許可についての詳細を明記をする。官公庁手続・許可等の提出書類を明記する。❻
保　安	工事現場の管理・災害防止等についての詳細を明記する。労働基準法、労働衛生規則その他関係法規に従い工事現場の風紀衛生・整理整頓災害防止等の管理を明記する。❼
養生・清掃	養生・清掃についての詳細を明記する。資材の運搬・貯蔵・施工に伴う養生や、工事中・完了時の建物内外、工事現場、その周りの後片付け清掃について明記する。
補　償	損害補償についての詳細を明記する。工事施工に際し他の建築物、工作物等に損害を与えた場合の損害補償を明記する。❽
保　証	保証についての詳細を明記する。完成保証・瑕疵担保責任保証・防水保証等を明記する。❾
支給材料	支給材料についての詳細を明記する。支給材料の保管や数量内訳明細・品質等の報告を明記する。
別途工事	別途工事についての詳細を明記する。各施工者間、関係者間の役割を明記する。❿
軽微な変更	軽微な変更についての詳細を明記する。現場の納まり、取合い等の関係、材料の寸法、取り付けの位置、取り付け方法等の軽微な変更は契約金額の変更がないことを明記する。⓫
仕様書の採否・疑義	設計図書・工事仕様書についての詳細を明記する。設計図書・工事仕様書に内容の相違、又は明記のない場合の取り扱いを明記する。⓬
施工に関する標準仕様書	各工事の施工要領の工事共通仕様書についての詳細を明記する。参考とする工事共通仕様書について明記し、現場に常備させることを明記する。⓭
施工に関する仕様書	竣工時提出書類・竣工図・竣工写真についての詳細を明記する。竣工引渡し時提出書類・竣工図・竣工写真等の提出に関して明記する。⓮

❶設計者が施工者に提出させる書類内容は事務所ごとに異なるが、通常は着工届け・主任技術者届け・現場代理人届け・現場員名簿・下請人届け・経歴書などで、書式を定めて提出させる。特に着工時提出書類・工事下請人名簿は、必ず提出してもらうよう促す

❷工程表は契約時に提出させるとよい。間に合わない場合は、提出日の確約をとる

❸検査対象となるものを書き出して報告してもらうよう促す。特にコンクリート・鉄筋・鉄骨などの調合計画書・結果報告書・ミルシートの各報告書などの材料試験結果は、文章での報告を促す

❹仮設図、施工図なども含め、提出期日の確約をとる

❺作業日報、月報、工程写真は工事内容の証拠書類として重要であり、出来高支払い時の資料となる

❻施工者側で官公庁へ提出、手続きする書類は、そのコピーを設計者側へ提出させる

❼現場での事故などに関し、設計監理者側の責任が追及されることのないように、管理を徹底させる

❽現場で発生した事故などに対する施工者の対処を明確にしておき、設計監理者側の責任が追及されることのないようにする

❾各種の保証を明記させることで、施工者の責任を明確にする

❿別途となる工事や工事区分、責任区分を明確にする

⓫契約金額に影響しないような軽微な変更は、追加工事とならないとし、契約金額の変更がないことを明記してもらう

⓬設計図書・工事仕様書の食い違いに対して何を基準に調整するか明記してもらう

⓭優先する工事共通仕様書を明確にしておく

⓮竣工引渡し時に提出させる書類は、事務所ごとに異なるが、通常では竣工届、竣工引渡し書、緊急時連絡先名簿、下請け人名簿、鍵引渡し書、試験結果報告書、保証書、登記関係書類、竣工図、竣工写真である。書式を定めて提出期日を明記してもらうよう促す

色文字部分は、必ず明記しておくべき内容

らえるようにしたい。

また、見積り依頼時には設計図書のほかに、設計・見積りと契約内容の概要を示した「見積り概要書」［23頁図2］を作成し、渡しておくとよい。さらに工事に関する事項も見積りに影響するため、「工事共通仕様書」［図3］もこの時点であるとよい。見積りを依頼する際、図面に表せない事項などについては、必ず口頭で補足説明をして後で書面に残しておく。

依頼後、図面の内容に関する質疑応答は必ず行い、見積り内容に設計者の意図が反映されるよう調整する。施工者への回答日時を決めて一括で返事を行うと効率的である。また、質疑応答で決定した内容は必ず書類に残す。施工者から同意のサインをもらえるとベターだ。

想定どおりの合計金額でも細目は必ずチェック

見積り書が出てきたら、まず工事項目ごとに金額、数量、単価の順で大まかに見る。こちらの想定との間に著しい違いがある項目は、その数量を自分で拾い出してみる。工種別の小計が予算や想定額にほぼ近い場合でも、項目ごとの細目・数量に過不足がないか、単価設定は妥当かを必ずチェックする。そのほか、「一式」と書かれている工事の材料・人工・単価を明確にするなど、ポイントを押さえてチェックする［図4］。

見積り書のチェック後、施工者との交渉に入る。交渉では設計の意図と異なる見積り内容についてすり合わせを行う。交渉に際しては、施工者側からの意見に対して設計者としての見解を明快に述べるとともに、その裏付けとなる資料も用意する。一方、木造の場合は木拾いを行うので、施工者には「木拾い調書」を提出してもらう。

これらのほか、施工者側での企業努力による出精値引きがどの程度になるかも検討してもらう。さらに、現場に入ってから見積り内容の変更を願い出る施工者もいるので、変更の申し出のないことを確認し、承諾を得る。

意見をすり合わせ、見解が一致した時点で工事契約となる。工事契約書に使用する約款は、中立的に書かれている民間（七会）連合書式がよい。また契約書には、見積り依頼で使用した設計図書・補足説明・現説事項・質疑応答書・追加説明書など、すべての資料を添付する。別途工事や追加工事がある場合は、必ず施工者だけでなく建築主へも説明し、了承を得たうえで書類を渡しておく。

（近藤昇）

図4　見積書のチェックポイント

ここでは、仮設・基礎・木工事の躯体部分の見積書についてチェックのポイントを解説する。木造2階建ての場合、これらの工事で本体工事費全体の50％前後を占めることが多く、見積書の作成・確認の際、1つの目安となる。工事費の割合については、自社で統計をとっておくとよい

見積り書参考例の建物概要

工事場所	東京都23区内	延べ面積	118㎡
構造規模	木造2階建て	用途地域	第1種住居地域
主要用途	住宅	最高の高さ	7.11m
敷地規模	119㎡	前面道路	4m・4m角地

別途工事

別途工事
確認申請に伴う指示事項
電波障害対策費および調査費（工事中に発生したものは除く）
近隣対策費および調査費
日照権補償費
堀削した状況による地盤補強工事、基礎変更工事
契約後に生じる法令改正に伴う変更工事
見積要項書、設計図、質疑回答に記載なきもの
地中障害物除去（杭などがある場合）
ブラインド
家具、備品、什器（設計図書に記載なきもの）
看板、広告塔類
地鎮祭費用

説明、記載のないものはすべて別途工事となるので、すべての項目の説明を行うこと

各項目が別途工事に該当しているか確認すること

共通仮設工事

名称	摘要	数量	単位	単価(円)	金額(円)	備考
仮設便所損料		1	式		85,000	
工事用電力・給水費		1	式		110,000	
機械・機器損料		1	式		40,000	
通信連絡費 ❶		118	m^2	500	59,000	
火災保険料 ❷		1	式		48,000	
労災保険料		1	式		155,000	
発生廃材処分費 ❸		3	台	85,000	255,000	
小計					752,000	

❶詳しい内容を確認し、不要と思われる内容が含まれていれば削減の交渉をする

❷項目として計上されているか、保険契約の内容を含め必ず確認する

❸マニフェスト［※］付き処分かを確認しておく

※：不法投棄を防ぐため、産業廃棄物処理の流れを示した帳票

直接仮設工事

名称	摘要	数量	単位	単価(円)	金額(円)	備考
水盛り遣り方 ❹		77	m^2	1,500	115,500	
外部足場架払		298	m^2	1,500	447,000	
同上養生シート張り	メッシュシート	298	m^2	300	89,400	
内部足場		118	m^2	1,000	118,000	
養生費		118	m^2	1,000	118,000	
現場清掃片付け		118	m^2	900	106,200	
クリーニング工事	引渡し時	118	m^2	900	106,200	
小計					1,100,300	

❹木造の場合、原寸型板・墨出しは基礎工事に含まれる場合もあるが、この例では計上されていないため、この項目にそれらが含まれているかを確認する

足場面積をチェックする。仮設計画書を提出してもらい、足場の形状や、どのように積算したかを確認する

基礎工事

名称	摘要	数量	単位	単価(円)	金額(円)	備考
基礎・立上り ❺	掘削・地業・鉄筋共	77	m^2	32,000	2,464,000	
土間コン		77	m^2	10,000	770,000	
打設ポンプ車		2	回	70,000	140,000	
発生土処分 ❻	土間・基礎	17.8	m^3	15,000	267,000	
外部土間コン打ち	掘削・地業・鉄筋共	7.3	m^2	20,000	146,000	
小計					3,787,000	

❺木造の場合、墨出しなどがこの項目に含まれている場合があるので確認する。コンクリート・型枠・鉄筋はどの程度のロスを見ているか、根切りの余掘り量をどの程度見ているかを確認する

❻場内処分と場外処分の数量を確認する。根切り量は、場外処分と埋め戻し場内処分の合計数量と同じになる。これらが一致しない場合、割高な運搬込みの埋め戻し費用が含まれており、工事費アップの一因となっていることがある

木工事

名称	摘要	数量	単位	単価(円)	金額(円)	備考
a. 材料費(木材明細) ❼		1	式		6,840,000	
b. 補足材　5%		1	式		324,000	
c. 施工費 ❽		119	m^2	35,000	4,165,000	
d. 釘、金物、消耗品		119	m^2	2,800	333,200	
e. 建方、レッカー代		1	式		60,000	
屋根下地ケイ酸カルシウム板	12㎜厚	78.5	m^2	3,000	235,500	
ポリスチレンフォーム断熱材張込み	100㎜厚・ベランダ共	90	m^2	3,800	342,000	
外壁ケイ酸カルシウム板	12㎜厚	147.6	m^2	2,900	428,040	
断熱材ポリスチレンフォーム張込み	100㎜厚	147.6	m^2	3,000	442,800	
床断熱材ポリスチレンフォーム敷込み	50㎜厚	41.1	m^2	2,300	94,530	
内壁断熱材ポリスチレンフォーム張込み	100㎜厚	23	m^2	2,900	66,700	
ベランダ手摺格子・ヒノキ ❾	L=9.9m H=930㎜	1	式		108,000	
ベランダ床格子・ヒノキ		1	式		208,000	
内部天井・壁　CL 塗り ❿	シナ合板5㎜厚	101	m^2	3,500	353,500	
小計					14,001,270	

❼木拾い調書を提出させるか、交渉時に持参してもらい、それと構造図に書かれている材種・等級・寸法との整合性を確認する

❽手間代は難易度で変わってくるが、大工の以前の担当現場を見せてもらうなどして大工の技量を確認する

材工共かの確認をする

❾既製品の場合、定価を備考欄に記入してもらう

❿工場で先行塗装するため、ここでは塗装費込みで計上している

トラブル回避＋α

メンテナンス費用の見積りで客離れを止める

メンテナンス費用を見積る

設計者・施工者は、建物の完成・引渡しが家づくりのゴールと思いがちだ。しかし当社では、住宅はつくることも大事だが、長く快適に暮らすことのほうが大切だと考えている。長く住み続けるためには当然メンテナンスが必要になり、つくり手は、引渡し後もその家に適宜かかわっていかなければならない。つまり、家づくりにゴールはないのだ。

長く暮らせる住宅であるためのポイントは、快適な生活を少ないランニングコストで実現することだ。その方法としては、たとえば断熱性能などを上げることで光熱費を削減することや、耐久性の高い建材を使用してメンテナンスコストを抑えることなどが考えられる。さらに、筆者は光熱費の削減で浮いたお金をメンテナンス資金に回すことを考え、「メンテナンス資金計画表」を作成した［28・29頁表］。

建築主は建物の完成後も、子どもの進学や家族の病気、自動車の購入など、多額の出費を余儀なくされることがしばしばあり、定期点検で修繕の必要性を伝えても、費用を捻出できずに機会を逃してしまうことも多い。住宅のメンテナンスにいつどれだけの費用がかかるかを想定し、計画的にその費用を積み立てておけば、適切なメンテナンスで住宅の寿命を延ばすことも、時期を逸して改修費用がかさむ事態を避けることもできる。

マンションに修繕積立て金があるように、戸建住宅でも同様の準備を考えるのは当然のことだろう。その原資に削減できたランニングコストを当てれば、それほど大きな負担にならずにメンテナンス費用を積み立てられるはずだ。

住まい手の意識をコントロール

メンテナンス資金計画が順調に運用されるためには、住まい手自身がメンテナンスへの高い意識をもつことが欠かせない。当社では、この意識を高めるきっかけづくりとして、「住まい方教室」を実施している。そこでは、日常的なフローリングの手入れの仕方や簡単な建具の調整方法、塗装の基本などを教えている［写真］。

こうした活動を通じ、手入れをしながらローコストで長く快適に住み続ける暮らし方の普及に努めている。もちろん、住宅の引渡し後もこうして建築主とつながりをもつことで、さらなる仕事につながる可能性が高まることはいうまでもない。

（迎川利夫）

写真「住まい方教室」の様子。床のメンテナンスを家族で実践（右）。建具の調整も、教われば自分でできるようになる（左下）。毎年5月の連休には「緑のカーテン教室」を実施。ゴーヤーや朝顔をモデルハウスに植えて緑のカーテンをつくる。参加者には苗をプレゼントし、家で実践してもらう（右下）

ため、通常なら年間で約34万円（家計調査2022年度より279,678円×戸建係数1.22で計算）かかる光熱費が20万円弱程度に抑えられる。ここで浮いた約14万円をメンテナンス資金に回せば、年額18万円の積立て額は決して無理な数字ではなくなる。なお30年目の大改修時には、この積立て金に570万円を加え、さらに30年先まで快適に住めるようにする。また、太陽光発電を搭載して売電収入を積立て金に回せば、負担はより軽減される

○＝保守契約にもとづく点検項目　数字＝メンテナンス費用（単位：千円）　■部分は、保守契約しない場合に定期点検のある年

点検時期（年目）																				合計
11	12	13	14	15	16	17	18	19	20	21	22	23	24	25	26	27	28	29	30	
○	○	○	○	○	○	○	○	○	○	○	○	○	○	○	○	○	○	○	○	0
○	○	○	○	○	○	○	○	○	○	○	○	○	○	○	○	○	○	○	○	0
—	—	—	—	○	—	—	—	—	○	—	—	—	—	○	—	—	—	—	○	0
—	—	—	—	○	—	—	—	—	○	—	—	—	—	○	—	—	—	—	○	0
—	—	—	—	○	—	—	—	—	○	—	—	—	—	○	—	—	—	—	○	0
—	—	—	—	○	—	—	—	—	○	—	—	—	—	○	—	—	—	—	○	0
—	○	—	○	150	○	—	○	—	○	—	○	—	○	—	○	—	○	—	400	550
○	○	○	○	250	○	○	○	○	○	○	○	○	○	○	○	○	○	○	250	500
○	○	○	○	150	○	○	○	○	○	○	○	○	○	○	○	○	○	○	150	300
○	○	○	○	100	○	○	○	○	○	○	○	○	○	○	○	○	○	○	100	200
○	○	○	○	○	○	○	○	○	○	○	○	○	○	○	○	○	○	○	100	100
—	○	—	○	50	○	—	○	—	○	—	○	—	○	—	○	—	○	—	50	100
○	○	○	○	50	○	○	○	○	○	○	○	○	○	○	○	○	○	○	50	100
—	○	—	○	120	○	—	○	—	○	○	○	○	○	○	○	○	○	○	120	240
—	30	—	—	—	—	—	30	—	—	30	—	—	30	—	—	30	—	—	—	240
○	○	○	○	○	○	○	○	○	20	○	○	○	○	○	○	○	○	○	80	120
○	○	○	○	50	○	○	○	○	○	○	○	○	○	○	○	○	○	○	600	650
○	○	○	○	100	○	○	○	○	○	○	○	○	○	○	○	○	○	○		100
○	○	○	○	○	○	○	○	○	50	○	○	○	○	○	○	○	○	○	100	200
○	○	○	○	50	○	○	○	○	50	○	○	○	○	50	○	○	○	○	50	300
○	○	○	○	20	○	○	○	○	50	○	○	○	○	20	○	○	○	○	100	260
○	○	○	○	30	○	○	○	○	30	○	○	○	○	30	○	○	○	○	30	180
○	○	○	○	10	○	○	○	○	60	○	○	○	○	10	○	○	○	○	100	250
○	○	○	○	○	○	○	○	○	○	○	○	○	○	○	○	○	○	○	300	300
○	○	○	○	○	○	○	○	○	150	○	○	○	○	○	○	○	○	○	250	550
○	○	○	○	○	○	○	○	○	50	○	○	○	○	○	○	○	○	○	200	300
—	○	—	○	—	○	—	○	—	○	—	○	—	○	—	○	—	○	—	○	0
—	○	—	○	50	○	—	○	—	○	—	○	—	○	—	○	—	○	—	50	100
○	○	○	○	○	○	○	○	○	30	○	○	○	○	○	○	○	○	○	150	210
○	○	○	○	○	○	○	○	○	○	○	○	○	○	○	○	○	○	○	400	400
○	○	○	○	○	○	○	○	○	○	○	○	○	○	○	○	○	○	○	300	300
○	○	○	○	20	○	○	○	○	20	○	○	○	○	20	○	○	○	○	150	250
○	—	○	—	90	—	○	—	○	—	○	—	○	—	○	—	○	—	○	200	260
○	—	○	—	○	—	○	—	○	30	○	—	○	—	○	—	○	—	○	30	90
○	—	○	—	○	—	○	—	○	—	○	—	○	—	○	—	○	—	○	600	600
○	○	○	○	200	○	○	○	○	○	○	○	○	○	○	○	○	○	○	200	400
○	○	○	○	150	○	○	○	○	○	○	○	○	○	○	○	○	○	○	150	300
○	—	○	—	100	—	○	—	○	—	○	—	○	—	○	—	○	—	○	100	200
○	—	○	—	○	—	○	—	○	—	○	—	○	—	○	—	○	—	○	150	150
○	—	○	—	○	—	○	—	○	—	○	—	○	—	○	—	○	—	○	100	100
○	○	○	○	150	○	○	○	○	○	○	○	○	○	○	○	○	○	○	150	300
10	10	10	10	10	10	10	10	10	10	10	10	10	10	10	10	10	10	10	10	280
10	40	10	40	1,950	40	10	40	10	670	10	40	10	40	140	40	10	40	10	5,770	9,480

180	180	180	180	180	180	180	180	180	180	180	180	180	180	180	180	180	180	180	180	5,400
136	136	136	136	136	136	136	136	136	136	136	136	136	136	136	136	136	136	136	136	4,080
2,626	2,902	3,208	3,514	1,960	2,266	2,572	2,848	3,154	2,920	3,196	3,502	3,808	4,084	4,260	4,566	4,842	5,148	5,454	0	

表　メンテナンス資金計画の例

竣工引渡し後30年間の、各部位の保守点検項目とメンテナンス内容・費用を一覧化し、費用の積立て計画をまとめたもの。

保守点検の契約をした場合、年間1万円の保守点検費で下記項目の点検を行う（契約しない場合は1・2・5・10年目の定期点検のみ行う）。このほか、長期的な修繕積立て金として18万円／年を想定している。この額を捻出するのは一見難しそうだ。しかし、ここで住宅は断熱性能をQ値1.9で想定している

点検部位			点検項目（出費内訳）	点検時期（年目）									
				1	2	3	4	5	6	7	8	9	10
構造躯体など	骨組	基礎	蟻害、クラック、沈下	○	○	○	○	○	○	○	○	○	○
		土台	腐朽、蟻害	○	○	○	○	○	○	○	○	○	○
		床組	腐朽、蟻害、傾斜、変形、割れ	—	—	—	—	○	—	—	—	—	○
		小屋組	腐朽、蟻害、傾斜、たわみ、割れ、漏水	—	—	—	—	○	—	—	—	—	○
		軸組	腐朽、蟻害、傾斜、たわみ、割れ、破損	—	—	—	—	○	—	—	—	—	○
		金物	さび、緩み	—	—	—	—	○	—	—	—	—	○
	屋根	ガルバリウム	仕上げ劣化、浮き、釘浮き、さび、腐食（15年目：塗替え、30年目：葺替え）	—	○	—	○	—	○	—	○	—	○
	外壁・軒裏	モルタル塗り	汚れ、仕上げ劣化、浮き、割れ（塗り直し）	○	○	○	○	○	○	○	○	○	○
		ガルバリウム	汚れ、シーリング劣化、仕上げ劣化、釘浮き、さび、腐食（張替え）	○	○	○	○	○	○	○	○	○	○
		軒裏	汚れ、剥がれ、浮き、漏水（補修塗替え）	○	○	○	○	○	○	○	○	○	○
		庇・霧除け	勾配、腐食、さび（取替え）	○	○	○	○	○	○	○	○	○	○
		破風・鼻隠し	汚れ、仕上げ劣化、浮き、釘浮き（塗替え）	—	○	—	○	—	○	—	○	—	○
		水切	シーリング劣化、仕上げ劣化、さび、腐食、チリ際（歪み直し、シーリング入替え）	○	○	○	○	○	○	○	○	○	○
	雨樋	ガルバリウム	詰まり、外れ、劣化、さび、破損、勾配（取替え）	—	○	—	○	—	○	—	○	—	○
		掃除	落ち葉、泥（掃除）	—	—	30	—	—	30	—	—	30	—
	玄関建具	鋼板＋木	付属金物、隙間、開閉不良、シール劣化、腐食（10・20年目：塗替え、30年目：金物交換）	○	○	○	○	○	○	○	○	○	20
	サッシ	アルミ	付属金物、隙間、開閉不良、シーリング劣化、腐食（15年目：戸車交換など、30年目：総取替え）	○	○	○	○	○	○	○	○	○	○
		ガラス	傷、割れ、さび、くもり（15年目：一部取替え、30年目：総取替え）	○	○	○	○	○	○	○	○	○	○
		網戸	建付け調整、破れ（網張替え、30年目に網戸交換）	○	○	○	○	○	○	○	○	○	50
	ベランダ	木部塗装	仕上げ劣化、剥げ、変色（塗替え）	○	○	○	○	50	○	○	○	○	50
		木部補修	腐食、割れ、緩み、反り、破損（手摺塗装・交換）	○	○	○	○	20	○	○	○	○	50
	デッキ	木部塗装	仕上げ劣化、剥げ、変色（塗替え）	○	○	○	○	30	○	○	○	○	30
		木部補修	腐食、割れ、緩み、反り、破損（取替え）	○	○	○	○	10	○	○	○	○	60
内装など	内装	フローリング	汚れ、浮き、変形、きしみ、反り、剥がれ、割れ（張替え）	○	○	○	○	○	○	○	○	○	○
		和紙張り	汚れ、シミ、カビ、剥がれ（張替え）	○	○	○	○	○	○	○	○	○	150
		浴室木板	割れ、腐食、変形、釘浮き、反り（張替え）	○	○	○	○	○	○	○	○	○	50
	階段		割れ、腐食、変形、反り、傾き、きしみ	—	○	—	○	—	○	—	○	—	○
	家具		建付け調整、金物、反り、破損、開閉不良（金物交換）	—	○	—	○	—	○	—	○	—	○
	建具	木製建具	建付け調整、金物、反り、破損、開閉不良（金物交換）	○	○	○	○	○	○	○	○	○	30
設備	水道	給水・給湯	赤水、水漏れ、異常音、結露（取替え）	○	○	○	○	○	○	○	○	○	○
		排水	詰まり、悪臭、水漏れ、結露（取替え）	○	○	○	○	○	○	○	○	○	○
		水栓器具	パッキン、詰まり、劣化、水漏れ（パッキン交換）	○	○	○	○	20	○	○	○	○	20
		便器・洗面器	汚れ、シーリング劣化、カビ、悪臭、割れ、結露、水漏（15年目：シャワー交換、30年目：便器交換）	○	—	○	—	○	—	○	—	○	—
		シーリング	汚れ、カビ、隙間（打直し）	○	—	○	—	○	—	○	—	○	30
		ユニットバス	汚れ、シーリング劣化、カビ、詰まり（取替え）	○	—	○	—	○	—	○	—	○	—
	ガス	給湯器	作動不良、異常音、異常燃焼、水漏れ（取替え）	○	○	○	○	○	○	○	○	○	○
	電気	IHコンロ	作動不良、汚れ（交換）	○	○	○	○	○	○	○	○	○	○
		換気扇	作動不良、破損（交換）	○	—	○	—	○	—	○	—	○	—
		スイッチ・コンセント	作動不良、破損（交換）	○	—	○	—	○	—	○	—	○	—
		分電盤	作動不良、破損（交換）	○	—	○	—	○	—	○	—	○	—
	換気空調	OMソーラー	制御、異常音、作動不良、破損（調整・ファン交換）	○	○	○	○	○	○	○	○	○	○
保守点検費				—	—	10	10	10	10	10	10	10	10
想定メンテナンスコスト［1］				0	0	40	10	140	40	10	10	40	550

メンテナンス資金計画		1	2	3	4	5	6	7	8	9	10
メンテナンス資金計画	積立て金額　15千円／月（千円）［2］	180	180	180	180	180	180	180	180	180	180
	足し前金額　光熱水費削減金額（千円）［3］	136	136	136	136	136	136	136	136	136	136
	メンテナンス資金残高（千円）［2］＋［3］－［1］	316	632	908	1,214	1,390	1,666	1,972	2,278	2,554	2,320

詳細見積りで信頼を勝ち取る

信頼されるコストデザインの極意

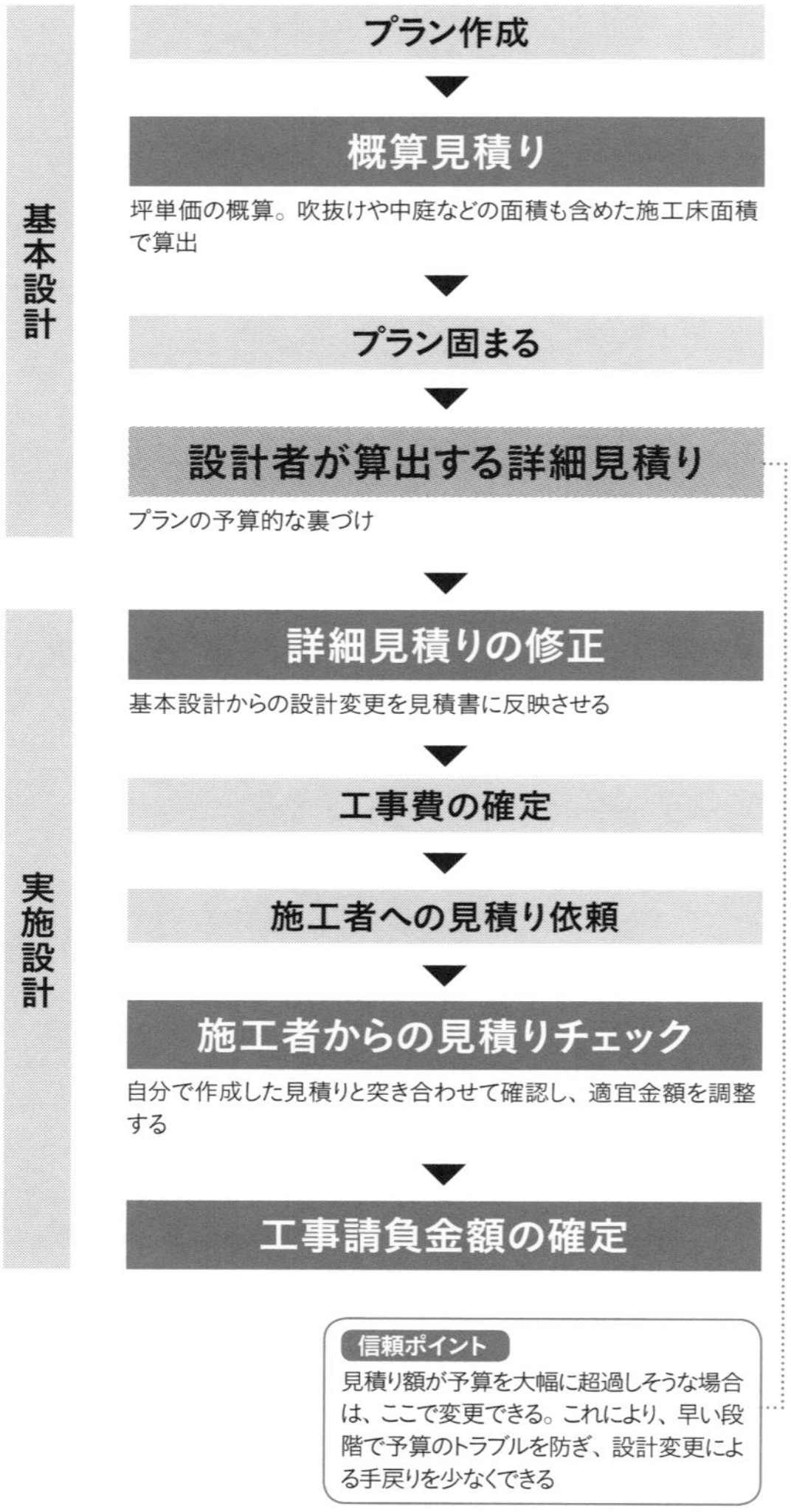

深刻な不況で建築主のコスト感覚がシビアになっているいま、設計者が自分で見積りを算出し、工事費を把握しながら設計を進めることは、もはや必須条件といえるかもしれない。

設計者が見積りを算出するメリットは大きい。事前に工事費を把握できるため、建築主に対して金額の裏づけがあるプランを早い段階で提案できるうえ、工務店が提出する見積り額と建築主の予算との差が小さく、金銭トラブルのリスクを減らせる。さらに、材料費・労務費の詳細を把握できるため、設計変更やコスト削減の要望にも対応

図1　見積りが確定するまで

この見積り法は、基本設計中におおよそプランが固まった段階で行う見積りを想定している

基本設計

- プラン作成
- ▼
- 概算見積り
  - 坪単価の概算。吹抜けや中庭などの面積も含めた施工床面積で算出
- ▼
- プラン固まる
- ▼
- 設計者が算出する詳細見積り
  - プランの予算的な裏づけ

実施設計

- ▼
- 詳細見積りの修正
  - 基本設計からの設計変更を見積書に反映させる
- ▼
- 工事費の確定
- ▼
- 施工者への見積り依頼
- ▼
- 施工者からの見積りチェック
  - 自分で作成した見積りと突き合わせて確認し、適宜金額を調整する
- ▼
- 工事請負金額の確定

信頼ポイント
見積り額が予算を大幅に超過しそうな場合は、ここで変更できる。これにより、早い段階で予算のトラブルを防ぎ、設計変更による手戻りを少なくできる

図2　コスト構成の大原則

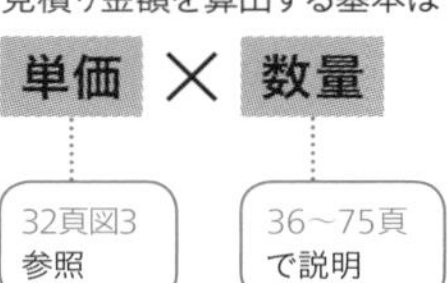

あなたの見積りが間違っている2つのワケ

❶実状に合っていない単価設定

施工地域や時期、設計仕様のほか、取引工務店の規模や得手不得手などを考慮した単価設定が必要

❷見積り落としと桁違い

見積り項目の漏れや金額の桁間違いは、総工費への影響が特に大きい。逆にいえば、単価・数量に多少の違いがあっても、これらがなければそれほど大きな誤差が生じない

単価の構成要素

工事項目ごとの「単価」は基本的には以下のように構成される

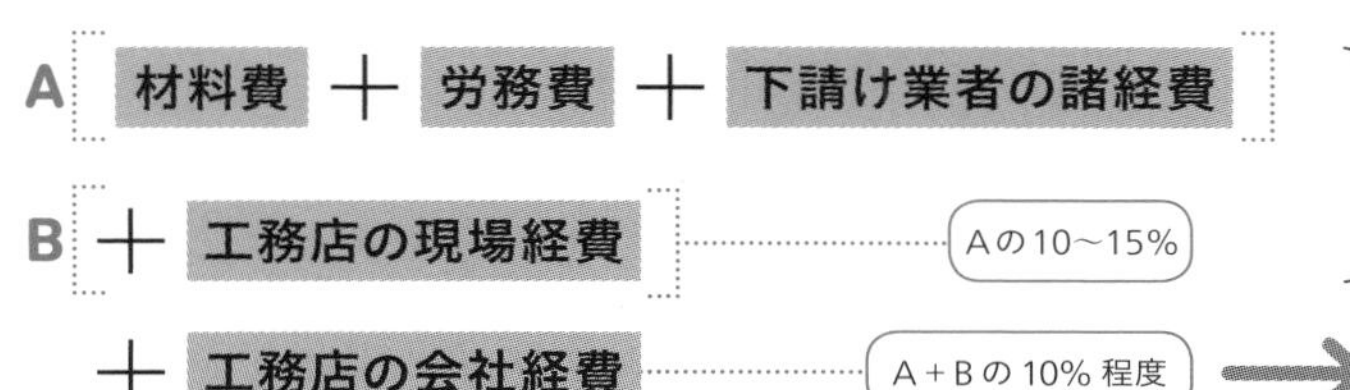

適切な見積りを作成するには、複合単価を明確にするのがポイント

複合単価
工務店からの見積書で示された単価は、この部分まで含む場合が多い

見積書には、工種別の合計と、工事全体の合計に加算されていることが多い

材料費・労務費の算出法

「材料費」「労務費」には、それぞれの単価に歩掛りがかかる。歩掛りとは標準的な必要量を数値化したものである

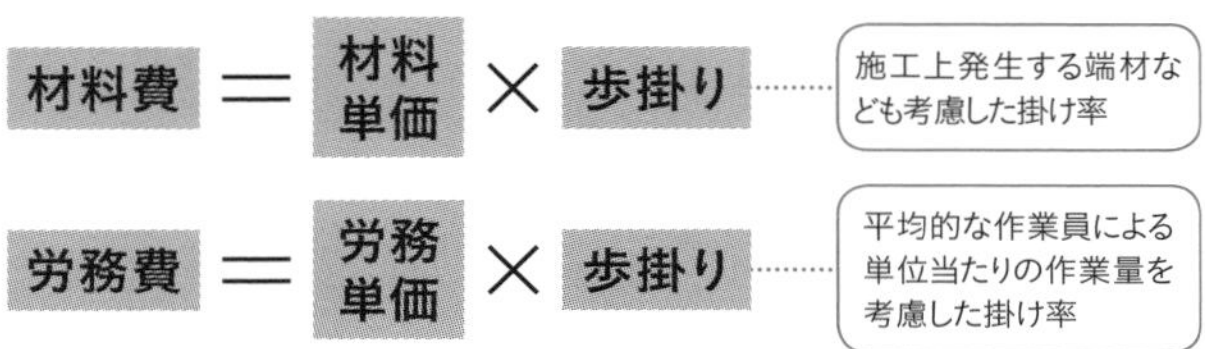

■労務費の設定例

1人の左官職人が室内壁珪藻土を1日で20㎡仕上げた場合、
1／20＝0・05
→珪藻土壁を1㎡仕上げるには0・05人工必要
→歩掛りは0・05

珪藻土塗りの1㎡当たりの労務費 ＝ 左官職人の日当 × 0・05

工務店の会社経費

工種別に10〜15%計上され、さらに全体の工事費に対して10%加算される。つまり、会社経費は総工費の21〜26%程度計上されることが多い

■工務店の会社経費の内訳

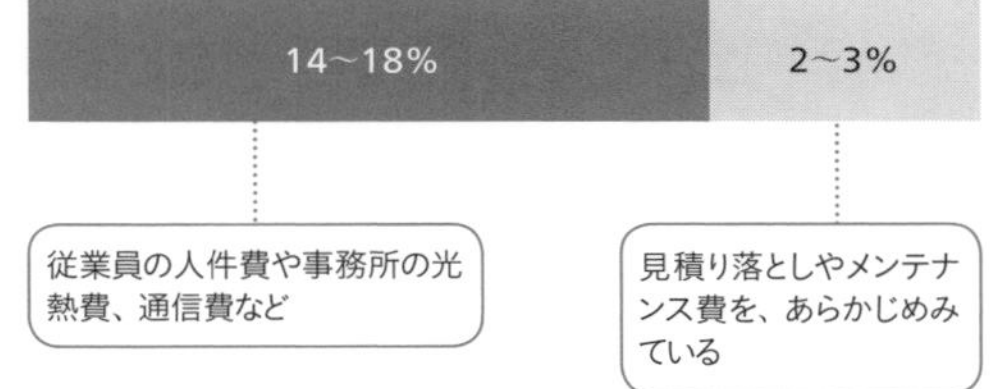

しやすく、建築主からの信頼度も上がる。

そうはいっても、業務上の優先順位が低い見積り作業にそんなに時間をかけるわけにはいかないというのも、実務者の本音だろう。

これから解説していくのは、精度を保つために必要な要素をできるだけ押さえながらも、設計実務の妨げにならない程度に簡素化を図った見積り法である[図1〜3]。この方法に慣れれば、無理なく短時間で精度の高い見積りを出せる。筆者の場合、1件当たり最短3時間で算出している。この程度の時間で、予算に対する建築主の不安を解消し信頼を得られるのだから、この方法で、ぜひ設計者にも見積りを算出する習慣を身に付けていただきたい。

見積書に記載される工事項目ごとの金額が、「単価×数量」で算出されているのはご存じだろう。しかし、「単価」「数量」がどのように設定されているかを考え始めると、たちまち面倒になってしまう。つまり、見積りを難しくしているのは単価の設定と数量の拾い方なのである。

そこで本項では、まず単価設定と拾い方の基本について触れ、次項以降で工種別の数量拾いの方法を中心に解説していきたい。（森健一郎）

図3 単価はこうして設定する

自分で単価を設定する場合、主に2つの方法がある。最もよく使われるのが、積算資料や過去の見積りを参考にする方法である。

これらの資料では、単価は左頁方法2で説明する複合単価（材工共単価）で示されていることが多い。

もう1つの方法は、国土交通省の「公共建築工事標準単価積算基準」を参考に、複合単価を自分で設定する方法である

方法1 積算資料や過去の見積りを参考に設定する

物価資料や積算資料のなかでも住宅を対象として編集されたものを選ぶ。積算資料には、「積算資料ポケット版」（経済調査会出版部）、「積算ポケット手帳」（建築資料研究社）などがある

フローリング張りでの設定例

積算資料

名称	規格・仕様	単位	材工共単価（円）
複合フローリング張り　ナラ	15mm厚、幅 303mm、長さ 1,818mm	㎡	5,320

工務店の現場経費として 10 ～ 15% 加算
→ 6,200 円／㎡

価格を比較する。金額に開きがある場合、材料単価を検討する必要がある

過去の見積り明細書

名称	規格・仕様	単位	材工共単価（円）
複合フローリング張り　ナラ	15mm厚、幅 303mm、長さ 1,818mm	㎡	5,600

過去に採用したことがない材料などで材料単価を設定する必要がある場合は、下記のいずれかの方法を用いる

❶メーカー品

「カタログ価格×0.5」として算出

❷独自に見積りをとる

たとえばフローリングの場合は、材木屋や建材を扱う代理店から見積りをとる。

独自の単価表が用意されている場合もある

❸積算資料の材料価格を採用する

積算資料には、建材によっては材工共単価とは別に材料単価も掲載されている。

材料単価だけを設定したい場合には、これが役立つ

積算資料の記載例（材料価格）

品名	樹種・等級	寸法（mm）厚×幅×長	単位	価格（円）
フローリングボード	ナラ　1等	15 × 303 × 303	㎡	3,960

積算資料は参考になる！

以下の注意点を踏まえていれば、単価を設定する際、積算資料は大いに参考になる
- 規格や仕様をよく読み、工事内容と合っているかどうか吟味する
- 前提となる施工規模や面積が記載されていることがあるので、その施工規模に満たない場合は単価を割増して調整する
- 欄外に単価に含まれない別途工事が書いてある場合は、それを加算した複合単価を設定する
- 単価には工務店の現場経費は含まれていないので、現場経費分として 5 ～ 10%を上乗せする

方法2 「公共建築工事標準単価積算基準」を参考にして複合単価を設定する

公共建築工事標準単価積算基準は、見積りの基準となる標準の歩掛かりが明記されたもので、国土交通省が毎年度発表している。国交省のホームページで閲覧できるので、不明な複合単価を自分で設定するときに役立つ

床フローリングの複合単価設定例（幅303㎜程度）

項目	単位	所要量	単価（円）	金額（円）
フローリングボード	㎡	1.05	2,805	2,945
釘	kg	0.06	291	17
大工	人	0.05	20,200	1,010
普通作業員	人	0.006	15,100	90
その他	式	1	（材+労）×12%	487
			合計	4,549
			+現場経費 10～15%	5,700

単価は独自に設定する必要がある

国交省が定めた標準の歩掛り

見積りの想定事例と数量拾いの基本

「詳細見積り法」の章では、以下の住宅を例にして、主に数量を拾う際のポイントを解説する

概要

建築場所	神奈川県川崎市
用途地域	第一種中高層
竣工日	平成 18 年 12 月
主要用途	一戸建ての住宅
防火地域	準防火地域
構造	木造軸組 2 階建て
敷地面積	112.63㎡

建築面積	66.42㎡
1階面積	66.42㎡
2階面積	55.08㎡
延床面積	121.5㎡
ロフト	7.29㎡
最高高さ	7.18m
最高軒高	6.93m

1階平面図（S=1:150）

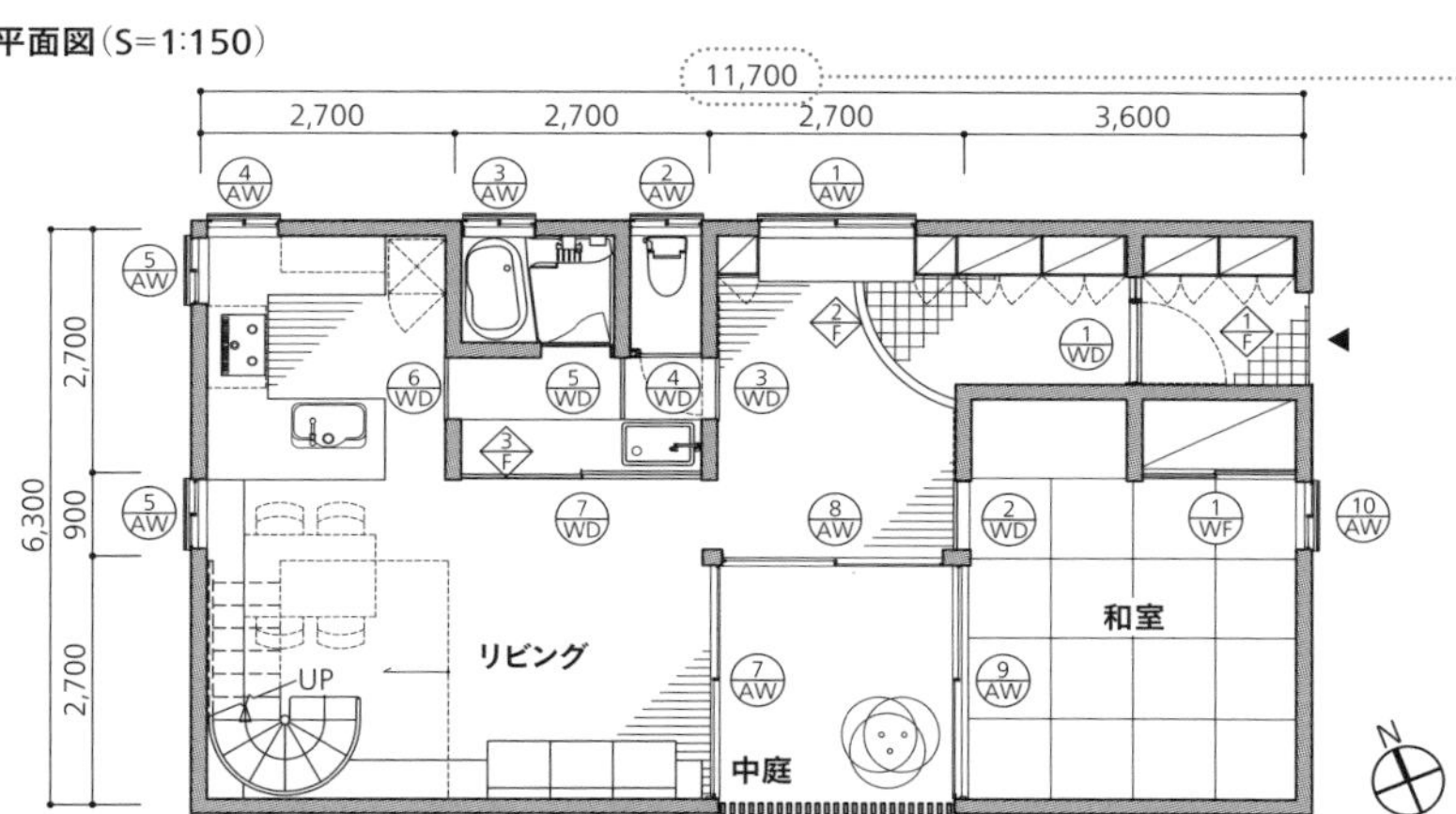

長さを拾う際、平面図に記載されている壁芯―芯間の寸法を使って計測・計算すれば、見積り時間を短縮できる

木工事の数量拾いでは以下のように考えて面積を拾う
- 吹抜け：2階床面積に加算
- 中庭：1階床面積に加算
- ルーフテラス（3面壁）：室内
- ロフト：1／2の床面積

平面図で拾える項目

- 仮設工事：仮設電気・水道、水盛り遣り方、外部・内部足場など
- 基礎工事：全般（基礎形状の書き込みが必要）
- 木工事：構造材、羽柄材、金物、野地板など
- 石・タイル・左官工事：床仕上げ工事
- 塗装工事：屋根材の塗装工事
- 内装工事：床・天井仕上げ工事
- 建具工事：建具
- 設備工事：全般（設備記号の書き込みが必要）
- 雑工事：断熱材（床、屋根・天井）

間違いポイント

予算決定前に、以下の 3 点を必ず確認
1. 地盤補強が必要か
2. 水道管交換・水道メーター設置は必要か
3. 排水最終枡設置は必要か

これらは多額の費用が発生する可能性がある工事項目のため、確認を怠ると計画そのものの可否にかかわる大問題になりかねない

拾いの基本

ほとんどの工事項目は平面図に書かれている壁芯―芯の長さを使って拾える
- 数量単位は 2 桁までは小数点以下第 2 位を四捨五入して、小数点第 1 位まで表示。3 桁以上は小数点以下第 1 位を四捨五入して整数で表示する（例　12.56 → 12.6　141.2 → 141）
- 物件ごとに見積りを一から作成するのではなく、よく使う仕様の工事項目は、そのとき使わなくとも、数量を 0 にして項目を残しておく

2階平面図（S=1:150）

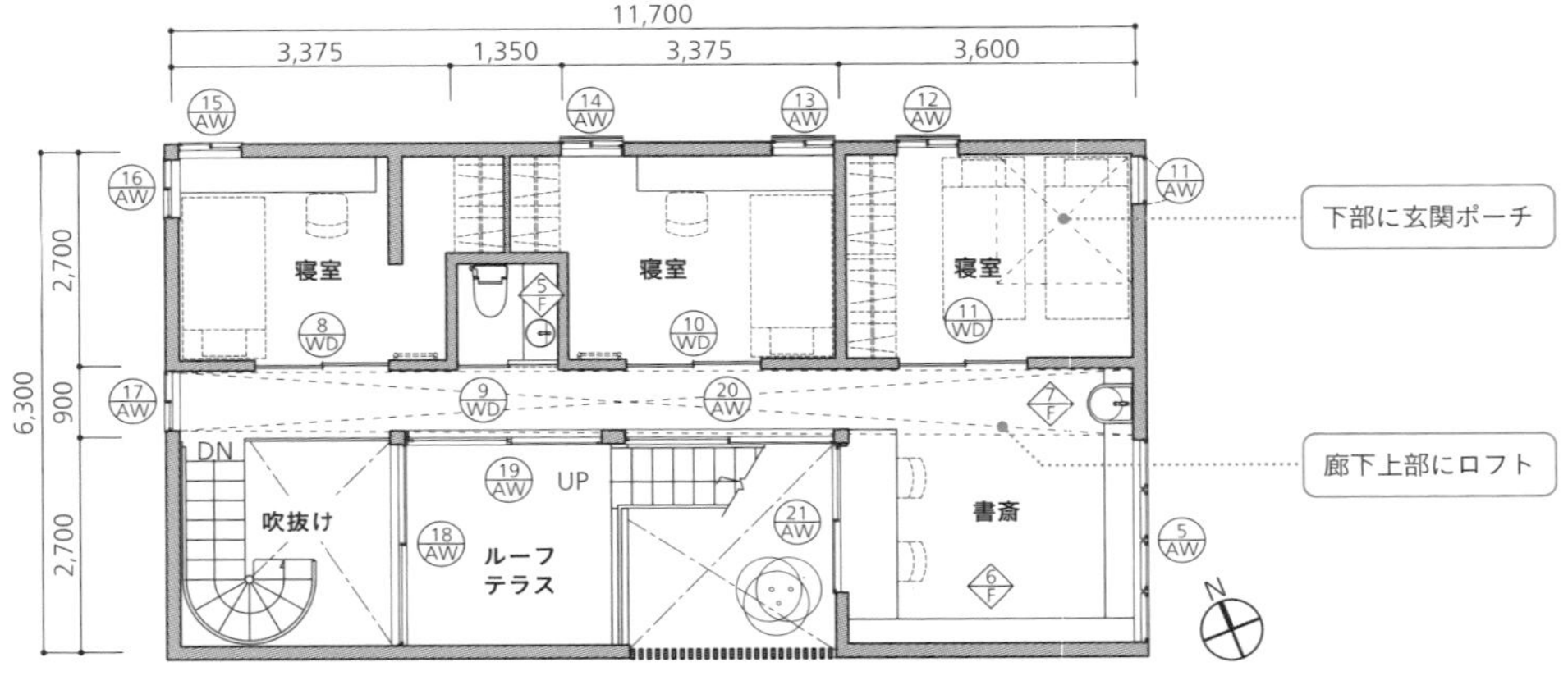

下部に玄関ポーチ

廊下上部にロフト

東側立面図（S=1:150）

南側立面図（S=1:150）

ほとんどの項目は壁芯—芯で計測するが、屋根面積は軒の出などがあり、壁芯—芯で拾うと実際の長さとの差が大きくなるため、実際の長さで算出する［45頁参照］

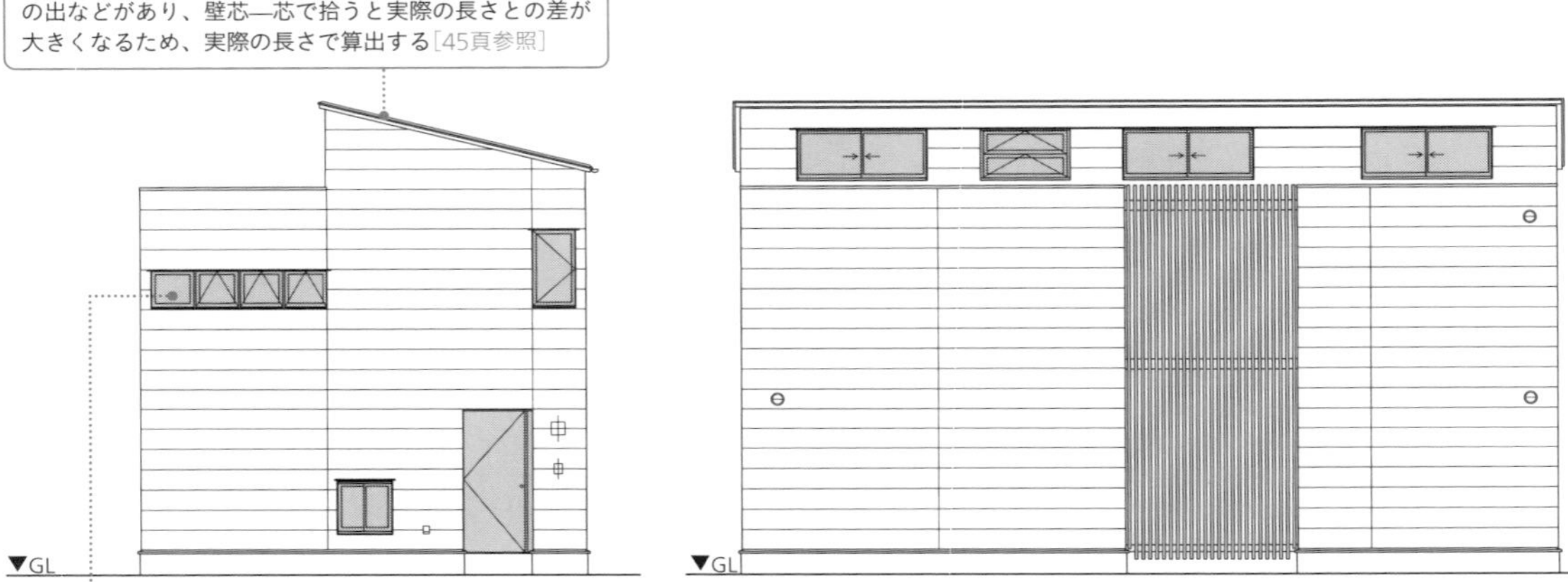

0.5㎡以上の開口部は外壁面積から差し引く

立面図で拾える項目

- ・木工事：外壁下地合板
- ・外装工事：全般
- ・石・タイル・左官工事：壁仕上げ工事
- ・雑工事：断熱材（壁）

中庭南側断面図（S=1:150）

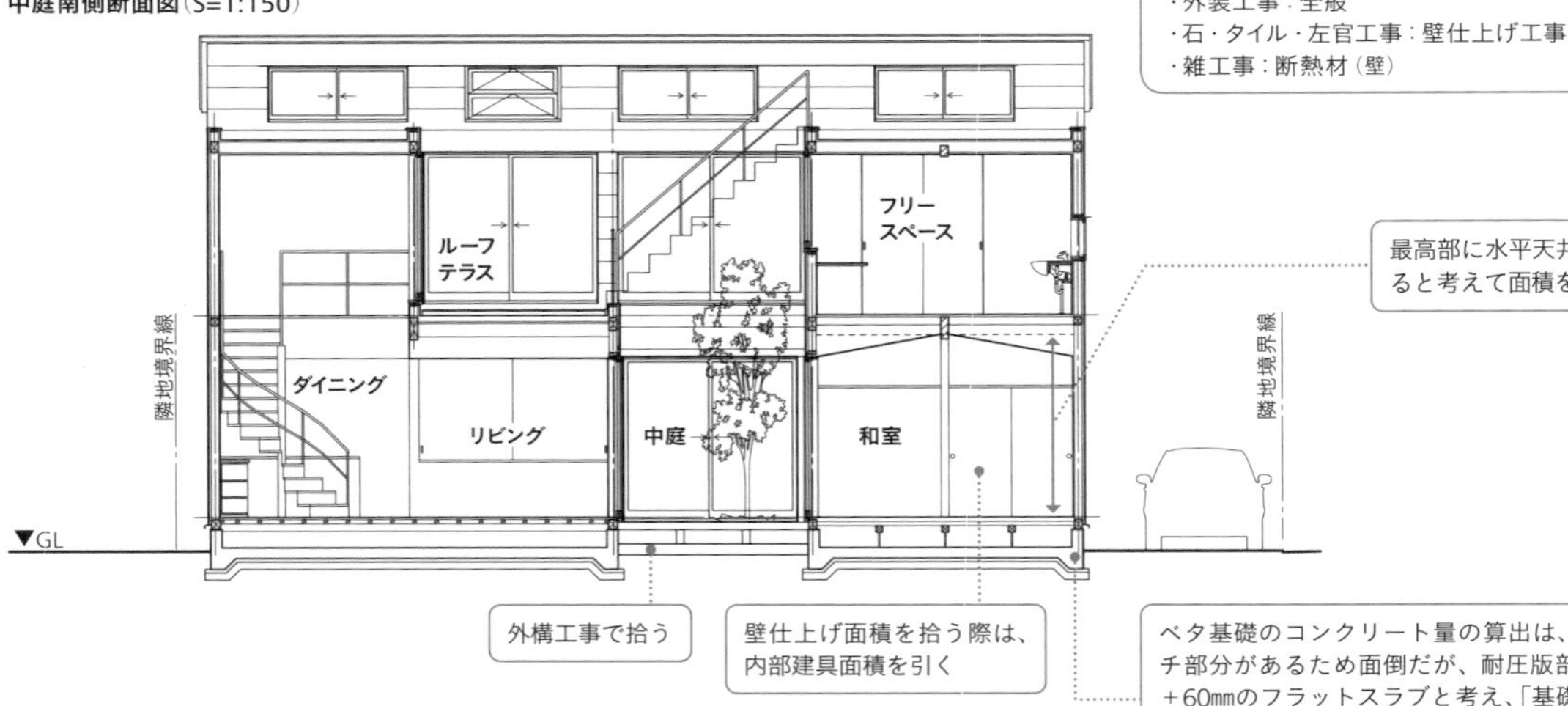

最高部に水平天井があると考えて面積を拾う

外構工事で拾う

壁仕上げ面積を拾う際は、内部建具面積を引く

ベタ基礎のコンクリート量の算出は、ハンチ部分があるため面倒だが、耐圧版部高さ＋60mmのフラットスラブと考え、「基礎立上り芯—芯での面積×60」で計算すれば、簡易的に実数量に近い体積を拾える

■仕上げ表

外部	
基礎	モルタル刷毛引き
外壁	構造用合板 9mm厚／タイベック／縦胴縁 45×18mm／窯業系サイディング 16mm厚仕上げ
屋根	ガルバリウム鋼板 0.35mm厚、心木なし、瓦棒葺き／一部 FRP 防水（歩行用・飛び火認定品）
軒裏	ケイ酸カルシウム板 6mm厚、外部用 AEP 塗装
破風	耐火破風板、外部用 AEP 塗装

内部						
階	室名	床	幅木	壁	天井	廻り縁
1	玄関	磁器タイル	磁器タイル	ビニルクロス（一般品）	ビニルクロス（普及品）	塩ビ
	和室	畳	畳寄せ	和紙クロス（一般品）	ビニルクロス（普及品）	スギ上小節
	リビングダイニング	ヒノキムク板　15mm厚	塩ビ（廻り縁転用）	ビニルクロス（一般品）	ビニルクロス（普及品）	塩ビ
	キッチン	ヒノキムク板　15mm厚	塩ビ（廻り縁転用）	ビニルクロス（一般品）	ビニルクロス（普及品）	塩ビ
	洗面脱衣室	コルクタイル	塩ビ（廻り縁転用）	ビニルクロス（一般品）	ビニルクロス（普及品）	塩ビ
	浴室	ユニットバス				
	便所	クッションフロア　2.3mm厚	塩ビ（廻り縁転用）	ビニルクロス（一般品）	ビニルクロス（普及品）	塩ビ
2	寝室A	複合フローリング　15mm厚	塩ビ（廻り縁転用）	ビニルクロス（一般品）	ビニルクロス（普及品）	塩ビ
	寝室B	複合フローリング　15mm厚	塩ビ（廻り縁転用）	ビニルクロス（一般品）	ビニルクロス（普及品）	塩ビ
	寝室C	複合フローリング　15mm厚	塩ビ（廻り縁転用）	ビニルクロス（一般品）	ビニルクロス（普及品）	塩ビ
	便所	クッションフロア　2.3mm厚	塩ビ（廻り縁転用）	ビニルクロス（一般品）	ビニルクロス（普及品）	塩ビ
	フリースペース	複合フローリング　15mm厚	塩ビ（廻り縁転用）	ビニルクロス（一般品）	ビニルクロス（普及品）	塩ビ
	廊下	複合フローリング　15mm厚	塩ビ（廻り縁転用）	ビニルクロス（一般品）	ビニルクロス（普及品）	塩ビ

トラブル回避＋α

こっそり確認 見積り用語集

掛け率
定価に対する購入価格の割合を表す。「7掛けで仕入れる」というのは、定価の3割引ということ

合成単価
いくつかの複合単価をまとめた単価。「屋根スレート+アスファルトルーフィング」のように、部位でまとめられることが多い

実行予算
工事契約成立後、施工者が実務に即して作成する予算のこと

設計価格
メーカーが提示する「定価」とほぼ同義で使われることが多い

歩掛り
各工事項目で、単位当たり必要な資材・労務量のこと。資材では端材などの量で、労務では1人の1日当たりの作業量で、それぞれ示されることが多い

複合単価
材工共の単価。下請けが材料をもつ契約になっている場合、下請け業者の材料費・人件費・諸経費を含んだ単位当たりの金額。見積りでは、材料費・人件費・諸経費の単価に歩掛かりを掛けて算出される金額

見積書

この事例での工種ごとの見積りは以下のとおり

名称	金額（円）	参照頁
1　仮設工事	985,212	36
2　基礎工事	1,585,191	37
3　木工事	8,690,726	41
4　屋根・板金工事	2,507,794	44
5　左官工事	222,192	47
6　塗装工事	420,552	49
7　内装工事	1,352,320	51
8　金属製建具工事	4,602,900	53
9　木製建具工事	1,360,500	56
10　電気設備工事	1,673,340	65
11　給排水・衛生設備工事	2,585,570	68
12　雑工事	3,918,279	72
小計	29,904,576	
経費	2,990,457	
合計	32,895,033	
消費税（10%）	3,289,503	
総合計	36,184,536	

坪単価：792,651 円（施工床）、898,771 円（基準法床）

坪単価も出しておく

工種別の見積り明細を掲載した

工務店の会社経費。工事費全体の10%

仮設工事「一式＋足場」は×

表　仮設工事の見積り明細書

近隣対策や安全対策で必要な場合に計上する

建設地が空き地で草刈りが必要な場合に計上する

建替えで水道料金を建築主が直接水道会社に支払う場合、引込み費（2万円）のみ計上する

建替えで電気料金を建築主が直接電力会社に支払う場合、引込み費（4万円）のみ計上する

建築面積を計上する

	名称	内容	数量	単位	単価	金額
共通仮設	整地整理	草刈り	0	㎡	150	0
	仮囲い	シート張り、高さ2.0m程度	0	m	2,330	0
	仮設トイレ	存置3カ月程度	1	式	65,000	65,000
	仮設電気	引込み、電力料金共	121	㎡	600	72,600
	仮設水道	引込み、水道料金共	121	㎡	400	48,400
直接仮設	水盛・遣り方	木造2階建て、150㎡程度	66.4	㎡	380	25,232
	墨出し	木造2階建て、150㎡程度	121	㎡	460	55,660
	外部足場	単管棚足場	285	㎡	750	213,750
	屋根足場	6／10寸勾配以上の場合	0	㎡	1,000	0
	シート養生	ポリエチレンシートまたはメッシュ	0	㎡	160	0
	内部足場	脚立	121	㎡	460	55,660
	内部養生	ビニル、ベニヤ、テープ	121	㎡	430	52,030
	片付け・清掃	入居前クリーニングを含む	121	㎡	490	59,290
	発生材処分費		121	㎡	2,790	337,590
					合計	985,212

外壁芯から50cm外側の周長に高さを乗じた面積を計上する。中庭や内部吹抜けがある場合は1カ所5万円を計上する

延床面積を計上する

単価は過去の工事費や積算資料を参考にして出している

近隣対策などで必要な場合に計上する

作業員の保険は諸経費に含まれているため、ここでは計上しない

信頼ポイント
外部足場以外も細目ごとに出すことで、見積り精度がアップ！

通常、仮設工事は共通仮設と直接仮設に分けられる。共通仮設は、仮設トイレや工事用電力・水道費、作業員の保険など、建物の工事には直接関係ないが、全体の作業上必要な費用である。直接仮設は、遣り方や墨出し、足場など、工事に直接使う仮設物の工事費用である。

木造住宅ではこれらの費用を、まとめて仮設工事費用として扱うことが多い。

概算見積りでは、仮設工事を「一式50万＋外部足場」としてまとめて計上する方法もあるが、筆者は必要な工事項目ごとの長さや面積を拾い出して計上している。これは、物件ごとに必要な項目が異なり、単純に一式で計上すると実際の費用との差が大きくなることがあるからである。項目ごとに計上してもそれほど時間がかからないうえ、より根拠ある金額を出すことができる。

（森健一郎）

基礎工事　コンクリートは割り切って拾おう

図1　基礎形状は3種類

独立基礎

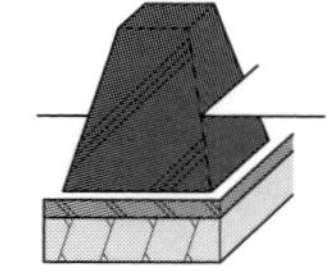

単体で荷重を受ける基礎。玄関ポーチの庇の柱受けやウッドデッキの基礎などに使用することが多い。現場打ちすることもあるが、ウッドデッキなどでは主に既製品が使われる

布基礎

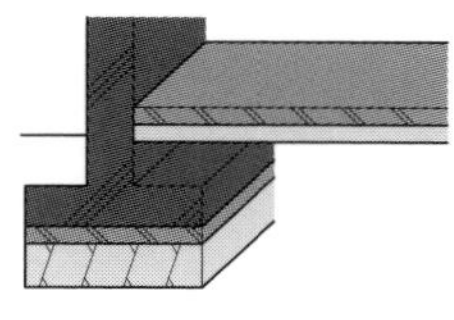

住宅基礎として古くから多用されている逆T形基礎。一般的には施工費が安いといわれているが、防湿措置（後打ちの防湿コンクリート・防湿フィルム+押さえコンクリート）を施す場合、ベタ基礎と比較してコストメリットはほとんどない

ベタ基礎

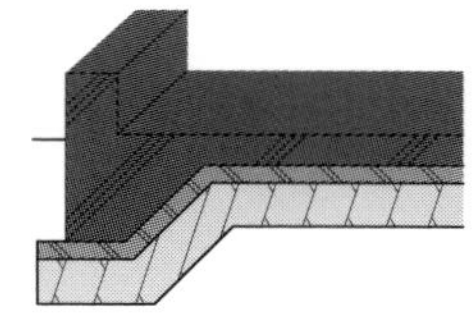

剛性が高く防湿性能もよい一体構造で、施工工程が少なく土工事も減らせるなどの理由もあり近年多用されている。地盤などの条件が整えば、立上りのないオールフラット形状のベタ基礎にするとさらに不要土を削減できるため、よりコストメリットが高い

図2　「一式」で計上する場合の設定例

下記のように、標準仕様の複合単価を設定し、これをもとに基礎工事を「一式」として計上する方法もある

18,000円／mの標準基礎断面図

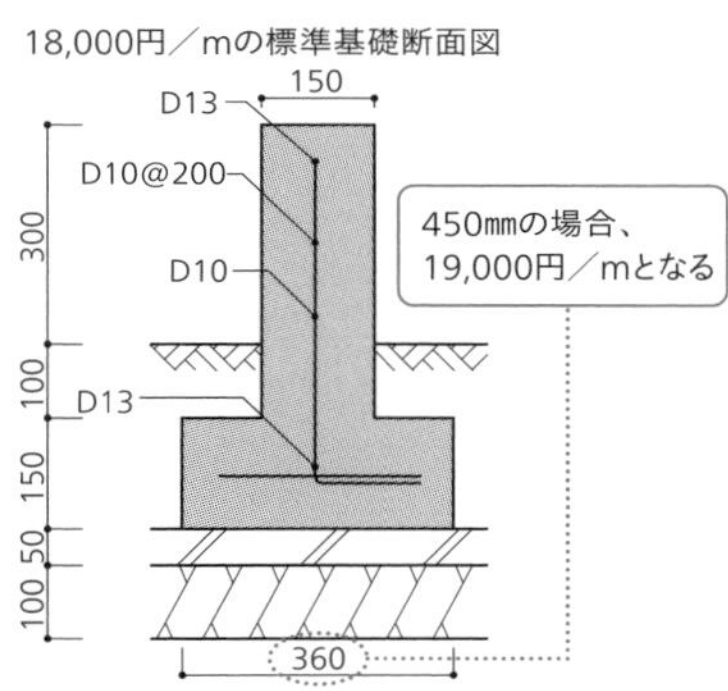

21,000円／㎡の標準基礎断面図

150
D13
D10@200
D10@200
D13
300
200
50
100
150
100
基礎コンクリート㋐150
防湿フィルム㋐0.2
砕石地業㋐100

基礎工事のコストは、①地盤補強工事、②土工事、③地業工事、④型枠工事、⑤鉄筋工事、⑥コンクリート工事の6種類から構成される。木造住宅程度の規模では、①の地盤改良工事・杭工事以外は同一業者により施工されることが多い。

安易な「一式」は禁物

コストと見積り数量拾いの観点から、基礎形状はベタ基礎・布基礎・独立基礎の3種類に分類される［図1］。

建売住宅のように仕様が統一されている場合は、標準的なベタ基礎［図2］を想定して「2万1千円／㎡（玄関ポーチなども含めた基礎面積・地盤改良は含まず）」を計上する手法が短時間で見積りできて手っ取り早い。そのため、主に建売住宅を手がける施工者から提出される見積書では、㎡単価で一式計上されることもある。

しかし筆者の経験では、標準的な基

図3 基礎のコスト構成

地盤補強工事

・概算段階では地盤補強工事の要否や補強工事の種類を特定できないことが多く、見積もりにくい項目だが、過去の近隣での施工データを地盤業者に確認したり周辺住宅へ聞き込みするなどの事前調査により、補強が必要となりそうな場合には金額を計上しておく
・表層改良や柱状改良は改良する深さで金額が大きく変わるが、予算確保を最優先して次の金額を計上する
表層改良: 7,500円／㎡
柱状改良:15,000円／㎡
鋼管杭:20,000円／㎡

地業工事

・土工事と一連の工程で行われる工事で、内訳は、材料費(割栗石・砕石)とポリエチレンフィルム敷きなど
・最近、割栗石はあまり使われず、砕石敷きが多くなっている
・ポリエチレンフィルムは厚みによって単価が若干変わるが、金額の差は小さいため、筆者は0.2㎜品の価格で統一している

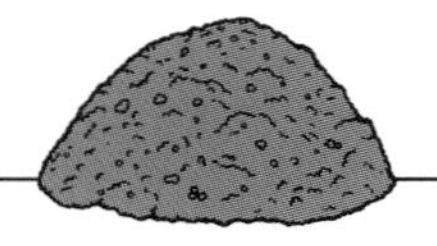

土工事

・掘削工事(根切り・床付け)・埋戻し・残土処分のほか、必要に応じて盛土も行う

土工事のコスト変動要因

各工事:機械施工か人力施工か
埋戻し土:根切り土か搬入土か
不用土処分:場内敷き均しか場外処分か
これらの判断には経験が必要で、判断を間違えると見積り金額の開きが大きくなる

型枠工事

・内訳は、型枠(鋼製・合板)・基礎断熱打込み工事など
・住宅の基礎では鋼製型枠を使用することが多い

鉄筋工事

・内訳は、材料費(鉄筋・アンカーボルト)と鉄筋の加工・組み立てなど
・住宅では、主にD10・D13・D16の異形鉄筋が使われる。このためガス圧接ではなく重ね継手で組み立てられるため、手間賃は割安になる

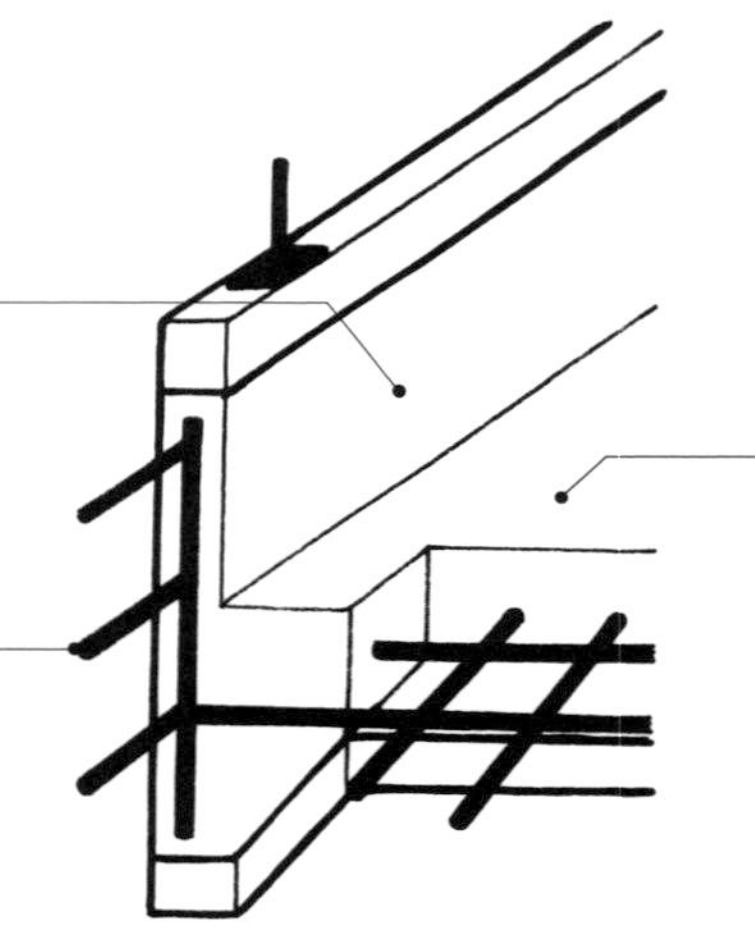

コンクリート工事

・内訳は、材料費・打設手間・ポンプ使用料など
・外構の捨てコンクリートや土間コンクリートのような小規模の打設は、ポンプ圧送ではなくカート打ち[※]となり、割安となる
・小型ミキサー車でなければ入れないような敷地の場合、打設費用の割増しが必要となる。この判断には経験が必要だが、敷地に普通乗用車が通行できれば通常の単価でよい

※:手押し車でコンクリートを運んで打設する方法

礎をそのまま適用できるケースのほうが少ない。一部が深基礎の場合や、スラブスパンが大きくダブル配筋となる場合、フラット35や長期優良住宅の仕様が必要な場合、円形基礎やオールフラット基礎とする場合など、一式計上の標準単価では積算できないことが非常に多い。そのため、ここでは工事項目ごとの数量を拾ってコストを算出している。

建築主からの信頼を獲得する意味でも、一式計上ではなく、工事項目ごとに金額を計上する意味は大きい。ぜひ実践していただきたい。

神経質にならずに拾う

コンクリート量は地中ハンチ部分・耐圧版部分・立上り部分の体積を合計して拾い出す。布基礎は、単純な逆T字形のため拾いやすいが、ベタ基礎だとハンチ部分があり、やや複雑になる。さらに、基本設計段階ではハンチの正確な位置が判明していないことが多い。

そのため筆者は、ハンチ部分を拾わない代わりに、通常150㎜で設定している耐圧版部分の厚みを210㎜としている。このようにして拾えば、一定の精度を確保しつつ、作業にも過度な負担がかからない。

(森健一郎)

図4　基礎工事の数量はこうして拾おう!

ベタ基礎の場合、地中のハンチ部分を正確に拾おうとすると作業がかなり煩雑になる。

そこで、ハンチ部分を考慮した係数を用いることで、精度を確保しつつ作業の簡略化を図る

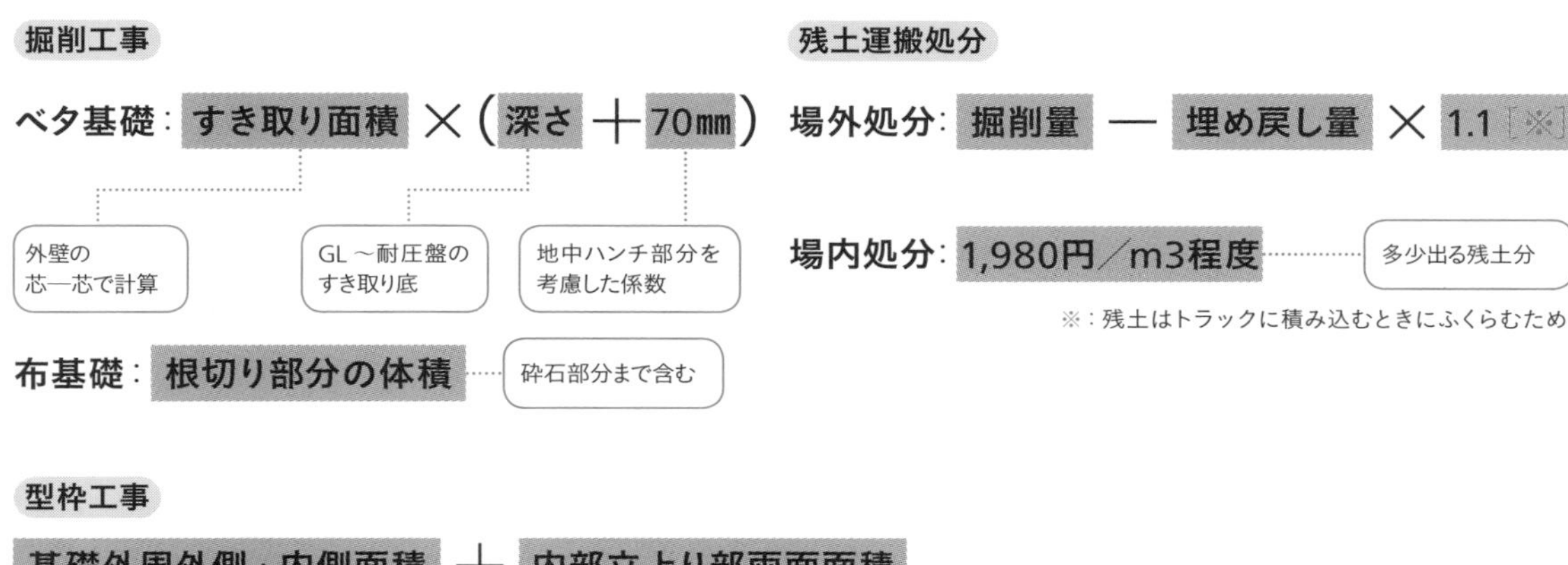

型枠工事

基礎外周外側・内側面積 ＋ 内部立上り部両面面積

コンクリート工事

コンクリート実体積（地中ハンチ部分＋耐圧版部分＋立上り）＋ 打設費用

- ベタ基礎の場合、ハンチ部分を拾わず、耐圧版部分の厚みを通常より厚くして計算する
- 面積（外壁の芯で拾う）×厚さ+ 60（ハンチ部分を考慮した係数）
- 立上りの幅×高さ×長さ
- コンクリート量が5㎥未満でミキサー車を横付けできる場合はカート打ちとなるため、ポンプ使用料を計上しない

鉄筋

鉄筋の実長 × 1.2 × 鉄筋の単位重量

- 鉄筋の重ね幅などの余長分
- ベタ基礎［37頁図2］での計算式
  D13:「基礎立上り長さ×2」
  D10：耐圧版部「建物の長辺・短辺長さ×本数」
  立上り部「ハンチ部やかぶり厚を考慮した長さ（ここでは100㎜）×本数」
- 鉄筋の種類によって決まっている
  D10：0.560kg／m
  D13：0.995kg／m
  D16：1.56kg／m

基礎天端均し

基礎立上り長さ

アンカーボルト

基礎立上りの長さ ÷ 1.82 として本数を計上

1間（1,820㎜）ごとにアンカーボルトが入ると想定した係数

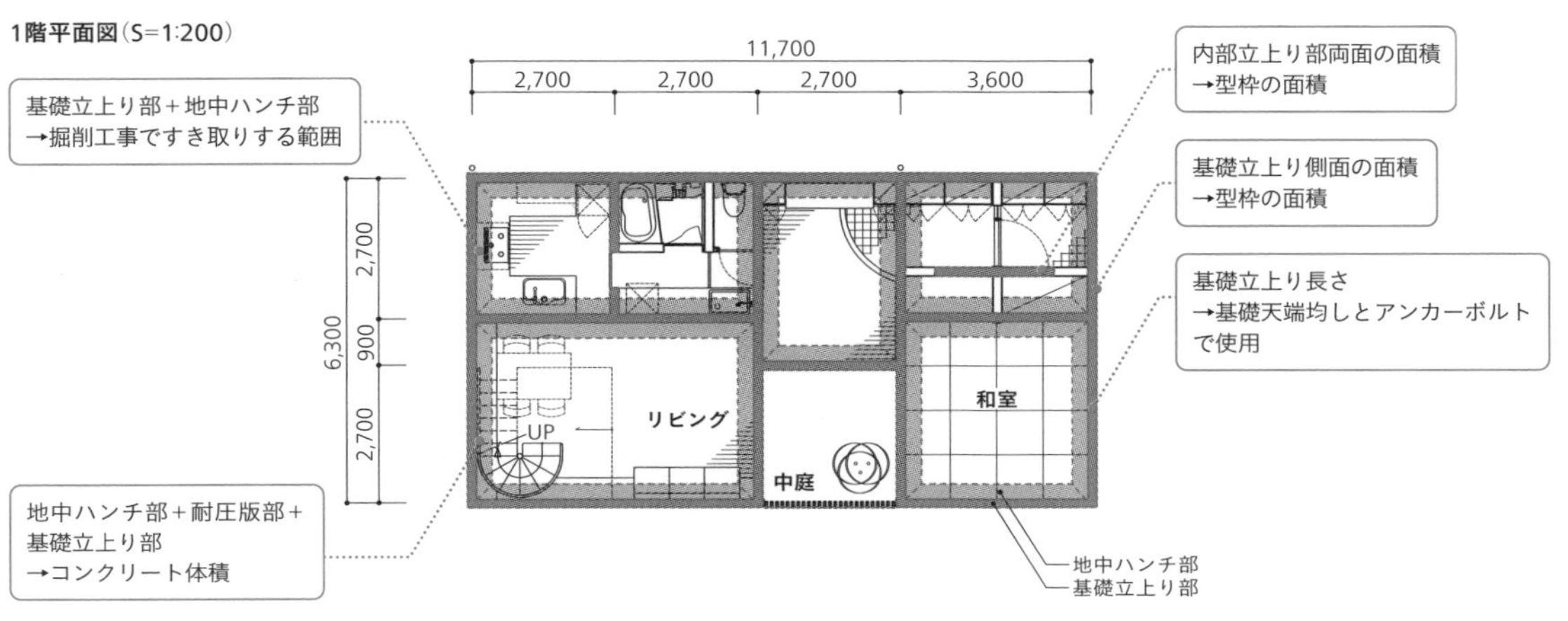

表　基礎工事の見積り明細書（ベタ基礎）

間違いポイント
掘削・残土・砕石・コンクリート・鉄筋の拾いは、係数を使わないと煩雑になる

人力掘削となる場合、単価は1.2倍

ベタ基礎は㎥、布基礎は㎥

残土量（13.6㎥）の1.1倍

場内処分できるときは1,980円／㎥

名称	内容	数量	単位	単価	金額
掘削工事	機械、根切り・床付け共	17.9	㎥	2,750	49,225
残土運搬処分	場外処分、普通土	19.7	㎥	8,800	173,360
砕石敷き	100～150㎜厚程度、目潰し砂利、ランマー込み	7.6	㎥	10,450	79,420
埋戻し・整地	搬入土、良土、運搬費込み	1.6	㎥	6,110	9,776
捨てコンクリート		1.1	㎥	19,700	21,670
同打設費	シュート打ち	1	式	35,640	35,640
鉄筋	鉄筋、加工、組み立て	991	kg	230	227,930
基礎型枠	金属型枠	42.3	㎡	7,150	302,445
ベースコンクリート		13.9	㎥	22,000	305,800
同打設費	ポンプ打ち	13.9	㎥	4,950	68,805
立上りコンクリート		2.4	㎥	22,000	52,800
同打設費		2.4	㎥	4,950	11,880
アンカーボルト		36	本	800	28,800
基礎天端均し		64.8	m	1,200	77,760
ポンプ使用料		2	回	55,000	110,000
防湿フィルム	ポリエチレンフィルム 0.2㎜厚	66.4	㎡	450	29,880
断熱材打ち込み手間		0	式	20,000	0
				合計	1,585,191

実際の厚さ（100㎜）に、基礎のハンチ部分を考慮した係数（15）を加えて算出

・D10、鉄筋実長 1,253m
→ 1,253×1.2×0.560＝842
・D13、鉄筋実長 125m
→ 125×1.2×0.995＝149

基礎立上り長さ÷1.82本

基礎立上りの長さ

ポンプ打ちの回数

基礎に断熱材を打ち込む場合、基礎工が施工するため、基礎工事で計上すると拾いやすい

コンクリートの種類が多様なうえ打設の方法も2種類あるため、材工を分けて計上する

基礎断熱の場合、手間代を一式計上

掘削すき取り面積

トラブル回避＋α

施主支給の罠

設計監理を受けたある住宅での話。設備機器の発注に際し、建築主から「ユニットバスはインターネットで購入したものを支給する」と言われた。後日、建築主よりメールで製品番号が送られてきたので、一応カタログで大きさを確認し、施工会社に伝えた。その後ユニットバスが現場に届き、取付けも無事完了した。

しかし施工後、建築主が「水栓金物が1個しかない」と言い出した。建築主は、洗い場側と浴槽側の2カ所あるタイプの水栓金物を望んでいたが、実際施工された水栓金物は1個で、洗い場と浴槽で共用するタイプのものだった。

これを受け、建築主は筆者と現場監督に対し、「どうして発注前に気が付かなかったのか」と問い詰めてきた。予想もつかない質問に、一瞬絶句してしまった。結局、施工会社が無償で再施工することで収束した。

このように、建築主は細かい仕様をよく確認せずに発注してしまうことがある。施主支給でコストダウンを図ったつもりでも、再発注などになればかえって通常より割高にもなりかねないため、設計者は自分で発注するときよりも慎重に確認する必要がある。（佐川旭）

木工事 高精度な見積りに木拾いは不要

図1 木工事のコストは7種類で構成される

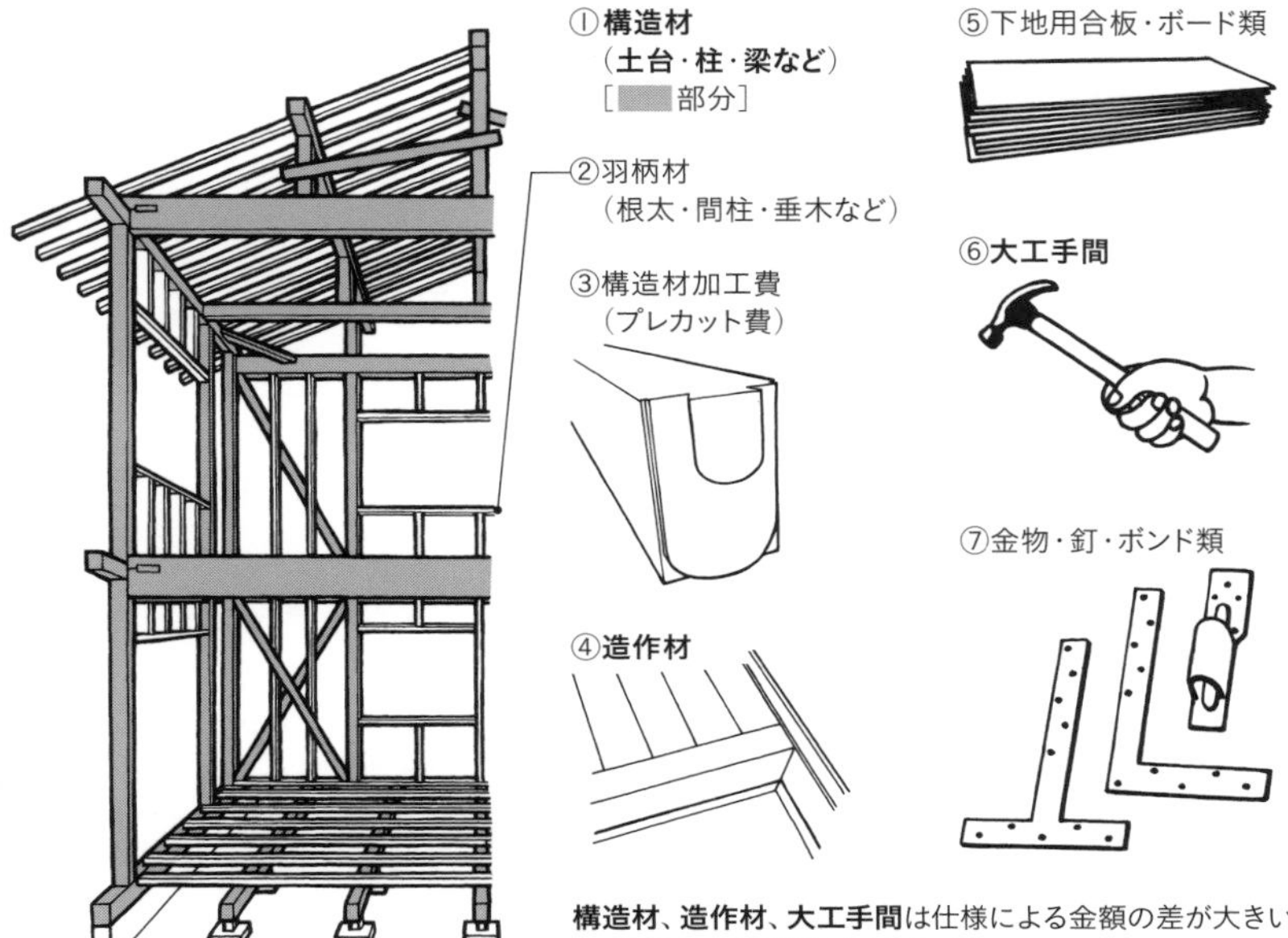

構造材、**造作材**、**大工手間**は仕様による金額の差が大きいため、「グレード別単価表」を作成する

図2 グレード別単価表

構造材・造作材・大工手間に関し、それぞれ3段階のグレードで坪単価を設定し、数量は木拾いをせず坪で拾う。これにより、設計実務上の効率と精度を両立させることができる

■グレードの設定

グレード1	構造材は105㎜角の柱で柱梁の露出がなく、建売住宅程度の仕様
グレード2	構造材は120㎜角の柱で部分的に柱梁の露出があり、額縁も大工の加工が必要な仕様
グレード3	ヒノキ無節の柱が露出する純和風住宅の仕様

それぞれで単価を設定しているため、たとえば構造材はグレード1、造作材はグレード3、大工手間はグレード2という具合に、別々のグレードの単価を出すことができる。また、1階の半分は真壁で2階は標準的な大壁だけというような場合、1階にはグレード2の単価を、2階にはグレード1の単価を採用することもできる

項目	内容	グレード1	グレード2	グレード3
構造材	柱	スギ1等、KD、105㎜角	スギ1等、KD、120㎜角	ヒノキ、無節、105㎜角
	梁	ベイマツ1等、KD	ベイマツ1等、KD	ベイマツ特1等
構造材坪単価		45,000円	58,000円	70,000円
造作材	額縁	スプルース、ベイツガ	スプルース	ヒノキ
	敷鴨居	なし	スプルース、ベイマツ	ヒノキ
	廻り縁	なし	スプルース、スギ	ヒノキ
造作材坪単価		30,000円	40,000円	55,000円
大工手間	仕様	大壁、建売住宅程度	大壁（一部真壁）、 大工取付け家具別途加算	純和風
大工手間坪単価		60,000円	70,000円	85,000円

この表における大工手間は下地材の手間賃までしか入っていないので、床フローリングや壁天井の板張りがある場合は、その分の大工手間を別途計上する

図3　木工事の数量はこうして拾おう!

木拾いは行わなくてよい。基本的には施工床面積に単価を乗じて金額を計上する。下地用合板・ボード類のみ壁・天井面積で拾う

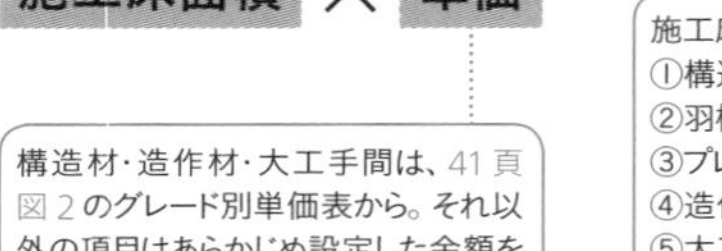

構造材・造作材・大工手間は、41頁図2のグレード別単価表から。それ以外の項目はあらかじめ設定した金額を入れればよい

施工床面積で拾う項目
①構造材
②羽柄材
③プレカット費
④造作材
⑤大工手間
⑥金物・釘・ボンド類

木材は㎥単価を㎡単価に換算

㎥単価で扱われる構造材や羽柄材の坪単価を算出する際には、一般的な住宅の坪当たりで使われる木材量を考慮して設定した係数を用いる

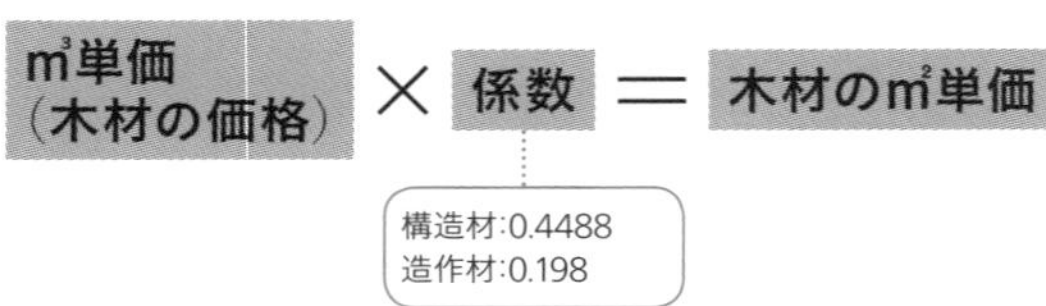

構造材:0.4488
造作材:0.198

拾いの精度を上げる方法

1階平面図(S=1:200)

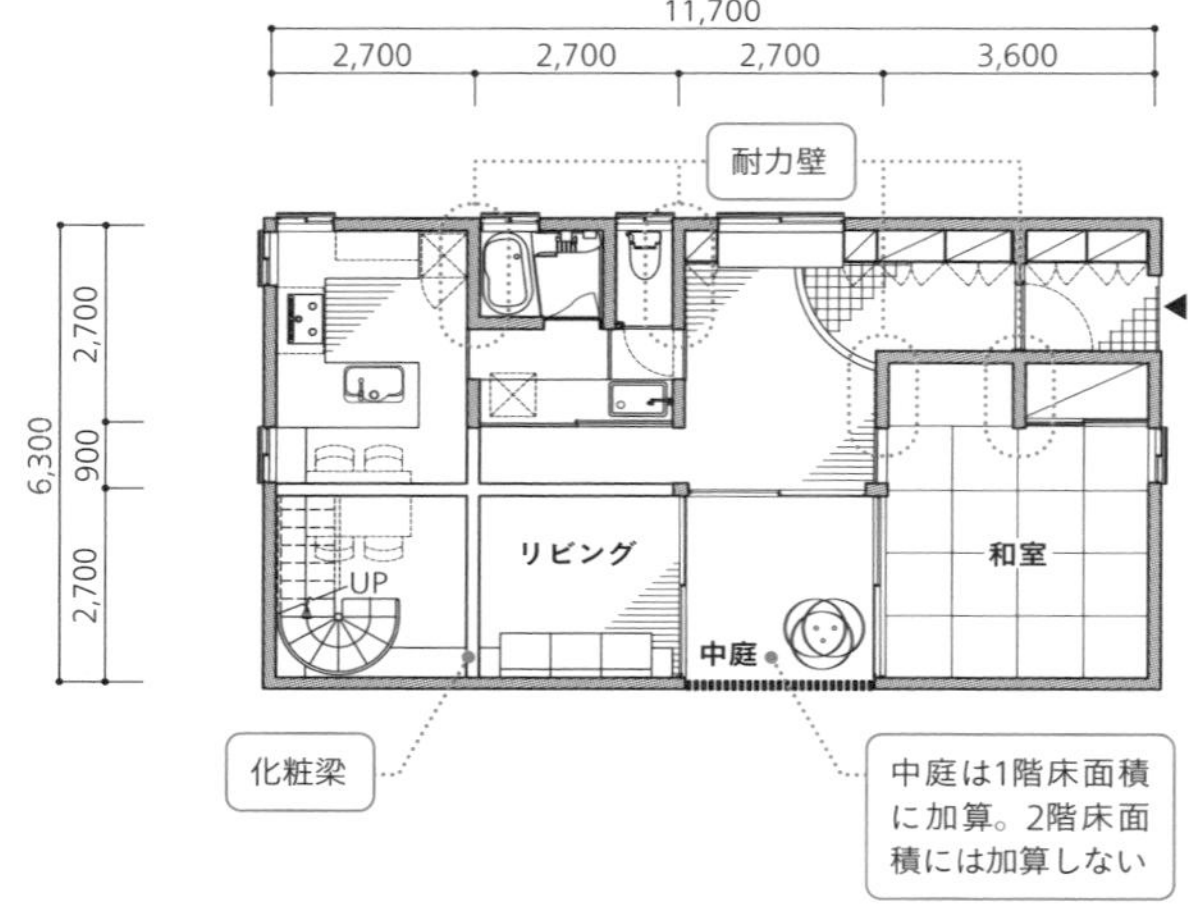

ポイント①
プレカットの場合、登り梁や化粧梁など、手加工となるものは別途加工費が必要なのでおおよその本数を拾う

ポイント②
下地用合板・ボード類は内部仕上面積を拾う。内部仕上面積は内装工事で拾う [51頁参照]

2階平面図(S=1:200)

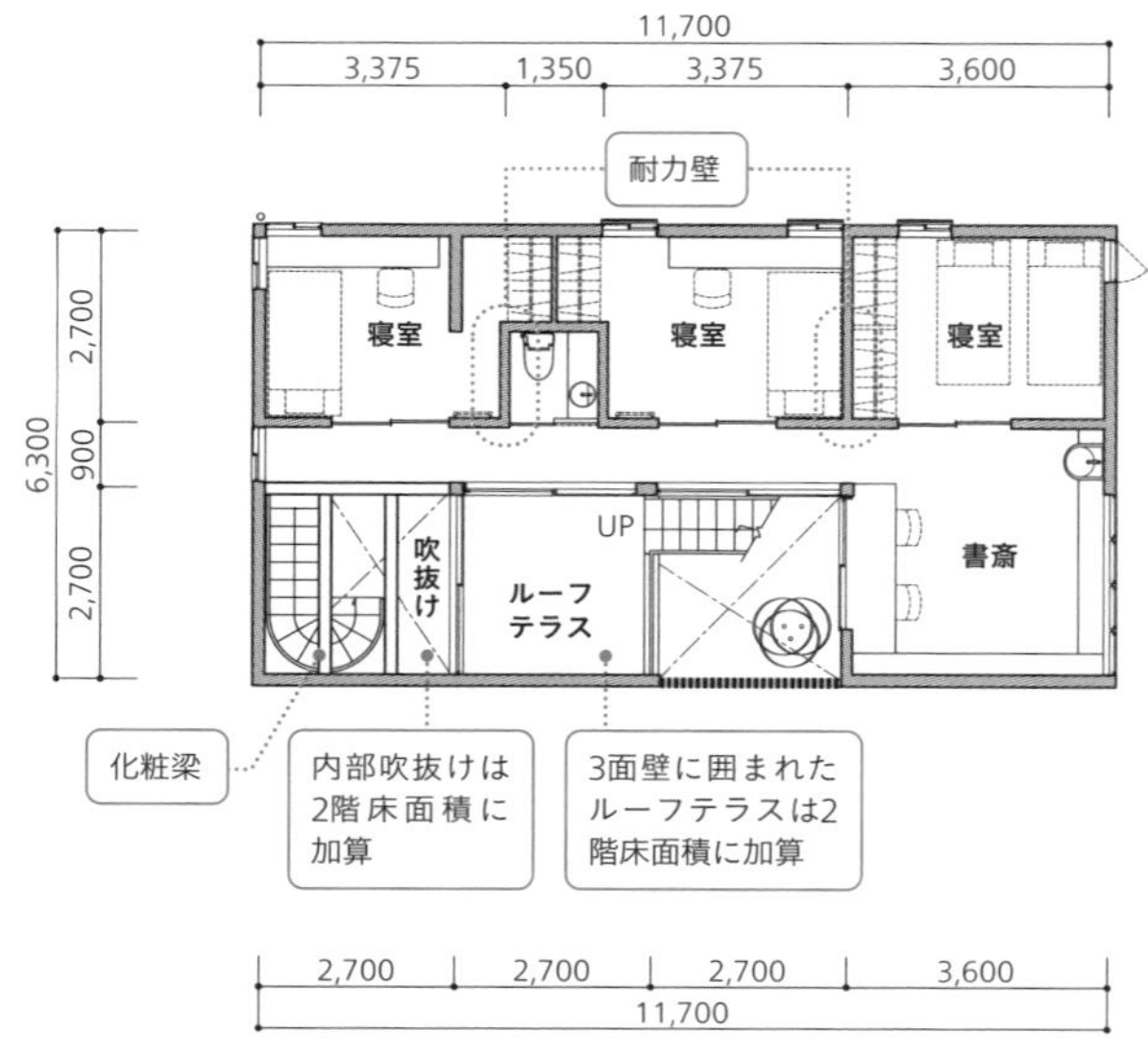

ポイント③
外壁下地合板の数量は、外壁面積に内部耐力壁の面積を加えて拾い出す

ポイント④
内部吹抜けや3面以上壁に囲まれた中庭などの面積、さらにロフトとバルコニーの面積の1/2も施工床面積に含める

表　木工事の見積り明細書

間違いポイント
法規上の延床面積で拾わないこと施工床面積で拾わないと、金額が実際より安く出てしまう

グレードにかかわらず一定とした単価

グレード別単価表をもとにした単価

名称	内容	数量	単位	単価	金額	備考
構造材	土台、柱、梁、母屋など	44	坪	45,000	1,980,000	グレード 1
羽柄材	間柱、胴縁、垂木、仮筋かい、根太など	44	坪	21,000	924,000	
補足材	隙間を充填する端材など	44	坪	3,000	132,000	
構造金物費		44	坪	2,500	110,000	
プレカット費		44	坪	12,000	528,000	
化粧梁加工費		6	本	10,000	60,000	
現場搬入費		44	坪	1,650	72,600	
造作材	額縁、鴨居、廻り縁、幅木など	44	坪	30,000	1,320,000	グレード 1
野地板 (勾配屋根部分)	耐水合板 12mm厚	49.0	㎡	2,000	98,000	
野地板 (FRP 防水屋根部分)	FRP 防水屋根部分、構造用合板 12mm厚、2重張り	48.6	㎡	2,000	97,200	
外壁下地合板	構造用合板 9mm厚	215	㎡	1,600	344,000	
軒裏ケイカル板	ケイ酸カルシウム板 6mm厚	5.6	㎡	1,260	7,056	
石膏ボード 12.5mm厚		289	㎡	550	158,950	
石膏ボード 9.5mm厚		129	㎡	480	61,920	
大工手間		44	坪	60,000	2,640,000	グレード 1
釘、金物、ボンド類		44	坪	2,500	110,000	
建方レッカー車		1	式	47,000	47,000	
				合計	8,690,726	

在来工法で金物工法の場合は 5,000 円／坪とする

手刻みとなるため、プレカット費とは別に本数で計上

勾配屋根の面積［45 頁参照］

内部壁仕上げ面積［52 頁参照］

内部天井仕上げ面積［52 頁参照］

外壁面積から算出［46 頁参照］。部分的に筋かい仕様となっている場合は、その分を引いて計上する

大工工事は、材料費と労務費が明確に分かれる

間違いポイント
FRB 防水の下地は 2 重のため、「屋根面積×2」となる

グレードにかかわらず一定とした単価

木工事は、構造材・造作材・その他木質系材料の費用と大工手間からなり、総工費に占める割合が30%前後と最もウエイトが高い。工事項目は7種類に分けられるが［41頁図1］、なかでも構造材、造作材、大工手間の3つは建物の仕様グレードによる金額の差が大きい（ほかの項目はグレードがあまり金額に影響しない）。そこで、これらの3項目でグレード別の坪単価表を作成した［41頁図2］。この単価を設定する際は、㎥単価で示される木材の価格を㎡単価に換算する必要がある［図3］。

本来、木工事は木拾いで数量を出すが、慣れないうちは木拾いは難しいうえ作業が煩雑で、特に設計者にとってはハードルが高い。そこで筆者は、木拾いをせず坪単位で数量を出している［図3］。単価と数量を的確に設定できれば、木拾いをしなくても大きな誤差のない金額を算出できる。

大工が施工する項目が対象となる木工事には、通常、床フローリングのように仕上げにかかわる大工工事も含まれる。しかし、それらは下地の仕様や仕上げ材の種類に左右されるため、内装工事で計上したほうが仕上材の変更に対応しやすく、扱いやすい［51頁参照］。

（森健一郎）

屋根と外装はまとめてよし

図1　屋根・板金・外装工事のコスト構成

屋根工事

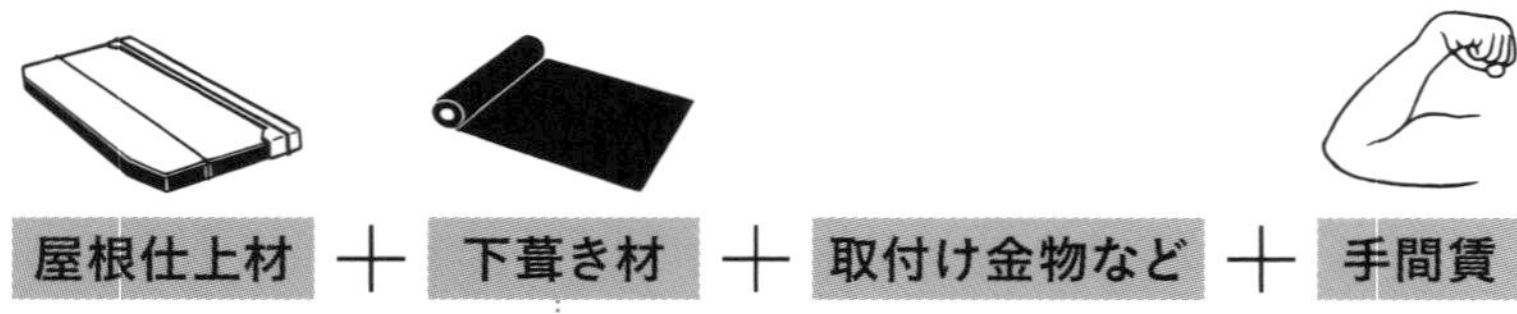

屋根仕上材 ＋ 下葺き材 ＋ 取付け金物など ＋ 手間賃

軒先やケラバなど屋根廻りに水切が必要な場合は、別途板金工事で計上

屋根工事の単価は、金属板・スレート・瓦といった仕上材の種類のほか、葺き方によっても異なる。代表的な仕上材と葺き方については各自で標準単価を設定しておくとよい

■屋根仕上材の単価設定例

ガルバリウム鋼板（0.35㎜厚）	
瓦棒葺き（心木あり）	6,500円
瓦棒葺き（心木なし）	7,000円
縦はぜ葺き	7,000円
平葺き（一文字葺き）	7,500円

化粧スレート	
平場	5,500円／㎡
棟包み	4,620円／㎡
軒先水切	1,500円／㎡
ケラバ水切	1,500円／㎡

瓦	
和型いぶし	9,300円／㎡
和型陶器	7,000円／㎡
軒先	3,300円／m
棟部	13,200円／㎡

板金工事

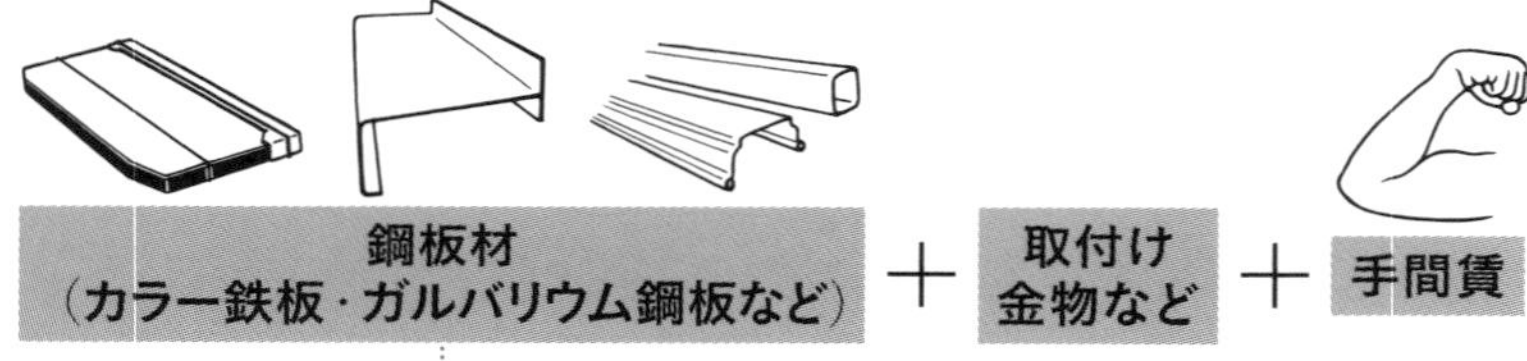

鋼板材（カラー鉄板・ガルバリウム鋼板など） ＋ 取付け金物など ＋ 手間賃

鋼板の材質の違いのほか、延幅（糸幅）［※］でも単価が変わる。150→300→450㎜と幅が広がるほど単価が上がる

※：水切、樋では、折り曲げられる前の鋼板の幅

FRP防水工事（バルコニー）

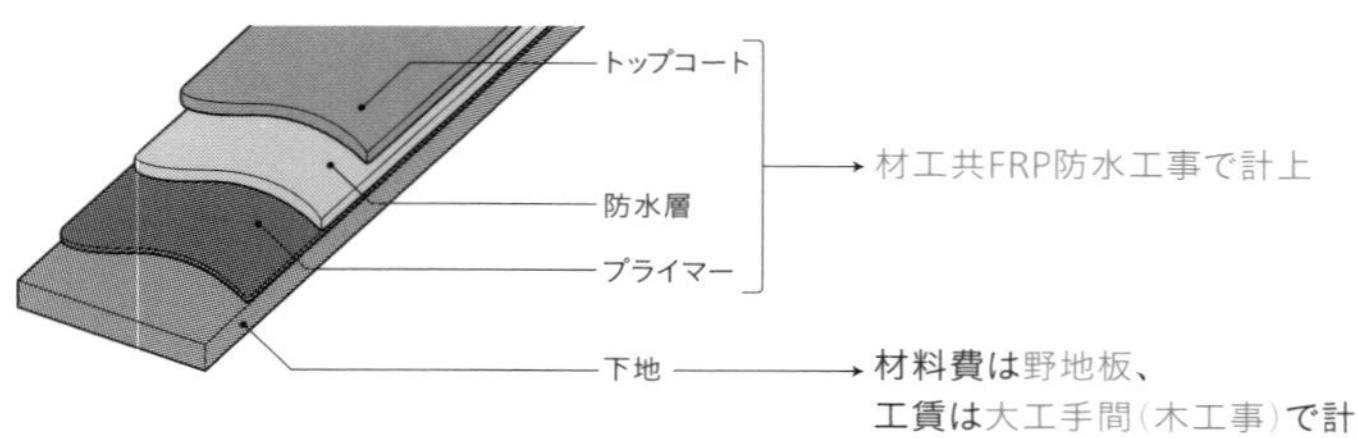

サイディング工事（外装）

平場材料 ＋ コーナー役物 ＋ 取付け金物 ＋ シーリング ＋ 手間賃

金属系サイディングの場合は窓廻りの板金を別途計上し、木質系サイディングの場合は必要に応じて塗装やコーナーの捨て板金を別途計上する。木質系サイディングは塗装費まで含めた複合単価を作成してもよいが、コストダウンで塗装を施主施工とする場合などを想定すると、分けて計上しておいたほうがよい

図2 屋根･板金･外装工事の数量はこうして拾おう!

屋根工事

軒やケラバの出、屋根勾配を考慮した実際の屋根面積を拾う

■屋根斜面長さの換算表

屋根勾配	水平長さに対する掛け率
1寸	1.01
2寸	1.02
2.5寸	1.03
3寸	1.04
4寸	1.08
5寸	1.12

5寸(屋根材によっては3寸)を超える場合は、仮設工事で屋根足場を計上することを忘れずに!

5寸勾配で水平長さが10mの場合の屋根面積の出し方

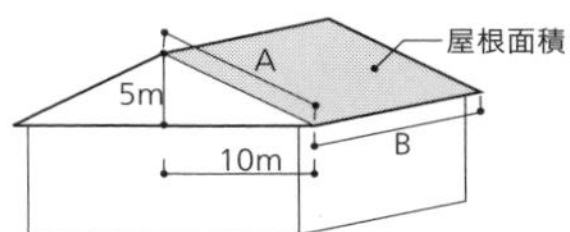

Aの長さは
10m×1.12(勾配掛け率)=11.2
屋根面積は
「11.2×B」で求められる

板金工事

軒天･ケラバ･棟包み･土台など必要な板金長さを計上する。樋工事も板金業者が施工するので、軒樋と竪樋それぞれの長さを計上する

2階上部平面図(S=1:200)

鼻隠し・破風→長さで求める
(11.7＋3.6×1.03)×2辺=30.81→30.8m
屋根の勾配率

外部天井→面積で求める
11.7×0.1×2=2.34→2.4㎡
軒の出

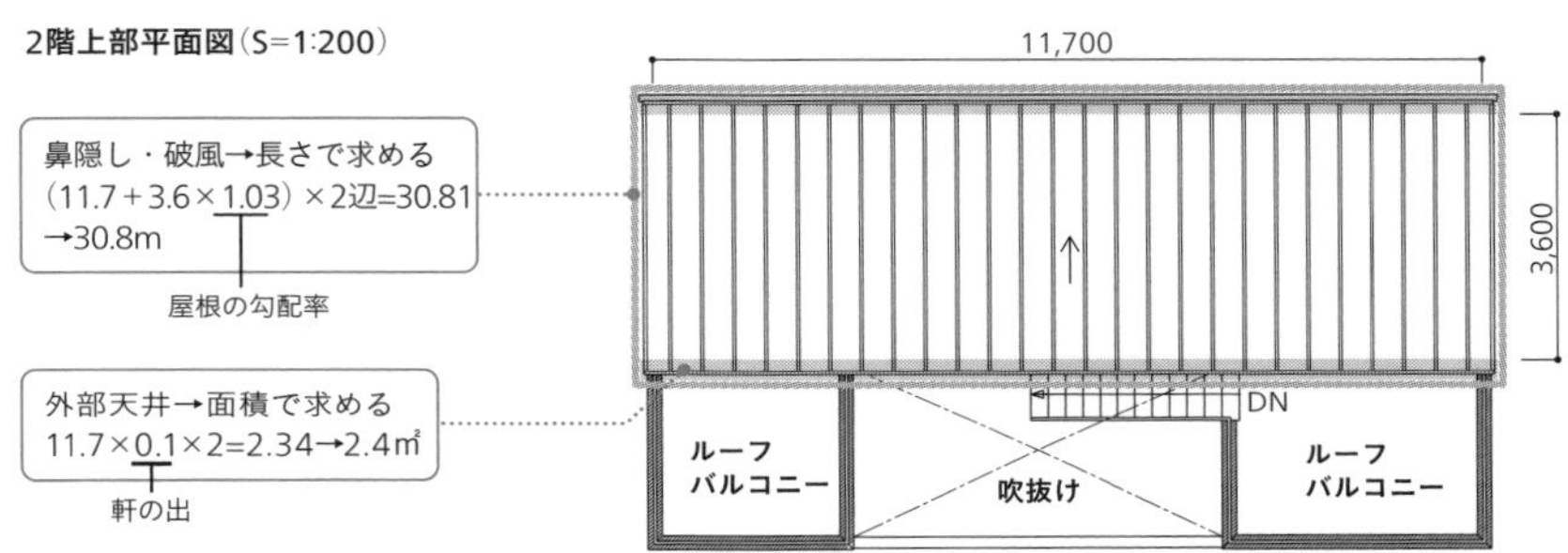

FRP防水工事(バルコニー)

バルコニー面積 ＋ 壁立上り面積

立上りは通常300㎜程度

サイディング工事(外装)

外壁面積 — 外部開口部面積

建具工事で算出した値を用いる[55頁参照]

間違いポイント

サイディング工事の見積り間違いを防ぐには

①下地胴縁をサイディング業者が施工する場合は、胴縁込みの複合単価を作成するか、下地の施工費を別途計上する
②金属系サイディングの場合は、板金工事として窓廻りの周長を計上する
③木質系サイディングで塗装がある場合は、塗装工事としてサイディング表裏の合計面積を計上。さらに、必要に応じて捨て板金の長さを計上する

一般的な住宅の見積りでは、屋根・板金工事と外装工事は別項目として集計する。しかし、屋根と外装を「外廻り」としてまとめると数量拾いがしやすいため、ここでは屋根・板金・FRP防水(バルコニー)・サイディング工事(外壁)を1つの項目として扱う。

ただし外装工事のなかでも、左官業者が工事するラス下地モルタル塗りなどは左官工事で集計する[47頁参照]。

屋根は、仕上材だけでなく葺き方にもバリエーションがあり、単価もさまざまである。図1のように、よく使うものについてはあらかじめ単価を設定しておくと便利だ。

屋根面積は、壁芯―芯の長さで拾うと軒の出との差が大きくなるため、実際の面積で拾う。このため、軒先の水平長さと屋根斜面の長さが必要になる。屋根斜面の長さは、屋根勾配を考慮した掛け率を軒先の水平長さに掛けることで簡単に算出できる[図2]。

外装工事で必要な外壁面積は、基本的には「外周長さ×建物高さ」で算出する。そのうえで、屋根の側面部分のようなイレギュラーな部分の面積を個別に加える。これらの合算から、忘れずに外部開口部の面積を引く。

(森健一郎)

外壁面積の算出法

外部開口部面積は、金属製建具の見積り時に算出する［55頁参照］

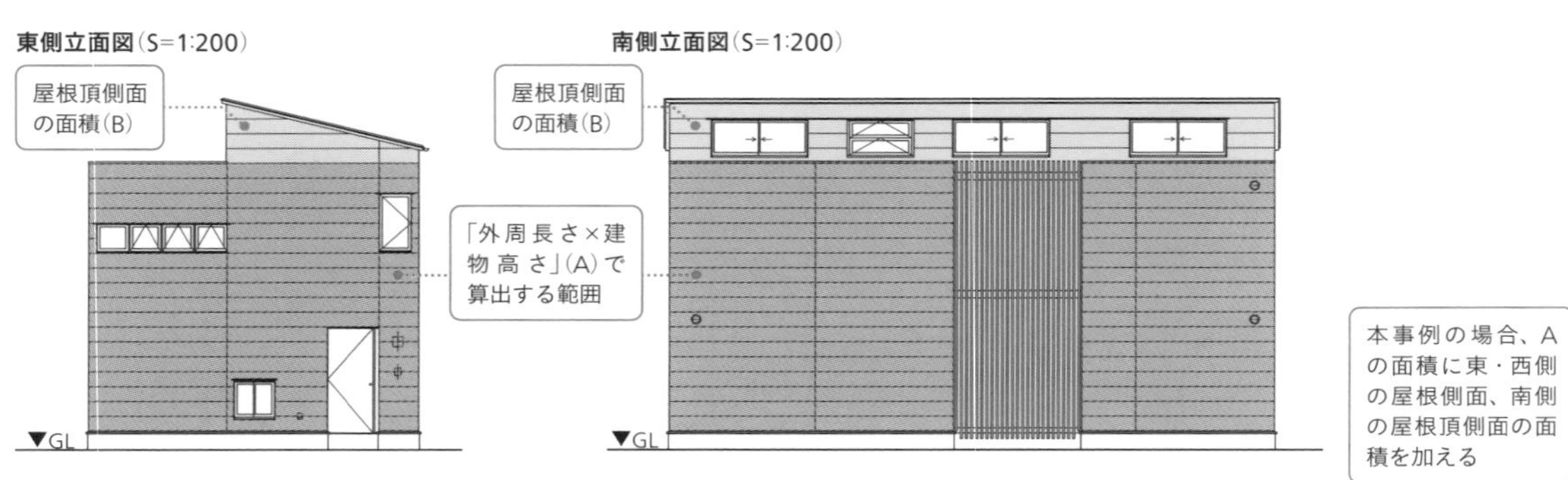

本事例の場合、Aの面積に東・西側の屋根側面、南側の屋根頂側面の面積を加える

表 屋根・板金・外装工事の見積り明細書

名称	内容	数量	単位	単価	金額
屋根心木なし瓦棒葺き	ガルバリウム鋼板、0.35㎜厚、下地防水紙込み	49.0	㎡	7,000	343,000
軒先・ケラバ水切	ガルバリウム鋼板、0.35㎜厚	23.8	m	1,500	35,700
棟包み	ガルバリウム鋼板、0.35㎜厚	0	m	4,620	0
雪止め		1	式	50,000	50,000
FRP防水	防火認定品	34.6	㎡	6,500	224,900
軒樋	塩ビ製角樋、継手・集水器込み	11.9	m	4,900	58,310
竪樋	塩ビ製φ60㎜、継手共	29.9	m	2,000	59,800
土台水切	ガルバリウム鋼板、0.35㎜厚	43.2	m	1,200	51,840
笠木ガルバリウム	ガルバリウム鋼板、0.35㎜厚	19.8	m	5,280	104,544
雑水切	ガルバリウム鋼板、0.35㎜厚	10	m	1,600	16,000
透湿防水シート		215	㎡	300	64,500
窯業系サイディング	中級グレード、材工、シーリング共	215	㎡	6,500	1,397,500
窯業系サイディングコーナー	サイディングと同質のものの出隅用部材	33.9	m	3,000	101,700
				合計	2,507,794

葺き方も入れる

屋根材の種類と厚さを入れておくと変更となった場合に修正しやすい

勾配と軒の出を考慮した面積

切妻屋根の場合に計上

壁の立上り（300㎜）面積を加算

グレードなどの仕様を記入

金属系サイディングの場合は、窓廻り板金を別途計上する

外壁面積から外部開口部面積を除いた面積を記入

下地胴縁をサイディング業者が施工する場合は、胴縁込みの複合単価で記入する

石・タイル、左官工事 労務費の設定を間違えない

表1 150㎜角床タイルの複合単価算出例

単価を設定する際には積算資料が参考になるが［32頁参照］、タイルのように材質や大きさのバリエーションが豊富な場合、積算資料に単価が掲載されていない材料が少なくない。そのため、ここでは国土交通省の「公共建築工事標準単価積算基準」をもとにタイルの複合単価を設定する［33頁参照］。

	数量	単位	単価（円）	金額（円）
床タイル	1.0	㎡	5,000	5,000
セメント	2.6	kg	30	78
細骨材	0.004	㎥	6,600	26
タイル工	0.19	人工	19,700	3,743
普通作業員	0.09	人工	15,100	1,359
その他	［（材）＋（労）］×10%	---	---	1,018
			合計	11,224

＋現場経費（材工価格の15％）：1,684円　＝　**複合単価12,900円／㎡**

職方の経費

タイル工の補助。いわゆる「見習い」の場合もある

工務店に支払う経費。工種別の合計や工事全体の合計に対して加算することが多い

近年、自然素材志向の高まりや、職人による手仕事の再評価などに伴い、左官仕上げの良さが再認識され、漆喰や珪藻土などが使われることが多くなってきた。ここではその左官工事を、同じ職方が施工することもある石・タイル工事と同一項目として扱う。

なお、44頁で外装工事の項目を設けているが、石・タイル・左官材を外装材に使用する場合は、本項目で外装工事を扱う。

柔軟性のある工賃設定を

複合単価を適用する際に注意しなければならないのは、標準単価をそのまま適用できないケースがあるという点である。住宅規模の石・タイル工事などは施工面積が小さい傾向にある。施工面積が小さい場合、標準日当を下回らないように労務費を設定しなければならないのである。

たとえば、表1にある150㎜角床タイル工事で、労務費の標準歩掛りは0・19。これを1日当たりの作業量に換算すると、タイル工が1日で張れる150㎜角のタイルの面積は、5㎡程度ということになる（1／0・19≒5・26）。ここでタイル工の標準日当を2万円とすると、1㎡当たりの労務費は4千円となる（2万円／5㎡＝4千円）。このとき、施工面積が3・3㎡だとしたら、労務費は1万3千200円となり、1日の標準日当を下回ってしまう（4千円×3・3㎡＝1万3千200円）。この場合は1㎡当たりの労務費を6千円とすることで、施工面積が小さくても標準日当に近い額が出るよう調整する（3・3㎡×6千＝1万9千800円）。

このように、杓子定規に「単価×数量」だけで算出すると、実際の金額からずれる場合がある。見積りの精度をさらに高めるためには、臨機応変な金額設定も必要になるのだ。

（森健一郎）

図　石・タイル、左官工事の数量はこうして拾おう!

基礎立上りモルタル

壁芯での基礎外周長さ。単価には立上りの高さ（300～400mm）が考慮されているため、長さで拾っても問題ない

床タイル・モルタル

壁芯—芯で面積計算

外壁ラスモルタル

外壁面積から外部開口部面積を引く［46頁参照］

内壁珪藻土

珪藻土を使う部分の内部壁面積から内部・外部開口部面積を引く［52頁参照］

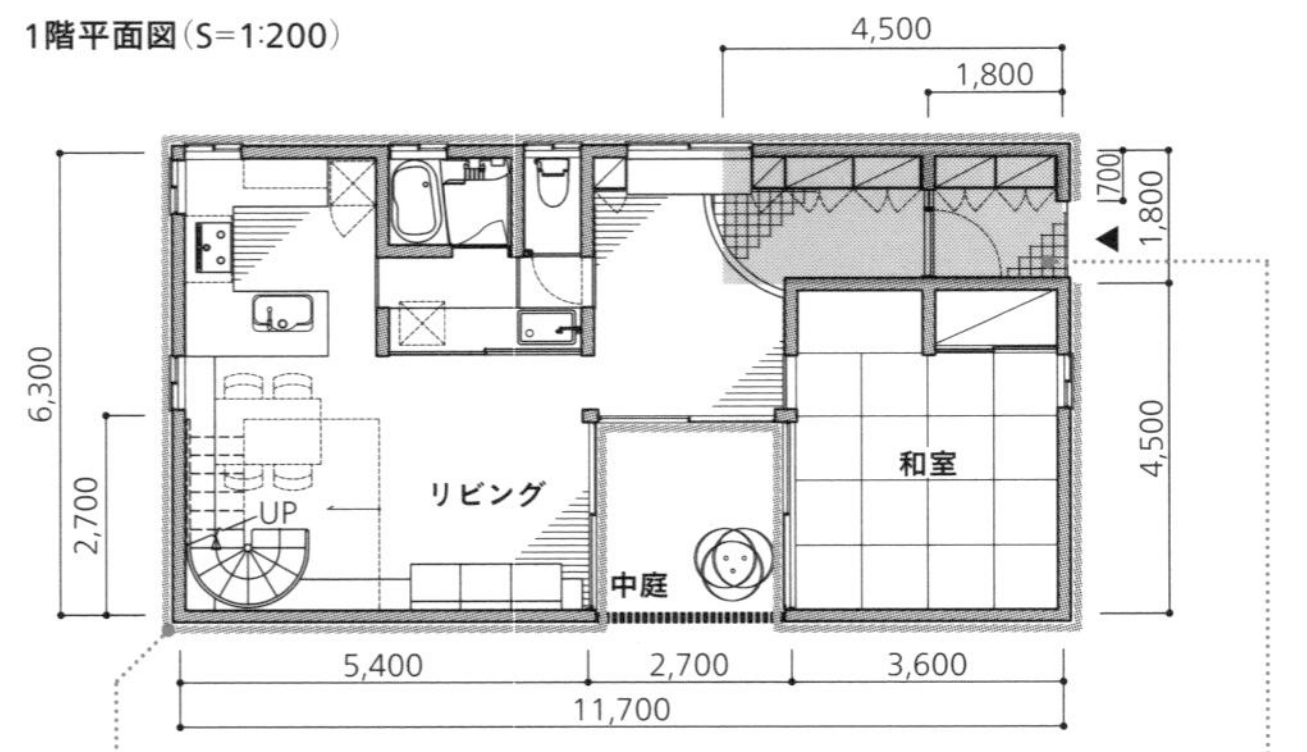

基礎立上りモルタルは基礎外周長さで拾う。
この場合、上から時計回りに拾うと
11.7＋0.7＋1.8＋4.5＋3.6＋（2.7×3）＋5.4＋6.3＝42.1m

床タイルは4.5×1.8=8.1㎡。
面積が小さいため、曲線部分も直線的に拾って問題ない

内壁長さ（壁芯-芯）× 天井高さ ― 内外開口部の面積

■開口部面積の設定例

掃出し窓	3.4㎡／カ所
腰窓	1.9㎡／カ所
小窓	0.6㎡／カ所
室内ドア	1.6㎡／カ所

間違いポイント
内部壁の拾いはエクセルで自動計算する方法もあるが、部屋ごとや壁面ごとに仕上材が異なる場合もあるため、部屋ごとに手動で拾ったほうがよい。これにより、工事項目ごとの金額をより正確に把握し、見積り精度を上げられる

表2　石・タイル、左官工事の見積り明細書

名称	内容	数量	単位	単価	金額
外壁ラスモルタル	一般工法、ワイヤラス+モルタル金鏝　15mm厚	0	㎡	4,200	0
外壁ラスモルタル	通気工法、通気補助胴縁+ワイヤラス+モルタル　15mm厚	0	㎡	5,200	0
樹脂リシン	吹付け仕上げ	0	㎡	2,100	0
樹脂リシン	左官仕上げ	0	㎡	4,400	0
床モルタル	タイル下地、塗厚 30mm	8.1	㎡	2,050	16,605
基礎立上りモルタル		42.3	m	2,390	101,097
床タイル張り		8.1	㎡	12,900	104,490
床花崗岩張り	25mm厚、ジェットバーナー　並級品	0	㎡	3,000	0
壁タイル張り		0	㎡	15,000	0
内壁珪藻土		0	㎡	4,500	0
				合計	222,192

一般工法と通気工法、両方の項目を設けておき、数量の記入だけで済むようにしておくとよい

吹付けと左官を両方設けておけば、面によって塗り分けするときに便利

ここでは使わなくても、よく使う仕様の項目を単価とともに設けておけば効率よく見積りできる

間違いポイント
メーカー品は「カタログ価格×掛け率」だが、掛け率が施工者によってまちまちのため、積算資料だけで単価設定する際には注意！

漆喰、京壁、豆砂利洗出しなど、自分にとっての定番仕様があれば項目を設ける

塗装工事 単価・数量を細かく検討

図1 金属製・木製建具の塗装（刷毛塗り）**係数表**

姿図	名称	係数	姿図	名称	係数
	片開きフラッシュ戸	2.9		両開きフラッシュドア	2.6
	額入り片開き フラッシュ戸	2.5		額入り両開き フラッシュドア	2.2
	片開きガラスドア	1.8		両開き・ 引違いガラス戸	1.5
	片開きガラリドア	4.9		両開きガラリドア	4.6

建具の小口や枠（内部建具）を考慮した値

複合単価の計算例

下記寸法の片開きフラッシュ戸の場合

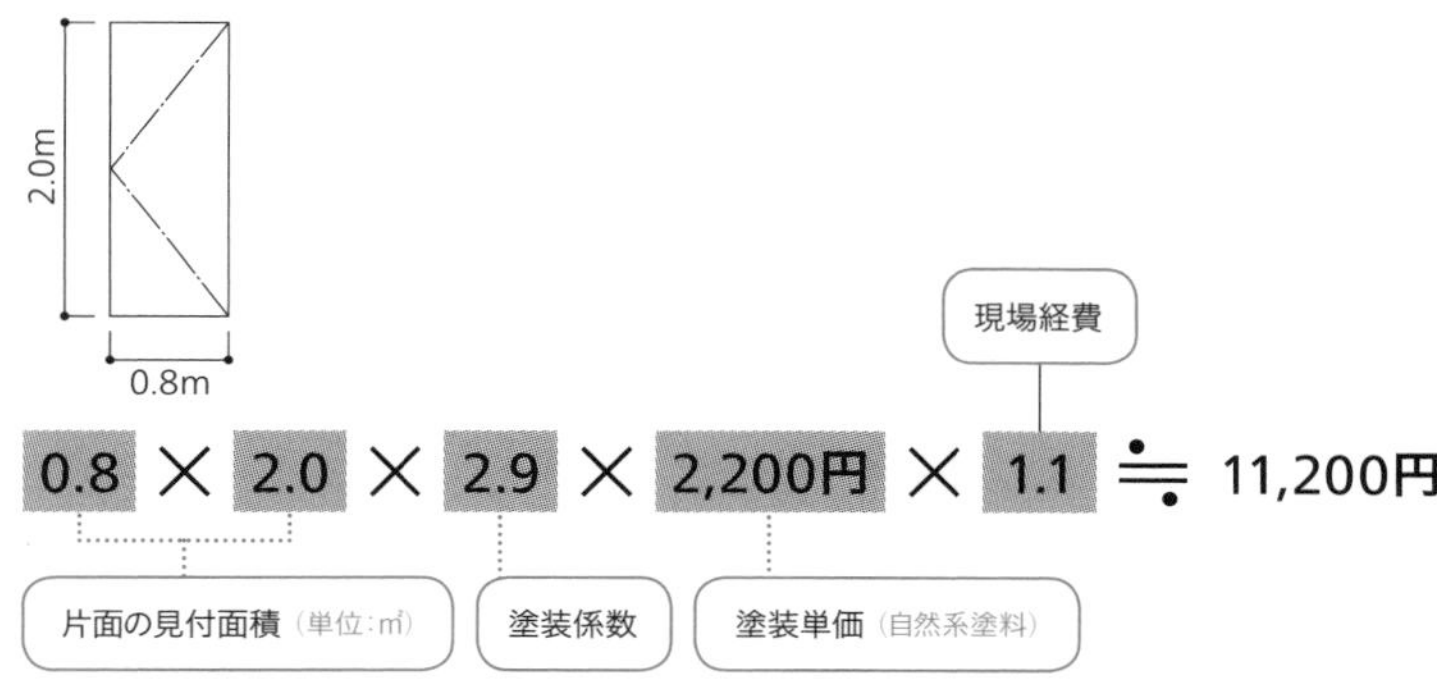

住宅の塗装工事は、軒天や内部壁、天井などで使用されることが多い。最近は植物性油を主原料とした自然系塗料も人気だ。

ほかの工種同様、塗装工事のコスト構成も、「材料費＋労務費＋諸経費」で、見積りの際は過去の見積書や積算資料から複合単価を設定する。そのうえで、施工面積が小さい場合は、それを1・2～1・5倍して工賃が標準の日当と同等の金額になるように調整する。

ただし、単純に施工面積が小さいから割増しというわけではなく、塗装工が同日に施工できるほかの工事がある場合は割増しの必要はない。たとえば、軒天の塗装の面積が6㎡しかなくても、同日に施工できる鼻隠し・破風板塗装が30㎡あるような場合には、割増しの必要はないだろう。

なお、建具の塗装については、枠塗装を含めた塗装係数が決まっている［図1］。

（森健一郎）

図2　塗装工事の数量はこうして拾おう!

軒天・鼻隠し

軒天は面積を、鼻隠しのような細物は長さを、それぞれ芯―芯で拾う［45頁参照］

窓枠

■開口部面積の設定例

掃出し窓	6.0m／カ所
腰窓	5.5m／カ所
小窓	3.0m／カ所

木製建具塗装

49頁図1の方法で単価を算出したうえで、枚数ではなく個所数で拾う

鉄骨階段の塗装

複合単価の見当がつかない場合は、3万円／日として計上しておけばよい。
高精度とはいえないが、見積り落としを避けるための次善の策としての拾い方である

表　塗装工事の見積り明細書

名称	内容	数量	単位	単価	金額
軒天塗装	外部用合成樹脂エマルションペイント（AEP）	5.7	㎡	2,000	11,400
鼻隠し、破風	外部用合成樹脂エマルションペイント（AEP）	30.8	m	800	24,640
外部雑塗装		1	式	30,000	30,000
内部天井塗装	合成樹脂エマルションペイント（AEP）	0	㎡	1,540	0
内部床塗装	自然系塗料	36.5	㎡	2,200	80,300
窓枠	アクリルラッカー（艶消し）	90.0	m	840	75,600
内部建具枠	オイルステイン	47.8	m	840	40,152
内部雑塗装		1	式	30,000	30,000
玄関扉塗装		1	カ所	14,300	14,300
木製建具塗装	自然系塗料	3	カ所	11,200	33,600
金属庇塗装	2液性ポリウレタン塗装、さび止め込み	8.0	㎡	2,570	20,560
鉄骨階段塗装		2	日	30,000	60,000
				合計	420,552

細物はmで計上する

間違いポイント
ちょっとした塗装が必要になることが多いため、外部・内部でそれぞれ3万円ずつ計上すると見積りの精度が上がる

通常は内部建具の塗装費に含まれるが、塗装のない建具がある場合は別途計上する

建具の種類に応じて複合単価を設定する［49頁図1］

注：塗装はすべて2回塗りを想定

間違いポイント
積算資料の単価は素地ごしらえが別途となっていることが多いため、単価設定の際には忘れずに加算する

本来1,200～1,400円程度だが、施工面積が小さいときは労務単価を上乗せする

トラブル回避＋α

予算超過分の設計監理料はもらえない？

ある事例の工務店見積りで、予算を大幅に超えた工事費が提示された。設計変更や交渉を経てもなお当初予算を4割強上回ったが、建築主はやむなく請負者と請負契約を結んだ。

工事完了後、建築主は設計者からの請求書を見て困惑した。予算超過した工事費の15％が、設計監理料として追加されていたのだ。設計を依頼したころ締結した設計監理委託契約書には、「業務報酬金額は総額○円とするが、工事請負金額が確定した場合はその15％とする」という特記事項が記されていた。しかし、建築主はそれを認識していなかったのである。

工事費の予算オーバーは了解していたが、「設計は当初予算で建物が完成する前提で進められるものだから、予算オーバーの責任は設計者にある」と建築主は考えていた。そのため、設計監理料の追加請求に納得がいかず支払いを留保していたところ、設計者から不払いの訴えを起こされた。それに対し建築主は、設計の不備による建物の欠陥を理由に反訴を起こした。

長期にわたる審理の結果、反訴の事実が認められ、双方請求を取り下げることで和解が成立した。

（大川照夫）

内装工事

標準寸法なら壁面積係数が便利

図1 内装工事のコスト構成

内装工事には、フローリングやクロス、畳などさまざまな材料が使われるが、基本的なコスト構成は変わらない

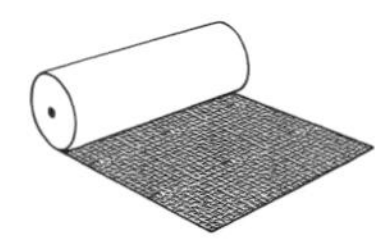

材料費 ＋ 労務費 ＋ 諸経費

床フローリングのコスト構成

床フローリングの場合、材料費は材種で決まり、労務費は板幅で決まる。
表は、主な材種ごとの材工複合単価の設定例である

■床フローリングの複合単価設定例

材種			複合単価（円）
ムク材	ナラ		12,000
	スギ		7,150
	マツ	節あり	7,580
		節なし	16,600
	ヒノキ	節あり	9,400
		節なし	16,000
複合材（メーカー品）			5,500

表1 床面積に対する壁面積係数

標準的な寸法の場合、下記の係数を使うことで簡単に壁面積を拾うことができる

平面積	天井高2.4m	天井高2.5m
4.5畳（2.73×2.73m）	3.5	3.6
6畳（2.73×3.64m）	3.1	3.2
8畳（3.64×3.64m）	2.6	2.7
10畳（3.64×4.55m）	2.4	2.5

■壁面積の算出例

6畳、天井高2.4mの場合

通常の計算　：（2.73×2.4×2）＋（3.64×2.4×2）＝30.5㎡

係数での計算：2.73×3.64×3.1＝30.8㎡

正規の計算結果と比べると若干の誤差はあるが、簡単に算出できる

一般に内装工事とは、ビニルクロスや床クッションフロア工事など、内装工と呼ばれる職人が施工する仕上げ工事を指す。ここではそれに加え、床フローリングや壁・天井の板張りなど、大工が施工する仕上げ工事についても扱う。そうすることで、仕上材の変更などに対応しやすくなるのだ。

内装工事の数量拾いは、ほとんどが床・壁・天井の面積である。基本的に、平面図をもとに壁芯―芯の長さで算出すれば簡単に拾える［52頁図2］が、壁面積は高さを加味するため若干煩雑になる。4・5畳や8畳といった標準的な寸法でない部屋の場合は、「壁長さ×天井高さ」の累計で算出しないと、金額の誤差が大きくなってしまう。

標準的な寸法の部屋であれば、床面積に対する壁面積係数が適用できる。これを使えば、床面積と天井高だけで壁面積を算出できて便利である［表1］。

（森健一郎）

図2 内装工事の数量はこうして拾おう!

内装工事の拾いは床・壁・天井の面積がほとんど。平面図から簡単に算出できる

1階平面図(S=1:200)

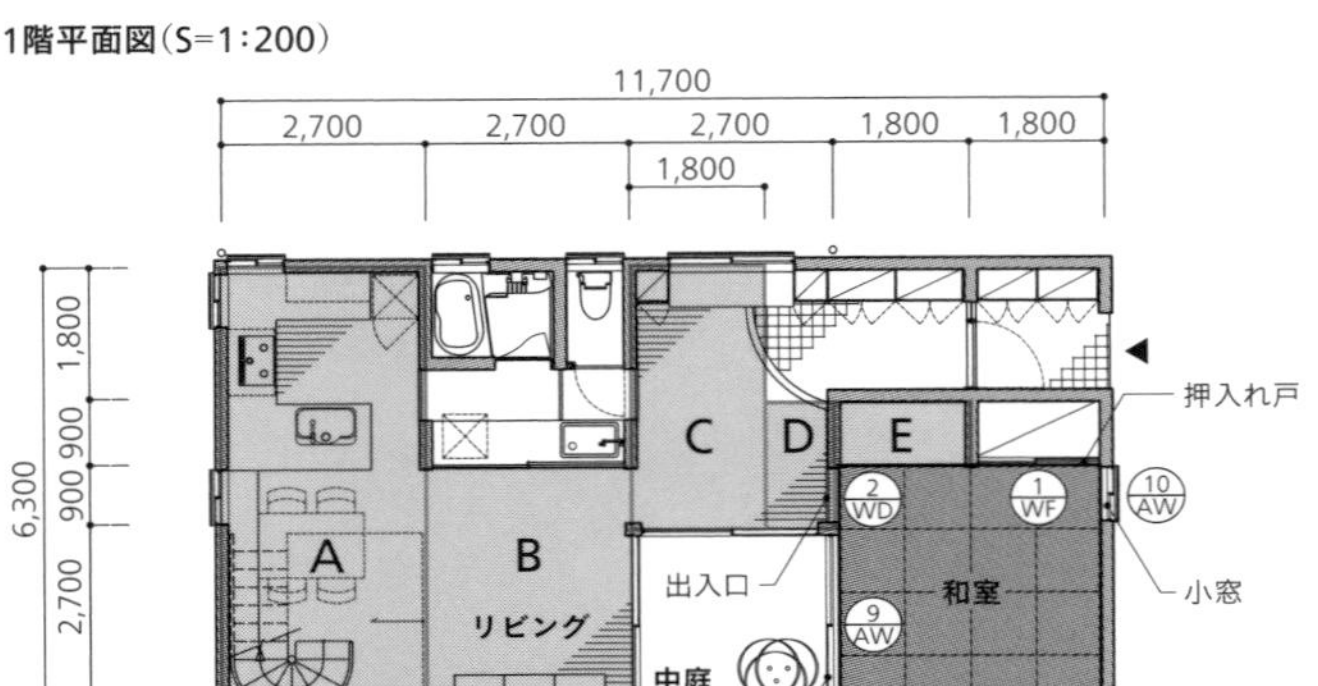

床フローリング面積の算出法

A 2.7×6.3=17.01㎡
B 2.7×3.6=9.72㎡
C 1.8×3.6=6.48㎡
D 0.9×1.8= 1.62㎡
E 1.8×0.9= 1.62㎡
A+B+C+D+E=36.45㎡→36.5㎡

開口部面積を効率よく算出するには、あらかじめ設定している面積表を利用するとよい。クロスなどの内装工事は施工面積が小さい場合や単価が安い場合が多いため、数量に多少の誤差があっても影響は少ない

■開口部面積の設定例

掃出し窓	3.4㎡/カ所
腰窓	1.9㎡/カ所
小窓	0.6㎡/カ所
室内ドア	1.6㎡/カ所

内部壁面積の算出法

内壁長さ(壁芯-芯) × 天井高 — 内外開口部の面積

たとえば、上図の和室の壁面積は以下のように算出する

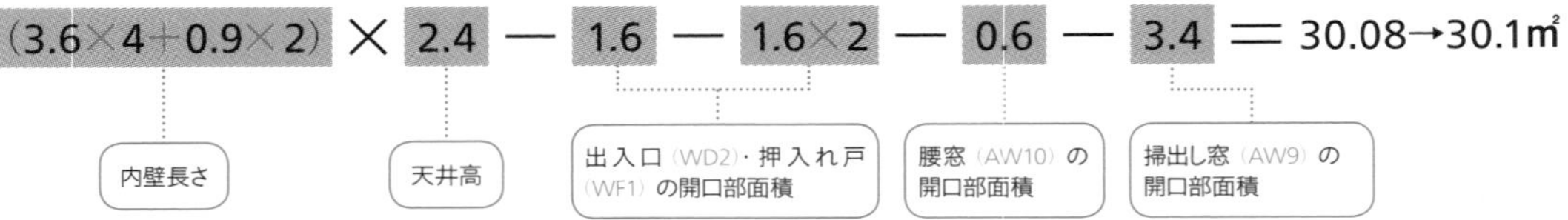

内壁長さ

天井高

出入口(WD2)・押入れ戸(WF1)の開口部面積

腰窓(AW10)の開口部面積

掃出し窓(AW9)の開口部面積

表2 内装工事の見積り明細書

一般的には木工事で計上される項目

算出方法は32・33頁参照

名称	内容	数量	単位	単価	金額
複合フローリング張り	15㎜厚、幅 303㎜、ナラ、捨張り別途	57.4	㎡	5,500	315,700
ムクフローリング張り	15㎜厚、幅 105㎜、ヒノキ1等、捨張り別途	36.5	㎡	9,400	343,100
畳		8	枚	17,600	140,800
クッションフロア	1.8㎜厚	0	㎡	4,500	0
コルクタイル	6㎜厚、幅 305㎜、長さ 305㎜	5.5	㎡	12,000	66,000
壁ビニルクロス	一般クロス、素地ごしらえ込み	258	㎡	1,200	309,600
壁和紙クロス	一般クロス、素地ごしらえ込み	30.7	㎡	1,200	36,840
天井ビニルクロス	普及品クロス、素地ごしらえ込み	114	㎡	1,000	114,000
天井和紙調クロス	一般クロス、素地ごしらえ込み	14.6	㎡	1,800	26,280
浴室壁ヒノキ小幅板張り	幅 105㎜、上小節	0	㎡	11,900	0
浴室天井パネル	硬質塩ビ製、幅 300㎜、廻り縁共、捨張り別	0	㎡	6,100	0
キッチンパネル	6㎜厚、アクリルウレタン系	0	㎡	8,930	0
				合計	1,352,320

内外の開口部面積を引く。掃出し窓は 3.4㎡/カ所、腰窓は 1.9㎡/カ所、小窓は 0.6㎡/カ所、室内ドアは 1.6㎡/カ所

壁板張り、和室の木質天井など、自分の定番仕様があれば記入する

木工事で計上している大工手間は下地材までの労務費のため、仕上げ材は労務費を含んだ複合単価で計上している

金属製建具 寸法・仕様を限定したい

金属製建具は主材の材質などによって「アルミ製建具」「鋼製建具」「ステンレス製建具」「自動ドア」「シャッター」「強化ガラス戸」などに大別されるが、ここでは木造住宅で最も使用頻度の高いアルミ系建具を中心に解説する。

図1 金属製建具の種類

金属製建具の価格を決定する主な要素は、建具の材質・形状とガラスの種類である

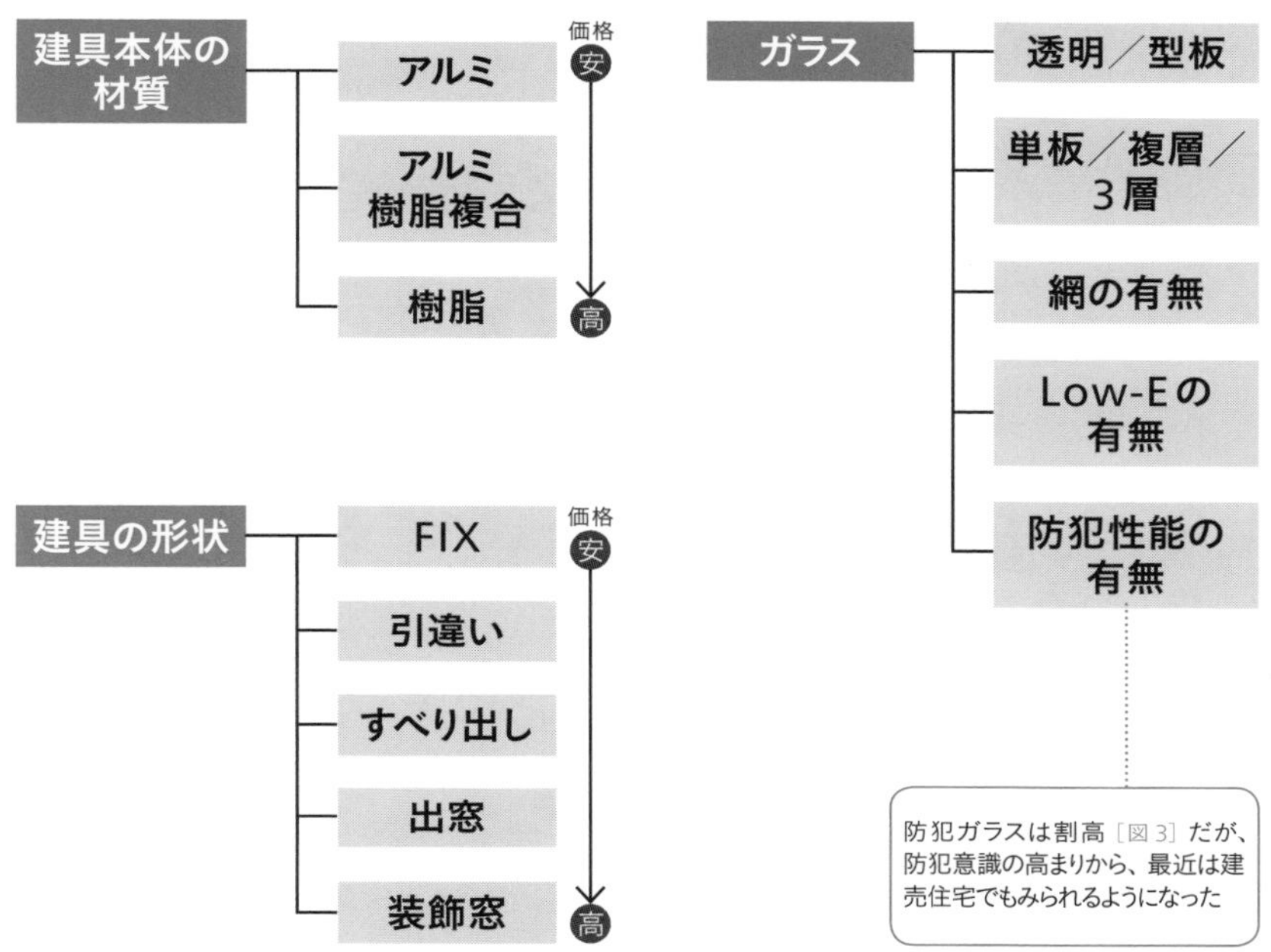

図2 金属製建具(アルミサッシ)のコスト構成

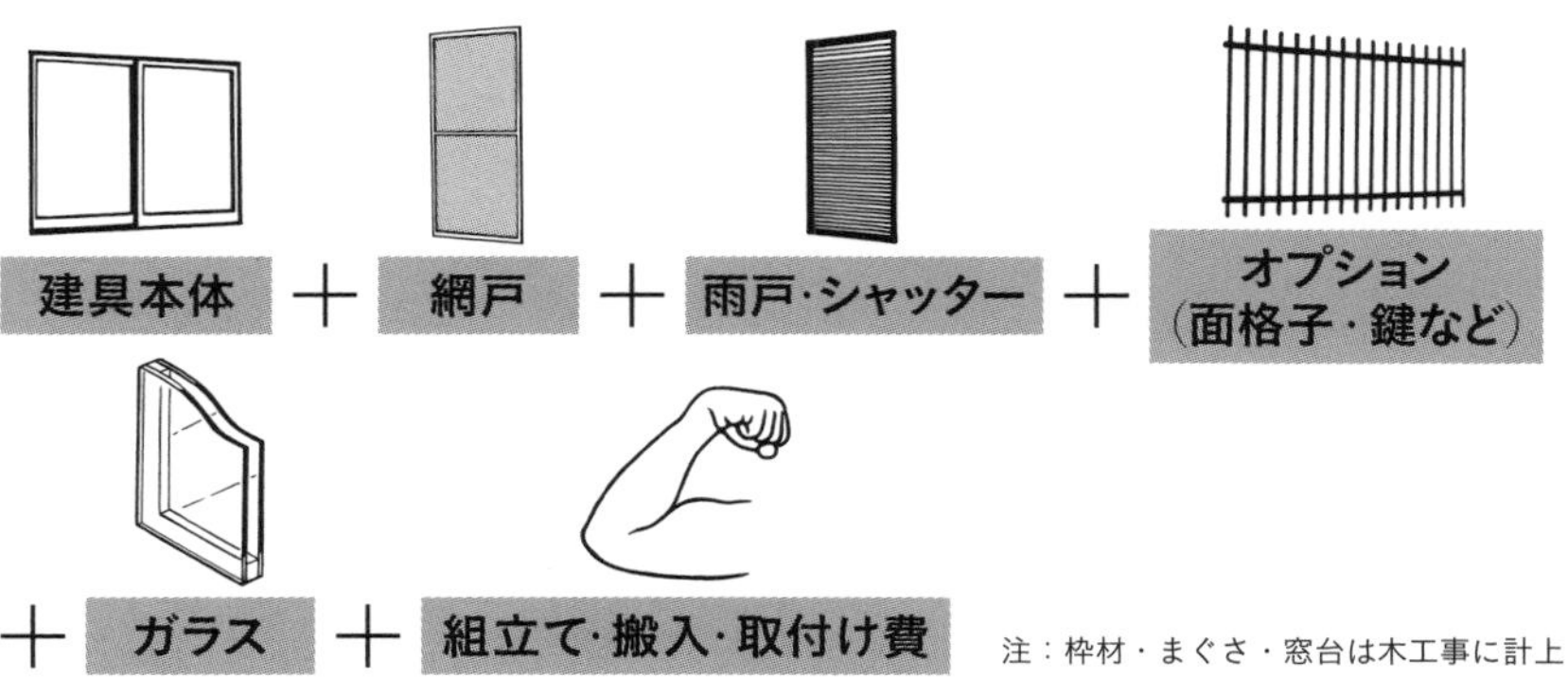

1カ所の複合単価

図3 金属製建具（アルミサッシ）の数量はこうして拾おう!

STEP1 見積り用の統一仕様と単価を設定する

数量を拾いやすいように、大きさ・種類・素材などの統一仕様を決めるとよい。筆者の場合、建具の種類は「引違い腰窓」「引違い掃出し窓（テラス窓）」「すべり出し窓」の3種に限定し、ガラスなどについては以下のように設定している。建具の本体価格はカタログ価格、見積単価は本体価格に掛け率（50%）を乗じた金額である。サイズは関東間で、装飾などのオプションは加味していない

■サッシの仕様・単価の設定例

名称	呼称［※］	形状	防火	ガラス仕様	本体	見積単価（円）
引違い腰窓	16505	面格子付き	防火	網入りLow-E 複層	216,700	108,350
引違い腰窓	07411	面格子付き	防火	網入りLow-E 複層	216,800	108,400
引違い窓テラス	25122	手動シャッター付き	防火	Low-E 複層	571,900	285,950
引違い窓テラス	23322	単体	非防火	Low-E 複層	339,500	169,750
引違い腰窓	07411	面格子付き	非防火	Low-E 複層	86,200	43,100
縦すべり出し窓	06011	横引きロール網戸	防火	網入りLow-E 複層	151,700	75,850
引違い腰窓	07411	単体	防火	網入りLow-E 複層	202,300	101,150
引違い窓テラス	25120	手動シャッター付き	防火	Low-E 複層	539,400	269,700
引違い腰窓	16513	単体	防火	網入りLow-E 複層	297,800	148,900
横すべり出し窓	06005	上げ下げロール網戸	防火	網入りLow-E 複層	106,400	53,200
引違い腰窓	16507	面格子付き	防火	網入りLow-E 複層	266,200	133,100
高所用横すべり出し窓	11905	単体	防火	網入りLow-E 複層	198,800	99,400

※：サッシの呼称は寸法を表している。「16505」の「165」は幅を、「05」は高さを表す

寸法の統一仕様

大きさは引違い窓の高さを2,200㎜、すべり出し窓の高さは1,100㎜に統一する。同じ大きさであれば装飾窓（上げ下げ、内・外倒し、突出しなど）の金額に大きな差はないので、装飾窓をすべり出し窓の1種類に限定しても全体金額への影響は少ない

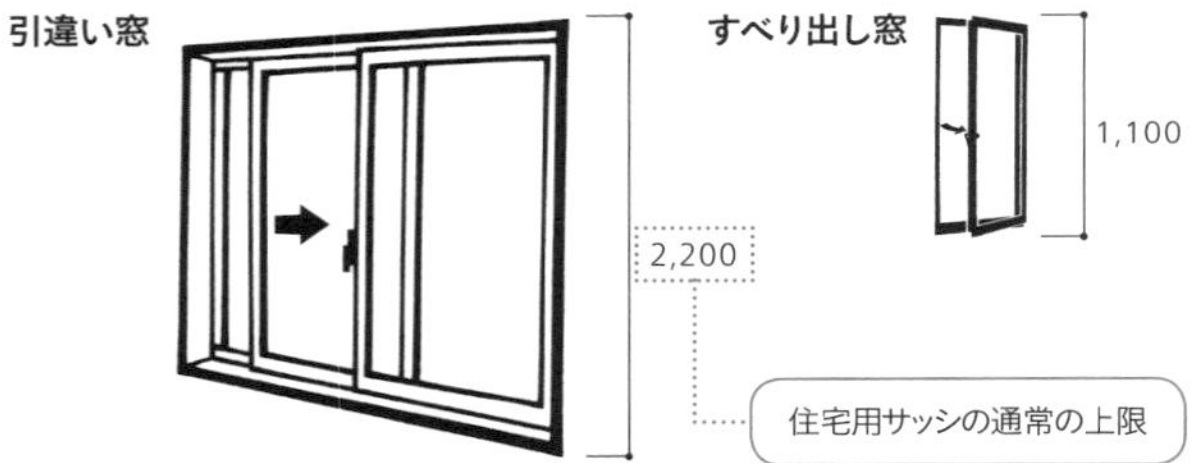

STEP 2 種類・大きさなどの分類ごとに個所数で拾う

STEP1の単価設定と建具の大きさをもとに個所数を拾う。拾った数量に単価を乗じて集計すれば完成する

1階平面図（S=1:200）　2階平面図（S=1:200）

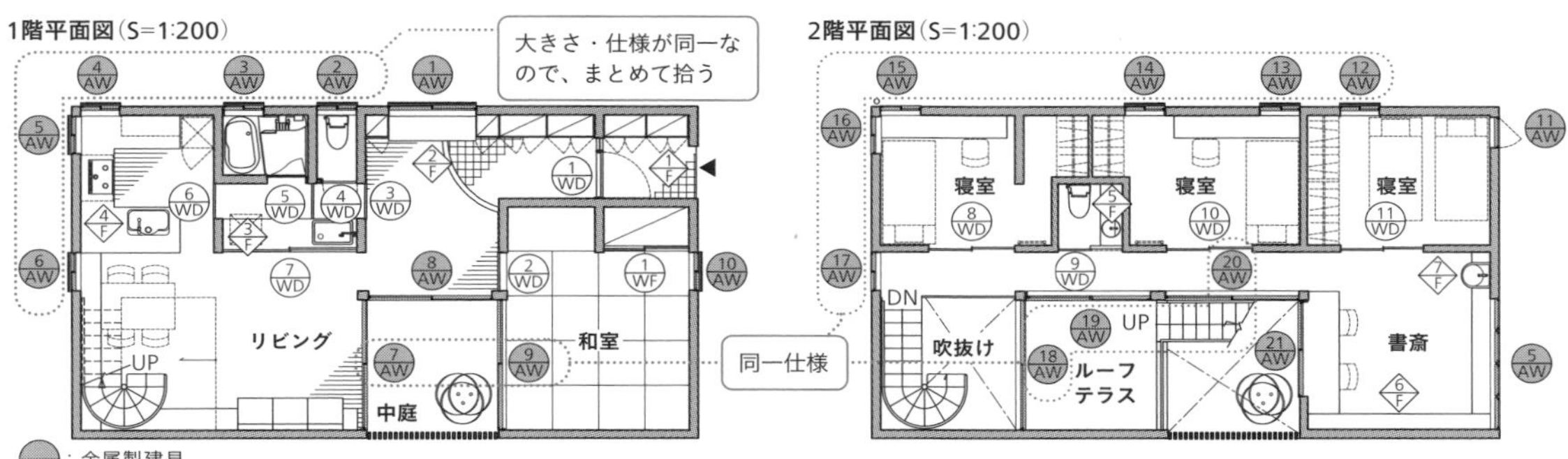

2階上部平面図（S=1:200）

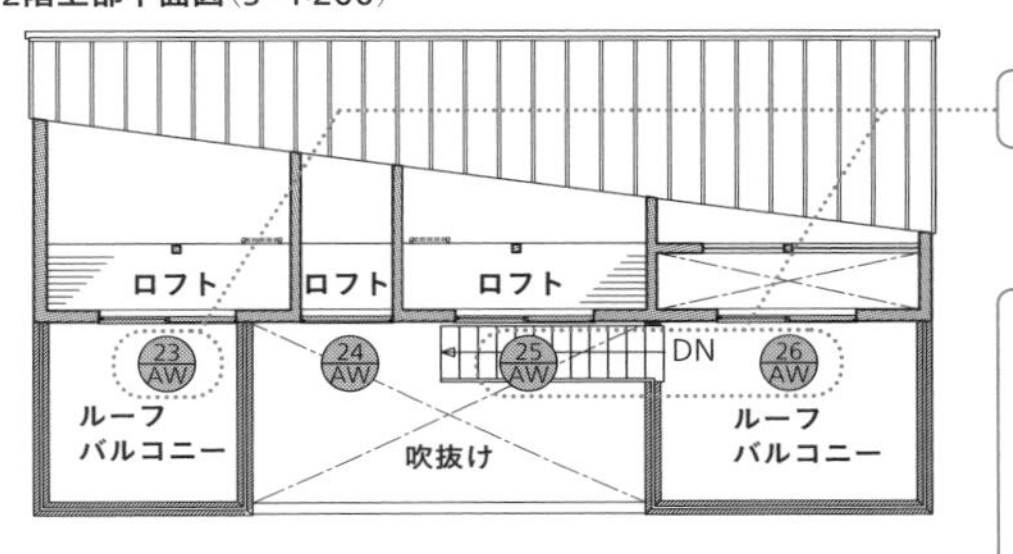

拾う際は、外部建具と内部建具に分け、外部建具だけの合計面積を出しておく。それにより、外壁面積を算出するときに開口部面積を引きやすくなる［表］

アルミサッシ以外の建具

車庫などのシャッターは、大きさや材質・形状により単価が大きく違うのでアルミ製建具とは別に拾う。

強化ガラス戸は本来ガラス工事だが、アルミサッシ業者が設置することも多い。また見積り落としを避ける意味でも建具の項目で拾っておくとよい

表　金属製建具の見積り明細書

後で仕様変更したときに修正しやすいよう、大きさと詳細仕様を記入する

1つの窓を1カ所として拾う

サッシ面積を自動計算し、下記で合計面積を算出できるように設定しておく

名称	大きさ	仕様	数量	単位	単価	金額	備考
AW1	16505	引違い腰窓、網入り透明複層、面格子付き	1	カ所	1,083,500	1,083,500	0.825
AW2～6	07411	引違い腰窓、網入り透明複層、面格子付き	5	カ所	108,400	542,000	4.07
AW7、9	25122	引違いテラス窓、透明複層シャッター付き	2	カ所	285,950	571,900	11.04
AW8	23322	引違いテラス窓、網なし透明複層	1	カ所	169,750	169,750	5.13
AW10	07407	引違い腰窓、網なし透明複層、面格子付き	1	カ所	43,100	43,100	0.52
AW11	06011	縦すべり出し窓、網入り透明複層	1	カ所	75,850	75,850	0.66
AW12~17	07411	引違い腰窓、網入り透明複層	6	カ所	101,150	606,900	0.81
AW18~20	25120	引違いテラス窓、透明複層シャッター付き	3	カ所	269,700	809,100	15.06
AW21	16513	引違い腰窓、網入り透明複層	1	カ所	148,900	148,900	2.38
AW22	06005	横すべり出し窓、4連窓、網入り透明複層	1	カ所	53,200	53,200	0.3
AW23、25、26	16507	引違い腰窓、網入り透明複層、面格子付き	3	カ所	133,100	399,300	1.28
AW24	11907	高所用横すべり出し窓、網入り透明複層	1	カ所	99,400	99,400	0.83
					合計	4,602,900	42.91

建具番号は、同じ仕様でも1つの窓に1つの番号を割り当てる。そのほうが後で仕様変更したときに修正しやすい

間違いポイント
大きさや仕様が入っていないと、打ち合わせで建築主への説得力に欠ける

図3の単価表から記入するか、図2の式から複合単価を作成する

これが外壁の仕上げ面積を出す際、外壁面積から減ずる面積となる［46頁参照］

ここでは、内部建具を中心に単価の設定方法と数量の拾い方について解説する。

図1　木製建具の種類

木製建具は、工法や構成、見積り上の観点から、下の５つに分けられる

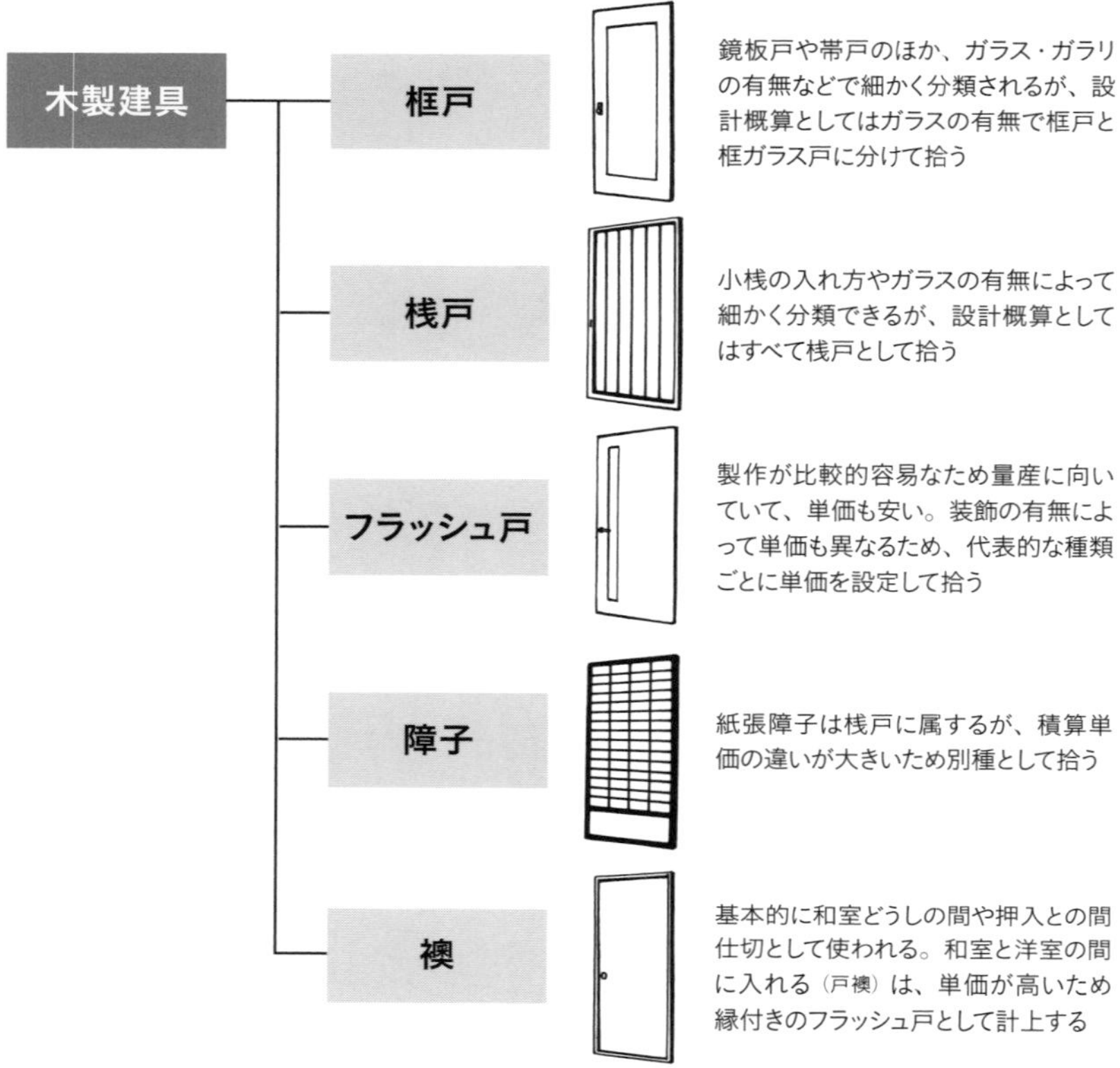

図2　木製建具のコスト構成

❶ メーカー品の場合

カタログ価格 ＋ 仕入れ掛け率

メーカー品の場合、大工が取り付けることが多いため、取付け費は大工手間に含むものとする

❷ 建具業者製作の場合

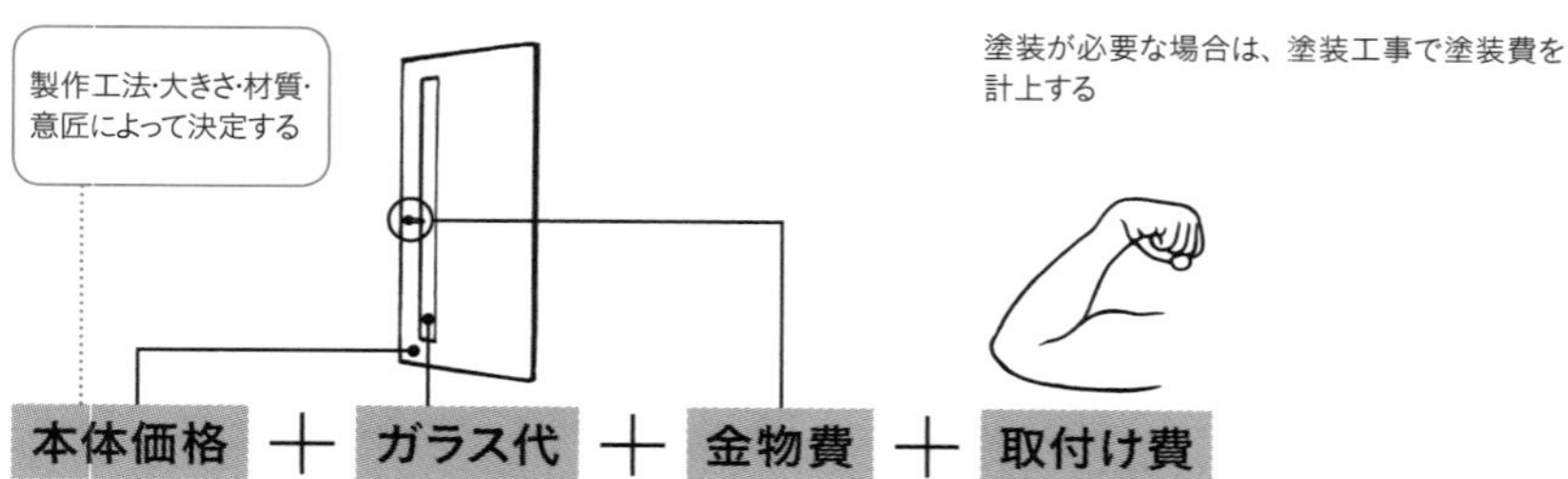

図3 木製建具の数量はこうして拾おう!

STEP1 見積り用の統一仕様と単価を設定する

統一仕様の設定例

一般出入口　障子・襖

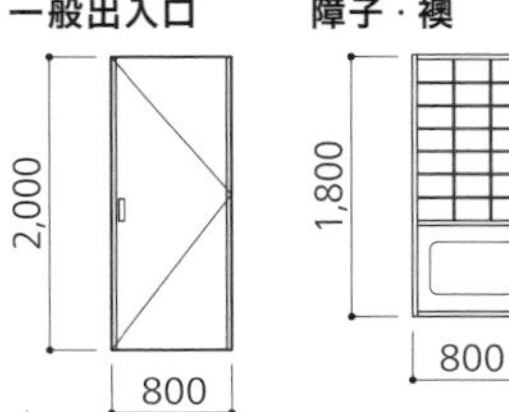

物入れ戸

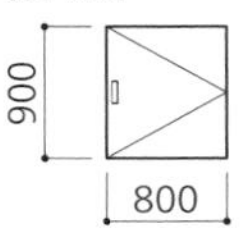

仕様が決まっていない場合、材質は突き板（タモなど）で装飾なし。予算が厳しい場合はポリ合板で拾う

扉単体ではシナ合板よりポリ合板のほうが高いが、塗装費を加えるとシナ合板の扉のほうが高くなる

■木製建具・種類別参考単価表　　（円）

透明複層ガラス（FL5＋A6＋FL5mm）

名称			材質	建具価格	紙張り代	ガラス代	金物費	取付け費	合計・複合単価
注文品	外部	框ガラス戸	ベイヒバ	96,000		50,000	9,600	10,500	166,100
		縁甲板フラッシュ戸	ベイマツ	169,000			16,000	10,500	195,500
	内部建具	框戸	アガチス	90,000			9,000	10,500	109,500
		桟戸	スプルース	90,000		8,000	9,000	10,500	117,500
		無地フラッシュ戸	シナ合板	28,000			6,000	10,500	44,500
		無地フラッシュ戸	ポリ合板	30,000			6,000	10,500	46,500
		無地フラッシュ戸	突き板	38,000			6,000	10,500	54,500
		装飾フラッシュ戸	シナ合板	32,000			6,000	10,500	48,500
		装飾フラッシュ戸	ポリ合板	34,000			6,000	10,500	50,500
		装飾フラッシュ戸	突き板	43,000			6,000	10,500	59,500
		障子	スプルース	24,000	1,800		600	3,000	29,400
		襖	押入れ襖	20,000			500	2,500	23,000
既製品	国産建材メーカー品		カタログ価格×60%						
	輸入建材メーカー品		カタログ価格×80%						

透明フロートガラス（FL3mm）

注1：框戸・桟戸・フラッシュ戸 H2,000×W800mm
注2：障子・襖 H1,800×W800mm

シナ合板・突き板は、別途塗装費を計上する

STEP2 種類・大きさなどの分類ごとに個所数で拾う

STEP1の単価設定と建具の大きさをもとに個所数を拾う

1階平面図（S=1:200）

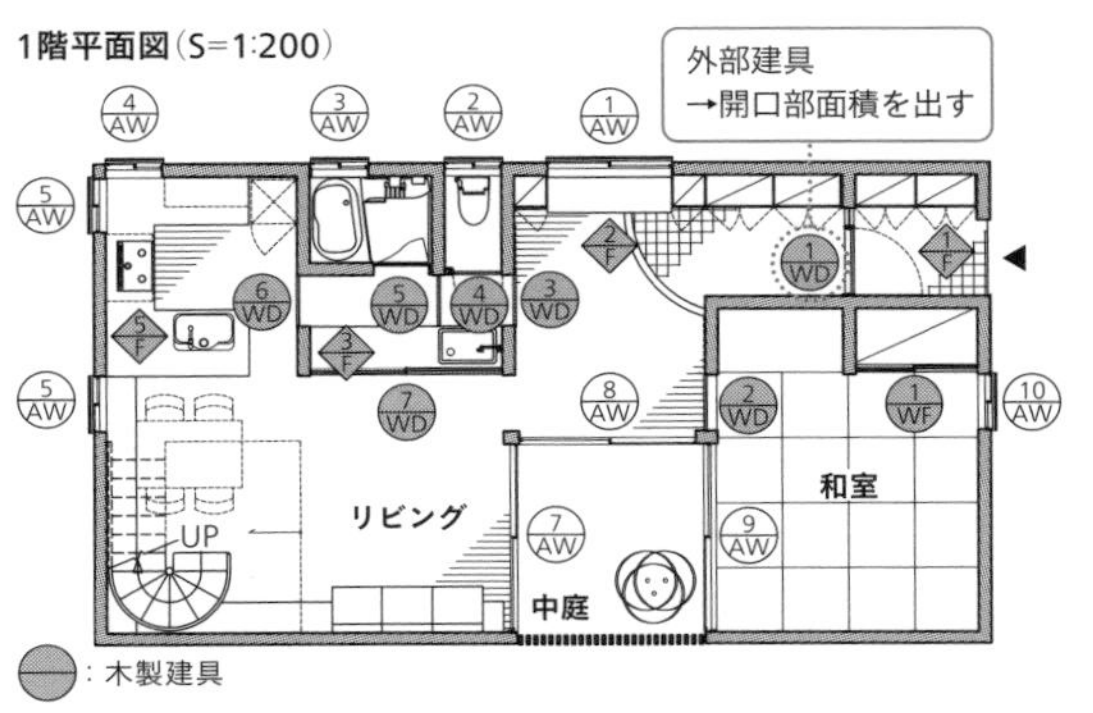

2階平面図（S=1:200）

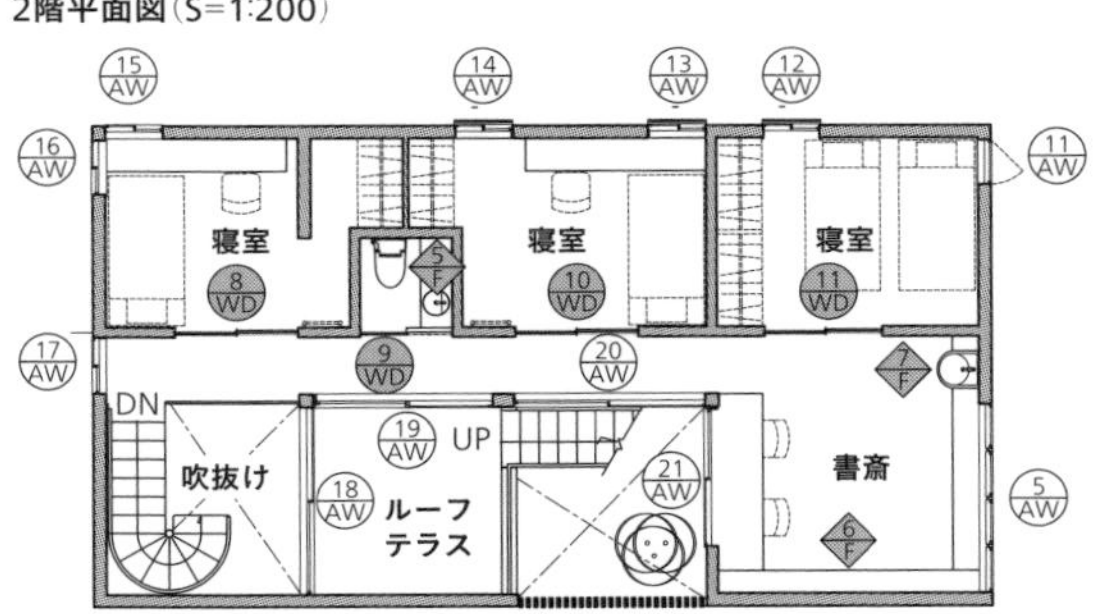

壁面積算出時に差し引く開口部面積

建具の数量を拾う際は外部建具と内部建具に分け、外部建具だけの合計面積を出しておく［55頁表参照］。内部の壁面積を算出する際はあらかじめ設定した面積を採用するため、内部建具の面積を出す必要はない

外壁面積で引く開口部面積 → 算出した面積［46頁参照］
内部壁面積で引く開口部面積 → 設定した面積［48、52頁参照］

■開口部面積の設定例

掃出し窓	3.4㎡／カ所
腰窓	1.9㎡／カ所
小窓	0.6㎡／カ所
室内ドア	1.6㎡／カ所

外部建具も設定した面積を用いて計算すれば、はるかに効率が上がる

拾い方の違い

木製建具の拾い方は、メーカー品と建具業者の製作で異なる

メーカー品

建具枚数に関係なく、1つの枠で囲まれた個所数を拾う。引違い戸や、クロゼットの4枚折れ戸も1カ所として拾う

建具業者の製作

純粋な建具枚数を拾う。引違い・両開きは2枚、3枚引戸なら3枚という要領

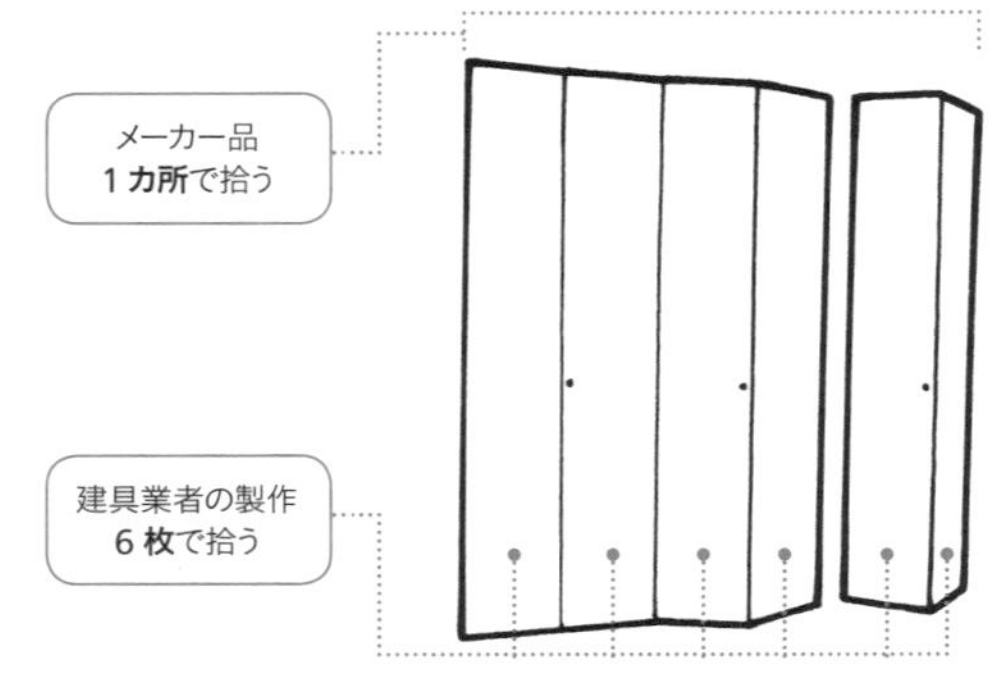

表 木製建具の見積り明細書

基本設計の当初はSTEP1で設定した統一仕様だけで積算し、最終段階で統一仕様以外の大きさ・仕様を反映した単価を入れると、設計と見積りをスムーズに並行させることができる。下記は最終段階の見積り明細書である

建具の種類・大きさ・仕様を書き込んでいれば、図面がなくても単価を決定でき、後に仕様変更が出たときに修正しやすい

間違いポイント
標準高さを2,000㎜とした一般出入口で、高さが1,800㎜の場合は10%減、2,200㎜の場合は10%増とする。このように、設定した標準単価から外れる仕様で価格に影響がある場合は、それを金額に反映させる

名称	大きさ(m)	仕様	数量	単位	単価	金額
WD-1 縁甲板フラッシュ	0.9×2.0	ベイマツ	1	本	195,500	195,500
WD-2 片開きフラッシュ	0.8×2.0	タモ突き板、大手引き手	1	本	59,500	59,500
WD-3 片引きフラッシュ	0.8×2.0	ポリ合板、大手引き手	1	本	50,500	50,500
WD-4 片開きフラッシュ	0.7×2.0	ポリ合板	1	本	46,500	46,500
WD-5 片引きフラッシュ	0.8×2.0	ポリ合板、大手引手	1	本	50,500	50,500
WD-6 片引きフラッシュ	0.8×2.0	ポリ合板、大手引手	1	本	50,500	50,500
WD-7 引違いフラッシュ	1.3×1.4	タモ突き板	2	本	54,500	109,000
WD-8 引違いフラッシュ	0.8×2.0	ポリ合板	2	本	46,500	93,000
WD-9 片引きフラッシュ	0.7×2.0	ポリ合板	1	本	46,500	46,500
WD-10 引違いフラッシュ	0.8×2.0	ポリ合板	2	本	46,500	93,000
WD-11 引違いフラッシュ	0.8×2.0	ポリ合板	2	本	46,500	93,000
WF-1 引違い押入れ襖	0.8×1.8		2	本	23,000	46,000
F-1 フラッシュ戸	0.4×2.0	メラミン合板	4	本	34,500	138,000
F-2 フラッシュ戸	0.4×2.0	ポリ合板	6	本	23,000	138,000
F-3 フラッシュ戸	0.9×0.8	ポリ合板	2	本	23,000	46,000
F-5 フラッシュ戸	0.6×0.8	ポリ合板	2	本	15,000	30,000
F-7 フラッシュ戸	0.6×0.8	ポリ合板	5	本	15,000	75,000
					合計	1,360,500

外部木製建具は、塗装費を別途計上する

幅600～900㎜は同一単価とみなしてよい

特殊な大きさの建具は、標準仕様で設定した面積比のなかから最も近い大きさの単価で計上する

間違いポイント
ポリ合板やメラミン合板には3×6版がないため、高さ1.9mや2mの場合には4×8版で計上しておく。3×6版だと継目が出てクレームにつながることがある

幅600㎜未満の建具は、900㎜で設定している標準単価から割り引いて単価を設定する。割引率は、面積比をもとに設定する

トラブル回避＋α

「低金利＝お得」ではない！本当は怖い変動金利

表　借入期間35年の場合の借入可能金額の比較

借入可能額は金融機関により大きく異なるため、複数のローン商品を比較検討することが重要になる

（単位：万円）

年収	メガバンクA	メガバンクB	メガバンクC	D銀行	信託銀行E	信託銀行F	ネット銀行G	フラット35
	金利　3～4％							金利　1.76％（35年固定）
300万円	2,117	1,921	1,976	1,694	1,567	1,694	1,512	2,097
400万円	3,226	2,988	3,011	2,635	2,924	2,635	2,823	3,261
500万円	4,033	3,735	3,764	3,764	3,656	3,764	3,529	4,077
600万円	4,839	4,482	4,517	4,517	4,387	4,517	4,234	4,892
700万円	6,351	5,229	5,270	5,270	5,118	5,270	4,940	5,707

金融機関のホームページなどの情報をもとに筆者が試算

図1　「低金利」ローンの問題点

問題点❶ 金利上昇時の支払い額が大きくなりやすい

金融機関は当初金利での毎月返済額しか見せないことが多いが、実は金利が上昇するとこれだけ返済額が増える可能性がある

■金融商品ごとの返済額の変動幅

ID	金利種別	優遇タイプ	当初金利	固定期間終了後優遇	月々返済額のシミュレーション（円） 金利の変動がない場合	月々返済額のシミュレーション（円） 金利が3％上昇した場合
1	変動金利	全期間	0.289％	△2.052％	100,147	151,018
2	1年固定	全期間	0.850％	△0.700％	110,139	169,853
3	2年固定	全期間	0.700％	△2.100％	107,408	174,763
4	3年固定	全期間	0.800％	△2.100％	109,224	172,371
5	5年固定	全期間	0.850％	△2.100％	110,139	164,025
6	7年固定	全期間	1.000％	△2.100％	112,914	163,809
7	10年固定	全期間	1.555％	△1.555％	123,554	171,571
8	10年固定	当初期間	1.555％	△1.555％	123,554	171,571
9	15年固定	全期間	1.485％	△2.105％	122,180	160,210
10	20年固定	全期間	1.450％	△0.700％	121,496	149,773
11	35年固定	全期間	1.345％		119,459	119,459

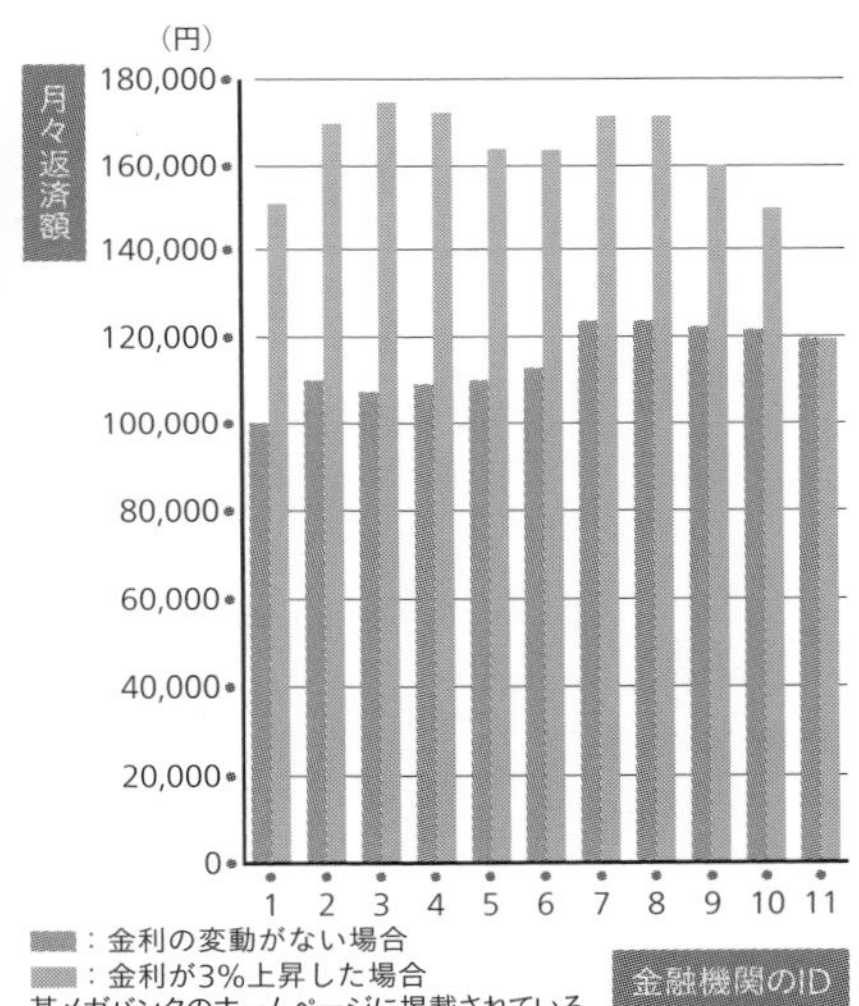

某メガバンクのホームページに掲載されている2023年4月の金利をベースに筆者が試算

最近の建築主には、住宅ローンの選び方にはっきりとした傾向がみられる。「変動金利（＝低金利）を選びたい！」とその多くが主張するのだ。そこで「金利が上昇した場合はどうしますか？」と質問すると、ほとんどの人が「そのときは固定金利に変更する」と答える。さらに「金利が何％になったら、どんな固定金利に変更するのですか？」「金利が4％に上昇した場合に、毎月の返済額はどうなるか知っていますか？」と問いかけると、ようやく自分の考えには確たる根拠がなかったと悟るようだ。

変動金利や、固定期間が短い「低金利」の住宅ローンを選択する場合の問題点は大きく3つある。①金利上昇時の支払額が大きくなりやすい、②当初の金利の低さが目立ち、固定期間終了時の金利優遇が注目されにくい、③変動金利の利率決定権が銀行にあるという3点だ［図1］。

住宅ローンはリスク商品である。金利上昇や収入減少などがあれば、最悪の場合住宅がとられてしまう。過去の住専問題も、現在の住宅ローン難民も、米国のサブプライム問題も、すべての原因は、支払額上昇リスクを過小評価していることとオーバーローンにあると考えられる。

問題点❷ 固定期間終了時の金利優遇が注目されにくい

変動金利の住宅ローンには、当初は固定金利で一定期間が経過すると変動金利に切り替わる商品がある。なかには、変動金利に切り替わる際に金利が優遇される商品もあり、その金利優遇の有無で、変動金利の利率と返済額が変わってくる

■変動金利で金利優遇キャンペーンの有無による総支払額の違い
（借入金額4,000万円、借入期間35年、10年固定金利、当初期間優遇タイプの場合）

■固定金利時

	当初10年間の固定金利	当初毎月返済額（円）	固定期間終了後	当初店頭表示金利
都銀A	0.95%	111,984	△1.500%	2.475%
地銀B	1.36%	119,749	△1.850%	2.475%
ネット銀行C	0.99%	112,727	△0.700%	2.775%

■変動金利時

	当初店頭表示金利より金利が1%上昇した場合			当初店頭表示金利より金利が2%上昇した場合			当初店頭表示金利より金利が3%上昇した場合		
	金利	毎月返済額（円）	元利総支払額（円）	金利	毎月返済額（円）	元利総支払額（円）	金利	毎月返済額（円）	元利総支払額（円）
都銀A	1.975%	126,341	51,340,380	2.975%	141,369	55,848,780	3.975%	157,376	60,650,880
地銀B	1.625%	123,537	51,430,980	2.625%	138,483	55,914,780	3.625%	154,439	60,701,580
ネット銀行C	3.075%	143,185	56,482,740	4.075%	159,316	61,322,040	5.075%	176,381	66,441,540

金融機関のホームページなどの情報をもとに筆者が試算

問題点❸ 変動金利の5年特約の創設

銀行は半期に1度利率を変更する。35年変動金利でローンを組んだ場合、銀行側に70回もの利率変更のチャンスを与えることになる

図2　金融機関のあの手この手

あの手この手❶ 金利の決定権が銀行にある

住宅ローンのなかには、5年間は支払額が変わらず、6年目以降でも25%以上は返済額が上昇しないという条件の商品がある。このような商品は、返済額が金利上昇の影響をダイレクトに受けない。このため、リスクを過小評価しやすくなる

■5年ごとに25%アップすると月々の返済額がどうなるか

年数	1～5	6～10	11～15	16～20	21～25	26～30	31～35
月々返済額（円）	100,000	125,000	156,250	195,313	244,141	305,176	381,470

ずっと金利が上昇し続けることはありえないが、25%の上昇は大きい

変動金利をお得に見せるカラクリ

住宅ローンの支払いに困り、家を手放さなければならない人が現実に大量発生しているにもかかわらず、甘い見通しでローンを組む人がなぜ後を絶たないのだろう。その一因は、金融機関も住宅販売業者も営業的な思惑から、「変動金利の商品のほうが売れる」と考えて建築主に勧めていることにある。特に金融機関は、変動金利のほうが安く見えるように策を弄している場合がある[図2]。比較的信頼のある金融機関が、リスクを正確に説明せずに偏った情報を開示するので、勉強熱心な人ほどこの罠に陥りやすくなる。裏を返せば、情報の偏りと変動金利のリスクに建築主自身が気づかない限り、この状況は変わらない。

設計者のなかには、建築主の予算確保についてはまったく関与しないというスタンスの人も多い。確かに、予算確保は設計・施工の業務範囲外だ。しかし、予算の確認を怠ると予算オーバーで設計やり直しとなる場合があるため、予算の話は避けられない。予算の話をする際、金利上昇のリスクを熟知せず「低金利」のローンを選ぼうとしている建築主に対し、もし、「転ばぬ先

あの手この手② 過去10年程度の金利推移表しか提示しない

金融機関によっては、過去10年くらいの金利の推移しか提示しないことがある

■住宅関連金利の推移

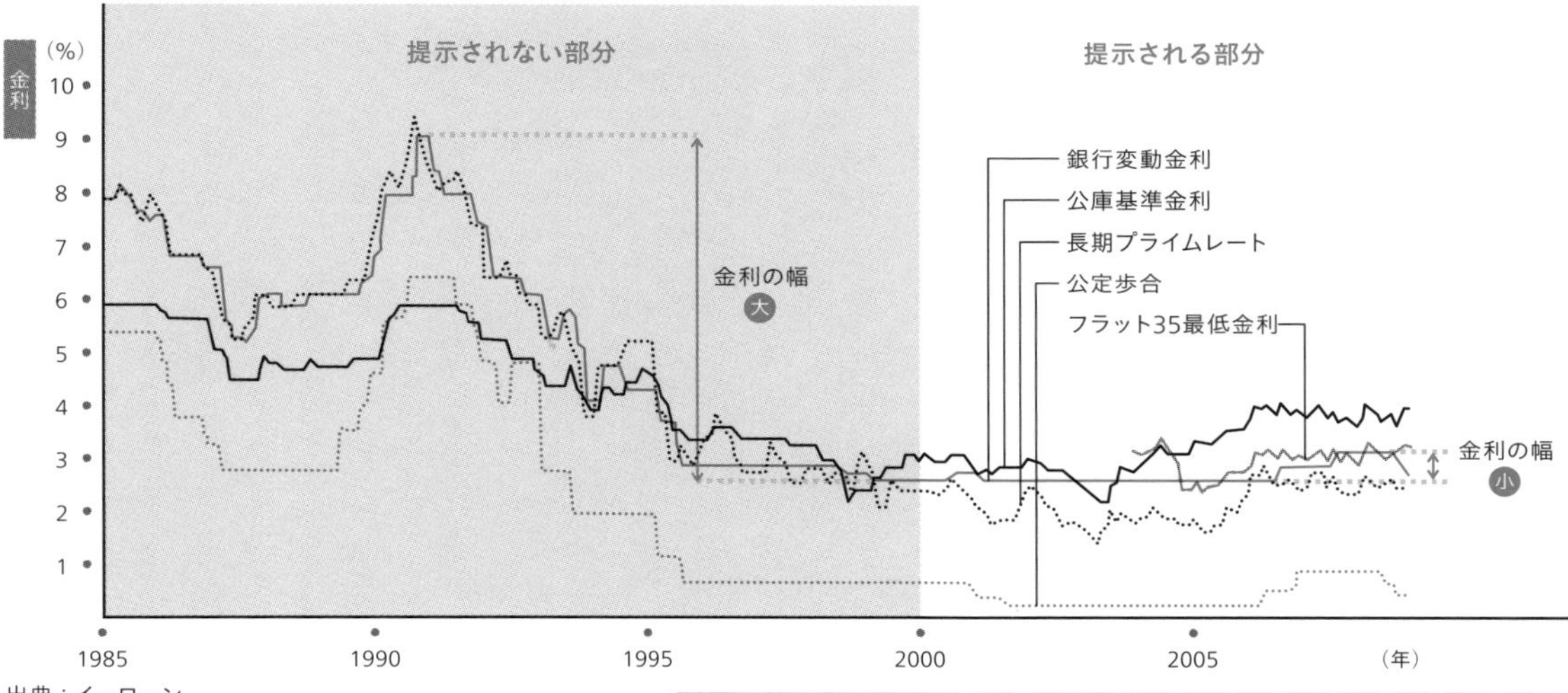

出典:イーローン

2000年からの10年間でみると、金利が5%を超えることはなく、それほど金利上昇がないように見える。ところが25年のスパンでみると、金利が9%を超える時期もあることが分かる。このように、10年のスパンで見ると、35年という超長期のリスクが矮小化されることがある。よい時期だけでなく悪い時期も把握しなければ、対策は立てられないのだ

あの手この手③ 全期間低金利が続いた場合の元利支払総額の提示

金融機関が提示する毎月返済額と総支払額は、当初の低金利が最後まで続くという想定であることが多い。金融機関は、金利上昇のインパクトを見せないことで、建築主の判断力を鈍らせているという見方もできる

■金利上昇が毎月返済額と元利総支払額に与える影響

(借入金額4,000万円、借入期間35年で、5年間は金利が0.289%のままとし、6年後から金利が上昇する想定)

		現在の金利が最後まで継続		金利が1%上昇した場合		金利が2%上昇した場合		金利が3%上昇した場合	
		毎月返済額	元利総支払額	毎月返済額	元利総支払額	毎月返済額	元利総支払額	毎月返済額	元利総支払額
変動金利	0.415%	¥100,147	¥42,061,740	¥115,706	¥47,662,980	¥132,679	¥53,773,260	¥151,018	¥60,375,300
フラット35	0.730%	¥117,825	¥51,624,300						

筆者の試算による
※変動金利は5年特約なし、フラット35はS(金利Aプラン)で、団信険料は加味しない

の杖」となる住宅ローン選びをアドバイスをできれば、建築主の信頼をより得られるのではないか。

返済の上限額を設定する

筆者が考える最善の住宅ローン選びとは、金利が上昇しても返済できる住宅ローンを選ぶことだ。

建築主にはまず、当初の支払額が安くても安全性が低い選択は、危機管理上、極めて重大な問題であることを認識してもらう。そのうえで、金利変動が毎月返済額に与える影響について、候補となるローンで計算する。そして、支払可能な返済額の上限を建築主に決めてもらう。返済額が上限を超えるような住宅ローンを選択しなければ、変動金利でも問題ないのだ[59頁図1①]。上限を超え得るローンを選択する場合は、支払えなくなるリスクが高まることをきちんと理解しなければならない。

建築主の「買いたい金額と買える金額」「金利上昇リスク回避と月々の返済額の上昇回避」、それぞれのバランスをとることに尽力するのが、住宅ローン提案の最重要課題である。考え抜かれた提案は、説得力をもって建築主に伝わるはずである。

(淡河範明)

トラブル回避＋α

「オーダーメードローン」で成約率UPを狙え！

表　住宅ローンを選んだ理由（フラット35以外の利用者）

順位	理由	割合
1位	金利が低い	約71%
2位	団体信用生命保険の充実	約20%
3位	住宅・販売事業者（営業マンなど）の勧め	約18%
4位	繰上返済のしやすさ	約13%
5位	諸費用（手数料、保険料、保証料など）の低さ	約13%

「住宅ローン利用者の実態調査【住宅ローン利用者調査（2022年10月調査）】」（住宅金融支援機構）

1割を超える回答として、6位以降は、「日ごろからなじみがあった」「安心できる相談サポート体制」に続き、「将来、金利が上昇する可能性があるので、返済額をあらかじめ確定しておきたかった」が挙がる。複数回答で行われたこのアンケート結果は、出費を抑えたいという顧客の志向が鮮明に反映されている

図1　一般的な住宅ローンの検討手順

このとおりにはいかないケースも多々あるが、住宅ローンの検討は以下のような流れで進められるのが一般的である

諸条件の確認

土地・建物の予算、諸経費、自己資金を確認する

借入可能額の試算

年収から試算する

ローンの選択

毎月の支払額などの支払い条件や、キャンペーンの有無などの条件から商品を絞り込む

「住宅ローンのオーダーメード」といっても、市中の金融機関に完全なオーダーメードで住宅ローンを組んでもらうことは不可能だ。ここでいう「オーダーメードローン」とは、住宅購入希望者のニーズに合わせて住宅ローン商品を選択するということである。そんなことは当然実行しているという人もいるかもしれないが、実際、建築主にベストマッチの商品を提案できている例は残念ながら少ない。

ローン選びに感動を

では、どうすればニーズに応える商品を提案できるのだろうか。まずは、調査で明らかになっている建築主のニーズを確認しておこう［表］。

ここから見えてくるキーワードは「安さ」と「便利さ」だ。このニーズを満たすための有効な手段としてまず頭に浮かぶのは、銀行との提携であろう。しかし設計事務所にとって銀行との提携はあまり現実的ではないし、なにより、特定の銀行の住宅ローン商品がいつも建築主のニーズにベストマッチするとは限らない。したがって、特定の金融機関に拠らない安くて便利なローンを見つけることが、オーダーメードローンの必要条件となる。

とはいえ、「安さ」「便利さ」というニーズを満たす提案をすることによって、建築主に設計者・施工者を決めさせるほどのインパクトを与えることは難しい。「住宅ローン選びでそこまで必要ない」と思われるかもしれないが、筆者は、住宅ローン選びを通じて建築主に感動を与え、「ぜひお付き合いしたい」と言わせる方法があると考えている。それは、建築主自身さえ気づいていない、かつ建築主にとって重要度が高いニーズを掘り起こすことである。建築主の隠れたニーズにドンピシャな提案、それがオーダーメードローンの正体なのだ。

コンセプトから考える提案法

住宅ローンの提案方法は図1の流れが一般的だが、これではニーズを掘り起こせない。

新たな提案をするには、何か核となるコンセプトがあるとよい。ここでは、そのキーコンセプトを「安心」として

図2 教育費とローン返済のシミュレーション

諸条件を設定したうえで、とくに教育費の負担を試算した。ローン返済11年目から20年目の教育費負担の増加のうち、とくに17年目は恐怖の年で、1年間で合計522万円、毎月の支払いが34万円にもなる。しかし、なんの対策もなくこのような資金負担に耐えられる家計は、経験的に2割以下である

想定
ローン開始時：子供2人（兄4歳、妹1歳）
兄：公立高校→国立大学（浪人なし、高校2・3年で予備校）
妹：公立高校→私立大学（浪人なし、高校2・3年で予備校）

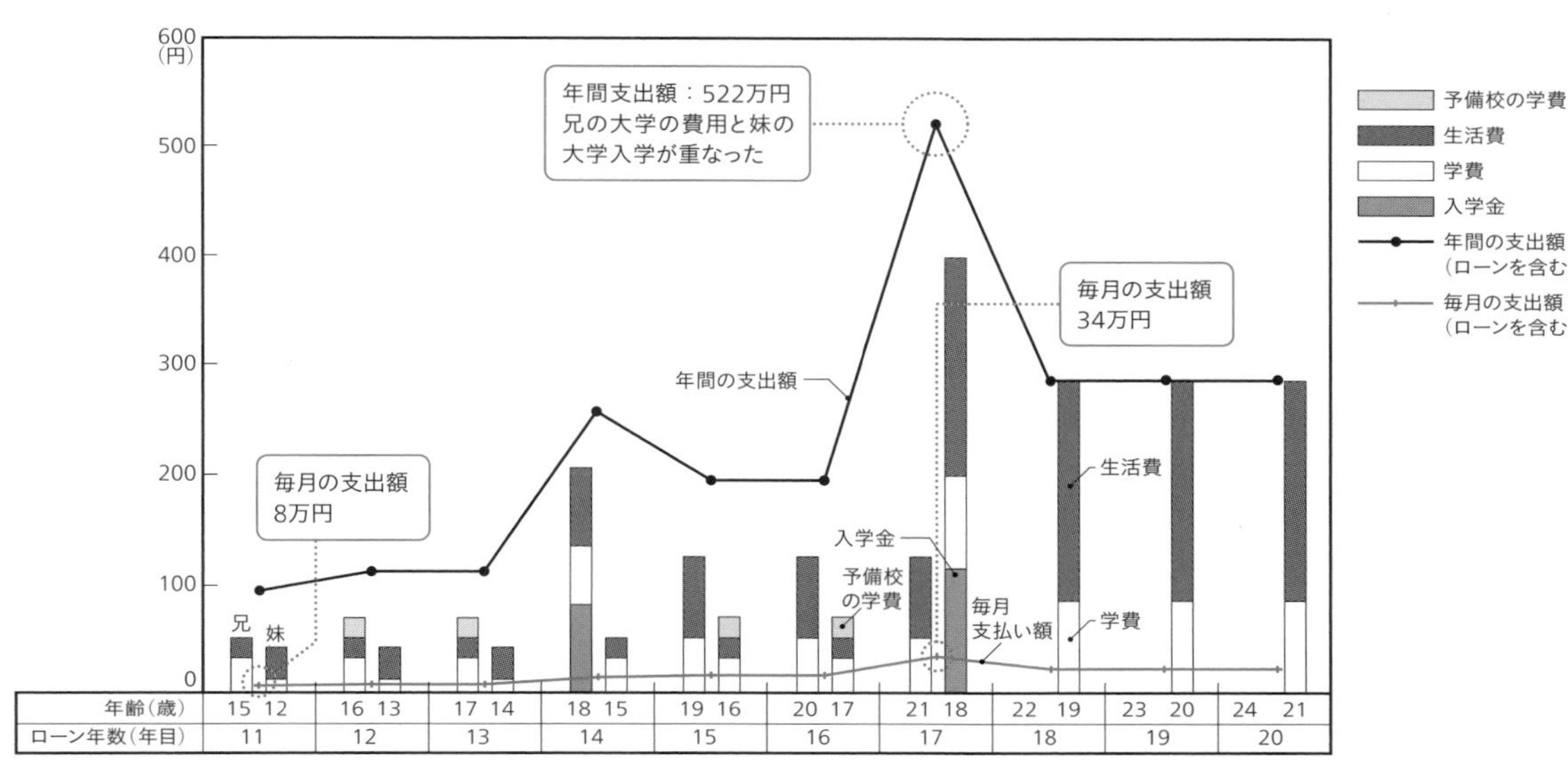

みよう。

最近は、手堅いタイプの住宅購入希望者が増えている。筆者のデータによると、かつては審査基準いっぱいの返済負担率で、できるだけ多額の住宅ローンを借りようとするケースが大多数だった。

しかし最近は、景気状況の悪化から、返済負担率を年収の20％未満に設定する建築主が増えている。夫婦合算の世帯年収が500万円を超えていても、「将来、収入が減るかもしれないから」という理由で、毎月の支払額を3万円台に抑えたいという人もいる。このような建築主には低予算のローンを組むことももちろん必要だが、それ以上の策として、「安心な」住宅ローンの提案が効果を発揮する。ここでは、ライフプラン上最も重い支出である教育費への対応を例にして考えてみたい［図2］。

建築主は簡単な方法を好むので、今回は貯蓄のみというシンプルな方法を提案してみる。毎月1万円貯蓄できれば20年で240万円、2万円なら480万円貯められるので、あと少しで教育費が負担できるだろう。ただ、考えなければならないことは、その貯蓄に回すお金をどう捻出するかだ。

変動金利や3年固定などの低金利の住宅ローンを選択すればよいと考える人は、危機管理意識が甘いと言わざるを得ない。金利上昇によってローンの支払いができなくなった場合、そのとき借りている住宅ローンより高い金利のローンで支払額の不足分を補うといった厳しい選択肢しかない、ということになりかねないからだ。

このようなケースでは、さまざまな金融商品の借入金額、借入期間、適用金利やキャンペーンの有無など、すべてをチェックしたうえで家計を見直すことで、毎月3万円の積立てが可能なコストプランを提案するという方法が筆者の考えだ。ポイントは、「住宅ローンの返済に回す以外のお金をコントロールすること」にある。

まずは建築主に現状を厳しく認識してもらい、それから具体的に解決の糸口を提示する。すると、建築主は一旦は失望するが、やがて驚き、喜び、感謝する。「最後まで安心して住宅ローンが払える！」という確信が、建築主の心をガッチリつなぎ留めるのだ。

このように、オーダーメードローンを実現することにより、成約率のアップはもちろん、建築主の意思決定までの時間短縮、他社との差別化、収益率の維持・確保といったさまざまな効果が期待されるのである。

（淡河範明）

COLUMN

追加・変更工事によるコストトラブル

設計者と建築主との間の、追加・変更工事によるトラブルの原因は連絡のすれ違いによるものが多い。最終的には「言った／言わない」「伝えた／理解できていなかった」の繰り返しである。近年はメールでのやりとりが主流となったため、以前より責任の所在は明らかになった。しかし、設計者が一方的に変更点についてメールを送り、建築主に電話で確認をせずに進めた結果、トラブルにつながるケースもある。追加や変更工事は、工期延伸もさることながら費用も発生するので早め早めの対応が求められる[表]。

トラブル具体例① トイレ内洗面器

設計段階では建築主の希望により、トイレ内に手洗い洗面ボウルを付けて欲しいということで設けていた。やがて工事が始まり設備機器を設置する段階になって、手洗い洗面ボウル単体ではなくカウンター付きのものに変更して欲しいとの依頼があった[図1]。既に床を仕上げた段階で、便器の配水管の穴の位置がトイレ幅に対し中心の位置でなくなってしまうため、穴の位置の変更などで大掛かりな工事が必要となった。費用については何とか了解をいただいたが、トラブルはトラブルになってから解決を図ろうとすると、精神的にも費用や時間のコスト的にも大変なのである。

トラブル具体例② 露出配管

南西角地の日当りも景観もよい敷地。1階はリビング・ダイニング、キッチン、客間、水廻り。2階は寝室などのプライベートな空間となった。エアコンの配管が2階からは3本、1階からは2本の合計5本が外部から見えてしまうため、景観を考慮して隠ぺい配管を提案した。しかし、予算が厳しいとの建築主判断によりそのまま進めることになってしまった。建築主の想定では、露出配管であっても外壁と同色にすればそれ程目立つことはなく、将来交換する際も容易にできるだろうと考えていたようである。その後何度か説得を試みたものの、結局ホームセンターの安価な見積りをみて、そちらで済ませることに。しかし、露出配管5本は想定以上に気になったようで、引渡しの際、何度も気にしている様子だった[図2]。

最近ではホームセンターや大型電器店でエアコンなどは安く売られているため、別途工事とすることもある。だが、確認不足により、寝室のカーテンボックスと緩衝するためベッドの頭の上にしかつけられないというケースもある。現場監督は仮に別途工事となっても、事前の十分な打ち合わせが必要だ。

（佐川旭）

表　主な変更工事の種類と変更可能時期の目安

変更する際、仕上がってからでは多額の費用が発生することになる。変更のタイミングを押さえておきたい。メーカーや納入業者によって多少変動するため、事前に確認しておくことが望ましい

変更工事項目	最終変更可能時期の目安
間取り	着工前
建物の配置	基礎、掘削前
サッシ・外部建具の位置	筋違い工事中
サッシの色	施工会社がサッシメーカーに発注して１週間以内
屋根材	上棟式の少し前
外壁の色など	外壁防水シート張り工事中
設備機器の位置	床根太工事中
キッチン	色決定から３週間程度で現場に搬入される（外国輸入キッチンは相談）
床材の材質や色	床根太工事中
内部建具の材質の大きさ	間仕切壁工事中
電灯・コンセント各地の位置	間仕切壁工事中
浴槽	間仕切壁工事中
内装仕上げ材	色決定から標準品で１週間以内
機器設備の色	色決定から標準品で２週間以内
タイルの色	色決定から標準品で１週間以内
輸入材・特注品	要確認

図1　トイレ内洗面器の変更工事（平面）

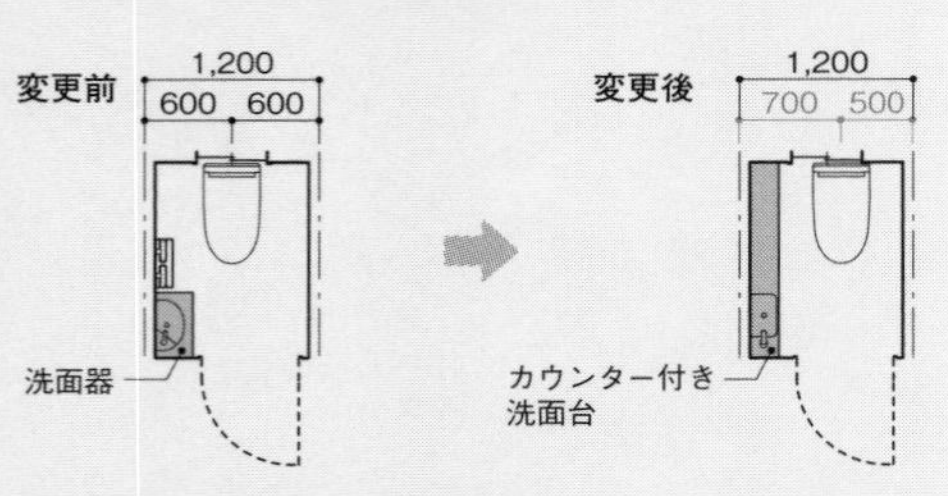

図2　露出配管の外観（西側立面）

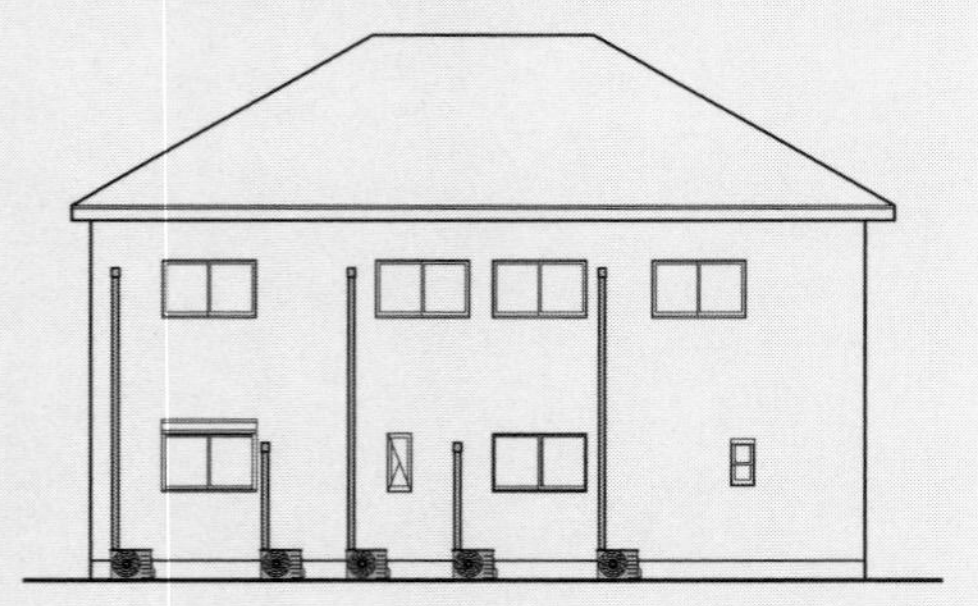

電気設備工事
施工業者による差が大きい

図1　電気設備工事のコストは7種類

①幹線引込み工事

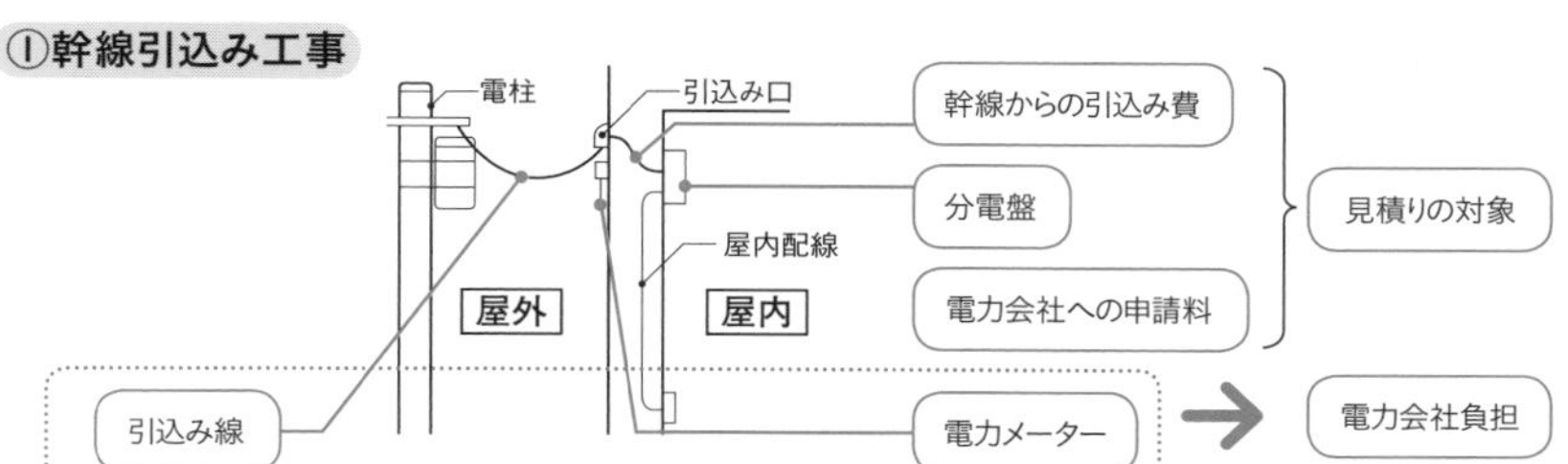

②コンセント設備工事

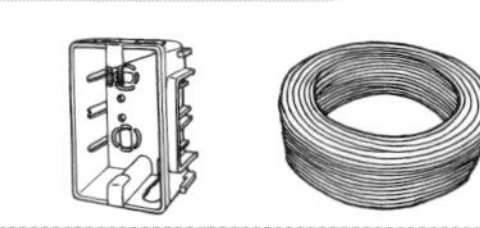
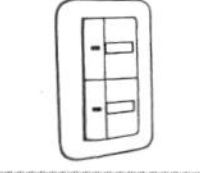

コンセント・スイッチまでの配線 ＋ **プレート設置費**

コンセント・スイッチの種類によって複合単価が変わる

③照明器具工事

照明器具の定価 × **0.4〜0.5** ＋ **諸経費**

施工業者がメーカーから仕入れる価格は30〜40%。施工者の見積り単価はそれに10%程度の経費が上乗せされる

器具品番がまったく決まっていない場合は2,500円／㎡で拾っておく。照明器具代の㎡単価での目安は、積算資料などで示されており、2,500円／㎡であれば、それほど大きな誤差にならない

④電灯配線工事

照明器具の形状によって取付け費は変わる。
直付け型∧吊り下げ型∧埋込み型の順で高くなる

⑤テレビ・インターホン配線工事

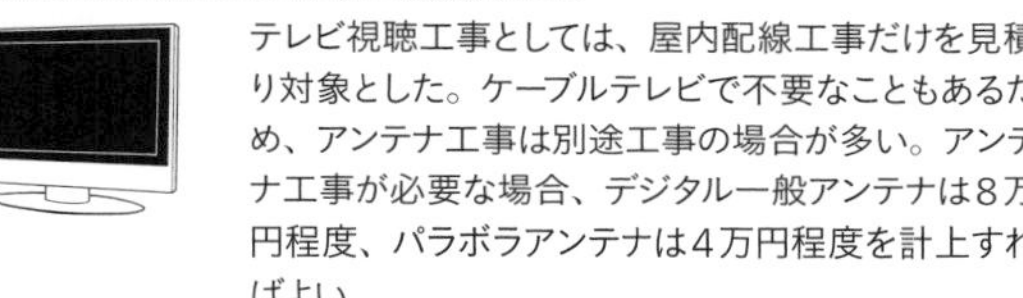

テレビ視聴工事としては、屋内配線工事だけを見積り対象とした。ケーブルテレビで不要なこともあるため、アンテナ工事は別途工事の場合が多い。アンテナ工事が必要な場合、デジタル一般アンテナは8万円程度、パラボラアンテナは4万円程度を計上すればよい

⑥電話・LAN配線工事

電話・LAN配線は配管のなかに通すことがほとんどで、単価は配線配管の材工共価格で構成されている。LAN配線の種類はCAT5・CAT6など伝送速度に応じて種類があり、単価も若干変わる

電気設備工事の見積り金額は、ほかの工事と比べて施工者の違いによる金額差が大きい。にもかかわらず工務店は、電気設備工事の施工業者から出された見積りの内容や金額を深く把握せず、そのままの内容で自社作成の見積書に採用することがある。そのため、仮に施工業者からの見積りが適正価格でなければ、設計者もそれを指摘できないまま、適正価格ではない見積書が建築主に提示されてしまうことが起こり得る。

それだけに、電気設備工事の工事内容や費用を把握しておくことは、建築主とのトラブルを回避するため、さらには信頼を獲得するために重要だ。

電気設備工事は、見積り上の観点から7種類に分類できる。費用の内訳をみると労務費が大部分を占め、材料費の割合は低い。ほかの工事同様、単価は積算資料や独自に収集した資料を参考にして決める。（森健一郎）

⑦エアコン・換気設備工事

エアコン・換気設備工事は住宅設備工事や機械設備工事、雑工事などで計上されることがあるが、ここでは電気設備工事で計上する

設備機器の定価 × 0.5 ＋ 取付け費 ＋ 諸経費

施工業者のメーカーからの仕入れ価格は 40% のため、諸経費として 10% 上乗せした 50% で計上

エアコン・換気設備機器の取付け費は、機器の性能や、壁付けか天井付けかなどの種類によって異なる。

参考として機種別の取付け費をまとめた

■ルームエアコンの取付け費設定例（壁掛け型）

最大出力(KW)	数量(台)	金額(円)	経費	単価(円)
2.5		9,100		10,000
3.6		11,100		12,200
4.0	1	13,400	10%	14,700
4.5		19,300		21,200
6.3		23,400		25,700

■換気設備の複合単価設定例

換気設備	複合単価(円／個)
自然給気口	5,400
天井扇(ダクト込み)[※]	16,500
壁付けパイプファン	13,200
ベントキャップ100㎜径	8,300
ベントキャップ150㎜径	11,500

※：ダクトが 2m 以上ある場合、ダクト工事を別途計上する

図2　電気設備工事の数量はこうして拾おう!

幹線引込み工事以外は、すべて個所数で拾う

幹線引込み工事

幹線引込み工事、分電盤、電力会社申請料をそれぞれ一式として拾う

コンセント設備工事

コンセントの種類によって単価が変わるため、種類ごとに個数で拾う

1階平面図(S=1:200)

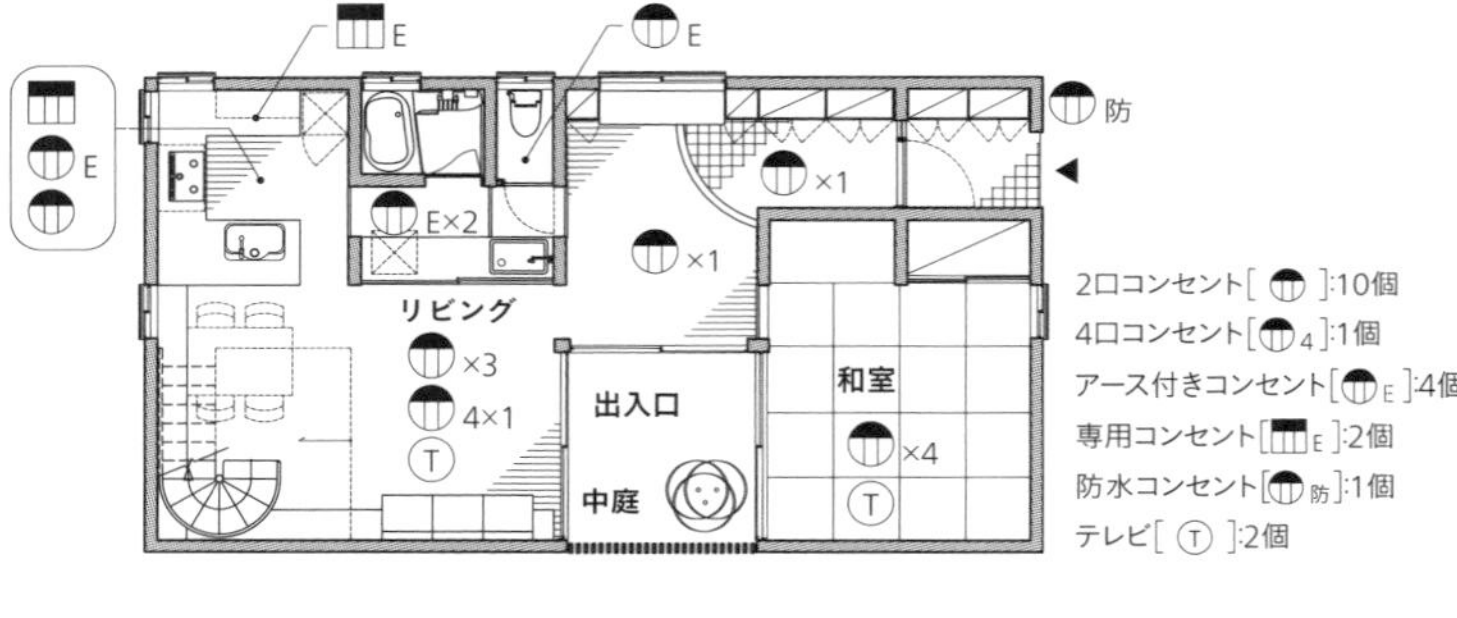

■個数が決まっていない場合の数量設定

場所	個所数など
リビングなどの居室	4
玄関	1
トイレ	1
洗面	2
廊下	1
専用コンセント	エアコン・電子レンジ・食浄機などの設置個所
外部防水コンセント	必要個所

その他の項目

照明器具

使用器具が決まっている場合は個所数で拾うが、器具が決まっていない場合は延床面積で拾う

信頼ポイント

定番で使っている照明器具があれば、器具ごとの使用数量をまとめて金額を入れるとよい。一式計上よりも建築主へ説得力があるほか、建築主にとっても品番が分かれば竣工後のイメージがしやすいため実施設計段階でスムーズに打ち合わせできる

電灯配線工事

照明器具の形状ごとに個数で拾う。形状が決まっていない場合、埋込み型として拾っておくと予算確保の意味で安全である

テレビ・インターホン配線工事

テレビ端子個数とインターホン個数を拾う

電話・LAN配線工事

個所数を拾う。決まっていない場合は1部屋1カ所として累計すればよい。弱電盤が必要なときは、3万円程度を計上する

エアコン・換気設備工事

機器能力や機器形状別に個数で拾う

表　電気設備工事の見積り明細書

名称	内容	数量	単位	単価	金額
幹線引込み工事		1	式	164,100	164,100
スイッチ・コンセント		1	式	487,340	487,340
弱電・器具付け		1	式	288,500	288,500
空調換気設備工事		1	式	182,800	182,800
照明器具		121	㎡	2,500	302,500
IH クッキングヒーター		1	式	170,000	170,000
レンジフード	ノーリツ　FG7S20	1	式	78,100	78,100
				合計	1,673,340

機種が未定の場合は、㎡で拾う

システムキッチンの場合はキッチン工事として衛生設備で一式計上するが、家具工事でキッチンを製作する場合はガスコンロ·IH ヒーター·レンジフード·シンクを単品で計上する

■幹線引込み工事

名称	内容	数量	単位	単価	金額
引込み幹線	CV14/3C	1	式	50,600	50,600
分電盤	L 付き EKB40A 12 回路（埋込みタイプ）	1	面	73,700	73,700
電力会社への申請料		1	式	39,800	39,800
				小計	164,100

■スイッチ・コンセント

名称	内容	数量	単位	単価	金額
電灯配線	ケーブル出しのみ	24	カ所	3,020	72,480
片切スイッチ		17	カ所	4,300	73,100
3路スイッチ		8	カ所	6,700	53,600
パイロット付き片切スイッチ		3	カ所	5,500	16,500
直結コンセント		0	カ所	3,800	0
1口コンセント		0	カ所	4,100	0
2口コンセント		26	カ所	4,300	111,800
4口コンセント		1	カ所	5,700	5,700
E付きコンセント	洗濯機、冷蔵庫など比較的消費電力が小さいもの	5	カ所	5,300	26,500
E付き専用コンセント	電子レンジ、食洗機など比較的消費電力が大きいもの	1	カ所	8,000	8,000
AC用コンセント		6	カ所	11,500	69,000
防水E付きコンセント		1	カ所	5,440	5,440
200V IH用コンセント		1	カ所	14,500	14,500
エコキュート配線		1	カ所	21,700	21,700
アース工事		1	カ所	9,020	9,020
				小計	487,340

3路スイッチの照明器具が2個

間違いポイント
冬の夕方の食事どきを電力消費のピークと想定して電源をレイアウトする。不適切なレイアウトだとブレーカーが頻繁に落ち、クレームの対象となり得る

換気扇の個数

スイッチ・コンセントプレートは、一般的な樹脂プレートを想定している

平面図にコンセントの数を記入して累計する

■弱電・器具付け

名称	内容	数量	単位	単価	金額
照明器具取付け		36	坪	2,000	72,000
TV室内配線		5	カ所	12,300	61,500
TV分配器		1	個	7,500	7,500
電話室内配管配線		2	カ所	11,500	23,000
LAN室内配管配線	CAT6、モジュラー含む	5	カ所	14,900	74,500
インターホン機器	カラー、配線共	1	組	50,000	50,000
				小計	288,500

テレビアンテナが必要な場合、別途工事で計上

天井直付けは 2,190 円、壁直付け·天井吊下げは 2,750 円、埋込みは 3,450 円

■空調換気設備工事

名称	内容	数量	単位	単価	金額
室内給気口		6	個	5,400	32,400
天井扇		2	台	16,500	33,000
壁付けパイプファン		1	台	13,200	13,200
便所換気ダクト	スリムダクトφ 100㎜	0	m	1,500	0
ベントキャップ	φ 100㎜（FD 付き）	9	個	8,300	74,700
ベントキャップ	φ 150㎜（FD 付き）	1	個	11,500	11,500
エアコンスリーブキャップ	φ 65㎜	6	個	3,000	18,000
				小計	182,800

信頼ポイント
建築主に詳細まで提示することで、関心の高いテレビ·電話·LAN の仕様を、金額とともに説明できる

エアコンや床暖房など、その他の冷暖房機があれば記入する

給排水・衛生設備工事 引込み工事の有無を確認

図1　給排水・衛生設備工事のコスト構成

配管工事の単価は、配管長さを考慮して設定する

屋内給排水設備工事

給水・排水・給湯のほか、管の種類、配管する階数で分けて、1カ所ごとの材工共の単価を設定する。
階数で分ける際、1階は3m程度、2階は5.5～6m分の長さを想定する

配管取付け費 ＋ 通気工事費（便器用など）

衛生陶器類

仕入れ掛け率が低いときなど、状況に応じて変更する

カタログ価格 × 0.6（国内メーカー品）0.8（輸入品）

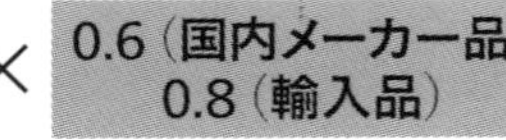

器具取付け費

純粋な手間賃。便器や洗面器、ユニットバスなどは複合単価ではないため、取付け費を別途計上する

屋外給排水設備工事

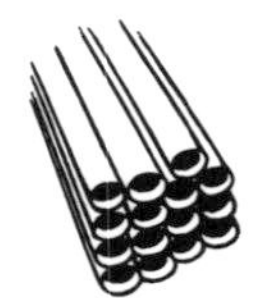

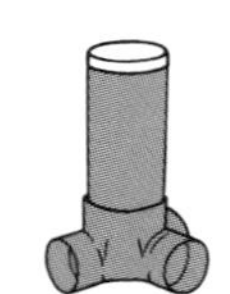

間違いポイント
敷地内に給水管が入っていなかったり、入っていても老朽化していて水道局から交換を指導される場合は高額な引込み費が発生する。費用は前面道路のアスファルト復旧を含めて30～100万円と幅があり、主に前面道路のアスファルト厚で決定する。費用については別途見積り徴収が必要になるので、確認を怠らないように

給排水管費 ＋ 汚水・雨水枡費 ＋ 仮設水道・トイレ接続費

管の種類別に「管+継手類+設置手間賃」の複合単価を設定する

仮設工事ではなくここで計上する

給排水・衛生設備工事の積算方法は、㎡単価で算出する超概算から、材料費と労務費を別々に算出する詳細積算まで、いくつかの方法がある。

ここで解説するのは、給水・給湯・排水の1カ所当たりの単価を設定して算出する方法である。配管の長さも単価に加味することで、拾いを個所数に簡略化できるため、住宅の見積りに向いている算出方法だ。また、この方法では配管材料を記載でき、見積り金額もある程度正確であるという利点がある。

この項目で特に注意が必要なのが、給水管の引込みだ。敷地内に管が通っていない場合や管が老朽化している場合、別途引込み工事が必要になる。最大で100万円を超える費用がかかるため、水道局・ガス会社へ事前に工事の要否について確認をとるほか、建築主にも出費の可能性について了承を得ておきたい。

（森健一郎）

上下水道引込み工事

上下水道申請手続き費 ＋ **汚水・雨水の排水接続費** ＋ **水道メーター設置工事費**

ガス設備工事

ガス引込み基本料（10万円程度） ＋ **ガスコック設置費（2.5万円程度／1カ所）**

ガス瞬間湯沸かし機を設置する場合はこの項目で計上する。単価は「カタログ価格×0.5」程度でよいだろう

間違いポイント
前面道路にガス管が通っている場合のガス引込みは、ガス会社の負担で行ってくれるが、前面道路までガス管が通っていない場合は高額な引込み費が必要となる。別途ガス会社から見積りをとり、予算に組み込まなければならない

図2 給排水・衛生設備工事の数量はこうして拾おう!

電気設備工事同様、ほとんどは個所数で拾う。配管類は、配管長さを考慮した単価設定をする

屋内給排水設備工事

管の種類・階数別に、給水個所数・排水個所数・給湯個所数を拾う

器具取付け費

器具種類ごとに個所数を計上する

屋外給排水設備工事

屋内配管は個所数で拾うが、屋外給排水管は、敷地の大きさや設計方法で長さが大きく変わるため、管の長さで拾う。給水メーターや排水最終枡位置・排水枡位置をおおよそレイアウトし、管種類別の長さを計測する

衛生陶器類

品番ごとに個数を計上する。ユニットバスと電気温水器（エコキュートなど）は別項目で拾っている工務店が多いが、建築主が見ても分かりやすいように本項目で拾う

1階平面図（S=1:200）

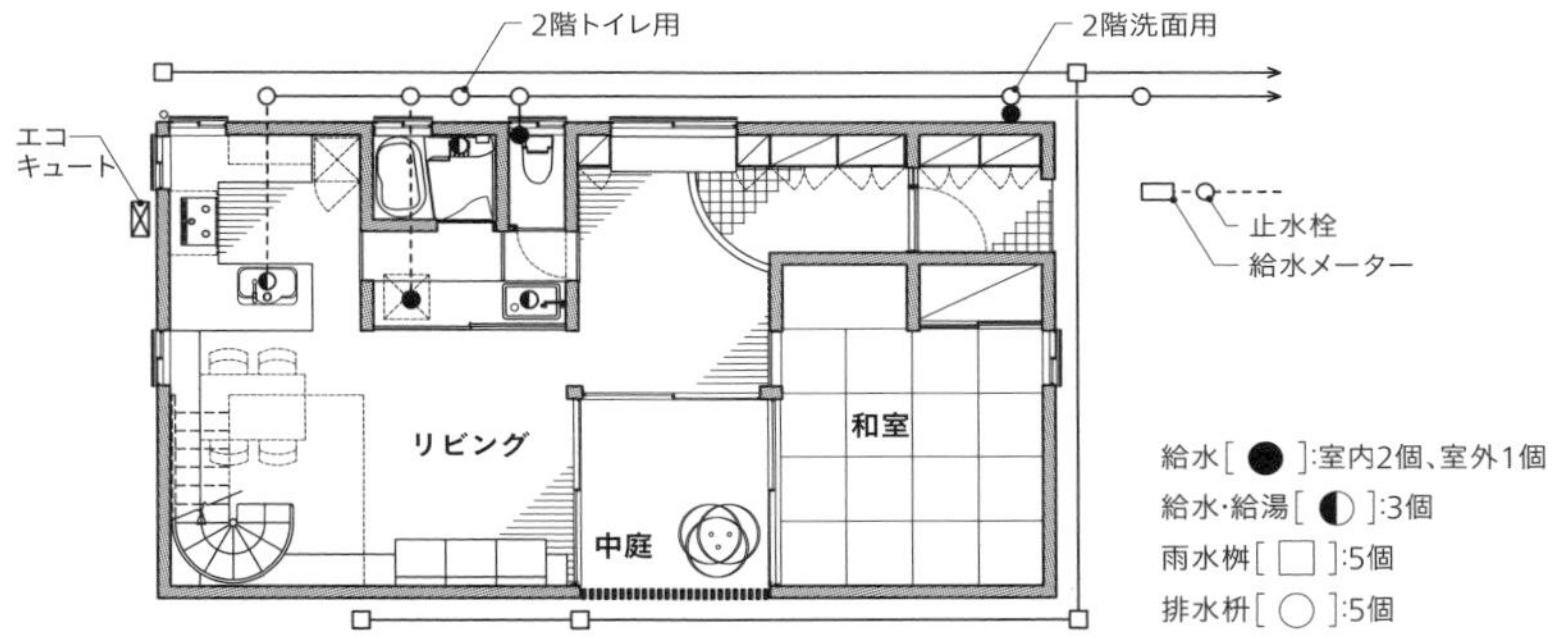

表 給排水・衛生設備工事の見積り明細書

名称	内容	数量	単位	単価	金額
屋内給排水設備工事		1	式	248,200	248,200
衛生陶器類		1	式	1,522,910	1,522,910
器具取付け費		1	式	262,400	262,400
屋外給排水設備工事		1	式	364,060	364,060
上下水道引込み工事		1	式	188,000	188,000
ガス工事		0	式	150,000	0
				合計	2,585,570

ガス瞬間湯沸かし器を設置する場合、別途材工費を計上する

間違いポイント
前面道路にガス管が通っていないときは、プロパンとするか、もしくは自己負担でガス管を前面道路以外から引き込む必要がある。必ず確認すること

■屋内給排水設備工事

名称	内容	数量	単位	単価	金額	備考
給水配管工事	1階、塩化ビニルライニング鋼管（SGP-VA）	5	カ所	10,500	52,500	
給水配管工事	2階、塩化ビニルライニング鋼管（SGP-VA）	2	カ所	14,400	28,800	
排水配管工事	1階、硬質塩化ビニル管（VP）	5	カ所	9,800	49,000	
排水配管工事	2階、硬質塩化ビニル管（VP）	2	カ所	16,300	32,600	
通気工事		2	カ所	9,900	19,800	
給湯配管工事	1階、被覆銅管	3	カ所	10,800	32,400	
給湯配管工事	2階、被覆銅管	1	カ所	16,100	16,100	
浴室追焚き配管	1階	1	カ所	17,000	17,000	
浴室追焚き配管	2階	0	カ所	21,000	0	
				小計	248,200	

1階は3m、2階は5.5～6mの複合単価を作成している

便器設置個所などに必要

信頼ポイント
管の種類・性能を理解したうえで管の種類を記入すれば、見積り書の説得力が増す

■衛生陶器類

名称	内容	数量	単位	単価	金額	定価
1階台所　水栓金具	TOTO　TKS05306J	1	カ所	37,080	37,080	61,800
1階洗面　洗面器	TOTO　SK106	1	カ所	38,940	38,940	64,900
1階洗面　洗面水栓	TOTO　TK185	1	カ所	12,900	12,900	21,500
1階洗濯機用水栓	TOTO　TW11R	1	カ所	5,310	5,310	8,850
ユニットバス	TOTO　SAZANA　1616　Sタイプ標準仕様	1	カ所	643,200	643,200	1,072,000
1階便器	TOTO　AS1	1	カ所	227,400	227,400	379,000
2階便器	TOTO　AS1	1	カ所	227,400	227,400	379,000
2階トイレ　手洗い器	TOTO　L652D	1	カ所	16,620	16,620	27,700
2階トイレ　手洗い水栓	TOTO　TLS01101J	1	カ所	16,620	16,620	27,700
2階廊下　洗面器	TOTO　L830CRU	1	カ所	21,300	21,300	35,500
2階廊下　洗面水栓	TOTO　TLS01101J	1	カ所	16,620	16,620	27,700
紙巻器	TOTO　YH44	2	カ所	3,660	7,320	6,100
タオル掛け	TOTO　YT43S4	4	カ所	2,550	10,200	4,250
エコキュート	コロナ　フルオート370L	1	カ所	242,000	242,000	
				小計	1,522,910	

「定価×0.6」が基本で、実状に合わせて掛け率を設定する

■器具取付け費

名称	内容	数量	単位	単価	金額	備考
洋風便器	ウォシュレット仕様	2	カ所	12,000	24,000	
紙巻器		2	カ所	2,000	4,000	
洗面器		3	カ所	6,900	20,700	キッチンシンク含む
タオル掛け		4	カ所	2,000	8,000	
給湯器廻り配管工事	リモコン配線別	1	カ所	17,300	17,300	
ユニットバス接続		1	カ所	7,500	7,500	
防湿鏡	縁なし450×800mm程度	0	カ所	4,600	0	
食器洗浄機接続		1	カ所	9,200	9,200	
洗濯機パン	トラップ付き	1	カ所	8,400	8,400	
単水洗取付け		3	カ所	1,500	4,500	
混合水栓		4	カ所	3,100	12,400	
止水栓取付け		2	カ所	2,700	5,400	
ユニットバス設置費用		1	式	60,000	60,000	
エコキュート取付け	配管セット、架台、脚カバー、リモコンコード他一式	1	式	81,000	81,000	
				小計	262,400	

■屋外給排水設備工事

名称	内容	数量	単位	単価	金額	備考
給水配管	HIVP20mm	12	m	2,730	32,760	
排水配管	VU75mm	32	m	3,350	107,200	
排水配管	VU100mm	14	m	4,400	61,600	
汚水枡	塩ビ製丸形	5	個	12,550	62,750	
雨水枡	300浸透枡	5	個	8,250	41,250	
雨樋接続工事		5	カ所	1,800	9,000	
散水栓　BOX共		0	組	20,580	0	
コン柱水栓	材工共	1	組	22,000	22,000	
仮設水道・トイレ接続費		1	式	27,500	27,500	
				小計	364,060	

間違いポイント
敷地内に給水管が入っていない場合や管が古くて交換が必要な場合は、自費で引込み工事が必要となる。アスファルト復旧工事費も含めると30～100万円と高額なため、必ず計画前に、工事の要否を水道局に確認する

■上下水道引込み工事

名称	内容	数量	単位	単価	金額	備考
上下水道申請手続き費	検査立会費含む、水道利用加入金は別途	1	式	100,000	100,000	
公共枡設置申請費		0	式	34,000	0	
既設枡接続費		1	式	25,000	25,000	
U字溝接続費		1	カ所	30,000	30,000	
量水器廻り工事	20A・ステンレス	1	カ所	33,000	33,000	
				小計	188,000	

COLUMN

忘れがちな費用

家を建てようと思った時、建築主は全体の費用がいくら必要なのかを調べる。一方で、建築に関わる人は建物に関する工事費用のみを考えがちだ。そのため、思いがけない費用や忘れがちな費用が発生した際に、いくらかかるのかすぐには答えられないだろう。しかし、建築主の信頼を得るためにも、全体の費用を把握しておくことは重要ではないだろうか。

本体工事以外にかかる別途工事や諸経費を、本体工事の流れにあわせて「本体工事前」「本体工事中」「本体工事後」の3つの費用に分けて考えるとイメージしやすい［表］。なかでも、追加・変更工事が必要になった際には注意が必要だ。たとえば納戸やパントリーを増築することになった時、棚が複数必要になれば当然それなりの費用がかかる。また、カーテンレールを取り付けるための下地工事やケーブルテレビ工事、場合によってはエアコン工事、外構工事（砂利敷き・コンクリート工事）など、忘れがちな費用は多岐に渡る。将来のことも考えていけば、階段に手摺を取り付けられるようにしておくために、あらかじめ下地板を入れておく必要なども出てくる。忘れがちな費用は、一覧にしたチェックシートをつくって管理しておくとよい［図］。

建築は経験工学ともいわれる。何もないところに新しいものをつくっていく仕事なので、当たり前といえば当たり前ではあるが、経験を積んでいかないと分からないことが多い仕事だからだ。だからこそ、忘れがちな費用も発生するのである。経験を積み、家を建てるための費用全体を把握できるようになったならば、建築主にコストを絡めたさまざまなアドバイスを行うことが可能になる。不安の多い建築主を安心させ、より高い信頼を得られるようになるだろう。

（佐川旭）

表　本体工事以外にかかる費用の例

■本体工事前
- 工事契約書に貼る印紙
- 確認申請時にかかる費用
- 近隣への挨拶（手土産）
- 引っ越し費用（仮住まい費）
- 設計料（建築家に依頼する場合）
- 地盤調査費用

■本体工事中
- 地鎮祭
- 上棟式
- ガス工事
- 水道負担金（不要な場合もあり）
- 職人への差し入れ
- 追加工事、変更工事

■本体工事後
- 確認申請の検査費用
- 登記、税金、火災保険料など
- 外構工事（駐車場やネットフェンスなど）
- インテリア（カーテンや家具、家電など）
- 情報機器接続費
- 落成式

図　忘れがちな費用チェックシート（例）

工事区分	工事個所	チェック欄
解体工事	フェンス・カーポートのコンクリートタタキ	
	樹木移設および伐採	
	電柱・標識の移設	
付属部品	表札版	
	郵便ポスト	
	カーテンレールおよびカーテン（ブラインド）	
	ピクチャーレール	
電気工事	エアコン工事	
	電話機器およびネット配線	
	ケーブルテレビ工事	
	防犯用および外部防犯コンセント	
給排水工事・ガス工事	外部散水栓	
	水道負担金	
	ガス工事	
その他	外構工事の範囲	
	駐車場・駐輪場の屋根	
	テラスデッキの塗装工事	
	下地の範囲	
	棚の枚数	
	重い金庫を置くための下地補強	
	床下、天井などの点検口	
	ロフトおよび仏壇用の換気扇とコンセント	

（円）

カウンター	塗装	扉なし合計	扉	扉塗装	扉あり合計
7,000	1,580	29,580	22,000	2,540	54,120
2,600		24,500	23,000		47,500
10,500	2,360	47,390	22,000	2,540	71,930
3,600		35,130	23,000		58,130
14,000	3,150	53,500	22,000	2,540	78,040
5,200		38,550	23,000		61,550
	2,650	41,410	44,000	5,080	90,490
		40,560	46,000		86,560
	3,970	57,600	44,000	5,080	106,680
		56,330	46,000		102,330
	5,290	73,590	44,000	5,080	122,670
		62,300	46,000		108,300
	3,400	57,450	54,000	6,200	117,650
		51,950	56,000		107,950
	5,100	74,960	54,000	6,200	135,160
		68,660	56,000		124,660
	6,800	104,000	54,000	6,200	164,200
		88,200	56,000		144,200

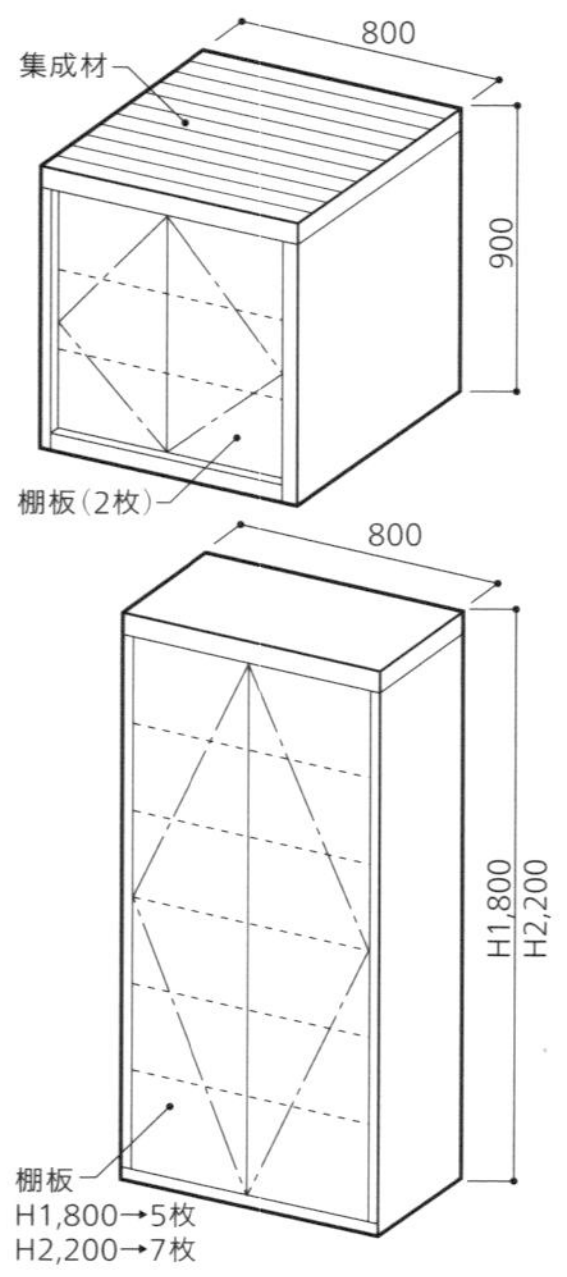

家具工事同様、キッチンの収納家具は住宅設備工事や木工事で計上される場合もある。キッチンは家具業者制作の特注品とメーカー品に分けられる。特注品は天板の材料別に単価表を用意する

メーカー品の場合

カタログ価格 × **0.6** ＋ **設置費（6万円）**

特注品の場合

■特注品の単価設定例

天板の材料	家具の複合単価（円／㎡）
人造大理石	200,000
ステンレス	180,000
集成材	180,000

拾い方の例（幅2.7mで天板が人造大理石の場合）

2.7m × **200,000円** ＝ **540,000円** ＋ **必要な厨房設備機器**

電気設備工事などで計上する場合は加算しない

図1 造付け家具工事のコスト構成

複合単価を簡易的に設定できるように幅800㎜程度の仕様別単価表を作成した数を掛ければ金額を算出できる

■大工製作家具の仕様別単価表（幅800㎜）

			板材				板材小計	棚柱	小口テープ	手間賃
			3×6	枚数	4×8	枚数				
H900㎜、周長5.0m	D300	シナランバー	11,800	1			11,800	1,600	300	7,300
		ポリランバー	12,700	1			12,700	1,600	300	7,300
	D450	シナランバー			23,500	1	23,500	1,600	300	9,130
		ポリランバー			20,500	1	20,500	1,600	300	9,130
	D600	シナランバー			23,500	1	23,500	1,600	300	10,950
		ポリランバー			20,500	1	20,500	1,600	300	10,950
H1,800㎜、周長8.4m	D300	シナランバー	11,800	2			23,600	2,400	500	12,260
		ポリランバー	12,700	2			25,400	2,400	500	12,260
	D450	シナランバー	11,800	3			35,400	2,400	500	15,330
		ポリランバー	12,700	3			38,100	2,400	500	15,330
	D600	シナランバー			23,500	2	47,000	2,400	500	18,400
		ポリランバー			20,500	2	41,000	2,400	500	18,400
H2,200㎜、周長10.8m	D300	シナランバー	11,800	1	23,500	1	35,300	2,400	650	15,700
		ポリランバー	12,700	1	20,500	1	33,200	2,400	650	15,700
	D450	シナランバー	11,800	2	23,500	1	47,100	2,400	650	19,710
		ポリランバー	12,700	2	20,500	1	45,900	2,400	650	19,710
	D600	シナランバー			23,500	3	70,500	2,400	650	23,650
		ポリランバー			20,500	3	61,500	2,400	650	23,650

ここでは造付け家具・収納家具の工事も雑工事に含める。造付け家具は、家具業者製作と大工製作に分けられ、一般に、現場設置費がかかる分、前者がコスト高となる

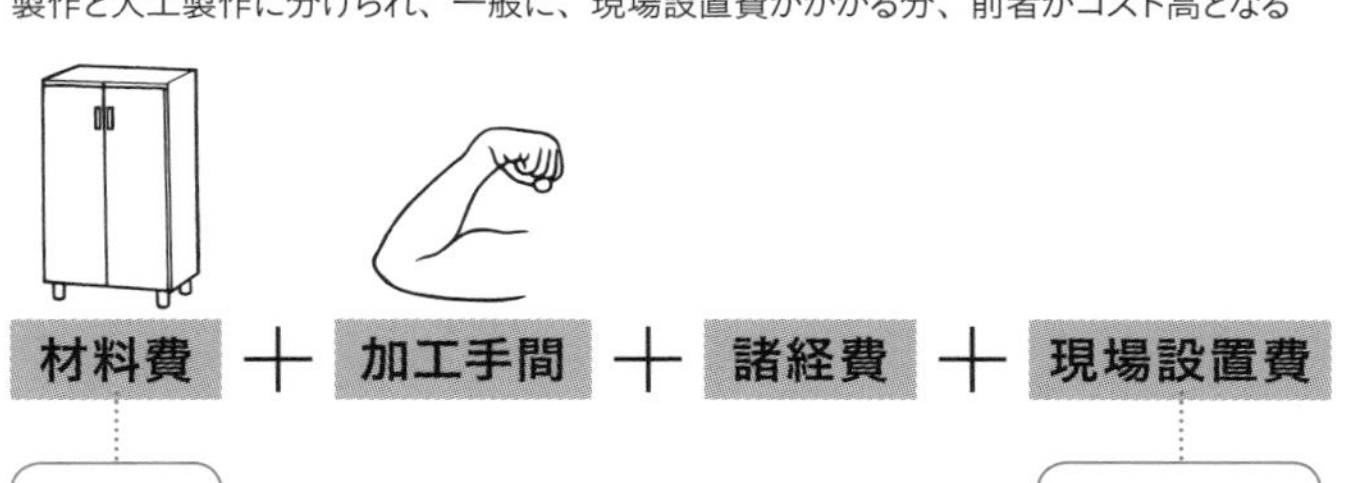

メーカー品の場合

建材メーカー品の家具を設置する場合は、カタログ価格をもとに単価を決定する

カタログ価格 × 0.6

設置費込みの掛け率

雑工事には、仮設工事～設備工事に当てはまらない工事項目が含まれる。具体的な項目については人によって判断が分かれるが、ここでは防蟻・防腐工事、断熱材施工、スチール階段取付けのほか、家具業者・大工製作による造付け家具も対象とする。ただし家具の数が多いときは、家具工事を単独の工種として扱うこともある。

造付け家具は、家具業者製作のほうが大工製作よりも高精度でバリエーションが豊富な反面、現場取付け費が加算されるためコスト高となる。棚板のみなど構成がシンプルな場合は、扉だけを建具業者に製作・設置してもらい、それ以外は大工製作とすれば、精度を確保しつつコストも抑えられる。しかし、引出しがあるなど複雑な構成の家具は、家具業者製作のほうが無難だろう。

このほか、雑工事でポイントになるのは断熱材である。断熱材の性能を十分に発揮させるため、断熱欠損が出ないように設計したうえで数量を拾う。また、省エネへの意識の高まりから、断熱材の性能に関する質問をしてくる建築主が増えてきている。それに対し、しっかり回答して納得してもらえるよう、コストだけでなく特徴に関する知識ももっておきたい。（森健一郎）

図2　雑工事のコスト構成

断熱材

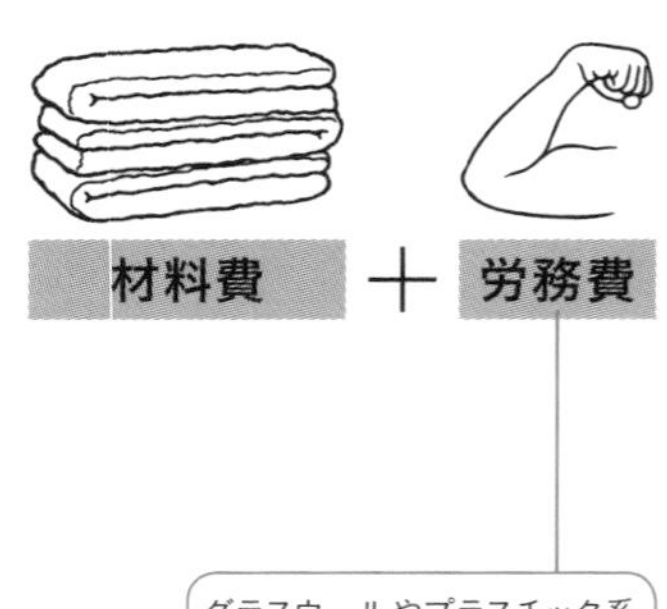

グラスウールやプラスチック系ボード状断熱材の施工費は240円／㎡程度

参考として、グラスウール・押出法ポリスチレンフォーム3種・セルロースファイバーの材工共単価表を作成した

■断熱材の複合単価設定例

断熱材の種類	厚さ(㎜)	熱抵抗値	材料単価(円／㎡)	施工費(円／㎡)	現場経費込みの複合単価(円／㎡)
グラスウール16K	100	2.2	800	360	1,160
高性能グラスウール16K	105	2.8	1,850	360	2,210
グラスウール24K	100	2.9	2,000	360	2,360
押出法ポリスチレンフォーム3種	30	1.1	1,300	490	1,790
	50	1.8	2,150	490	2,640
	75	2.7	3,200	490	3,690
	100	3.6	4,300	490	4,790
セルロースファイバー	100	2.5	3,500		3,500

注1：グラスウールは耳付きの袋入り　注2：防湿気密シート・テープは別途計上
注3：押出法ポリスチレンフォームを床下で使う場合、施工費を1.5倍する

鉄骨階段・屋上手摺

大きさや部材寸法、取付け方法や塗装仕様などで価格が決まるが、見積り段階では仕様がまったく決まっていないことも少なくない。そのため、過去の見積りなどを参考に、右記のように単価を設定しておく

■鉄骨階段・屋上手すりの複合単価設定例

項目	単価(円)
直線階段	500,000／台
円形階段	600,000／台
屋上手摺	20,000／m

図3　雑工事の数量はこうして拾おう!

断熱材

屋根または天井・外壁・床または基礎でそれぞれ施工面積を出す。拾い出しの際、断熱材が連続して施工されるように設計しているか確認する

気密テープ

サッシの4方周長 × 1.1

特注キッチン

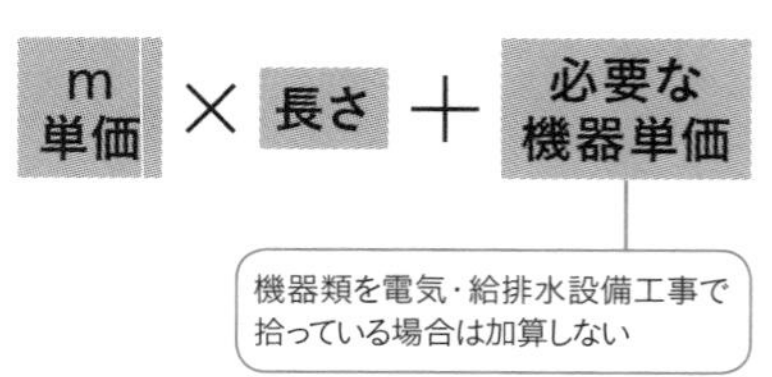

機器類を電気・給排水設備工事で拾っている場合は加算しない

断面図(S=1：150)

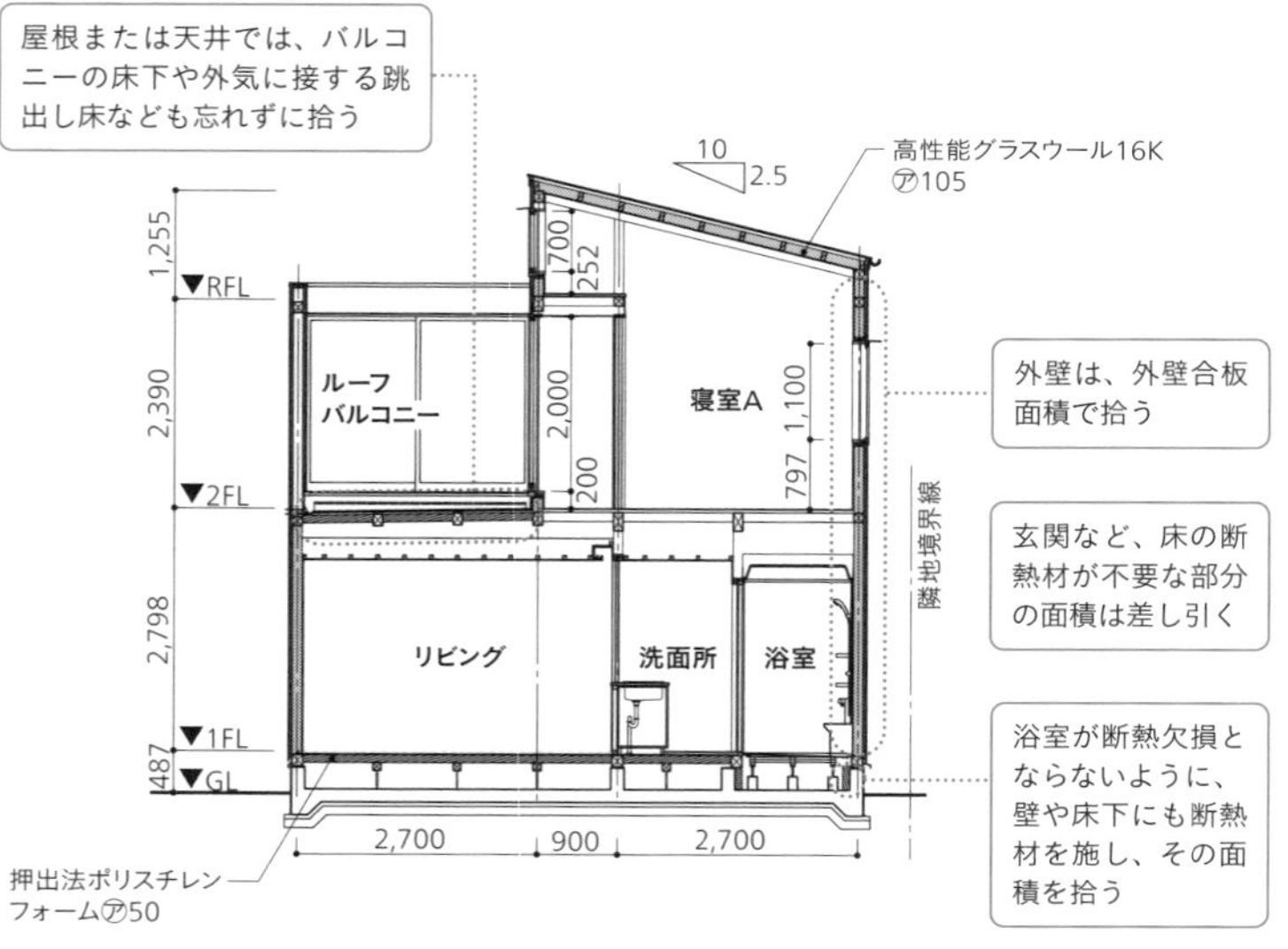

表　雑工事の見積り明細書

信頼ポイント
断熱材は、建築主が気にする部分なので、材料の特徴を理解したうえで仕様を記入する

間違いポイント
跳出し床の断熱も忘れずに！

1階床面積

材工共単価

名称	内容	数量	単位	単価	金額
防蟻工事	地表面から1m以下の木部のみ	66.4	㎡	650	43,160
天井裏換気フード	スチール製角形レジスタ、アクリル焼付け塗装	0	カ所	5,000	0
断熱材（屋根）	高性能グラスウール 16K　105㎜厚、材工共	69.7	㎡	2,210	154,037
断熱材（外壁）	高性能グラスウール 16K　105㎜厚、材工共	215	㎡	2,210	475,150
断熱材（床）	押出法ポリスチレン板　50㎜厚、材工共	61.8	㎡	2,640	163,152
気密テープ	標準両面粘着、75㎜幅	130	m	240	31,200
屋外階段	外部直線階段	1	カ所	500,000	500,000
屋内階段	内部円形階段	1	カ所	600,000	600,000
屋上手摺		16.2	m	20,000	324,000
布団干し金物	アルミ製折りたたみ式、材工共	1	セット	12,000	12,000
キッチン（シンク含む）	W1.9m＋W1.15m＋W1.9m、シナ合板扉なし →53,500円×5個	1	式	267,500	267,500
吊り戸棚	W800×H900×D450㎜、シナ合板扉あり	1	カ所	71,930	71,930
ポーチ収納	W800×H1,800×D450㎜、内部シナランバー、扉別途	2	カ所	57,600	115,200
玄関収納	W800×H2,200×D450㎜、シナ合板扉あり	3	カ所	135,160	405,480
玄関ベンチ	W1,600×H400×D450㎜、シナ合板扉あり、集成カウンター	1	カ所	71,930	71,930
洗面台	W800×H900×D600㎜、シナ合板扉あり、集成カウンター	2	カ所	78,040	156,080
2階便所手洗台	W800×H900×D300㎜、シナ合板扉あり、集成カウンター	1.5	カ所	54,120	81,180
2階フリースペース手洗台	W800×H900×D300㎜、シナ合板扉あり、集成カウンター	4	カ所	54,120	216,480
2階フリースペース本棚	W800×H2,200×D300㎜、シナ合板扉なし	4	カ所	57,450	229,800
				合計	3,918,279

外壁の合板面積

詳細な仕様が決まっていない場合、過去の経験から設定した単価で計上する

大工製作の家具工事

73頁図1の表から引用。家具業者製作のときは1.2倍とする

COLUMN

家具工事で施主施工ができる？

家具製作には高度な技術や専用の道具が必要になるため、工事のすべてを施主施工とするのは難しい。それでも一部を施主施工とすることでコストダウンを図ることは可能だ。

最近は幅はぎ材やJパネル、集成材など、どこで切っても切り口がきれいな材料が比較的安価で入手できるようになってきている。これらの加工を家具業者に依頼し、組立てを施主施工にするだけで、家具業者製作の半額程度に抑えられる。

家具屋製作では釘や金物が見えないように仕上げるが、施主施工でそれは難しい。そこで、ビスなどは思い切り見せたり、ビスの頭を木栓で塞いだりする。これらの方法でも十分きれいに仕上げられる。

また、家具業者製作では塗装が外注のことが多いため、塗装費用のウエイトが高くなりがちである。そのため、蜜蝋のような自然素材のワックスを用いて建築主が塗装すればコストダウンの効果が高い。

このようなコストダウン法を実践するためには、家具のデザインをシンプルにすることと、施工者の協力が大前提となる。

第2部 コストシミュレーション

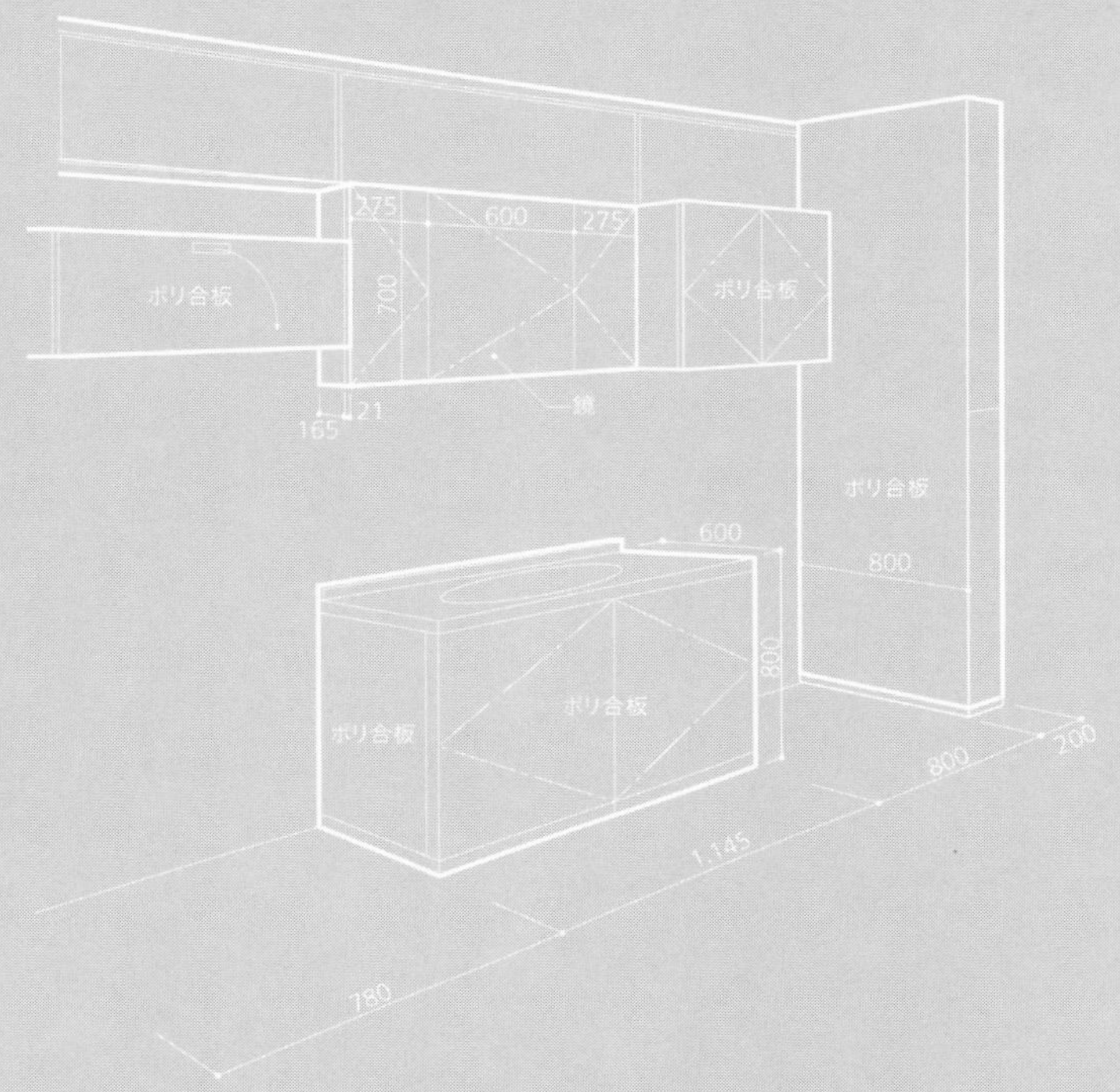

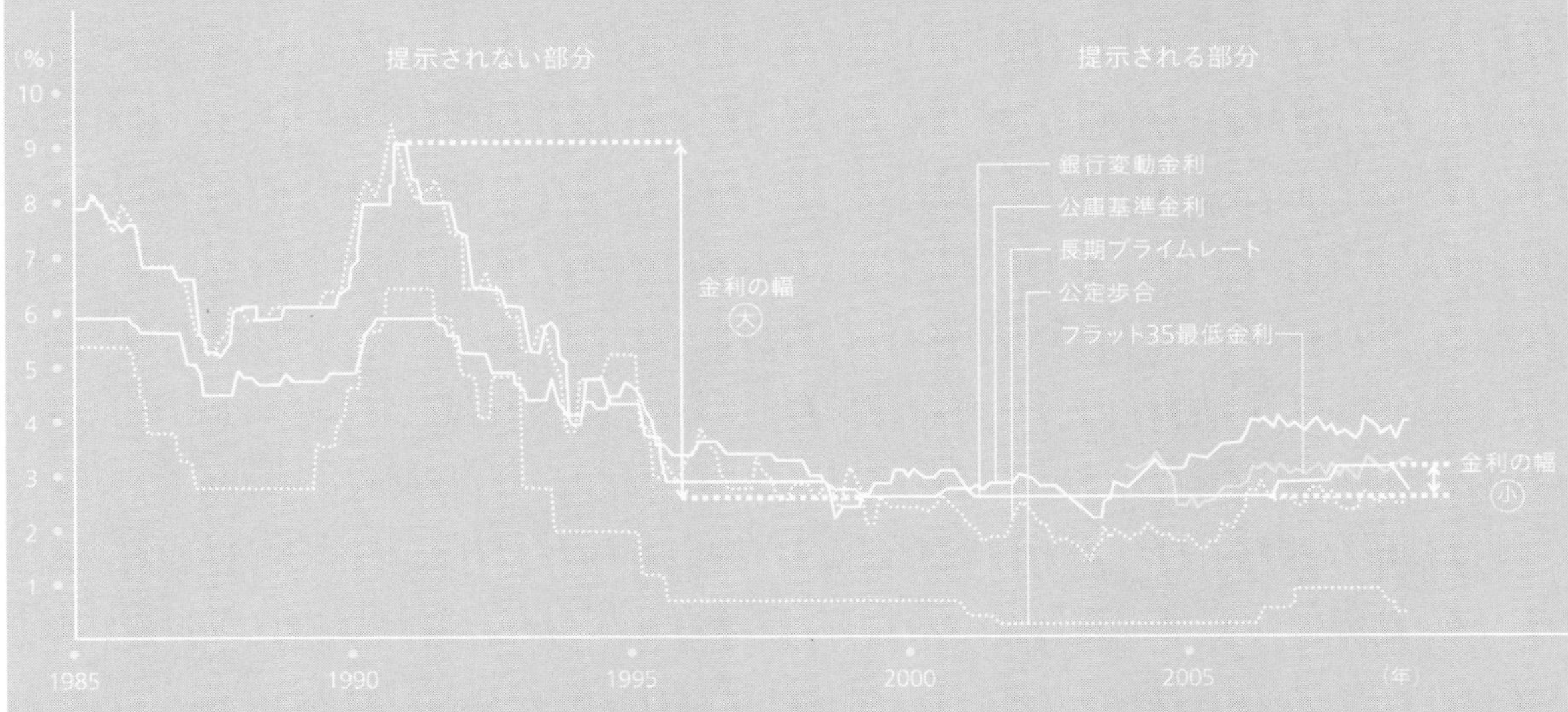

住宅コストの基本的な考え方

住宅建築のコスト構成をおさらい

設計価格と仕切価格

建築業界独特の価格表示の仕組みに「設計価格」というものがある。建材・設備メーカーなどから示される価格で、「定価」と考えて差し支えない。実際に定価で販売される建材は少ないが、設計価格は上代価格であり、工事費を把握するための拠りどころとなる。

一方、設計価格に対して実際に販売取引される金額、実勢価格を「仕切価格」という。定価30万円の建材を、「53%で工務店に卸す」場合の仕切価格は15万9千円となる。工務店の立場からすると、定価はあくまでも建前の価格といえる。材料によって幅はあるが、定価の半額以下から7割程度が、一般的な仕切価格というのが実状であろう。

木工事は全体の2～3割程度

ここからは、木造住宅の工事費について説明する。一般的に、工事費（施工者見積り）は工種別積算で算出されることが多いので、工種別に分けて、工事費の中身を解説する。

建築本体の工事費の構成は図2のとおりだ。さまざまな変動要因はあるものの、筆者の経験から判断すれば、工事費のおおよその割合はグラフで示すようになる。工事費用が最もかかるのは当然、木工事だが、その割合は意外と小さく、全体の2～3割程度である。続いて、建具工事、雑工事、内外装工事の順に高くなっている。大規模な

図1　住宅コストの基本用語

❶設計価格と仕切価格の違い

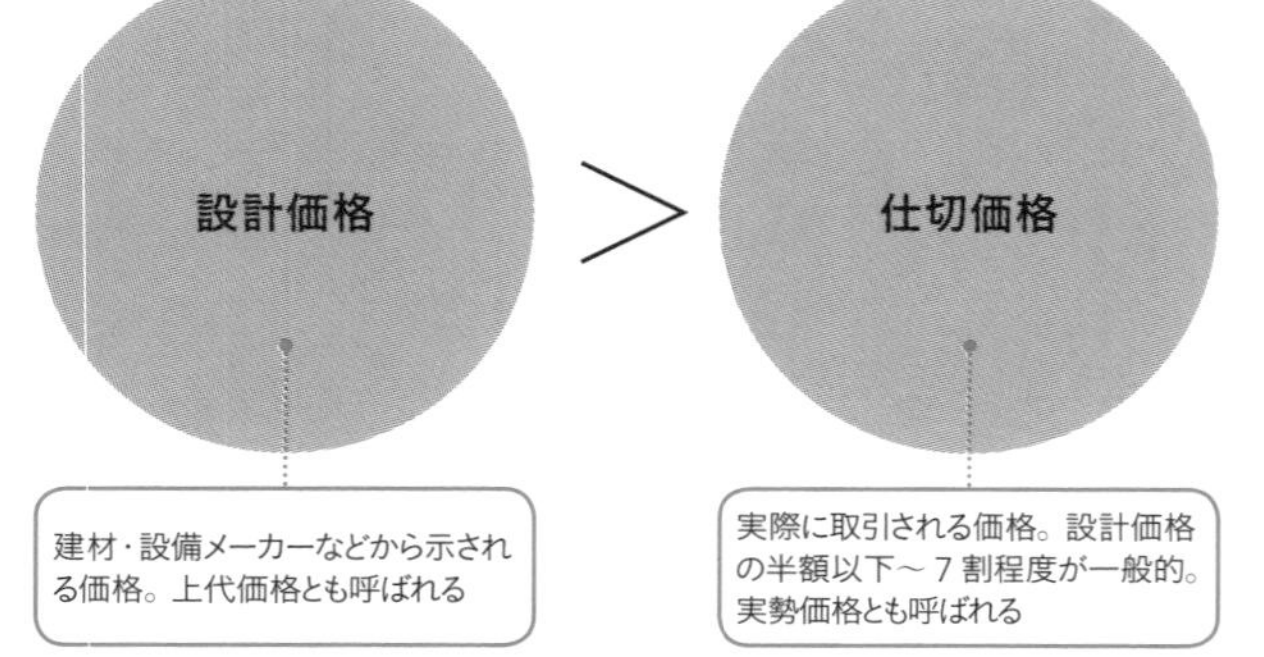

設計価格 ＞ 仕切価格

設計価格：建材・設備メーカーなどから示される価格。上代価格とも呼ばれる

仕切価格：実際に取引される価格。設計価格の半額以下～7割程度が一般的。実勢価格とも呼ばれる

❷工種別積算と部位別積算の違い

工種別積算
業者（下請け）の各工事会社から取った見積りを積算する一般的な手法。設計変更に対応しにくいのが難点

部位別積算
部屋ごとに工事費を集計して積み上げていく積算手法。設計変更に対応しやすい。欧米では一般的

→ 信頼性のある見積りを速やかに算出するには、部位別積算がベター

図2 ひと目で分かる！ 木造住宅のコスト構成例（本体工事費）

工事価格

給排水・衛生・ガス空調設備工事7.2%
屋内外給排水・衛生設備・ガス設備工事。市街地では浄化槽工事を必要としないケースが多い

付属外構費4.2%
門・塀、通用口、庭園、車庫、駐輪場などの工事（別途工事に入るほうが多い）

仮設工事4.5%
施工に必要な「遣り方」や「足場架け払い」など。範囲が広いので注意が必要。左右高さ上下で余裕を何m見るかで費用が変わる

土・基礎工事4.4%
根切り、栗石地業、基礎工事。杭打設、切土、盛土、液状化対策などの地盤補強工事も含まれる。地盤状況によって大幅なコスト増となる場合がある

諸経費・運搬費9.2%
最近は、経験を頼りとして積み上げ方式で詳細に項目別に集計するのではなく、パーセンテージで出すことが多くなった［81頁図3参照］。一般的には、下請け業者ではなく、工事を取りまとめる工務店が計上する

木工事22.8%
木造住宅の中心になる工事。躯体工事と内外部の造作仕上げ工事に大別される

屋根板金工事3.2%
屋根、金属樋、水切などの金属板金工事。金属工事は減少傾向にある

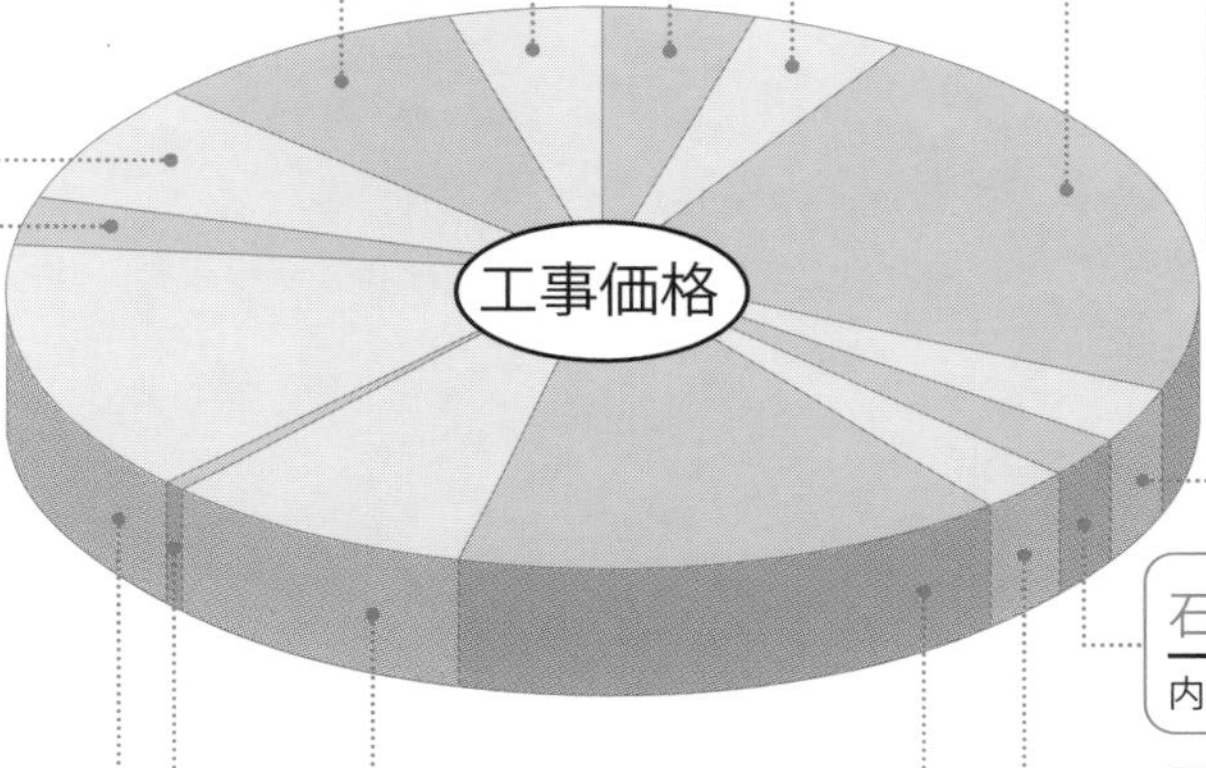

電気設備工事3%
電気配線・照明器具・分電盤、スイッチ、コンセント、メーターボックスなどを設置する工事

石・タイル工事2.3%
内外部の石張り・タイル張り工事

雑工事14%
上記の工事に含まれない断熱材施工、防蟻処理、点検口・換気口、タオル掛けなど各種備品、クリーニング費用などを計上

内外装工事8.2%
クロス張り、畳工事、カーペット工事、家具工事というように別立てとされることが多い

左官工事2.5%
モルタル塗り・塗装吹付け工事など。漆喰、ジュラク塗り工事は減少傾向にある。基礎天端均しや刷毛引きは、土・基礎工事に含

塗装工事0.5%
内外装の塗装仕上げ・木部・鉄部、コンクリートなどの塗装工事

建具工事14%
金属建具・木製建具に大別される。既製品の出窓やシャッター、雨戸、ガラスもここに含まれる

別途工事
近隣対策費や各種負担金など。設計監理料も含まれる［80頁参照］

COLUMN 住宅のコスト削減のコツ

「一生に一度のマイホーム」とはいえ、予算には限りがあるため、建築主の理想をすべて叶えた家の実現はなかなか難しい。予算を超過する場合は、設計や設備を見直してコストダウンを図る必要がある。一方で、快適な家をつくるためには削らないほうがよい箇所があるのも事実。削れる箇所と削るべきではない箇所を把握することで、予算を抑えつつ理想に近い家が実現できる。住宅のコストダウンには次のような方法があるので、参考にされたい。

1. 延床面積を小さくする
2. 間取りをシンプルにして間仕切を減らす
3. 水廻りを極力まとめる
4. 和室はつくらない
5. フェンスや門扉を設けない
6. 窓の数を減らすか、サイズを小さくする
7. 各室の収納を1カ所にまとめる
8. バルコニーを必要以上に大きくしない

（山本富士雄）

表　全部見せます！ 別途工事費の中身

項目	
近隣対策費（電波障害対策費、騒音振動対策費、日照権対策費、営業保証など）	
各種負担金（電力会社・ガス会社などの負担金）	
電力引込み工事費	
ガス引込み工事費	
設備給水配管引込み費	
外構工事費	都市ガスの引込み工事、駐車場車、門柱（ポスト、表札込み）、外灯、植木、階段（半分スロープ）、玄関前植込み、隣との境界線ブロック＆フェンスなど
浄化槽排水工事費	
既存建物撤去・運搬処分費	
地中障害物撤去運搬費	
家具什器・備品、テレビアンテナ、衛星放送テレビアンテナなど	
引越し費用	
工事期間中家賃	
工事期間中家具保管費用	
設計監理料	工事費の10～20％が一般的（工事面積単位で算出する場合もある）
確認申請費用	
各検査費用	
その他	
土地入手費用	
設計に必要な情報を得るための調査・企画などにかかる業務	
・建築物の敷地の選定に係る企画業務外注費用	
・資金計画等の事業計画の策定に係る企画外注業務	
・土質や埋蔵文化財に係る調査業務外注費用	
・土地売買仲介費用	
標準業務に附随して行われる追加的な業務	
・住宅性能評価に係る業務費用	
・耐震診断などの評価に係る業務費用	改修を行う場合［111頁参照］
耐震診断料（一般診断法）	
耐震診断料（精密診断法）	
耐震改修設計料	
・耐震補強工事費用	
・各種補助金の申請費用（エコポイント申請など）	
・瑕疵担保責任保険の申請	
・長期優良住宅（200年住宅）設計・監理報酬	
・フラット35S等申請業務	
その他の追加業務	
・敷地面積・高低差測量・道路幅員測量・真北測量（簡単なものを除く）	
・土地権利関係調査・境界確定地盤調査（地耐力測定）	
・建築確認申請・中間検査・竣工検査業務および各手数料	
・地鎮祭上棟式費用	
・不動産取得税、登記費用	
・ローン関係費用	

木造住宅や大規模木造建築物の場合は別の工事項目が加わるが、最近では、住宅でもホーム用エレベータ工事などが含まれることもある。

工事費は本体工事費と別途工事費に分けられる。ここまでみてきたものは前者に該当する。別途工事として計上されるものは表のとおりである。電気やガスなどのインフラを敷地に引き込む際には、費用が発生するケースもあるので、事前調査は入念に行いたい。設計監理料は工事費の10～20％が一般的である。

現場管理費は減少傾向

諸経費とは、通常工事に直接必要な材料費や労務費以外の経費。図3❶で示すように、諸経費は「純工事費」以外の部分、現場管理費と一般管理費などによって構成される［※］。

一般的に、見積り書で提示される諸経費は、純工事費の何％という比率で計上されることが多い。それぞれの建設会社が積み重ねてきた経験から一定の比率が算出されており、おおむね一定の数字（目安は一般的には8％から13％であるが、最近は9％前後と比率が低下）になっている。

現場管理費は、その現場に直接必要な費用のことで、❶現場従業員の給料、

※：「一般管理費など」には、一般管理費のほかに、営業利益と営業外損益（主として受け取りおよび支払い利息、手形割引き料）が含まれる

図3 「工事費」を解体

❶工事費の構成要素

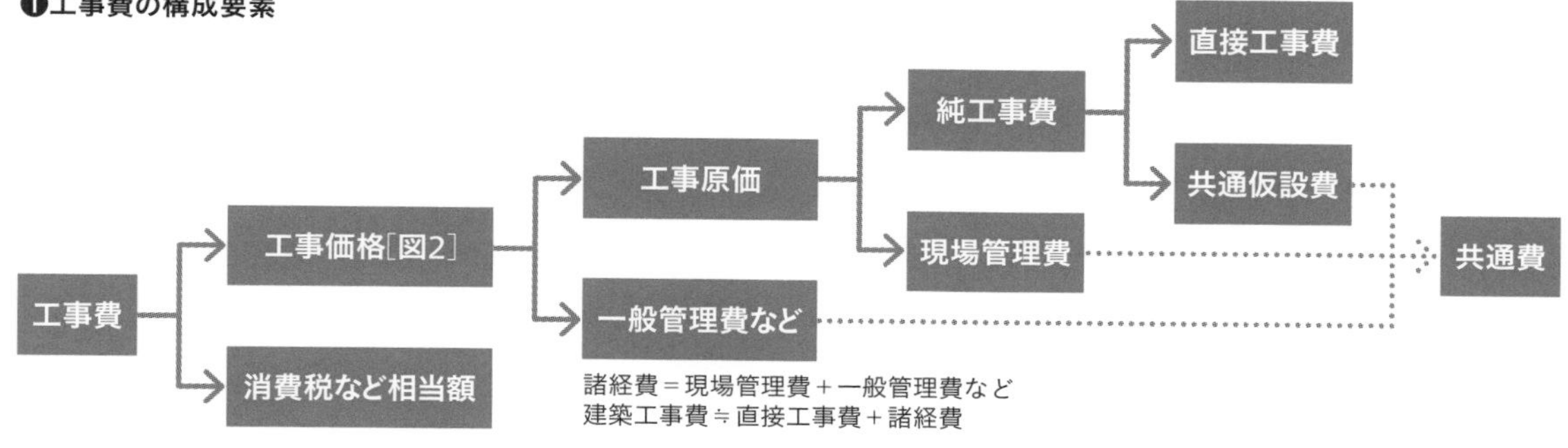

❷諸経費は現場管理費と一般管理費などに大別される

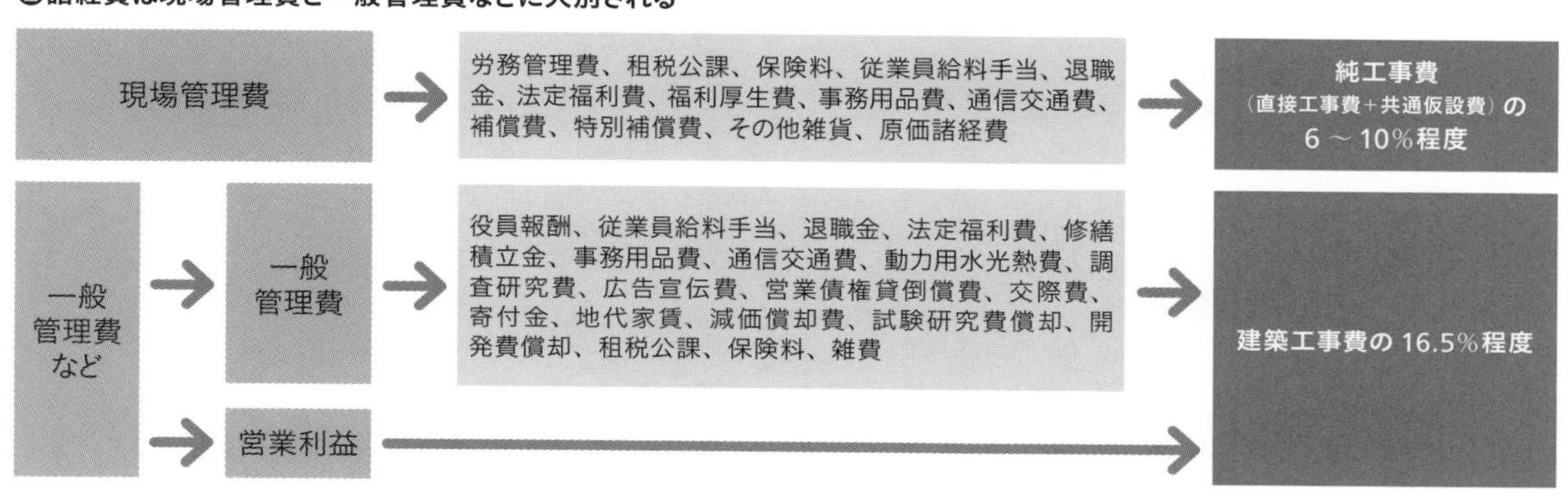

❷諸手当、❸各種保険、❹通信費からその工事に必要な補修費用なども含まれる［図3❷］。純工事費の6〜10％程度で、筆者の設計事務所では通常の住宅（木造2階建て）の場合、8％で想定している。純工事費が小さければ高く、大きければ低くなるのはいうまでもない。

一般管理費などは、一般管理費と営業利益で構成される。このなかで、一般管理費とは、請負業者がその経営を維持するために必要な本支店経費のことを指す。各企業は、各工事現場に分担して負担させている。

したがって、これには本支店役員報酬、本支店社員の人件費、各建物の維持管理費、地代家賃など本支店運営に必要なあらゆる費用が含まれる。一般管理費などは建築工事費（直接工事費と諸経費を合わせたもの。ほかには、別途工事とされるものの一部を含む）の16・5％程度が目安となっている。

最近の傾向としては、一般管理費などに対して現場管理費が減少している。プレカット材やユニットバスに代表される完成品・半完成品の採用が広がっていることがその要因である。

部位別の積算でコストに強くなる

ここまで述べた、木造住宅のコストは、工種別積算をベースになっている。工種別とは「業者（下請け）の各工事会社から取った見積りの集計」とも言い換えられる。したがって、部屋の内装を変更する場合に、工事費がどの程度変動するかについては、その部屋の工事項目をすべて積算し直さなければならない。

一方、部屋ごとに工事費を集計して積み上げていく部分別積算（部位別積算ともいう）は、こうした設計変更に対して有効である。部屋の下地や仕上げの数量で費用を算出していくからだ。詳細は122頁以降の解説に譲るが、ぜひ部分別積算をマスターすること、合成単価の差額でコスト感覚を身につけることを勧めたい（欧米では基本的に、部分別積算を採用している）。

「建築業界の見積りは分かりにくく、信頼も置けない」という指摘は未だ絶えない。その背景には、工種別積算が常識となっていることの影響が大きいのではないかと思われる。信頼性のある見積りをいかに正確に、速くユーザーに提供できるか、これこそが今、設計者・施工者に課せられている大きな課題であろう。

（山本富士雄）

コストシミュレーション［敷地・設計的要因編］

建築場所 繁華街はコストアップ

間接工事費の割合増・直接工事費の歩留まり率減でコスト高に

建築場所が繁華街か住宅地か郊外か山間地・過疎地かなどの条件によって、建築費は変動する［表］。

通常、繁華街、山間地・過疎地は建築費が高くなる傾向にあるといわれており、その要因と変動内容については図にまとめたとおりである。以下、その内容について詳しく説明していく。

繁華街（首都圏の密集地など）は、一般的に土地価格が高い。建設できる土地の規模も限られることから、狭小地になるケースが多い。また、建ぺい率や高さ制限などの制約を受ける建物が多く、地方と比べて小規模の建物が多くなる傾向にある。

仮設工事費（仮囲い・仮設トイレ・工事用電気水道など）や現場管理費（申請料・保険料・交通費・通信費など）といった間接工事費［※］は、延べ床面積の大きさに比例して増えるわけではない。つまり、建物の規模が小さければ、間接工事費が総工費に占める割合が相対的に高くなる。

また、直接工事費については、単位床面積当たりの材料歩留まり率や労務作業の生産効率が、大規模建物に比べて悪くなる。つまり、延べ床面積が小さくなると、同一工種の工事費が小さくなり、施工の機械化、反復による習熟効果、施工上の無駄の節減などの量産効果が出しにくくなり、単位床面積当たりの労働量は増える。

材料メーカーから資材を購入する場合でも、小規模だと量的にまとまらないため購入単価は高くなるうえ、輸送経費もかさむ。したがって、都心の繁華街に多い小規模住宅は、市街地や郊外にある住宅よりも、通常、割高傾向になるといえる。さらに、小規模な建物だと外壁面積／延べ床面積の比が大きくなり、外壁コストも相対的に増加する。

また首都圏繁華街では、隣家と軒を接する場合も多く、防火構造などの法的規制の対象となるケースもよくある。これも建築費の上昇に影響する。

このほか、敷地が狭いことや住宅が密集していること、道路幅が狭いことで生じるさまざまなコストアップ要因がある。

山間地、過疎地はインフラ設備の制約が大きくコストアップ

一方で山間地や過疎地の場合は、通常建設地が遠方にあり、現地までの資材輸送費用が増大するケースが多い。また山間地では、運送費の悪路割増しや、電気・上下水道などのインフラ設

表　建築場所別のコスト係数

建築場所	係数
繁華街	1.2
住宅地	1.0
郊外	0.9

※：建築物をつくるために直接的に必要とされるものではないが、複数の施工部門に共通して使用される費用。仮設工事費や現場管理費、設計監理費などが含まれる

図　コスト変動要因

繁華街

❶地価が高いので狭小地となるほか、建ぺい率、斜線制限などが適用される

・直接工事の生産性・歩留まりが低下
・仮設工事や諸経費などの間接工事比率は相対的に割高となる

❷狭小地なので目いっぱい建物を建てることが多い

資材置き場の確保

❸敷地形状は変形が多い

変形建物による外壁周長の増加

❹隣家と軒を接する（近隣対策）

・法的制約による防火構造などの必要性
・近隣建物への安全・養生
・工事機械の騒音や振動対策

❺接道道路の幅員の狭さ

大型車での資材の運搬が困難→小型車・手作業による小運搬

繁華街はコストが上がりやすいな〜

山間地・過疎地

❶建設地までの距離の長さ

現地までの資材などの輸送費用

❷インフラ設備の設置状況

電気・上下水道など設備関係の引込み費用

❸傾斜地

・基礎工事、土留め擁壁工事、排水処理
・階段などの外構工事

備の引込み工事費用、進入道路の設置コストが生じることもあり、必要に応じてその費用を見込んでおくことが求められる。

また、山間部では、前面道路と敷地の間に高低差があるケースが頻繁に見受けられる。建築基準法19条では、「建築物の敷地は、これに接する道の境より高くなければならない」とあり、敷地が道路面より低い場合は、建物を接道道路より高くする措置を講じる必要が生じる。この際、排水処理の問題を解決するほか土留めの擁壁の費用、傾斜地の基礎部分の追加コストなど、そのほかのコストアップ要因にも目配りをしなければならない。

逆に、土地が道路面より高い場合にも、土留め工事の問題が出てくる。ブロックを積んだり擁壁を組んだりすると、通常の外構工事費よりもコスト増になる。そして、敷地が高くなればなるほど、敷地と道路をつなぐ階段の段数も増えるので、その分の外構工事の追加費用も必要になる。また、敷地に対して階段の占める割合も増えるため、建物の配置に影響を与える。

さらに、傾斜が急勾配で高低差が顕著な場合、重機や資材の搬入などにも費用がかかる。

（佐藤隆良）

ベタ基礎はコストアップに!

基礎形状はどうやって選ぶ?

住宅の基礎の形式には、主にベタ基礎と布基礎がある［図］。ベタ基礎は近年最も多く採用されている形式で、床下の防湿対策も兼ねるほか、やや弱い地盤でも採用できるというメリットがある。

一方布基礎は、古くから使われているスタンダードな形式。工事費は安価だが、軟弱な地盤には適さないという弱点がある。

ベタ基礎と布基礎、どちらの基礎を選べばよいのかは地盤調査を行えば容易に判断できる。通常の地盤では、一般的にスクリューウエイト貫入試験（SWS試験）［※1］によって調査を行う。敷地の条件によって異なるが、調査費用の目安は1宅地につき5～8万円程度、所要時間は2時間ほどだ［※2］。調査の結果、地耐力が20kN／㎡未満なら杭基礎を、20kN／㎡以上30kN／㎡未満ならベタ基礎を、30kN／㎡以上あれば布基礎を採用できる。

ベタ基礎は割高!?

表は、同一の敷地条件下でベタ基礎と布基礎の工事費を単純に比較したものである。ベタ基礎はその名の通り、基礎全体をベタにスラブとして形成しているため、布基礎に比べコンクリート量、鉄筋量、基礎根切りの面積、ま

図　ベタ基礎と布基礎

ベタ基礎断面図［S＝1：10］

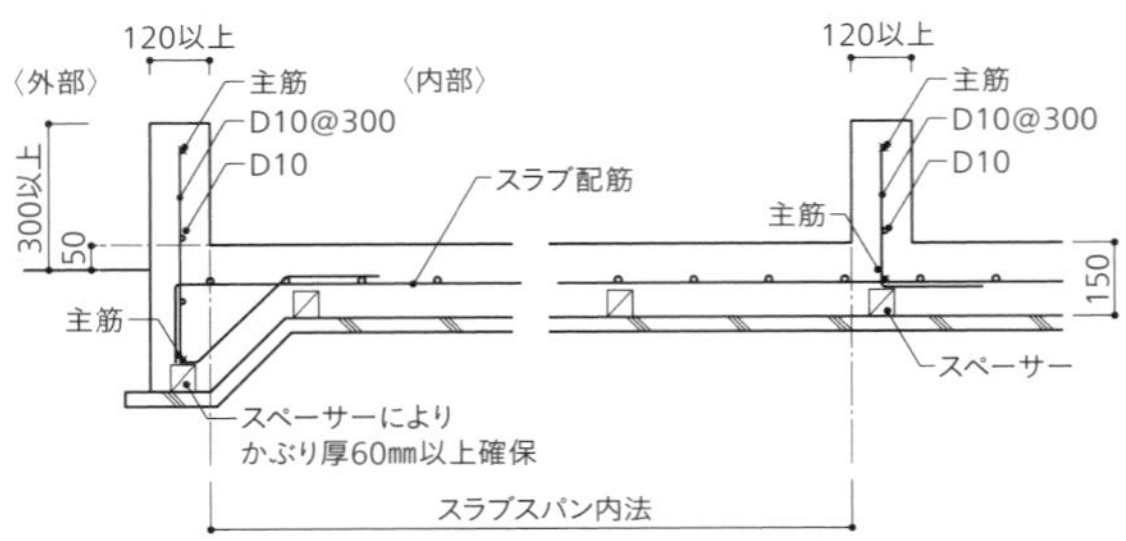

布基礎断面図［S＝1：10］

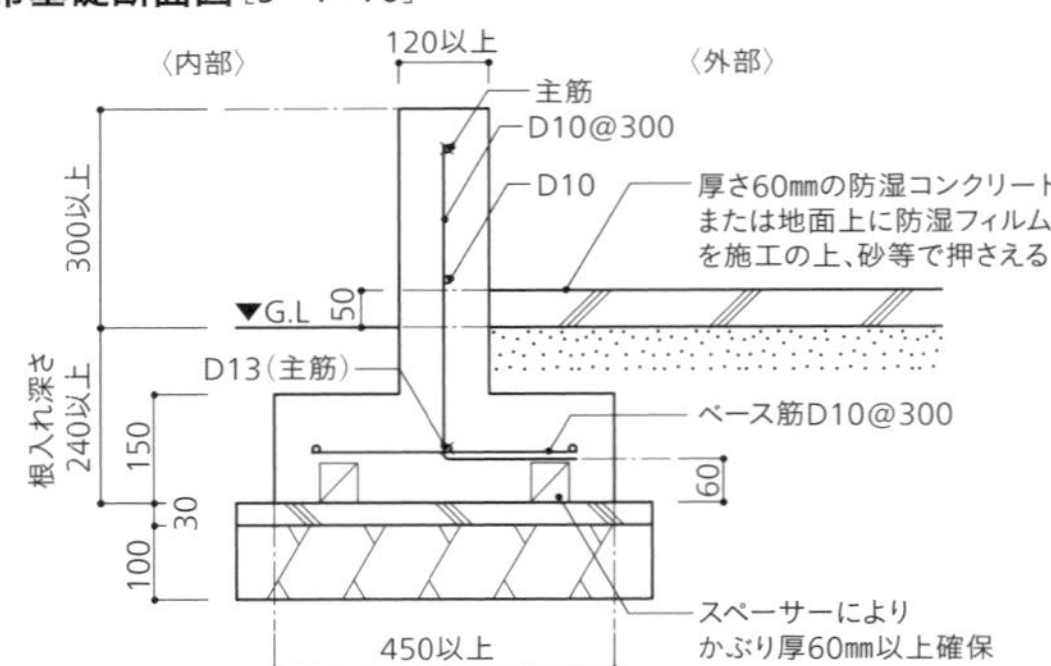

ベタ基礎伏図［S＝1：10］

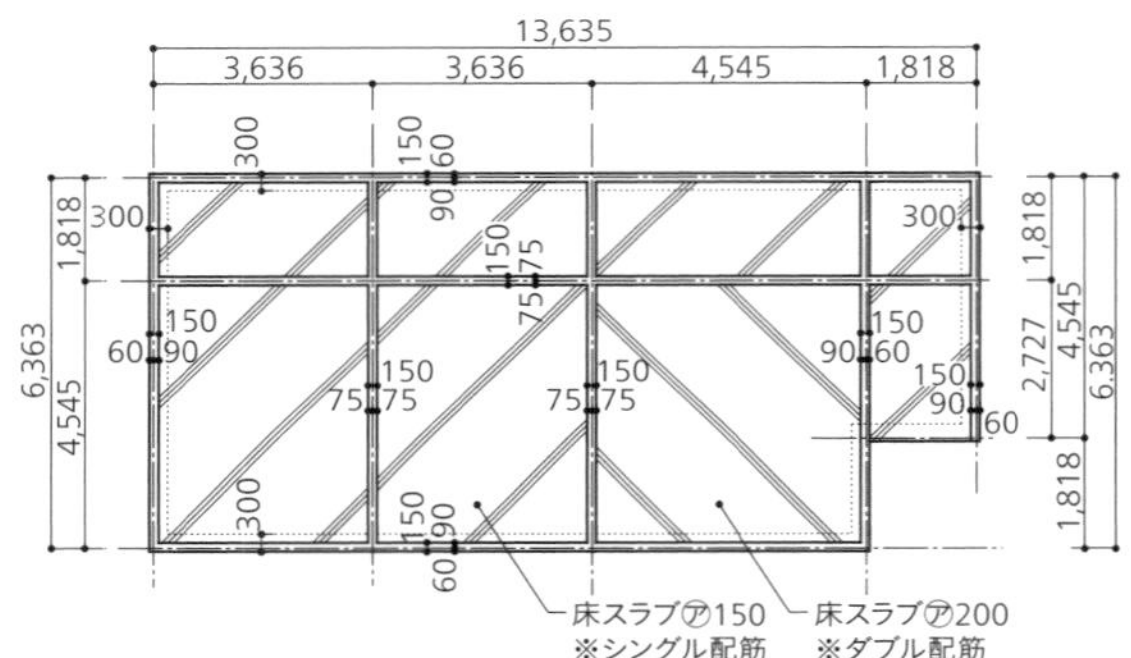

布基礎伏図［S＝1：10］

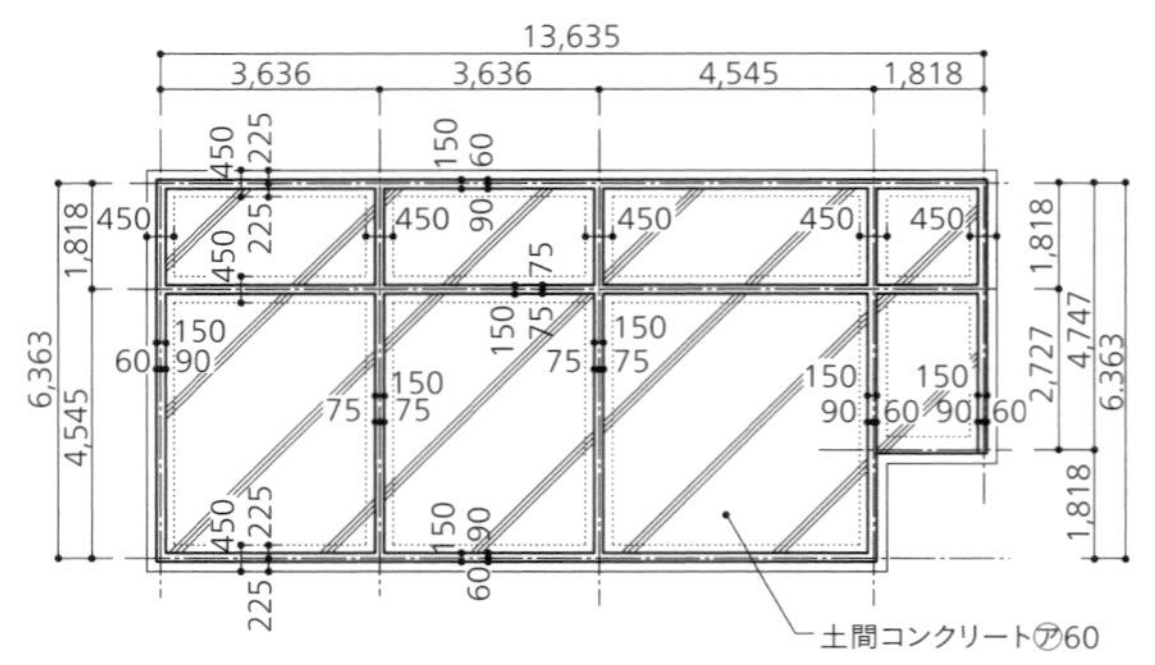

※1：令和2年10月26日付のJIS規格改正（JIS A 1221：2020）により、試験名称がこれまでの「スウェーデン式サウンディング試験」から変更。一般的にはSWS試験やSS試験と呼ばれる

※2：SWS試験だけでは地盤の構成（粘性土か砂質土か、など）までは分からない。また調査可能な最大深さは10m程度に留まる。一般にN値が10以上の層では、空回りなどによってロッドがねじ込み不能な状態となり調査ができないため、地盤によってはSWS試験を推奨できないケースもある。事前に周辺の地盤調査データを確認し、判断の材料とするなどの対策が必要である

表　ベタ基礎と布基礎のコスト比較（図の仕様での比較）［※3］

❶ベタ基礎工事

摘要	数量	単位	単価［円］	金額［円］
基礎根切り	24	㎡	6,600	158,400
残土処分	24	㎡	8,800	211,200
砕石引き転圧	9.8	㎡	3,300	32,340
砕石代	9.8	㎡	8,800	86,240
捨てコン打ち（周りのみ1㎡）	1	式		27,500
捨てコンクリート代	1	㎡	15,400	15,400
鉄筋組立て	6	人	19,800	118,800
鉄筋代	1	式		81,600
土間ベースコンクリート打ち				
コンクリート代	12	㎡	15,400	184,800
コンクリート土間押さえ（左官）	1	人	24,200	24,200
コンクリート打ち	3	人	19,800	59,400
仮枠立ち上げ	38	㎡	4,400	167,200
コンクリート打ち	4	人	19,800	79,200
レベラー打ち	1	式		13,200
仮枠ばらし埋め戻し１式	1	式		99,000
合計				1,358,480

❷布基礎工事

摘要	数量	単位	単価［円］	金額［円］
基礎根切り	11.5	㎡	6,600	75,900
残土処分	11.5	㎡	8,800	101,200
砕石引き転圧	3.2	㎡	8,800	28,160
砕石代	3.2	㎡	8,800	28,160
捨てコン打ち 2㎡	3	人	19,800	59,400
捨てコンクリート代	2	㎡	15,400	30,800
鉄筋組立て	4	人	19,800	79,200
鉄筋代	1	式		50,400
仮枠立ち上げ	51.2	㎡	4,400	225,280
コンクリート代	6	㎡	15,400	92,400
コンクリート打ち	4	人	19,800	79,200
レベラー打ち	1	式		13,200
仮枠ばらし埋め戻し１式	1	式		99,000
合計				962,300

ベタ基礎はスタブ厚を確保するため、基礎内全体を掘削する。そのため、布基礎に比べコストアップする

布基礎に比べ、必要なコンクリート量および鉄筋量が増え、コストアップとなる

た、残土処理に関する手間も多くなる。そのため、布基礎に比べ、ベタ基礎のほうがトータルのコストが高くなることが分かる。ただし、布基礎に防湿コンクリート・防湿フィルム、押さえコンクリートなどの防湿措置を施した場合はコストアップにつながり、布基礎によるコストメリットはほとんどなくなるケースもある。

地盤改良でコストアップも

地盤に関連するコストで基礎以外にも忘れてはならないのが地盤改良工事費だ。建物の重さを支えるだけの地耐力がなければ、当然、地盤改良工事が必要になる。地盤改良工事には、表層地盤改良工法や杭工法、柱状地盤改良工法など、目的や敷地条件によってさまざまな種類がある。条件によって費用は異なるが、地盤改良を行う場合、30万～150万円ほどのコストアップにつながる（1階の床面積が20坪程度の場合）。

東日本大震災で問題となった液状化現象の対策としては、透水性の高い人工ドレーン材を埋設するアースドレーン工法や、液材で地盤を固めるダブルロック工法、薬液の凝結効果により地盤の透水性を減少させる薬液注入工事、基礎直下にシートを敷いて不同沈下と沈下量を制御するジオクロス工法などさまざまな工法がある。これらの工事については都道府県や市町村によっては補助金が交付されることもあるが、やはり200万～350万円程度のコストアップは避けられないと教えておくべきだろう。

また、地中の水位が地盤強度に影響を及ぼすケースもある。一般的な傾向として、海に近いほど地下水位は浅く、高地に行くほど深い。地下水位が浅いと、窯場を作って水中ポンプで排水しながら基礎工事（根切りから埋め戻しまで）をしなければならないため、コストアップにつながる。

この工事は基礎工事の間、常に水をかき出す必要があることから、施工前にしっかりと周辺構造物の調査を行う必要がある。同時に、周辺井戸の涸れや水質にも注意を払う。このため観測井を設置し、地下水位の高さの推移を確かめ、水質を採水・検査する。工事中は毎日1回以上、工事完了後2週間を経過するまでも毎日1回以上、2週間後、半年を経過するまでも毎月2回以上これを繰り返すことが必要であろう。こうした作業が発生すれば、表に示した以外に追加のコストがかかる可能性が高くなる。

（柳本康城）

※3：表の価格は、2023年4月現在のデータ

建築地域

労務費と仕様の差がコストに影響

物価水準、大工労務費の高さも影響 建築費が一番かかるのは東京

建築地域によって建築費に格差が生じる原因として、一般に次の3つが考えられる。

(1) 建築仕様や規模の違い
(2) 資材・機器などの価格の違い
(3) 労務費水準の違い

(2) の地域格差は、交通網の発達や、建設資材の生産地・製造工場の全国平準化により、離島を除くと比較的小さくなってきている。したがって、個別の住宅の価格差には、(1) の建築仕様、(3) の労務費の違いの影響が大きいと考えられる。

とくに労務費の水準の差は目立つ。２０２２年度の大工の労務費指数を都道府県別に示した図1をみると、宮城県・愛知県を除く各地では、東京都に比べて1~2割程度落ちる。これは大都市と地方との経済活動レベル、消費量、建設投資量の差によって生じており、おおむね一般労働者の平均年収とほぼ連動していることがわかる。なお、宮城県の大工労務費が高い理由は、２０１１年の東日本大震災による大工不足を反映した影響によるものといえる。

次に、図2は木造住宅建築費の都市間格差を示したものである。２０２１年時点の東京における建築コストを１００として、各都市におけるコストを指数で示している。

これをみると、東京への建設投資の一極集中による需要量の違いや物価水準を反映し、東京の建築費が最も高くなり、他地域との間で格差が生じていることが分かる。東京に次いでコストが高いのは、大阪、仙台、札幌の3都市で、以下広島、金沢、名古屋と続く。

なお、地方圏であるにもかかわらず仙台が比較的高いのは、図1を見ても分かるように、労働者不足を反映して従来よりも大工労務費が高騰していることに加え、復興需要が集中した影響によると考えられる。

東京、大阪といった大都市では 敷地条件の制約も強い

東京における建築費が高いのは、物価水準が高く、大工をはじめとする人件費の賃金水準が全国で最も高いことが大きく影響している。

一般的に在来木造建築の建築総額に占める人件費の割合は、ほぼ半分に達するといわれている。そのため、首都圏と地方の職人の賃金格差は、建築工事費にそのまま反映される。

また人件費のほかにも、都市部では、一般に敷地上の制約条件（規模、形状、法規など）も多く、住宅規模・形状・仕様などが比較的限定されているケースも多い。図3は、２０２２年時点の都道府県別戸建住宅（持ち家）の延べ床面積を比較したものであるが、東京都が最も小さく65・90㎡となり、次いで沖縄県の75・77㎡、大阪府の76・98㎡となっている。

さらに、立地条件により仮設費用（養生・安全）や資材搬入路の確保（小運搬）などの費用がかかるほか、都心に多い狭小宅地では資材のロス率が高いことも影響し、これも地方に比べ建築坪単価が高い理由となっている。

寒冷地・積雪地の 建築仕様でコストアップ

地方都市のなかでも、札幌をはじめ、金沢、新潟が大都市圏に次いで比較的コストが高い。

これらの地域の大工労務費は、他の地方都市と比べても低く、また、図3を見ても分かるように新潟県や石川県は敷地に余裕があり、1住宅当たりの延べ床面積も、新潟県は１２８・95㎡、石川県は１２６・60㎡と広いことから相対的に建築費は低くなるはずであるが、建設費全体ではさほど低くない。

これらは、積雪地や寒冷地における建築仕様や工事条件の違いが影響している。たとえば、これら地域の冬期工事はコストが割高になるため、工事が夏期に集中、建設機械・労務の効率が低下して、それが工事費のアップにつ

図1　大工労務費の県別格差と一般労働者平均年収

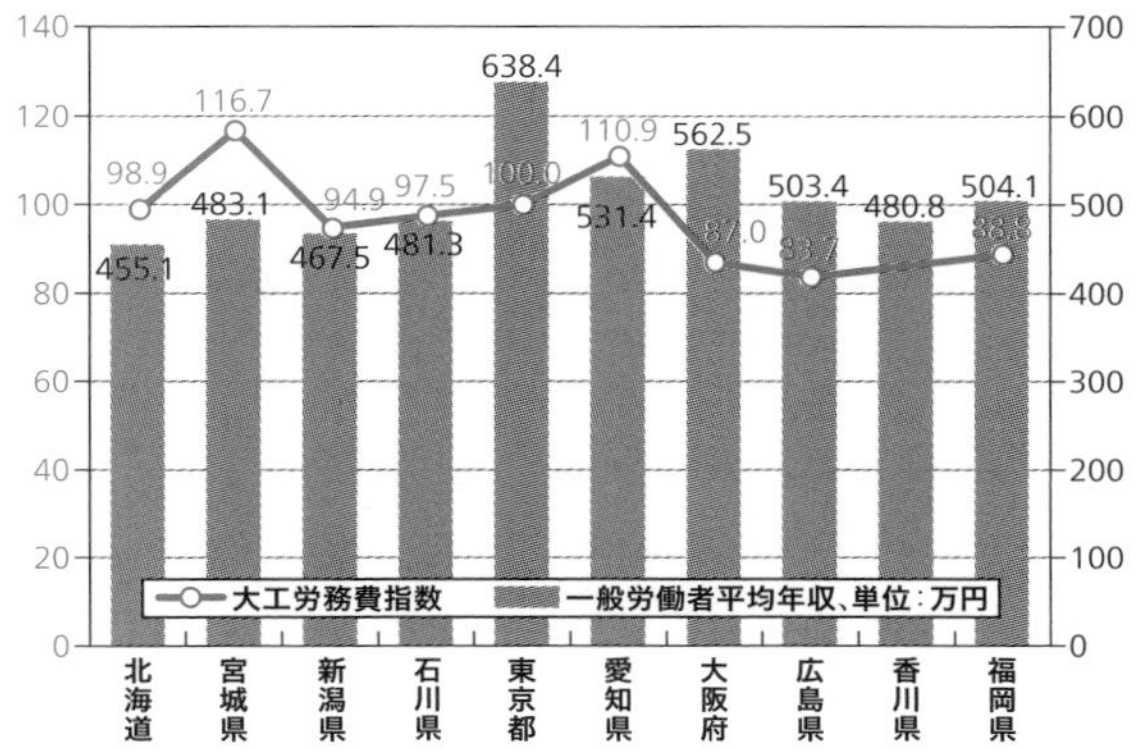

出典：令和4年賃金構造基本統計調査（厚生労働省）、令和5年3月から適用する公共工事設計労務単価（国土交通省）をもとに推計（香川県の大工労務費はデータなし）

図3　1住宅当たりの延べ床面積

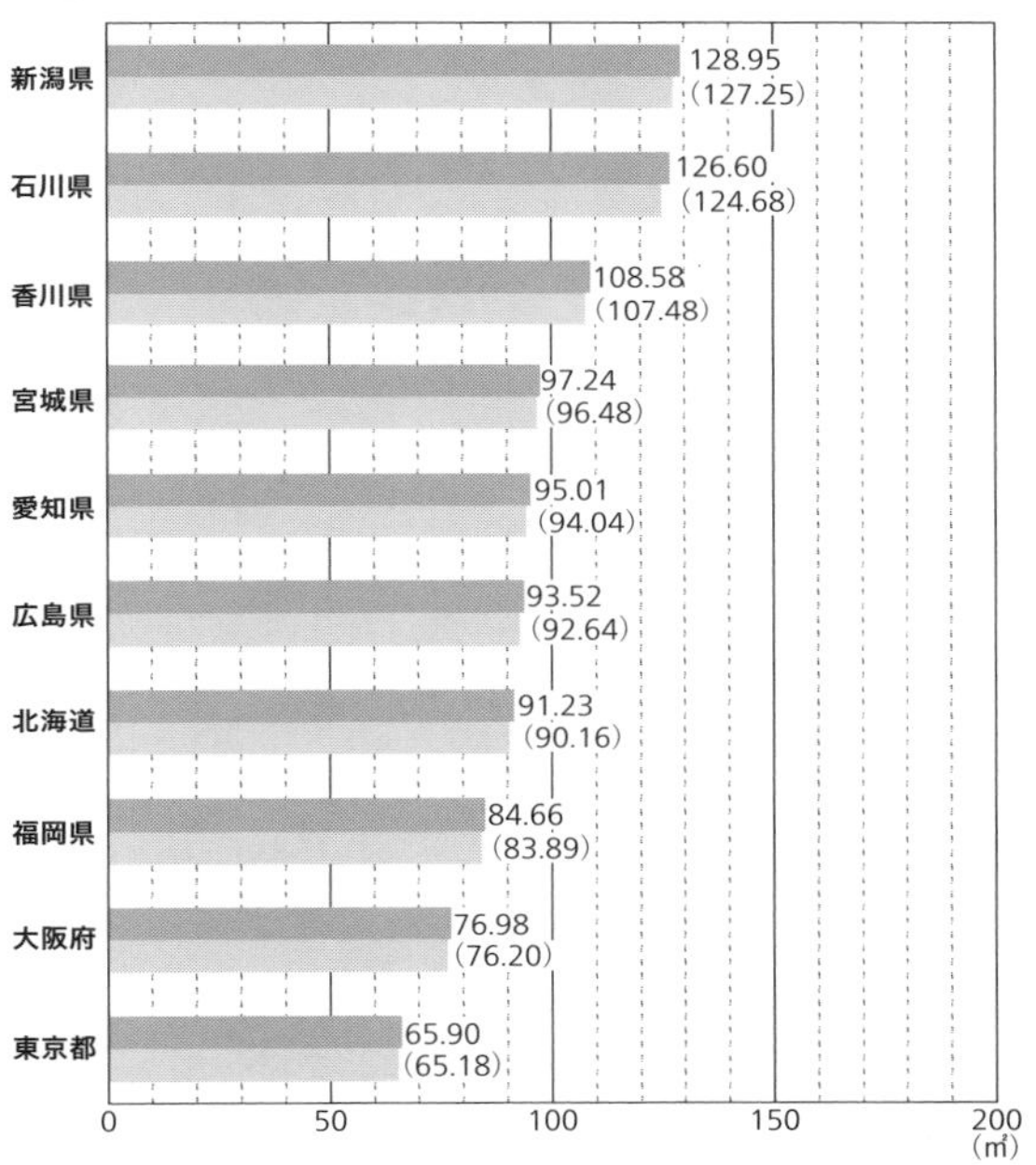

出典：令和4年度　住宅経済関連データ（国土交通省）をもとに編集部にて作成
カッコ内は平成30年度のデータ

図2　木造住宅建築費の都市間格差（2021年）

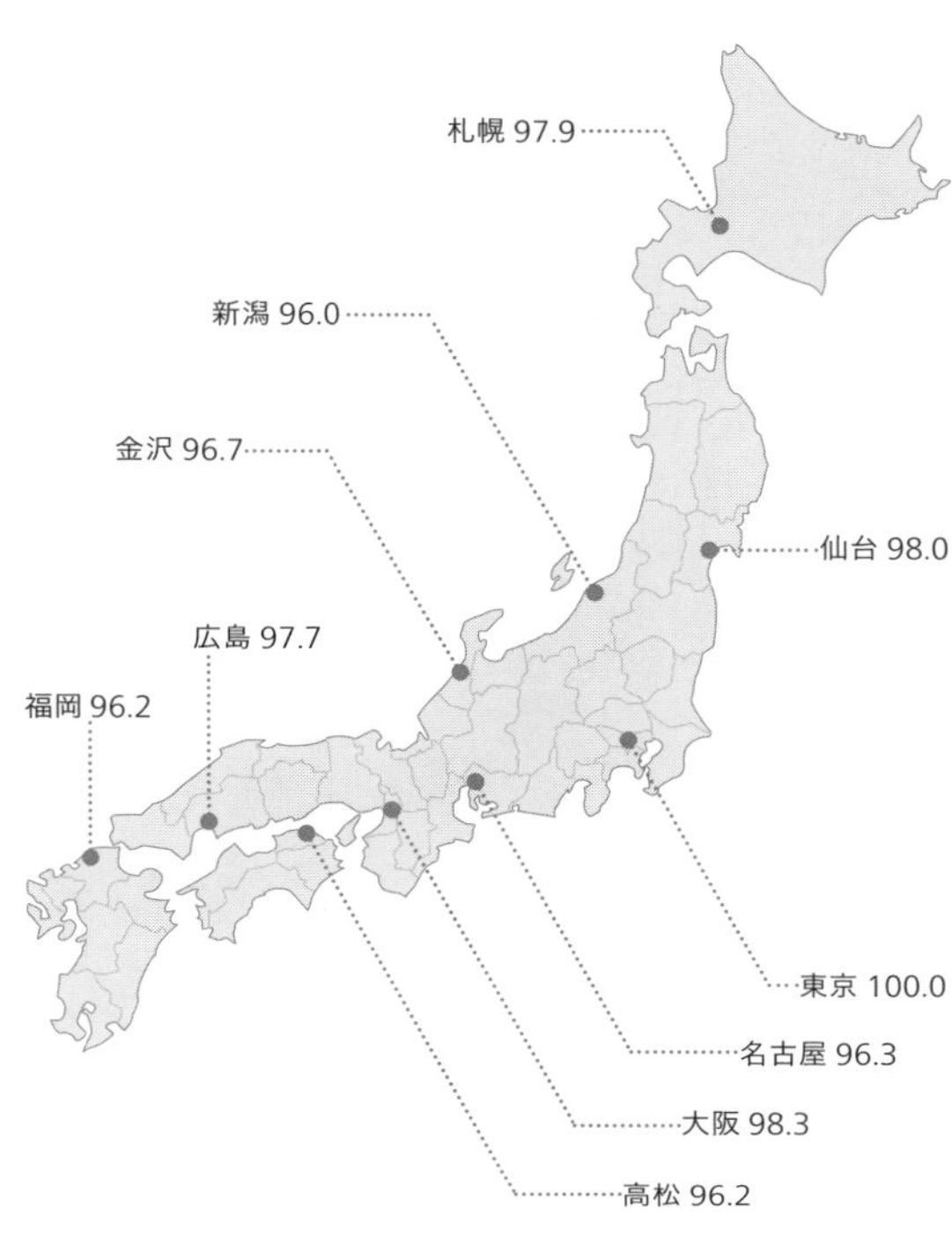

出典：建設物価指数月報資料（建物物価調査会）をもとに筆者・編集部にて作成

ながっているといえる。また、断熱性能や保温対策、防湿措置を講じるなどの寒冷地仕様もコストアップの要因となる。

札幌市を例にみると、1階部分に束立ての床組を用いず、床梁による階上床組を1階、2階に採用している住宅が多い。寒冷地は凍結深度を考慮しなければならない。基礎の底版が凍上現象の影響を受けないように基礎を深く掘るため、基礎工事コストが上昇する。さらに設備工事における地中埋設配管についても同様の対策が必要となる。また、暖房や換気設備機器が多く含まれるため設備コストが他都市より高めになる。

このようにほかの一般地域と比べて寒冷地仕様では、断熱材、サッシ、設備配管、基礎工事などが住宅コストを押し上げる要因となるケースが多く見られる。

西日本の地方都市は相対的に低コスト

一方、そのほかの地方都市では、大都市地域に比べておしなべてコストが低い。特に福岡・高松など九州・四国地域は、全国に比べてコストが低くなっている。

その理由は、首都圏と比べて、物価の違いを反映して人件費が安いことが挙げられる。また建築会社の管理費・経費が安いという慣習的な要因のほか、3大都市などと比べればまだまだ敷地に余裕があり、図3を見ても分かるように規模も大きくできる点なども、建築費が相対的に低くなる要因となっている。また、住宅仕様や工事時期に関しても、寒冷地のような特殊な仕様や工事制約条件が少ないことが影響している。

（佐藤隆良）

不整形な形状はコストアップ

CASE 1 矩形　正方形プラン　TOTAL: 5,253,601 円 [※2]

	工事内訳	数量	単位	価格指数	備考
基礎工事	ベタ基礎	46.37	㎡	1.000	地盤改良・遣り方・根切り・地業・残土処分・防湿フィルム敷き
	基礎立上り	50.80	m	1.000	気密パッキン
	アンカーボルト	28	本	1.000	1.82m 間隔
	ホールダウン金物	24.00	カ所	1.000	10 ～ 25kN
	床束	20.00	本	1.000	鋼製束
屋根工事	屋根面積	69.14	㎡	1.000	
	棟長さ	8.48	m	1.000	
	ケラバ長さ	16.31	m	1.000	
	軒長さ	17.00	m	1.000	軒樋・雪止め
	縦樋	4.00	カ所	1.000	縦樋長さ 21.6m
木工事	土台	13.00	本	1.000	120 × 120 × 4m
	大引	0.2430	㎥	1.000	
	1 階根太	0.3321	㎥	1.000	
	2 階根太	0.7749	㎥	1.000	
	1 階荒床	40.02	㎡	1.000	
	2 階荒床	43.06	㎡	1.000	
	管柱	54.00	本	1.000	
	通し柱	4.00	本	1.000	
	間柱	107.00	本	1.000	
	筋かい	7.00	本	1.000	
	胴差	0.66960	㎥	1.000	
	2 階床梁	0.89640	㎥	1.000	
	桁	0.62640	㎥	1.000	
	小屋梁	0.53280	㎥	1.000	
	頭つなぎ	0.32400	㎥	1.000	
	火打ち梁	0.09720	㎥	1.000	
	小屋束	0.39690	㎥	1.000	
	母屋	0.59535	㎥	1.000	
	棟木	0.09923	㎥	1.000	
	垂木	0.60750	㎥	1.000	
	構造材材積（合計）	4.84538	㎥	1.000	土台・大引・根太・柱・間柱・筋かいを除く
	野地板	69.14	㎡	1.000	アスファルトルーフィング
外装工事	外壁	147.21	㎡	1.000	開口面積も含む
	開口面積	28.97	㎡	1.000	
	外装面積	118.24	㎡	1.000	外壁下地＋仕上がり
	外周長さ	27.30	m	1.000	水切

CASE1を1.0として CASE2 ～4を比較している

正方形に近いプランは有効に働く耐力壁が少なく、強い耐力壁を設置したため、ホールダウン金物が多くなった

勾配屋根の面積：4寸勾配

大引・根太を合算すると1.35㎥となる

通常4m物を使用するため、伏図で割付けを考慮することも大切

小屋梁と2階開口部の関係で桁の部材が変わってくる。開口部に梁が架からないのが望ましい

総2階ての正方形プラン（CASE1）を基本として、仕様［※1］と延べ面積を変えずに、建物形状を変更した場合のコストを比較した。基本のプランと比べて各工事数量に増減がみられるが、なかでも、全工事費に占める割合が大きい4工事（基礎工事、屋根工事、木工事、外装工事）に絞って分析している［CASE1～95頁CASE4］。

基礎工事

矩形のプランCASE1・2は各階とも床面積が同じである。梁間が狭い長方形プランで基礎立上りの長さが短くなったほかは大差ない。ただし正方形に近づくほど、有効に働く耐力壁の候補は少なくなるため、正方形プランでは壁倍率の高い壁を配置した。そのため、長方形プランより柱頭柱脚金物が多く必要となっている。

　不整形なプランCASE3・4は平屋なので、基礎断面を同じにすると、単純にCASE1の2倍の施工面積となる。基礎の立上りについても、1・7～1・

※1：部屋数と設備はほぼ同じ条件、屋根は切妻で勾配と葺き材も同じにして、地盤改良や基礎断面と配筋量、屋根葺き材と下地、木材の材種と等級、外壁の構成と仕上げも同一の条件。なお、コの字形プランの屋根形状は、両翼を切妻とし2つの切妻屋根をつなぐ屋根は雨仕舞いを考慮して寄棟とした

※2：本項（88 ～95頁）の単価は実勢に基づいたものではなく、あくまでも参考価格。基礎工事、屋根工事、木工事、外装工事すべての工事項目を拾っているわけではない

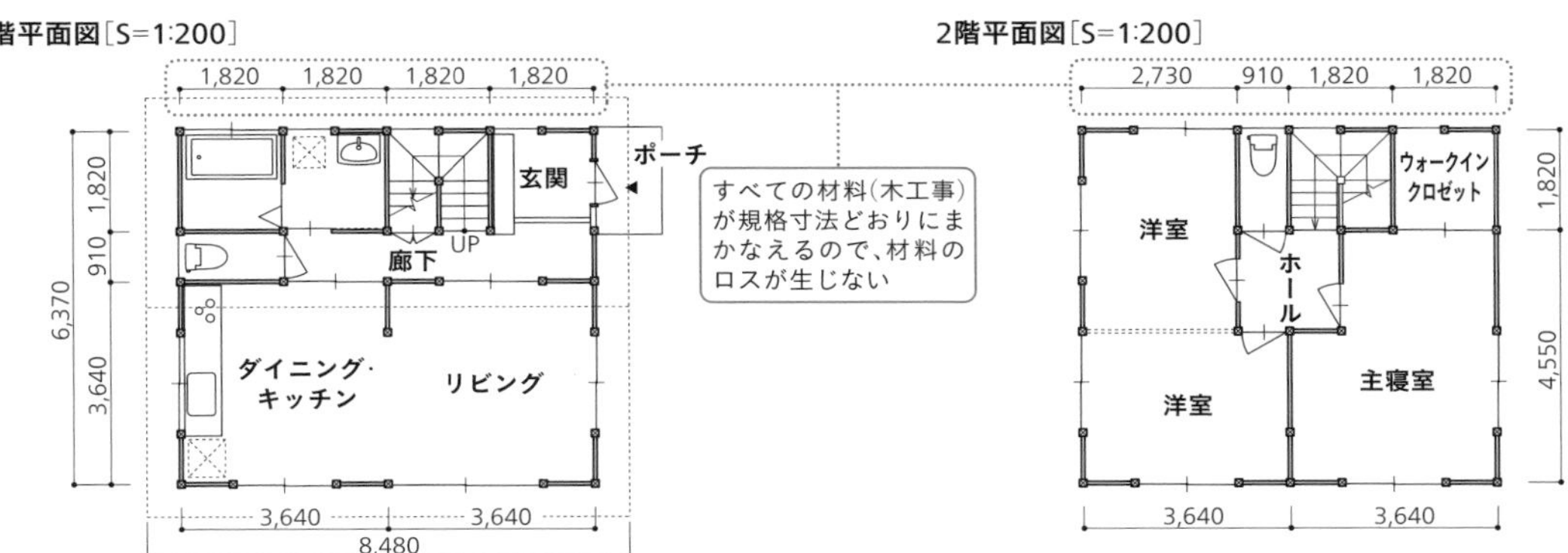

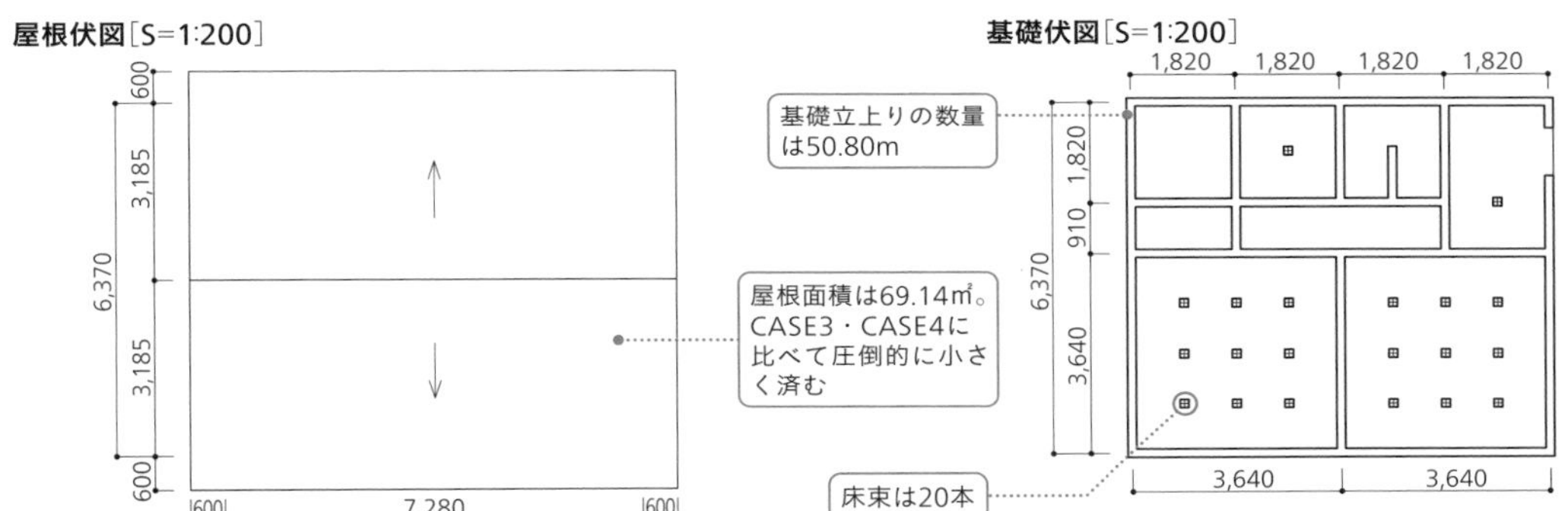

8倍ほどの長さとなる。加えて、アンカーボルトも同程度必要となり、床束も3倍近くに増える。さらに、地盤改良を行う場合は、施工面積と基礎立上り長さから、杭状地盤補強個所は約1・8倍となり、改良費用にも大きく影響してくる。

屋根工事

矩形の2つのプランは、それぞれ棟と軒とケラバの長さが異なるほかは、ほとんど違いがないといえる。とはいえ、CASE2よりもさらに細長い建物になるともっと桁方向が延びることになるため、屋根面積や棟、軒の長さが増え、屋根の役物や軒樋などのコストが増える。

コの字形プランは、突き出した両翼を切妻に、2つの切妻屋根をつなぐ屋根は雨仕舞いを考慮して寄棟とした。軒・ケラバの出を60cmと統一した結果、屋根面積は基礎と同様に正方形プランの約2倍となり、棟と軒の長さはそれぞれ2・5~2・8倍となった。棟の化粧積みや棟納まり、棟換気部材に加え、軒付・雪止め・軒樋・受け金物などもちろん増えてくる。また、屋根の取合いを考慮して背面を寄棟にしたため、隅棟と谷葺きが17mほどでき、この部分の役物工事が増える。軒が長

CASE 2 矩形　長方形プラン

TOTAL: 5,253,848 円 ［※ 2］

	工事内訳	数量	単位	価格指数	備考
基礎工事	ベタ基礎	46.37	㎡	1.000	地盤改良・遣り方・根切り・地業・残土処分・防湿フィルム敷き
	基礎立上り	48.98	m	0.964	気密パッキン
	アンカーボルト	27	本	0.964	1.82m 間隔
	ホールダウン金物	12.00	カ所	0.500	10 ～ 25kN
	床束	23.00	本	1.150	鋼製束
屋根工事	屋根面積	69.53	㎡	1.006	
	棟長さ	9.69	m	1.143	
	ケラバ長さ	14.35	m	0.880	
	軒長さ	19.39	m	1.141	軒樋・雪止め
	縦樋	4.00	カ所	1.000	縦樋長さ 21.6m
木工事	土台	13.00	本	1.000	120 × 120 × 4m
	大引	0.2916	㎥	1.200	
	1 階根太	0.3483	㎥	1.049	
	2 階根太	0.8505	㎥	1.098	
	1 階荒床	41.06	㎡	1.026	
	2 階荒床	43.06	㎡	1.000	
	管柱	51.00	本	0.944	
	通し柱	4.00	本	1.000	
	間柱	105.00	本	0.981	
	筋かい	4.00	本	0.571	
	胴差	0.6300	㎥	0.941	
	2 階床梁	0.9324	㎥	1.040	
	桁	0.5544	㎥	0.885	
	小屋梁	0.5544	㎥	1.041	
	頭つなぎ	0.2700	㎥	0.833	
	火打ち梁	0.0972	㎥	1.000	
	小屋束	0.2646	㎥	0.667	
	母屋	0.4851	㎥	0.815	
	棟木	0.12128	㎥	1.222	
	垂木	0.5940	㎥	0.978	
	構造材材積（合計）	4.50338	㎥	0.929	土台・大引・根太・柱・間柱・筋かいを除く
	野地板	69.53	㎡	1.006	アスファルトルーフィング
外装工事	外壁	148.14	㎡	1.006	開口面積も含む
	開口面積	28.97	㎡	1.000	サッシなどはすべて同じ仕様とする
	外装面積	118.50	㎡	1.002	外壁下地＋仕上がり
	外周長さ	27.91	m	1.022	水切

（大引）規格寸法でコストを抑えるためには、間崩れはなるべく避けたい

（2階根太）大引・根太を合算すると 1.49㎥となる

（2階床梁）2階床梁は、桁行きが長ければ梁を掛ける個所が多くなり、材積も増えるので要注意

（母屋・棟木）棟が長いため棟木が材積は増えるが、母屋の本数は減る

（構造材材積）2階床梁と棟木の材積は増えたが、ほかが少なくなったため、全体的には7%程度材料が少なくなる。差は0.342㎥で、金額にして4万円程度となる

くなるため縦樋の設置数も9カ所になるが、平屋のため長さはさほど増えない。しかし、あんこう［※3］などの役物も増え、かつ雨水枡・雨水排水管敷設工事も増えるなど、付随する工事が大きくなりコストアップ要因となる。

一方、ロの字形プラン④では、軒は長くなるものの屋根が連続しているため、縦樋は少なくて済む。ただし、雨水桝・雨水排水管敷設工事は建物外周長さに応じて増える。

木工事

矩形の2つのプランの大きな違いは、長方形プランの桁行が間崩れしており、材料が規格寸法に当てはまらない分、ロスが生じる点だ。長方形プランのほうが正方形プランに比べて、大引・根太が0・14㎥増え、2階床梁と棟木の材料は増えるがほかが少なくて済むため、7%ほど材積が少なくなる。その差は0・342㎥で、金額にして4万円程度である。

コの字形プランは平屋なので、2階建ての正方形プランと比べて1階の床面積が2倍になるのに対して、土台は1・7倍となっている。それに比べ、大引の材積が増えているのは、2階建ての2階部分を1階に配置した結果、根太を受ける2階床梁の代わりが大引

※3：軒樋からの雨水を縦樋に導くために付けられる役物。「呼び樋」ともいう

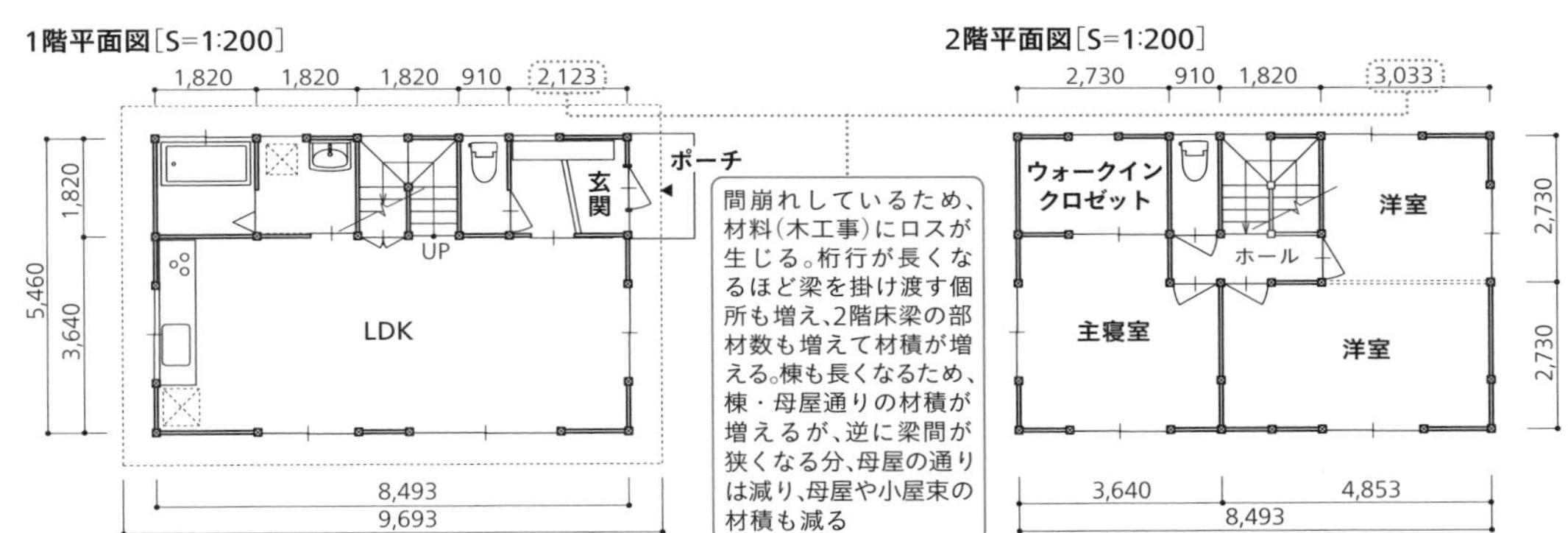

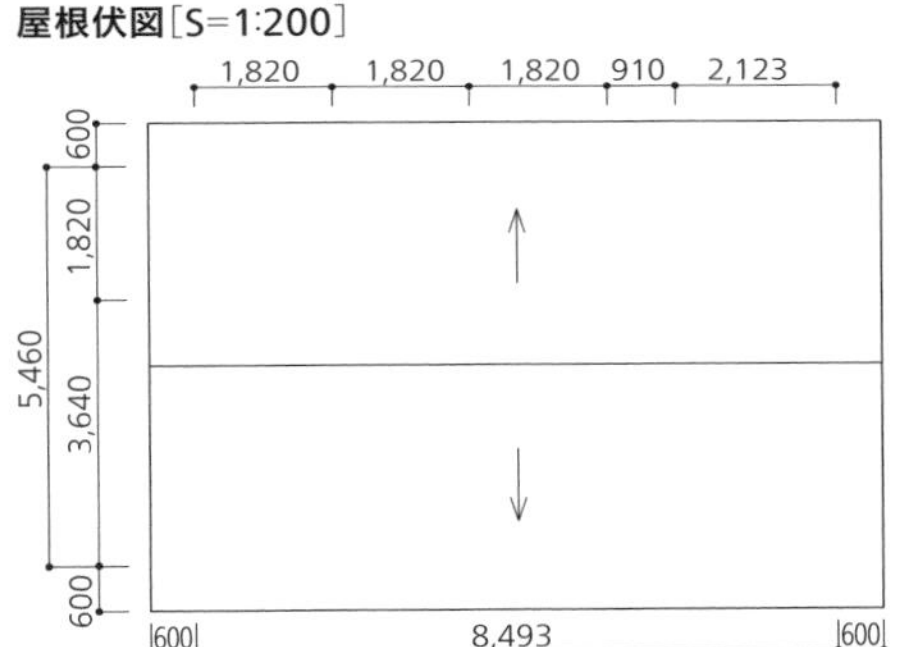

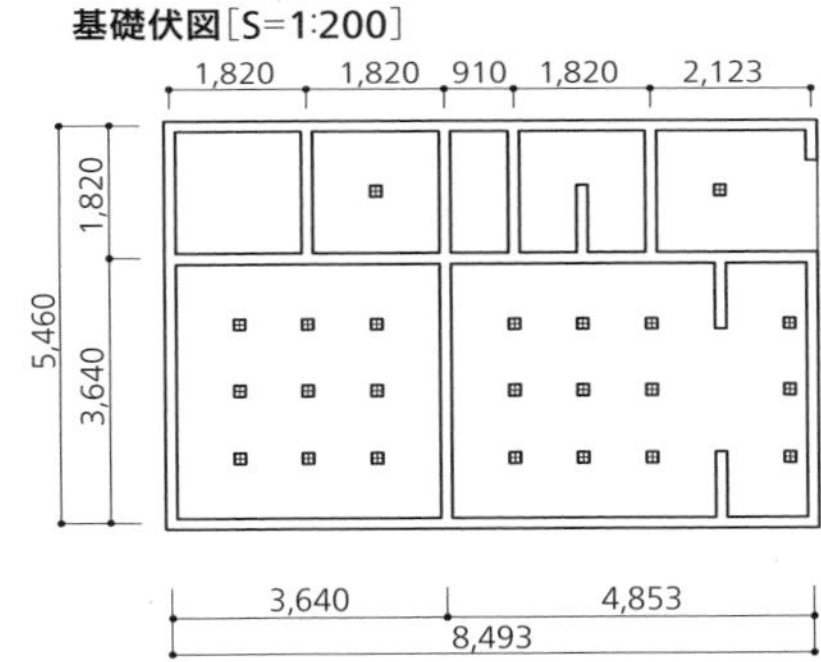

となり、その量が増えたためである。また、1階根太の材積は1・96倍になるが、実際は2階根太寸法のほうが大きく、材積は0・45㎥ほど減っている。根太と大引を足して比べても平屋のコの字形プランの材積のほうが0・03㎥ほど少ない。また、平屋では土台が9本、管柱が3本増え、おおよそ7～8万円ほどの増額となる一方、通し柱がないため、通し柱代約7万円と相殺される。そのほか、土台・大引・柱を除いた構造材と一部の羽柄材を合わせて20％程度材積が増えている。金額にして、1・0㎥ほどで10～13万円程度の差となる。また、野地板など屋根下地材は2倍近くになるが、結果として木材費に関しては、予想に反して増加幅が比較的小さい傾向となった。ただし、2階建てでは階段を設置する必要があり、この費用を加えるとほとんど差はなくなるようである。

外装工事

矩形のプラン2例を比べると、長方形プランの外壁面積が若干大きくなっている。正方形プランと、正方形の1辺の長さを2分の1として同じ床面積の長方形プランの場合、外周長さは1・25倍になることが分かった。建物外周が長くなれば外装面積や土台水切

CASE 3 平屋　コの字形プラン

TOTAL: 8,600,304 円 ［※ 2］

	工事内訳	数量	単位	価格指数	備考
基礎工事	ベタ基礎	92.75	㎡	2.000	地盤改良・遣り方・根切り・地業・残土処分・防湿フィルム敷き
	基礎立上り	86.67	m	1.706	気密パッキン
	アンカーボルト	48	本	1.714	1.82m 間隔
	ホールダウン金物	10.00	カ所	0.417	10kN
	床束	59.00	本	2.950	鋼製束
屋根工事	屋根面積	137.44	㎡	1.988	
	棟長さ	21.58	m	2.545	
	ケラバ長さ	12.39	m	0.760	
	軒長さ	48.99	m	2.882	軒樋・雪止め
	縦樋	9.00	カ所	2.250	縦樋長さ 24.3m
	隅棟長さ	16.90	m	増	
木工事	土台	22.00	本	1.692	120 × 120 × 4m
	大引	0.6642	㎡	2.733	
	根太	0.65205	㎡	1.963	
	1 階荒床	86.80	㎡	2.169	正方形プランの 1・2 階荒床面積に対して
	2 階荒床	0.00	㎡	無	
	管柱	57.00	本	1.056	
	通し柱	0.00	本	無	
	間柱	100.00	本	0.935	
	筋かい	0.00	本	無	
	胴差	0.00	㎡	無	
	2 階床梁	0.00	㎡	無	
	桁	1.3536	㎡	2.161	
	小屋梁	0.7488	㎡	1.405	
	頭つなぎ	0.6192	㎡	1.911	
	火打ち梁	0.1296	㎡	1.333	
	小屋束	0.5733	㎡	1.444	
	母屋	0.6318	㎡	1.061	
	隅木	0.1458	㎡	増	
	棟木	0.1863	㎡	1.877	
	垂木	1.54575	㎡	2.544	
	構造材材積（合計）	5.93415	㎡	1.225	土台・大引・根太・柱・間柱・筋かいを除く
	野地板	137.44	㎡	1.988	アスファルトルーフィング
外装工事	外壁	171.24	㎡	1.163	開口面積も含む
	開口面積	44.25	㎡	1.527	サッシなどはプランに合わせ変更している
	外装面積	126.99	㎡	1.074	外壁下地＋仕上がり
	外周長さ	55.70	m	2.040	水切

基礎断面を同じに設定すると単純に2倍の工事費になる。特に地盤改良費用が大きく影響する

ホールダウン金物は少なくて済む

コの字形プランのため、棟は2.5倍の長さになっている

コの字形プランのため、どうしても谷はできてしまう。シミュレーションでは寄棟としている

屋根面積も約2倍となる

平屋のため土台は1.7倍ほど増えている。ただ、土台の増えた割合が少なかった分、大引の材数が増えている

1階根太は2倍になるが、実際は2階建てのほうが根太寸法が大きい分、材積が0.45㎡弱増えている

土台・大引・柱は増えているが、通し柱はなくなる

筋かいも必要なくなった

胴差と2階床梁はないが、代わりに桁・垂木が2倍を超え、頭つなぎ棟木も2倍近くになっている。また、隅木は新たに増え、小屋梁・火打ち梁・小屋束も多くなっている。全体的には20%ほど材料が多くなっている。基本の正方形プランとの差は1.0㎡程で金額にして11～13万円程度となる。2階建ての階段の材料費を考えればさほど差はなくなる

平屋で中庭形式としたため、サッシを大きく設定している。サッシの選定はコストに大きく反映する

などが増え、耐力壁となり得る壁も若干増える。

　平屋のコの字形プランの場合は建物外周長さが2倍になるものの、軒高が2階建てに比べて半分なので、大きく増加することはない。今回は開口部も含んだ外壁の面積が1・16倍程度の増加となった。しかし、実際の外装面積になると、平屋という性格から掃出し窓が増えたり、開口部が大きくなったりする可能性が高いため、壁開口の占める面積が多くなると考えられる。その結果、シミュレーションプランでも2階建てと外装面積はほとんど変わらなくなっている。しかし、外部開口部のサイズや数を多く設定しているため、開口面積が5割ほど増え、結果として、外部建具のコストに大きく反映してくる。

◆

　4棟の比較を試みたが、意外にも梁間を3間に抑えた長方形プランのコストが少ない。また、予想どおり、平屋のコストが高いことも確認できた。平屋では屋根荷重などをきちんと考慮したうえで、ある程度部材を絞り込むことができれば、もう少し材積を減らせる可能性も残る。また、間崩れがあると材料にロスが生じるので、間崩れを起こさないプランを練ることも大切で

屋根伏図[S=1:300]

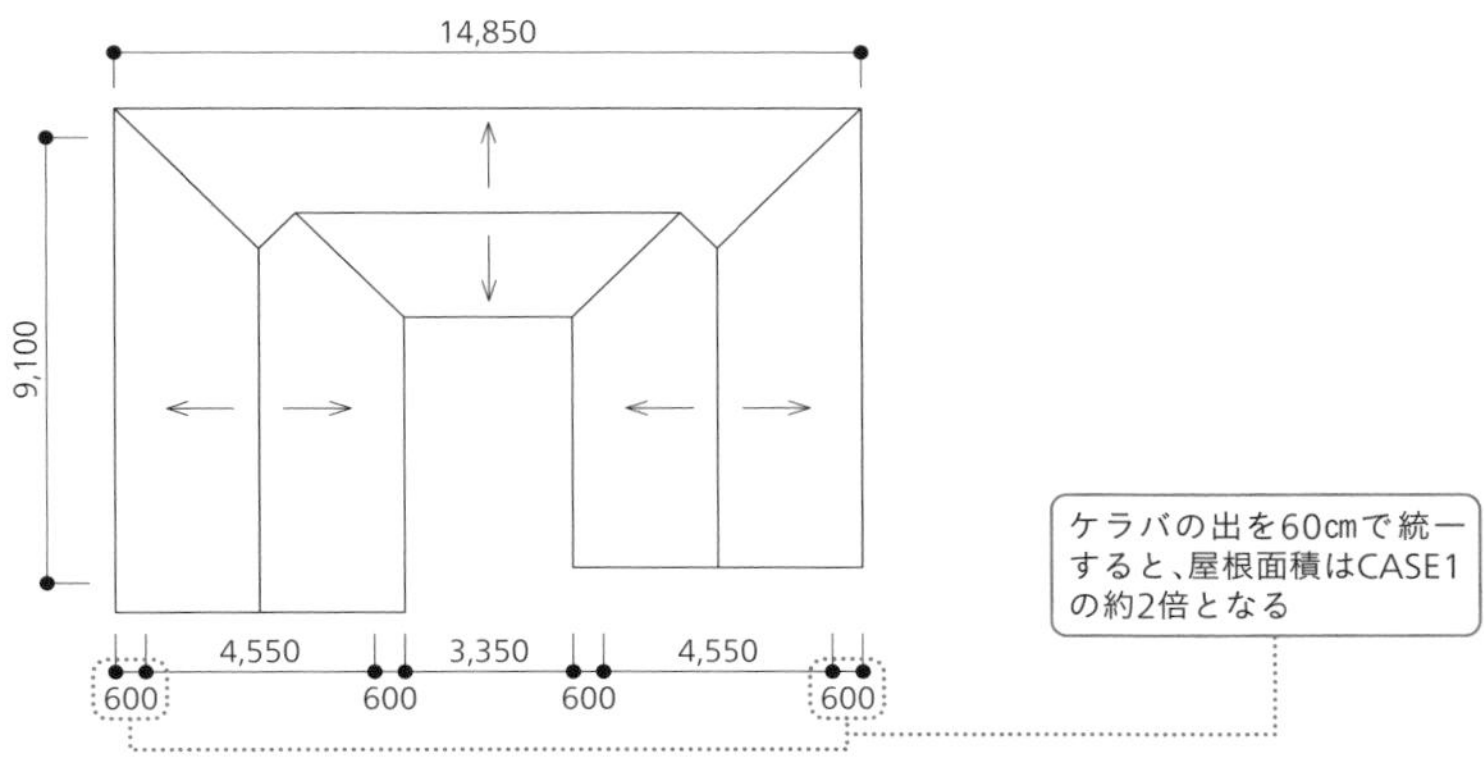

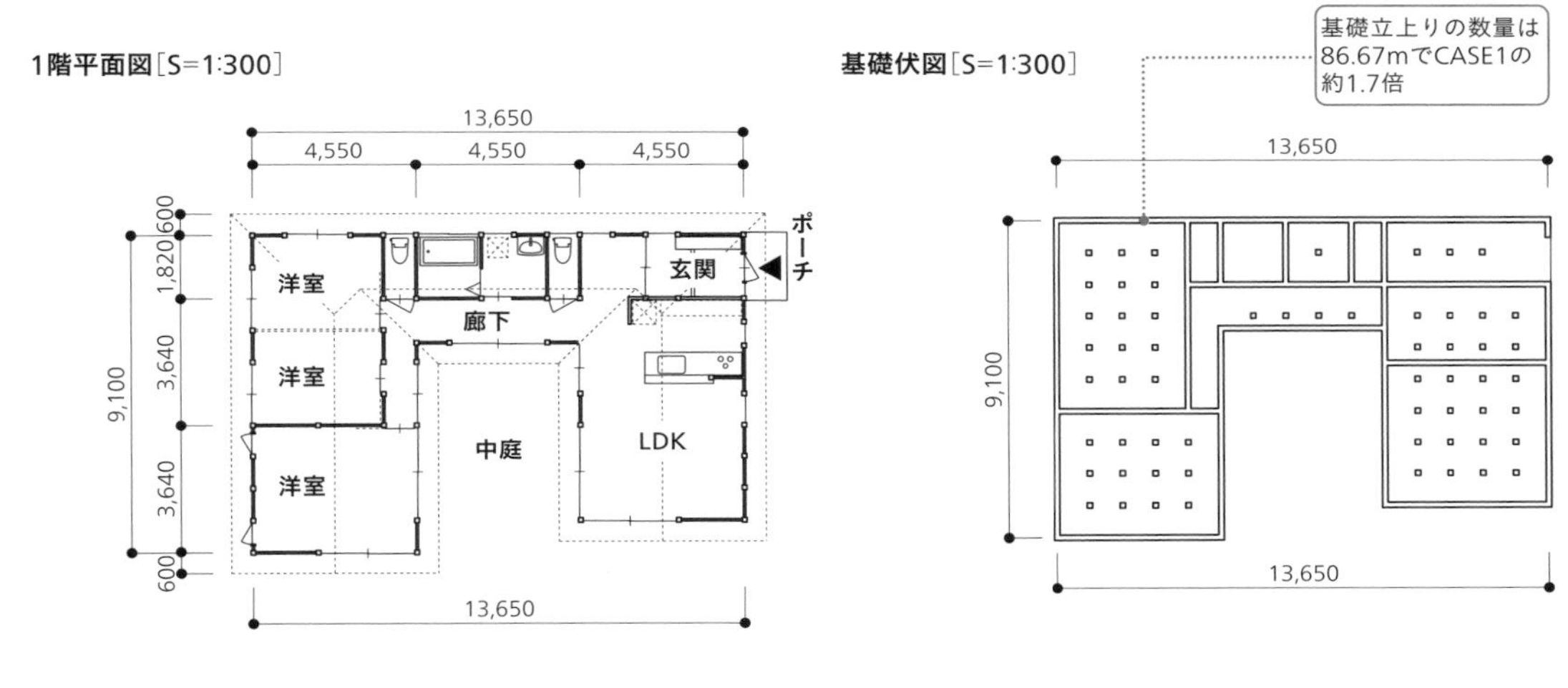

ある。

さらにコストを軽減するには、適切な梁間を確保し、梁を受けるための柱を設置することが重要である。床梁や小屋梁を4m材とするか5m材とするかで、ムク材の場合1本当たりの材積は1・25倍増え、価格は1・5倍から2倍近く高くなる。今回のシミュレーションプランでも、木材費を材積で割って㎥単価を検証すると、1㎥当たり8万5013円〜9万1862円の間で木材価格の差が出た。これは、梁の断面より材料の長さによる単価の違いが大きく、㎥単価の高い建物では、5mの横架材が多く採用されていることが分かる。外周部に関しては正方形のプランの外壁面積が少なくなるが、耐力壁配置という点を考慮すると、壁量の少なさを補うために、強固な壁を設ける結果になり、それに伴い筋かい・構造用合板・接合金物・ホールダウン金物が増えてくることも改めて認識された。また、外壁見付け面積の差は2割以内に留まり、外装面積の差は建具開口面積に左右される。外装工事は、外部建具の仕様・形状・数量の違いのほうが、コストに大きく反映してくることが分かる。

(高橋政則)

CASE4 平屋　ロの字形プラン

TOTAL: 9,117,242 円［※2］

	工事内訳	数量	単位	価格指数	備考
基礎工事	ベタ基礎	92.75	㎡	2.000	地盤改良・遣り方・根切り・地業・残土処分・防湿フィルム敷き
	基礎立上り	93.73	m	1.845	気密パッキン
	アンカーボルト	52	本	1.857	1.82m 間隔
	ホールダウン金物	4.00	ヵ所	0.167	10kN
	床束	55.00	本	2.750	鋼製束
屋根工事	屋根面積	134.01	㎡	1.938	
	棟長さ	25.84	m	3.047	
	ケラバ長さ	0.00	m	0.000	
	軒長さ	57.51	m	3.383	軒樋・雪止め
	縦樋	6.00	ヵ所	1.500	縦樋長さ 16.2m
	隅棟長さ	28.46	m	増	
木工事	土台	25.00	本	1.923	120 × 120 × 4m
	大引	0.64800	㎡	2.667	
	根太	0.71888	㎡	2.165	
	1 階荒床	86.79	㎡	2.169	正方形プランの 1・2 階荒床面積に対して
	2 階荒床	0.00	㎡	無	
	管柱	62.00	本	1.148	
	通し柱	0.00	本	無	
	間柱	100.00	本	0.935	
	筋かい	0.00	本	無	
	胴差	0.00	㎡	無	
	2 階床梁	0.00	㎡	無	
	桁	1.3104	㎡	2.092	
	小屋梁	1.2816	㎡	2.405	
	頭つなぎ	0.5616	㎡	1.733	
	火打ち梁	0.1296	㎡	1.333	
	小屋束	0.3969	㎡	1.000	
	母屋	0.5184	㎡	0.871	
	隅木	0.2430	㎡	増	
	棟木	0.2268	㎡	2.286	
	垂木	1.3770	㎡	2.267	
	構造材材積（合計）	6.04530	㎡	1.248	土台・大引・根太・柱・間柱・筋かいを除く
	野地板	134.01	㎡	1.938	アスファルトルーフィング
外装工事	外壁	172.54	㎡	1.172	開口面積も含む
	開口面積	42.98	㎡	1.484	サッシなどはプランに合わせ変更している
	外装面積	129.56	㎡	1.096	外壁下地＋仕上がり
	外周長さ	57.51	m	2.107	水切

基礎断面を同じに設定すると単純に2倍の工事費になる。特に地盤改良費用が大きく影響する

建物の外周は最も長くなるため、基礎の立上りも増える

ホールダウン金物は少なくなる

棟はロの字形プランのため3倍の長さになっている

ケラバがなくなるが、軒先の長さは長くなり、軒樋・雪止めは増える。ケラバと軒の長さを合わせると短くなる

屋根面積もほぼ2倍となる

平屋のため土台は1.7倍ほど増えている。ただ、土台の増えた割合が少なかった分、大引の材数が増えている

ロの字形プランのため、寄棟としている。隅棟と谷との合計長さ

正方形プランよりも縦樋は多いが、屋根が連続しているため、コの字形プランよりは少なくなる

土台・大引・柱は増えているが、通し柱はなくなる

1階根太は2.16倍になるが、実際は2階建てのほうが根太寸法が大きい分、材積が0.39㎥弱増えている

部屋形状で梁間が狭く桁行きが長くなったため、小屋梁が増えている

筋かいも必要なくなった

胴差と2階床梁はないが、代わりに桁・小屋梁・棟木・垂木が2倍を超え、頭繋ぎも1.7倍増えている。また、隅木は新たに増え、火打ち梁も多くなっている。逆に小屋束・母屋は減り、全体的には25%ほど材料が多くなっている。正方形プランとの差は1.2㎥ほどで、金額にして13～16万円程度となる。4棟のなかでは最も材料費が高く、最安値に比べ約2割高となる。ただし、コの字形プランとはほとんど差がないことが分かる

平屋で中庭形式としたため、サッシを大きく設定している。サッシの選定はコストに大きく反映する

建物の外周長さは最も長くなっている

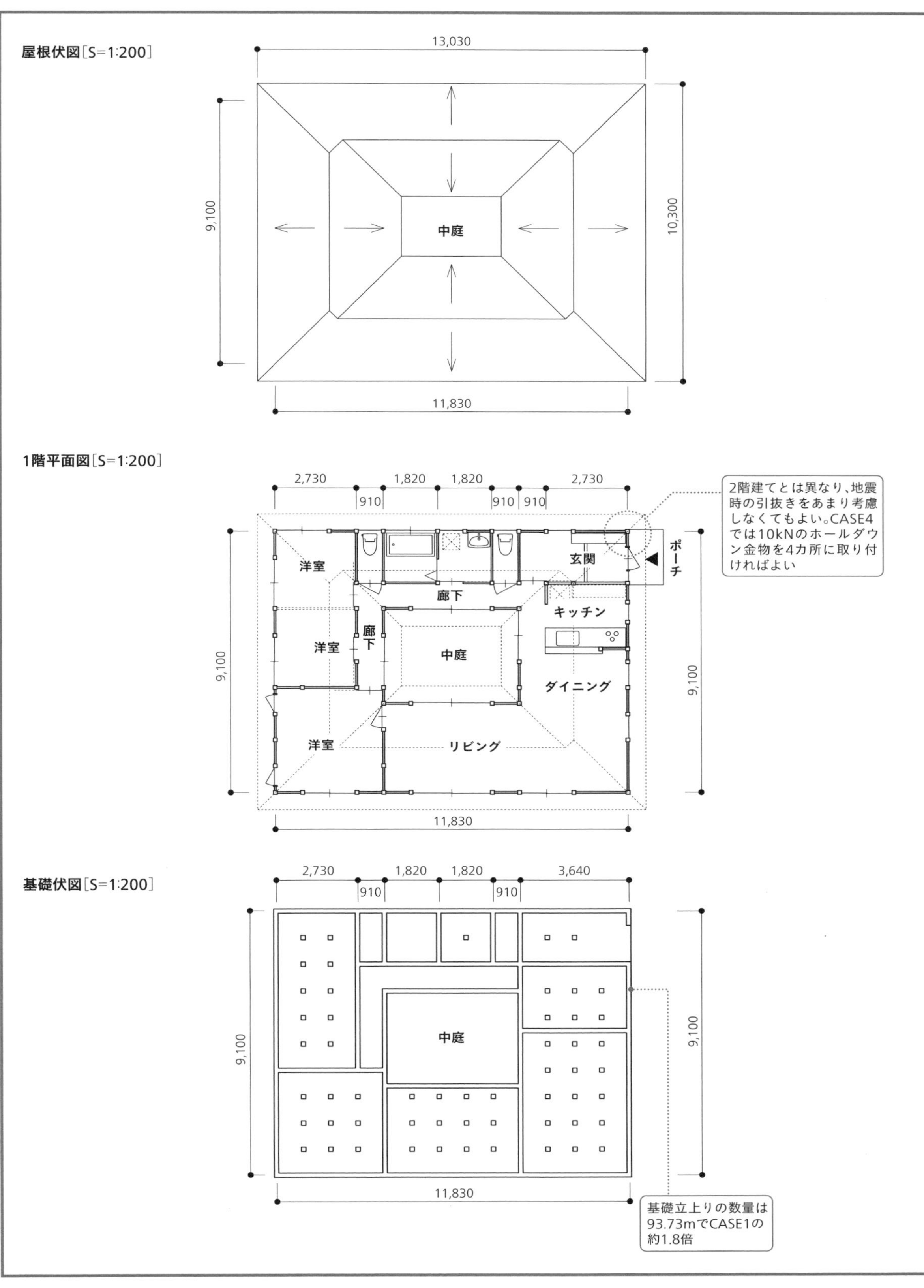
屋根伏図[S=1:200]
13,030
9,100
10,300
11,830
中庭
1階平面図[S=1:200]
2,730
1,820
1,820
2,730
910
910
910
洋室
洋室
洋室
玄関
ポーチ
廊下
廊下
キッチン
中庭
ダイニング
リビング
9,100
9,100
11,830
2階建てとは異なり、地震時の引抜きをあまり考慮しなくてもよい。CASE4では10kNのホールダウン金物を4カ所に取り付ければよい
基礎伏図[S=1:200]
2,730
1,820
1,820
3,640
910
910
中庭
9,100
9,100
11,830
基礎立上りの数量は93.73mでCASE1の約1.8倍

CASE1 地上2階建て住宅のコスト

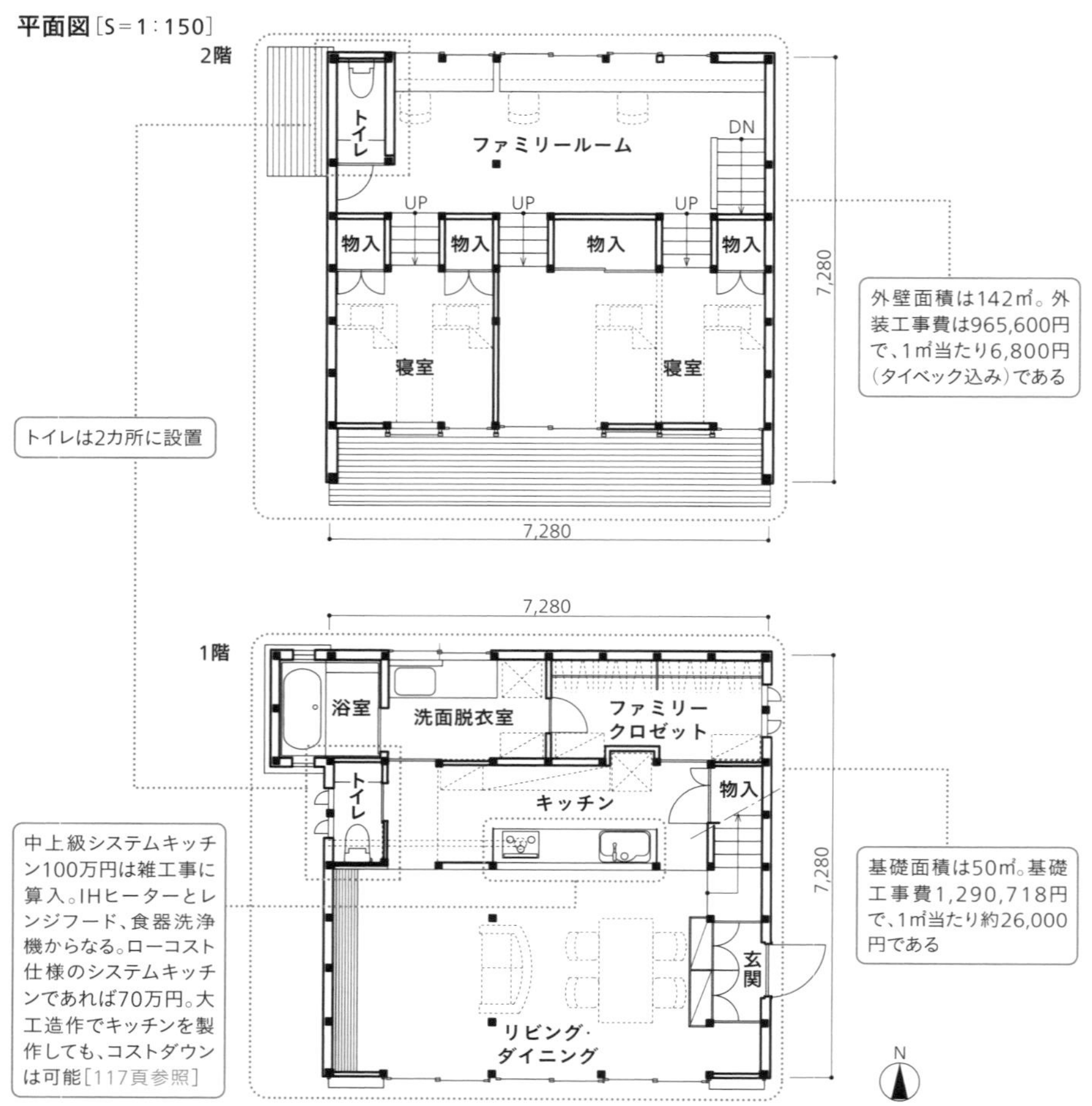

地上2階建て住宅の工事費

名称	金額［円］
仮設工事	702,185
基礎工事	1,290,718
木工事	4,199,427
屋根・板金工事	775,110
外装工事	965,600
左官工事	56,100
内装工事	1,070,130
塗装工事	242,952
金属製建具工事	964,772
木製建具工事	539,000
雑工事	1,839,566
電気工事	1,156,300
給排水設備工事	2,093,397
小計	15,895,257
経費	1,907,431
合計	17,802,688
消費税（5%）	890,134
総合計	18,692,822

左の表は、筆者が実際に設計した建物の見積り書である。見積り内訳書の雑工事の金額が大きいのは、システムキッチン100万円を雑工事に算入しているからである。100万円は、中上級仕様の扉、IHヒーターとレンジフード、食器洗浄機を含んだ金額として試算している。ローコスト仕様の扉であれば、70万円にコストダウンも可能。消費税抜きの本体価格は約1,780万円、坪単価は59万3,000円という結果である。

CASE2 平屋住宅のコスト（基礎工事費が増加）

平面図［S＝1：150］

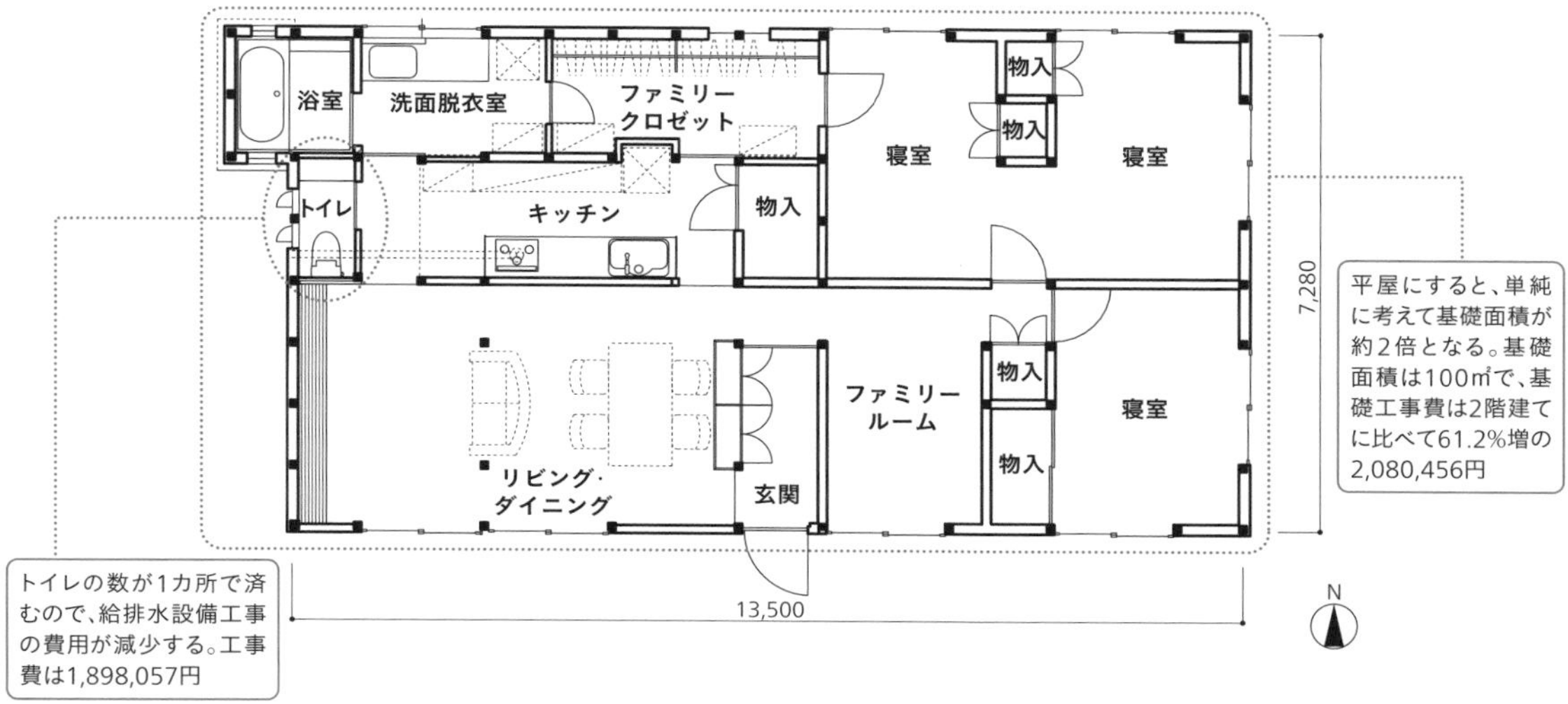

平屋建て住宅の工事費

名称	金額［円］
仮設工事	672,150
基礎工事	2,080,456
木工事	4,172,542
屋根・板金工事	1,213,670
外装工事	609,280
左官工事	75,480
内装工事	1,070,130
塗装工事	246,792
金属製建具工事	964,772
木製建具工事	539,000
雑工事	1,792,338
電気工事	1,156,300
給排水設備工事	1,898,057
小計	16,490,967
経費	1,978,916
合計	18,469,883
消費税（5%）	923,494
総合計	**19,393,377**

基礎工事は+80万円

屋根板金工事は+44万円

外装工事は−35万円

給排水設備工事は−20万円

CASE1と同じ仕様・床面積の平屋住宅は消費税抜きで約66万7,000円増という結果となった。坪単価は61万6,000円という結果である。次に工事内訳を比べて金額に差が出た工種について解説する。

❶**基礎工事**…基礎面積が約2倍となっていることから約80万円増となった。コストはベタ基礎で試算しており、掘削工事から残土処理費、鉄筋・型枠などすべての数量が増加するのだから当然だろう

❷**屋根・板金工事**…屋根面積増（68㎡から118㎡）により約44万円増

❸**外装工事**…外壁数量が142㎡から90㎡に減少して約35万円減となった

❹**給排水設備工事**…便器数量が1カ所減少したことにより約20万円減となった

コスト試算の前提条件

延べ床面積：100㎡
基礎：ベタ基礎・立上り300㎜
構造材：3尺5寸（105㎜角）を基本
庇：周囲400㎜の出幅
内外仕上げ：同一仕上げ
屋根仕上げ：ガルバリウム鋼板瓦棒葺き
外壁仕上げ：窯業系サイディング16㎜厚
床仕上げ：スギ・ムクフローリング着色品
壁仕上げ：ビニルクロス
天井仕上げ：ビニルクロス
窓：アルミサッシ普通複層ガラス
窓の数と大きさは全CASE共通
木製建具の数と大きさも全CASE共通
断熱材：高性能グラスウール
（床は90㎜厚、屋根・壁は105㎜厚）
トイレ：平屋は1カ所、平屋以外は2カ所
給湯器→潜熱回収型ガス給湯器
諸経費→直接工事費の12%
［81頁参照］

階数とコストの関係

平屋、2階建て、3階建てというように、階数が変わると、どのくらいコストに影響を及ぼすのか。筆者が6年前に設計した地上2階建て住宅をモデルとして階数別のコストを試算した。コスト試算の前提条件は左欄に示すとおりである。

シミュレーションの結果、階数別コスト比較は次のようになった。

CASE3 地上3階建て住宅のコスト（2階建てとほぼ同額）

CASE1と比較して約3万円増という結果となった。この金額は微細な仕様変更で逆転する金額なので、2階建て住宅と同額といえよう。筆者は、試算前には地上2階建て住宅よりも60万円程度高く、平屋と同水準だと予想していたが、結果は違った。ではなぜ同額になったのか、工事内訳を比べて検証する。

❶**基礎工事**…地上2階建て住宅の26万円減となった。これは2階建て住宅の基礎面積が50㎡であるのに対し、3階建てでは33㎡と減少したことによる
❷**木工事**…約32万円増という結果となった。地上2階建て住宅の構造材が3尺5寸（105㎜角）を基本として見積りしたのに対し、3階建て住宅では4寸材（120㎜角）を基本として見積りしたことで、材積増によりコストアップした
❸**屋根・板金工事**…屋根面積減により約27万円減となった
❹**外装工事**…外壁数量増により約14万円増となった
❺**雑工事**…筆者の数量拾いでは階段1カ所15万円を雑工事に計上していて、3階建ては階段が2カ所となることが主な原因で、10万円増となった

平面図［S＝1：150］

屋根の面積も減少するので、屋根工事の費用も少なくて済む。工事費は2階建てに比べて34.6％減の506,760円

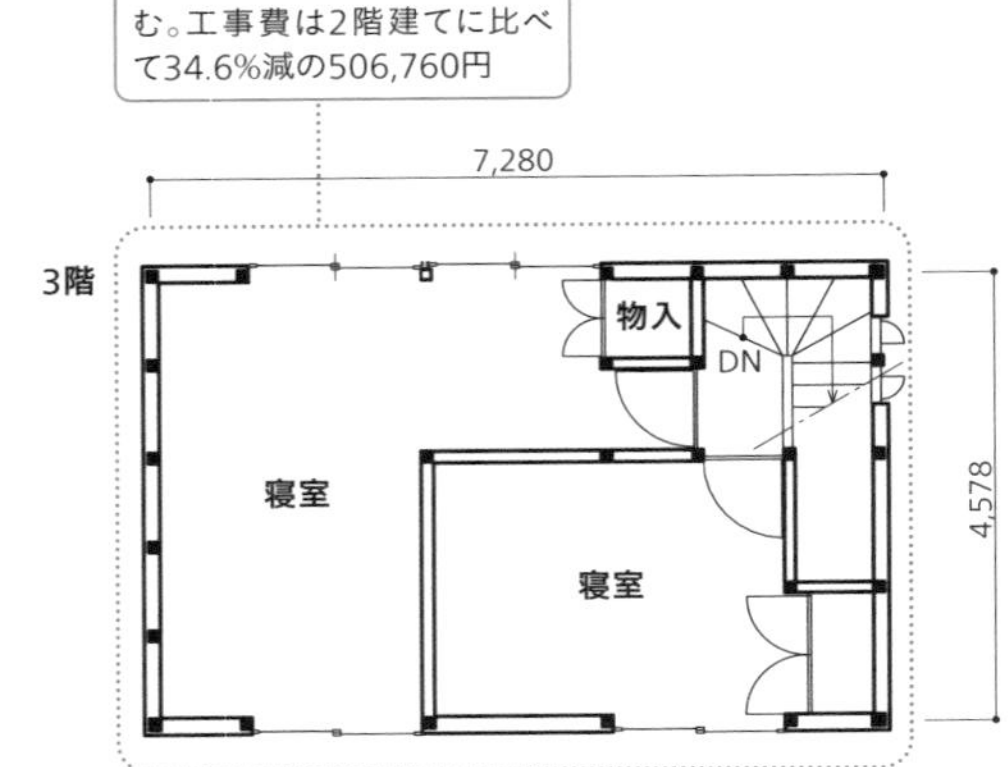

木造3階建てでは、2階建てに比べて構造的な問題がよりシビアになる。材そのものを4寸とするので、木工事の費用が上昇する。工事費は2階建てに比べて7.6％増の4,519,883円

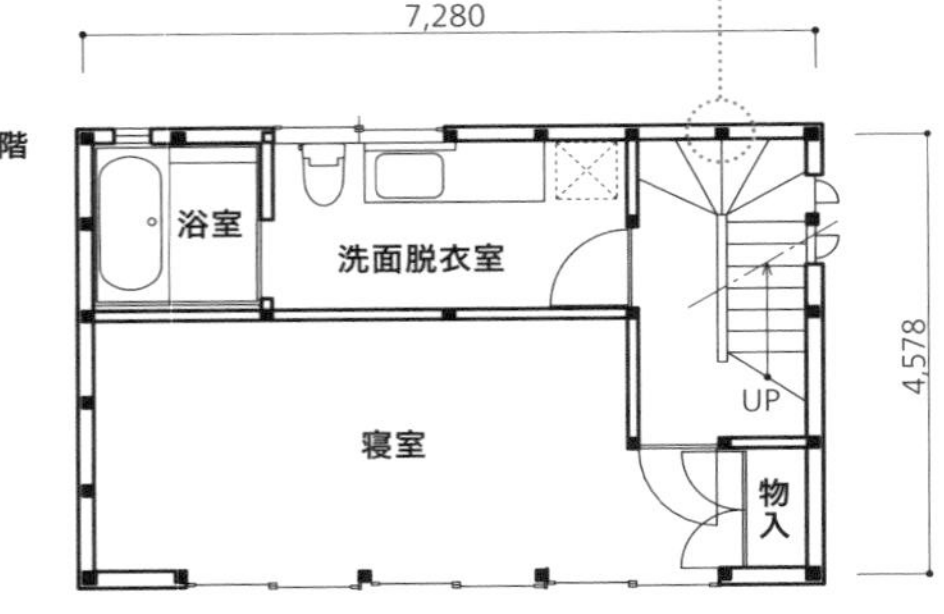

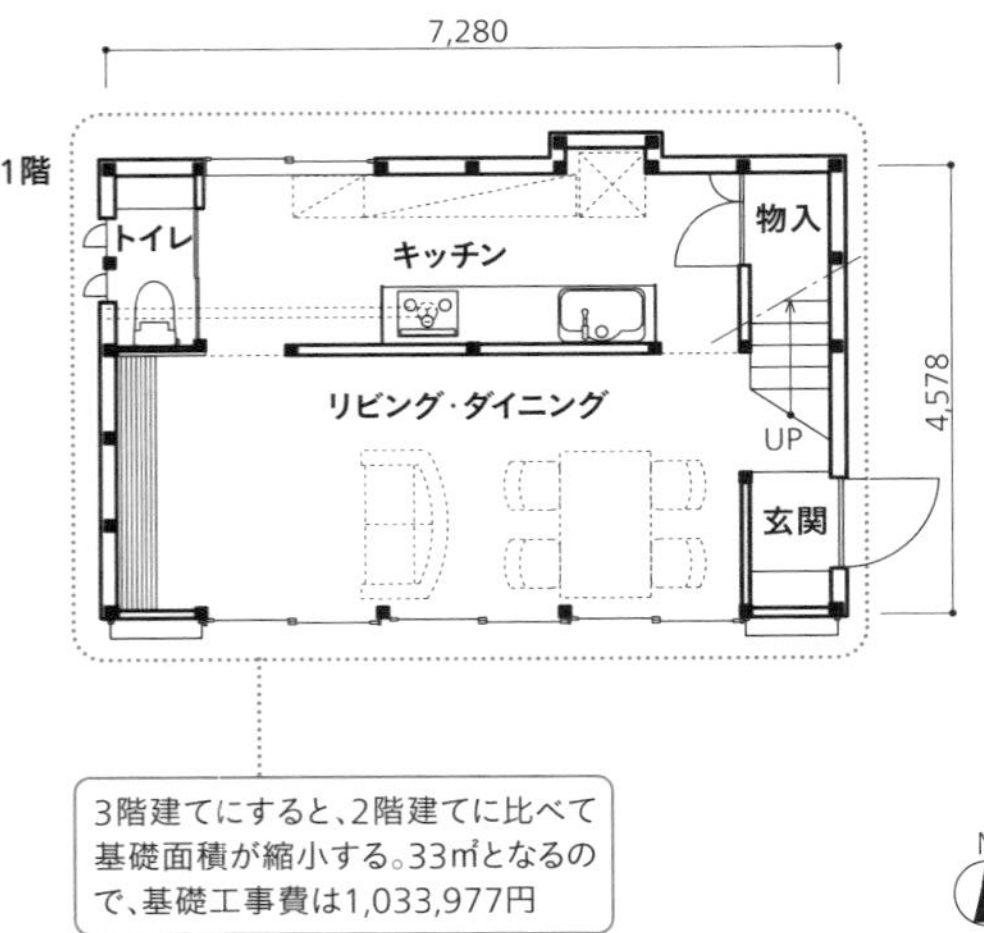

3階建てにすると、2階建てに比べて基礎面積が縮小する。33㎡となるので、基礎工事費は1,033,977円

3階建て住宅の工事費

名称	金額［円］
仮設工事	749,235
基礎工事	1,033,977
木工事	4,519,883
屋根・板金工事	506,760
外装工事	1,108,400
左官工事	44,030
内装工事	1,070,130
塗装工事	216,312
金属製建具工事	964,772
木製建具工事	539,000
雑工事	1,942,161
電気工事	1,156,300
給排水設備工事	2,073,297
小計	15,924,257
経費	1,910,911
合計	17,835,168
消費税（5％）	891,758
総合計	**18,726,926**

基礎工事は−26万円
木工事は+32万円
屋根・板金工事は−27万円
左官工事は−14万円
雑工事は+10万円

地上2階建て住宅
≒
地上3階建て住宅
＞
平屋住宅（62万円増）
＞
地下1階・地上2階建て住宅（246万円増）

建築主にとって重要なのは延床面積ではなく住居面積であろう。階段上部は居住スペースとして使用できないので、地上2階建て住宅と同じ居住面積を確保するには、平屋は1坪減が可能で、3階建ては逆に1坪増さなくては

CASE4 地下1階・地上2階建て住宅のコスト（基礎工事費が増加）

平面図［S＝1：150］

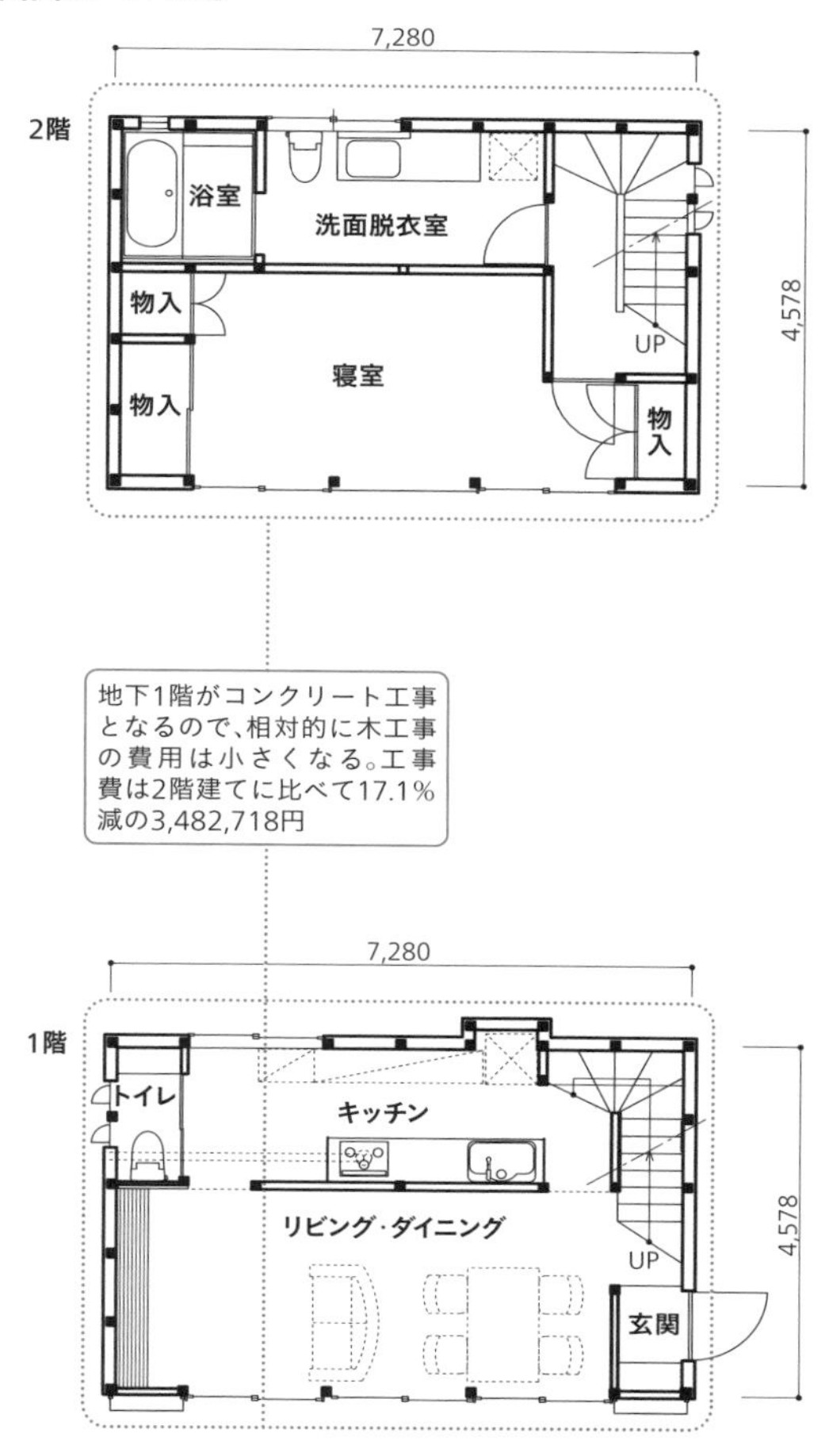

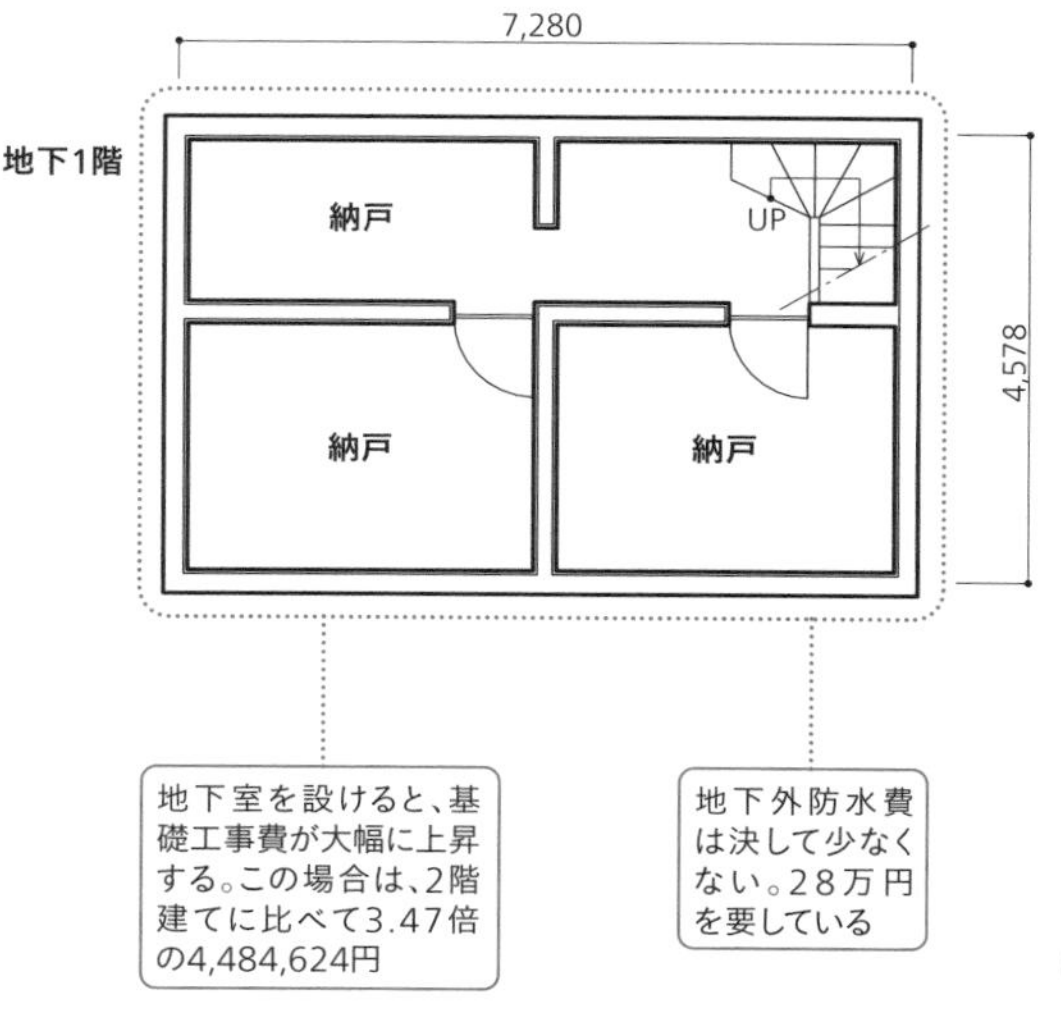

地下1階・地上2階建て住宅の消費税抜きの本体価格は約2,027万円、坪単価は約67万6,000円、地上2階建て住宅よりも約246万円増という結果となった。根切り底は地盤面から2,350㎜、地下壁までをRC造として、地下室天井（1階床部分）は木構造で施工するという前提での見積りである。次に工事内訳を比べて金額に差が出た工種について解説する。

❶**基礎工事**…土掘削処分量増、山留め工事、コンクリート工事増などにより、地上2階建て住宅の基礎工事と比較して約320万円増という結果となった
❷**木工事**…地下躯体がコンクリートになったことによる木工事減により約72万円減となった
❸**外装工事**…地上部分の外壁面積が減少したことにより約23万円減となった。屋根面積が減少しているにもかかわらず、屋根・板金工事費がほぼ同額となっているのは、地下外壁防水費28万円をこの項目に計上したことによる

地下1階・地上2階建て住宅の工事費

名称	金額［円］
仮設工事	655,395
基礎工事	4,484,624
木工事	3,482,718
屋根・板金工事	770,130
外装工事	734,400
左官工事	3,570
内装工事	1,062,470
塗装工事	216,192
金属製建具工事	964,772
木製建具工事	539,000
雑工事	1,953,378
電気工事	1,156,300
給排水設備工事	2,073,297
小計	18,096,246
経費	21,711,550
合計	20,267,796
消費税（5%）	1,013,389
総合計	**21,281,185**

基礎工事は+320万円

いけない。居住面積が同じという条件での階数別コスト比較は次のような結果になると筆者は分析した。

地上2階建て住宅
≒
平屋住宅
＞
地上3階建て住宅（60万円増）
＞
地下1階・地上2階建て住宅（300万円増）

（森健一郎）

表1 シミュレーションプラン概要

主な仕様

屋根 （水平天井かつ天井断熱。なお、天井〔断熱〕は比較の対象に含まない）	ガルバリウム鋼板平葺き　0.35mm厚　5／10勾配 アスファルトルーフィング 23kg 野地板 スギ　15mm厚（軒先のみ相决り化粧野地板） 垂木 スギ　45×60mm 母屋 スギ　120×120mm 小屋束 スギ　120×120mm 雨樋　ガルバリウム製丸樋（軒樋）、ガルバリウム製ラッパ（集水器）
外壁	透湿シート張り 縦胴縁の上、スギ南京下見板張り

各部面積

	切妻屋根	寄棟屋根	片流れ屋根
床面積（㎡）	24.00	24.00	24.00
屋根面積（㎡）	39.13	39.13	39.13
壁面積（㎡）	4.00	0.00	20.00

表2 屋根形状ごとのコストの構成［※1］

小屋束から上の要素を比較対象とし、共通して必要な地廻りおよび天井（断熱）は比較の対象に含まない

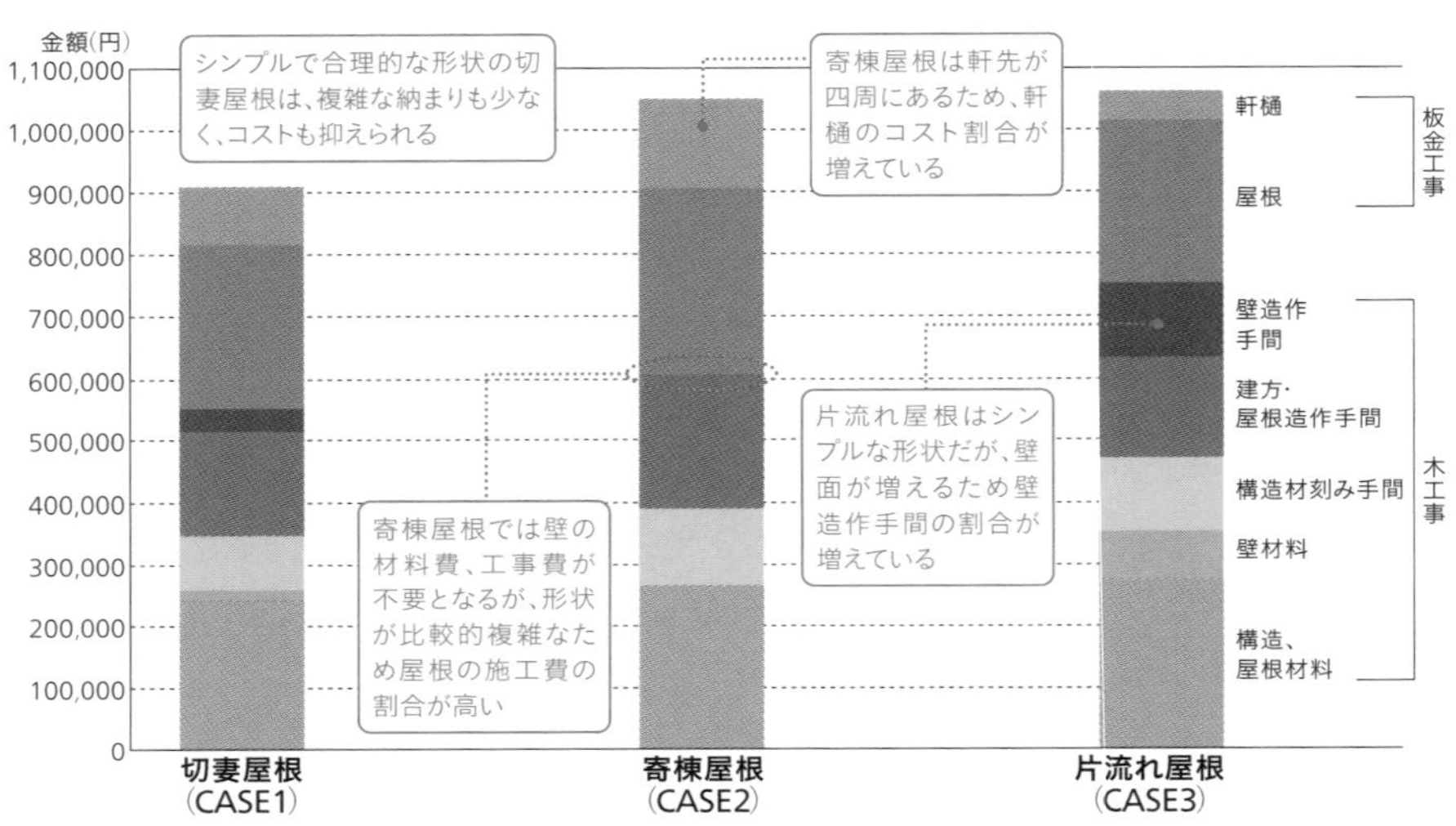

注：比較しやすいようメーターモジュールとしている／釘金物接着剤、棟換気、現場管理費や会社経費などの諸経費は含まれていない／金額は参考価格であり、地域の実情に応じ調整が必要／小屋裏空間は見え隠れとなっている

形が変わればコストも変わる

ここでは、住宅の屋根として主要な形状である切妻屋根、寄棟屋根、片流れ屋根について、それぞれの工事費をシミュレーションし、比較してみる。シミュレーションする屋根の仕様は表1のとおり。それぞれのコスト構成は表2のような結果となった。形状によって木工事の金額に差が生じているが、プレカットでは大工手間が減るため、差額は少なくなる（表2には刻み手間が含まれている）。

結果的には安い順に①切妻屋根②寄棟屋根③片流れ屋根となったが、それぞれの形状にはコスト面以外にもメリット、デメリットがあるため、実務では全体のプランに応じて形状を考えるべきだろう。それぞれの形状がコストのどの部分に影響するのか、またその部分がどのような役割を果たしているのかを理解したうえで設計を進めることにより、無駄の解消と豊かな計画が両立できる。

※1：本項（100～103頁）の価格は、2023年4月現在のデータ

CASE 1 切妻屋根のコスト

	種目	数量	単位	単価［円］	金額［円］
木工事	小屋束	0.115（2本）	㎥	100,000	11,500
	母屋、棟木 120 × 120mm　5m	0.216（3本）	㎥	150,000	32,400
	母屋、棟木 120 × 120mm　3m	0.130（3本）	㎥	100,000	13,000
	垂木	0.243（30本）	㎥	120,000	29,160
	破風板（木裏小節）	0.065（4本）	㎥	250,000	16,250
	鼻隠し（木裏小節）	0.072（4本）	㎥	250,000	18,000
	広小舞、登り淀	0.061（8本）	㎥	120,000	7,320
	野地板（相决り）	0.637（59枚）	㎥	150,000	95,550
	棟包み板	0.046（4枚）	㎥	130,000	5,980
	アスファフトルーフィング 23kg	3	本	4,000	12,000
	間柱	0.014（1本）	㎥	120,000	1,680
	透湿シート	4.1	m	100	410
	縦胴縁	0.018（5本）	㎥	120,000	2,160
	南京下見板（源平材）	0.076（7枚）	㎥	150,000	11,400
	その他壁下地材	0.022（3本）	㎥	120,000	2,640
	大工手間（人工 26,000円／日）				293,496
	小計				552,946
板金工事	平葺き	39.13	㎥	6,000	234,780
	アオリ棟	7.00	m	4,000	28,000
	下り棟	0.00	m	4,000	0
	雨樋	14.00	m	5,000	70,000
	集水器（エルボ、呼び樋含む）	4.00	カ所	6,000	24,000
	小計				356,780
合計					909,726

内訳は、刻み手間（小屋廻り、束廻り、仕上げ）が88,563円、建て方（屋根廻り、外壁廻り）が204,934円となっている

軒先それぞれに必要だが、大屋根でない限り雨水は分散されるため、大きな雨樋は不要

屋根伏図（切妻屋根）［S＝1：200］

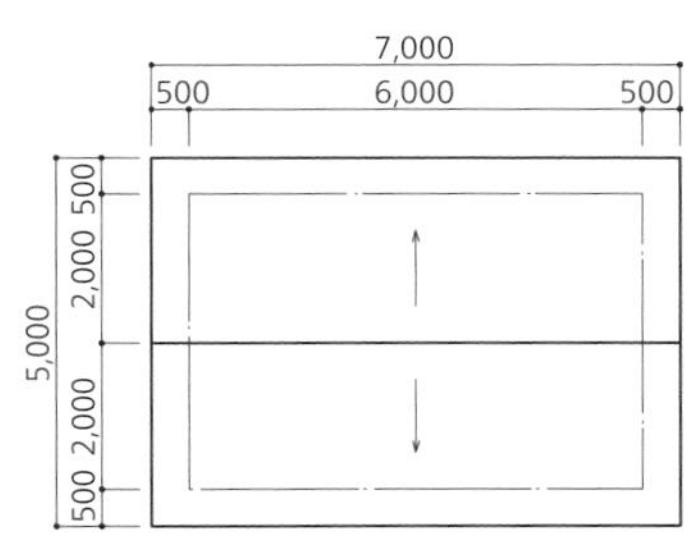

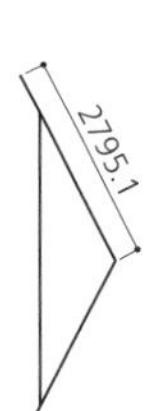

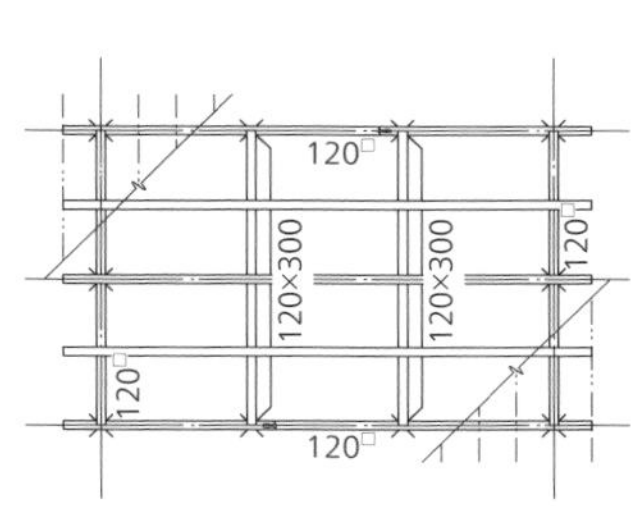

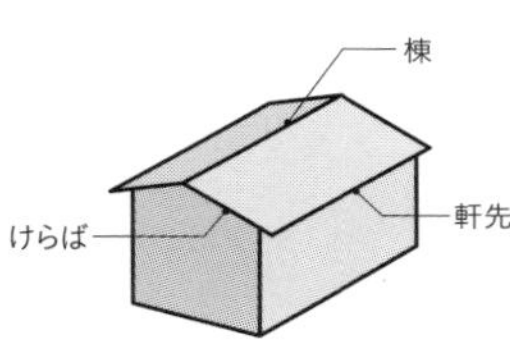

切妻屋根
住宅の屋根では最も一般的な形状。雨水が2方向に流れる。複雑な納まりも少なく、コストも合理的

形もコストも合理的な切妻屋根

頂上部に棟があり、2つの屋根面の面積や長さが同じ切妻屋根は、雨仕舞いや部材数、施工手間、そしてコストの面で合理的な形状といえる。妻面に窓を設けたり、小屋裏空間を利用したりと汎用性も高いが、単純に屋根形状ごとのコストの大小を比較するため、このモデルプランでは小屋裏空間は見え隠れとし、軒先は露しとした。

現場での造作の際に複雑な納まりが少ないため、手間賃も合理的な金額となっている。コスト構成割合で見ると大工手間が多く感じられるが、これは木工事材料代や板金工事代が低く抑えられており、結果的に手間の割合が増えているためである。

切妻屋根は、屋根の強度バランスの面では寄棟屋根に次いで安定した形状である。そのため、束柄を長柄にしたり、棟の軸組にくも筋かい［※2］や小屋貫を設けたりするだけでも小屋組が安定することが多い。

仕上げ工事も木工事同様、単純な納まりであり、定尺ものの材料を切断せずそのまま使用できる場面が多いため、端材が少なく材料費が抑えられ、施工効率も上がる。また、残材処分の手間賃や処理費用も少なくて済む。

※2：小屋束どうしをつないでゆがみを防ぐための部材

CASE 2 寄棟屋根のコスト

	種目	数量	単位	単価［円］	金額［円］
木工事	小梁	0.173（2本）	㎥	100,000	17,300
	小屋束	0.086（1.5本）	㎥	100,000	8,600
	母屋、棟木 120 × 120㎜ 5m	0.144（2本）	㎥	150,000	21,600
	母屋、棟木 120 × 120㎜ 3m	0.043（1本）	㎥	100,000	4,300
	隅木 120 × 120㎜ 4m	0.230（4本）	㎥	100,000	23,000
	垂木	0.243（30本）	㎥	120,000	29,160
	鼻隠し（木裏小節）	0.126（8本）	㎥	250,000	31,500
	広小舞、登り淀	0.061（8本）	㎥	120,000	7,320
	野地板（相决り）	0.648（60枚）	㎥	150,000	97,200
	棟包み板	0.104（9枚）	㎥	130,000	13,520
	アスファフトルーフィング 23kg	3	本	4,000	12,000
	大工手間（人工 26,000円／日）				341,350
	合計				606,850
板金工事	平葺き	39.13	㎡	6,000	234,780
	アオリ棟	2.00	m	4,000	8,000
	下り棟	14.12	m	4,000	56,480
	雨樋	24.00	m	5,000	120,000
	集水器（エルボ、呼び樋含む）	4.00	カ所	6,000	24,000
	合計				443,260
合計					1,050,110

寄棟屋根では隅木を支えるための小梁が必要になる

寄棟屋根特有の部材である隅木がコストアップの要因となっている

壁工事が不要な一方、形状が複雑なため手間が増加するほか、野地板や屋根仕上材の端材が多く発生してしまうため木工事のコストが上がっている

屋根伏図（寄棟屋根）［S＝1：200］

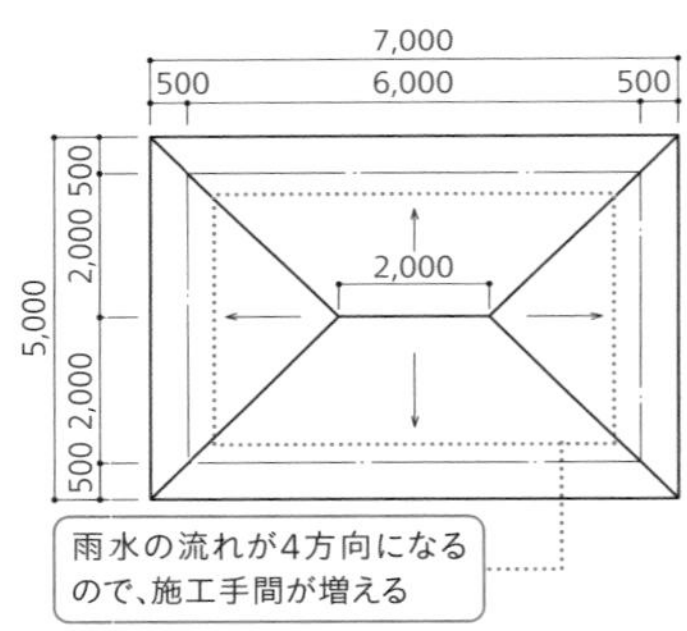

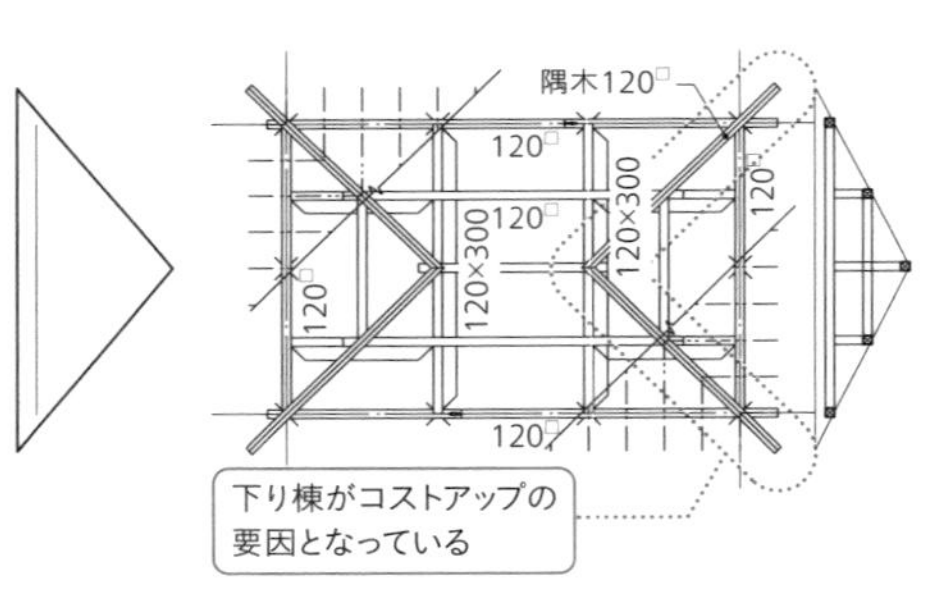

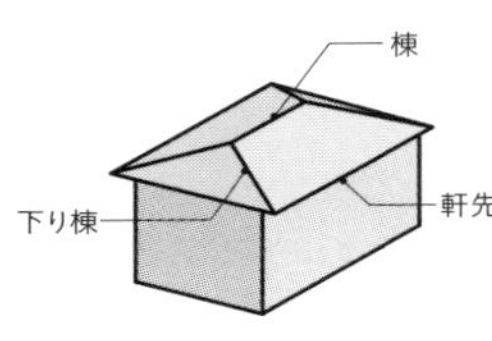

寄棟屋根
隅木が入ることにより、棟を中心に4方向に雨水が流れる。形状が複雑な分、コストも上がる

寄棟屋根は「隅木」がカギに

寄棟屋根は、切妻屋根と並んで多く用いられる形状である。屋根の四隅に隅木を入れることで小屋組を安定させたり、屋根の見付け面積を抑えたりすることができ、耐風や意匠の観点からのメリットは大きい。ただし、雨水の流れが4方向となる点が、材料、施工手間、板金工事に影響を与えている。

コスト構成割合を見てみると、大工手間と屋根板金工事の割合が高くなっているが、これは4方向に下り棟ができるためだ。手間が増えるほか、野地板や屋根仕上材の端材が多く生じることもその要因である。

寄棟屋根では小屋部外壁の工事は不要となるが、屋根の材料費が割り増しになっているため、切妻屋根よりもトータルのコストは高くなっている。大工手間は屋根面の刻み、造作ともに多めだが、これは隅木廻りの加工のほか、垂木、野地板など部材数が増えることが直接影響している。また隅木を支えるための小梁が必要となる点もコストに影響している。野地面が4面とも傾斜しているほか、隅木により小屋構面の強度が大きいため、小屋組の補強は最小限で済み、その面でのコストは少ない。

CASE 3 片流れ屋根のコスト

	種目	数量	単位	単価［円］	金額［円］
木工事	小屋束	0.288（5本）	㎥	100,000	28,800
	母屋、棟木 120 × 120㎜　5m	0.288（4本）	㎥	150,000	43,200
	母屋、棟木 120 × 120㎜　3m	0.173（4本）	㎥	100,000	17,300
	垂木	0.243（30本）	㎥	120,000	29,160
	破風板（木裏小節）	0.065（4本）	㎥	250,000	16,250
	鼻隠し（木裏小節）	0.089（4本）	㎥	250,000	22,250
	広小舞、登り淀	0.056（7本）	㎥	120,000	6,720
	野地板（相決り）	0.637（59枚）	㎥	150,000	95,550
	棟包み板	0.023（2枚）	㎥	130,000	2,990
	アスファフトルーフィング 23kg	3	本	4,000	12,000
	間柱	0.101（7本）	㎥	120,000	12,120
	透湿シート	24	m	100	2,400
	縦胴縁	0.054（15本）	㎥	120,000	6,480
	南京下見板（源平材）	0.378（35枚）	㎥	150,000	56,700
	その他壁下地材	0.022（3本）	㎥	120,000	2,640
	大工手間（人工 26,000円／日）				397,117
	小計				751,677
板金工事	平葺き	39.13	㎡	6,000	234,780
	アオリ棟	7.00	m	4,000	28,000
	下り棟	0.00	m	4,000	0
	雨樋	7.00	m	5,000	35,000
	集水器（エルボ、呼び樋含む）	2.00	カ所	6,000	12,000
	小計				309,780
合計					1,061,457

壁面積が大きくなるため、壁造作の手間コストも増加し、結果的に大工手間の割合が多くなっている

片流れ屋根は、勾配天井との組み合わせによって建物高さを低くすることでのコストダウンや、小屋空間にロフトを設けて付加価値を高めることも行いやすい。プラン次第では費用対効果が増す形状でもある

屋根伏図（片流れ屋根）［S＝1：200］

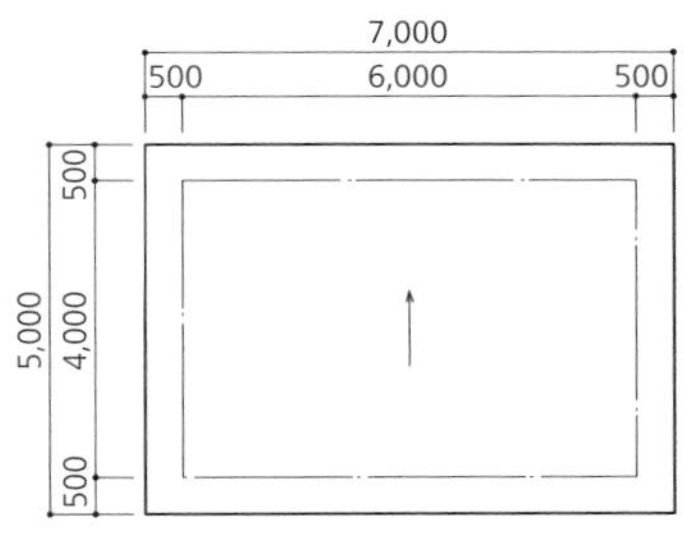

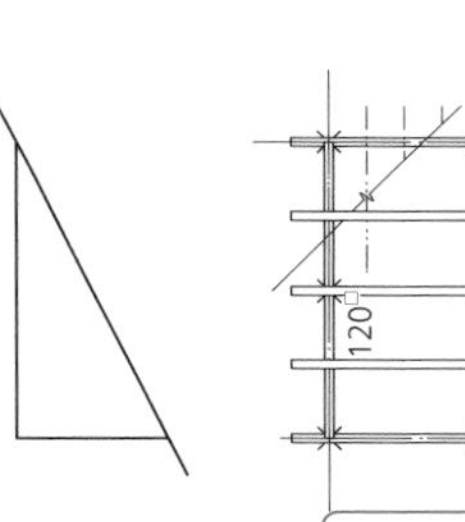

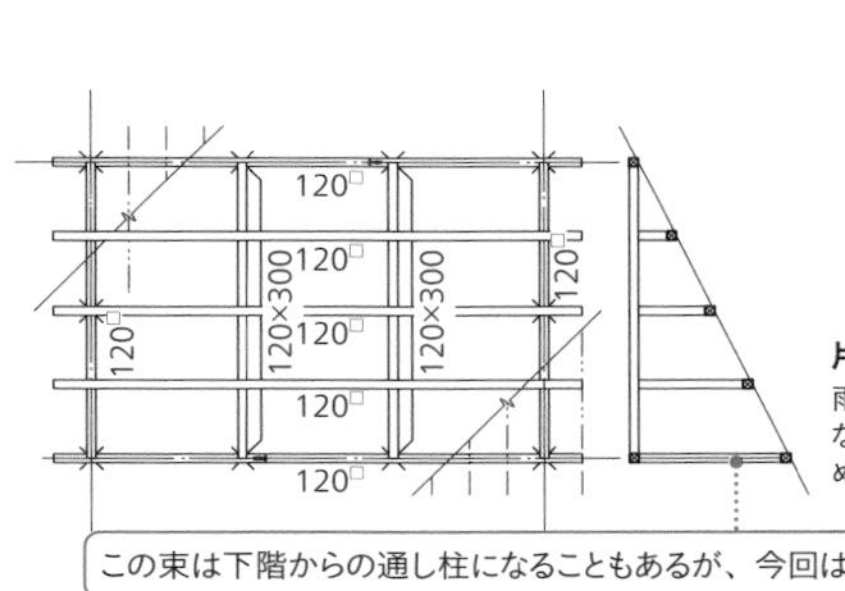

この束は下階からの通し柱になることもあるが、今回は算定上束とした

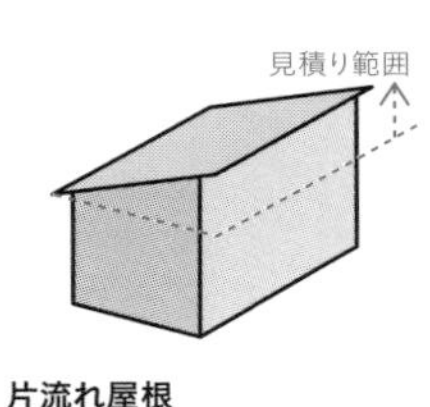

片流れ屋根
雨水の流れは1方向でシンプルな形状だが、壁面が増加するためコストも上がる

片流れ屋根は壁面の大きさがネック

頂上部が高くシンプルな形状の片流れ屋根。上階の天井を屋根勾配なりにすれば小屋裏空間を有効活用できるメリットがある。シンプルな形状であるため雨樋などの必要個数は減る一方、壁面が切妻屋根の5倍程度に増えるため、壁部分の材料、手間ともに増加し、結果的に切妻屋根よりも総額が増える傾向にある。単純な形状であるため、刻み手間は壁部分が増えたことによる増加に留まっており、建方や屋根の造作手間は切妻屋根と同等である。

このほか、変形を防いだり外力に抵抗したりするため、筋かいや小屋貫などの補強材が必要となるケースがある。これらを考慮すると、今回計上していない部分での増額が見込まれ、寄棟屋根と変わらない金額になるか、超える可能性もある。

また今回のシミュレーションでは形状ごとの比較がしやすいよう、屋根勾配（5寸）および軒高さを統一している。緩勾配にしたり建物高さを低く抑えたりすれば壁面積は減少するため、材料および手間賃という片流れ屋根の割り増し分は減少し、最終的なコストは切妻屋根と同等か低く抑えることも可能な場合がある。

（綾部孝司）

間仕切壁 壁より建具を減らしてコストダウン

CASE 間仕切壁＋建具を設置した場合［※］

項目	仕様	数量	単位	単価［円］	金額［円］
間仕切軸組工事	材工共	6.75	㎡	7,000	47,250
ボード張り工事	石膏ボード　材工共	13.50	㎡	2,000	27,000
仕上げ工事	ビニルクロス　材工共	13.50	㎡	1,500	20,250
見切工事	材工共	5.40	m	3,000	16,200
建具枠工事		1	カ所	15,000 ～30,000	15,000 ～30,000
建具工事		1	カ所	40,000 ～100,000	40,000 ～100,000
合計					165,700 ～240,700

間仕切壁部分の面積

間仕切壁部分の両面の面積

間仕切壁部分で必要となる見切工事の長さ

間仕切壁を増設することで加算される金額

参考：部位別に大工手間を入れない場合

項目	仕様	数量	単位	単価［円］	金額［円］
ボード張り工事	石膏ボード	13.50	㎡	600	8,100
仕上げ工事	ビニルクロス	13.50	㎡	1,500	20,250
見切工事	材工共	5.40	m	3,000	16,200
建具枠工事		1	カ所	15,000 ～ 30,000	15,000 ～ 30,000
建具工事		1	カ所	40,000 ～ 100,000	40,000 ～ 100,000
合計					99,550 ～ 174,550

平面図［S＝1：100］

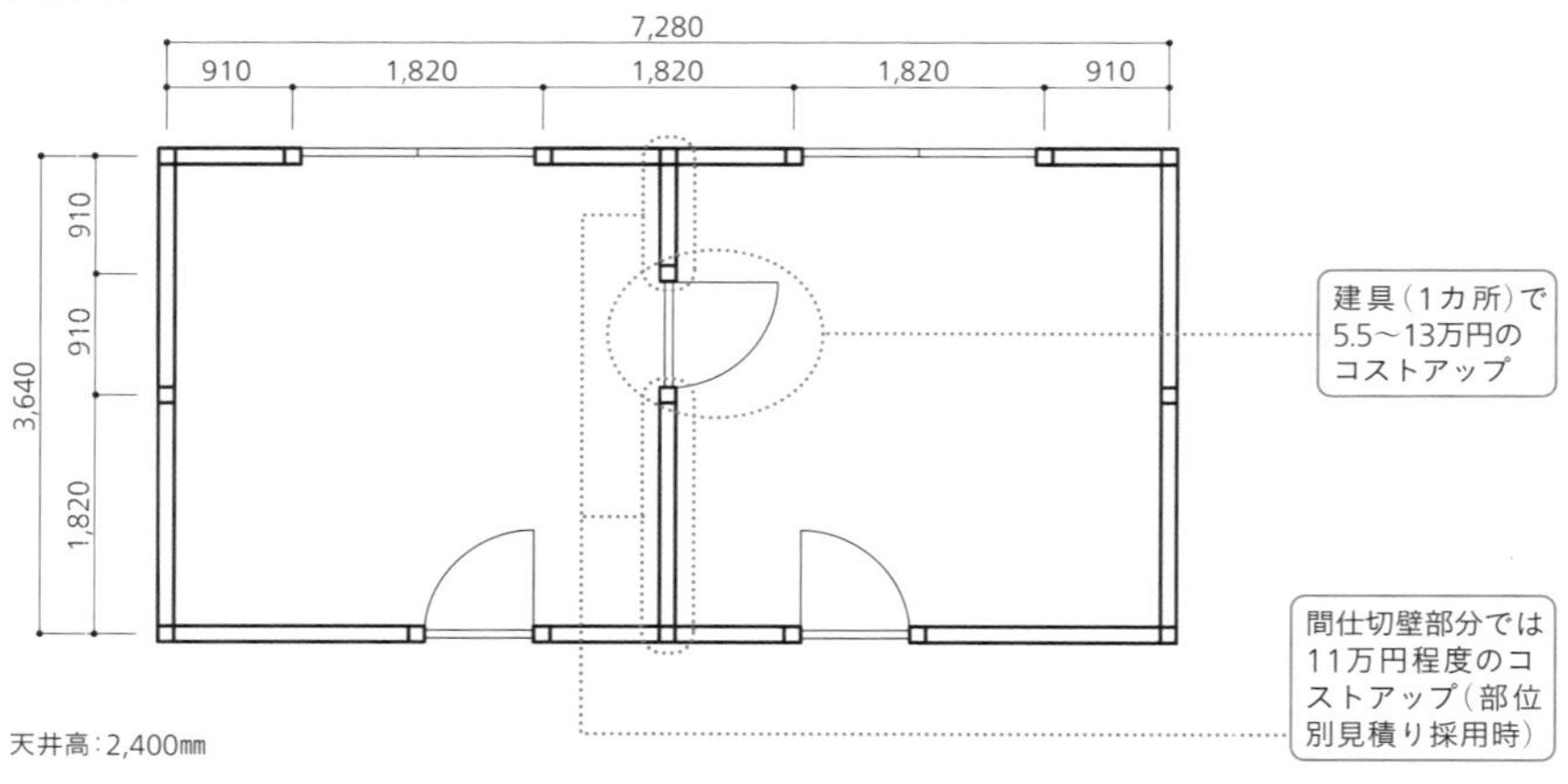

天井高：2,400㎜

壁を少なくすれば工事費が安くなるのではないか。確かに、壁式のRC造などでは壁量がダイレクトに躯体のコストに反映される。木造建築でも同様だろうか。ここでは間仕切がない場合と、間仕切壁に建具を入れた場合とでコストを比較した。なお、基礎および構造材による影響は微小につき考慮しないこととした。

間仕切壁に建具（1カ所）を入れると、結果として16万5700～24万700円コストが上がった。ただし、建具1カ所分のコストがそのうち5・5～13万円を占めており、壁部分のコストは11万円程度で収まる。

また、今回は部位別による材工共で算定したが、実際の現場では間仕切壁程度であれば部位での算定はせず、軸組やボード張り工事として材料費のみが見積りに反映されるケースも多い。その場合、間仕切壁部分の費用は4・5万円程度と小さく、間仕切壁を減らすことでのコストメリットは低いことがわかる。（星裕之）

※：本項では、間仕切壁＋建具を設置した場合のコストアップ分のみの見積りを掲載している

天井高

天井高を上げれば仮設工事費も増加

ポイントは足場

天井高を上げると施工量が増えることは言うまでもない。では具体的にどの工事がどれくらい増えるのか、ここで洗い出してみたい。

シミュレーションに使うのは図1の事例で、標準的な天井高さ2400㎜を基準にして、そこから400㎜高くしたときのコストの違いを考察する。

前提となる平面図で検討していくと、2400㎜と2800㎜の施工面積の差は31.9㎡になる［107頁表］。ただし、コストシミュレーションという意味では、この差を数量に反映させるだけでは不十分だ。そこで、内外壁工事以外にコスト増となる項目を挙げてシミュレーションを行った。その結果、天井高を400㎜高くすると約32万円コストが増えると算出された。

増額になる項目で見落としがちなのが足場だ。天井高が増加することで外部足場が増加するほか、2800㎜となると天井の作業にも足場が必要になる。内部足場は床面すべてに用意しなければならない。さらに2階に水廻りがある場合は、給水・給湯・排水管や電気配線、エアコンの容量増加による増額など、設備工事にも影響が及ぶので注意したい。住宅の状況によってはこれら以外の変化があることも注意し、コストコントロールする必要がある。

（畠山サトル）

図1　検討用の事例

平面図［S=1：150］

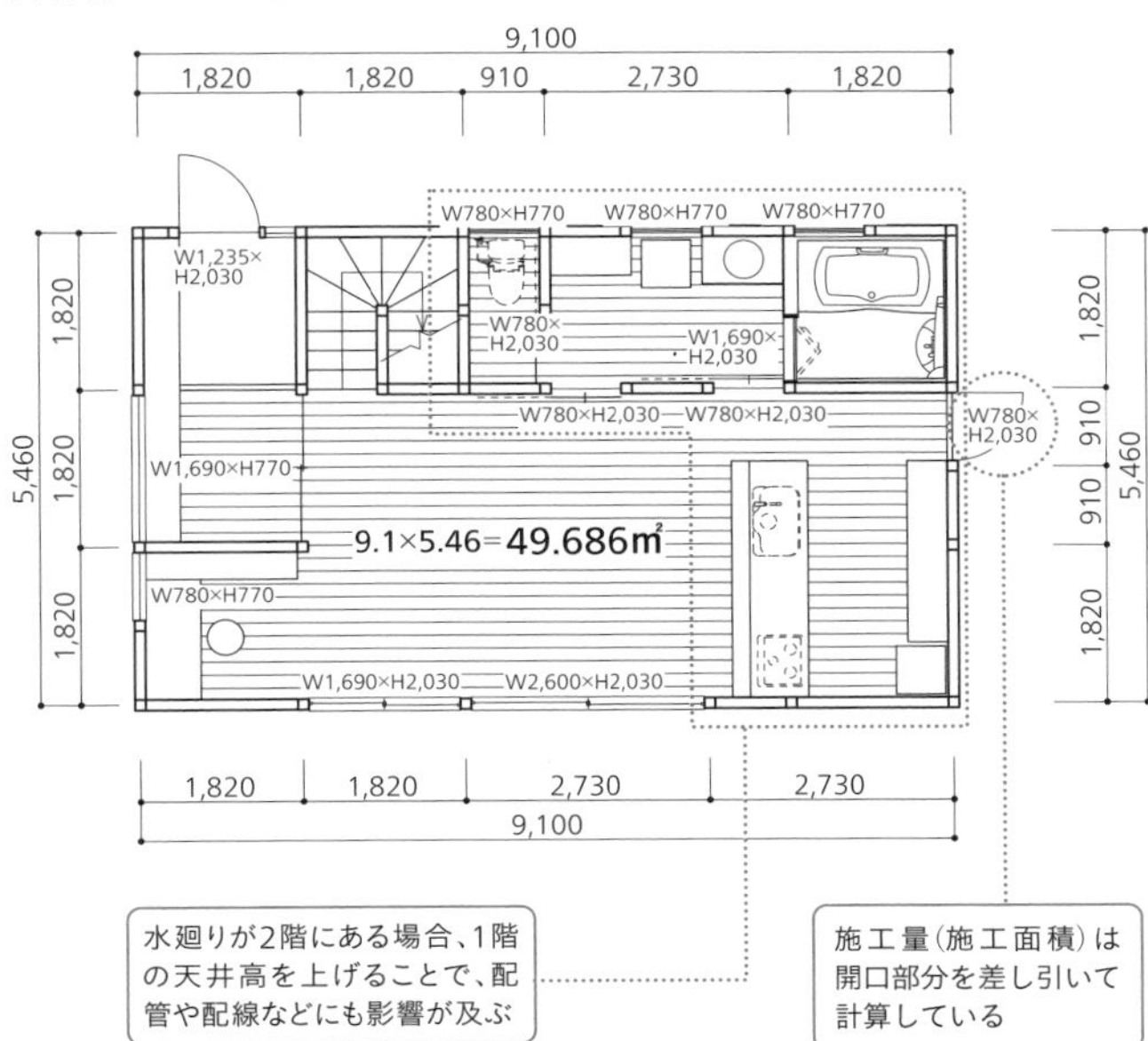

立面図［S=1：100］

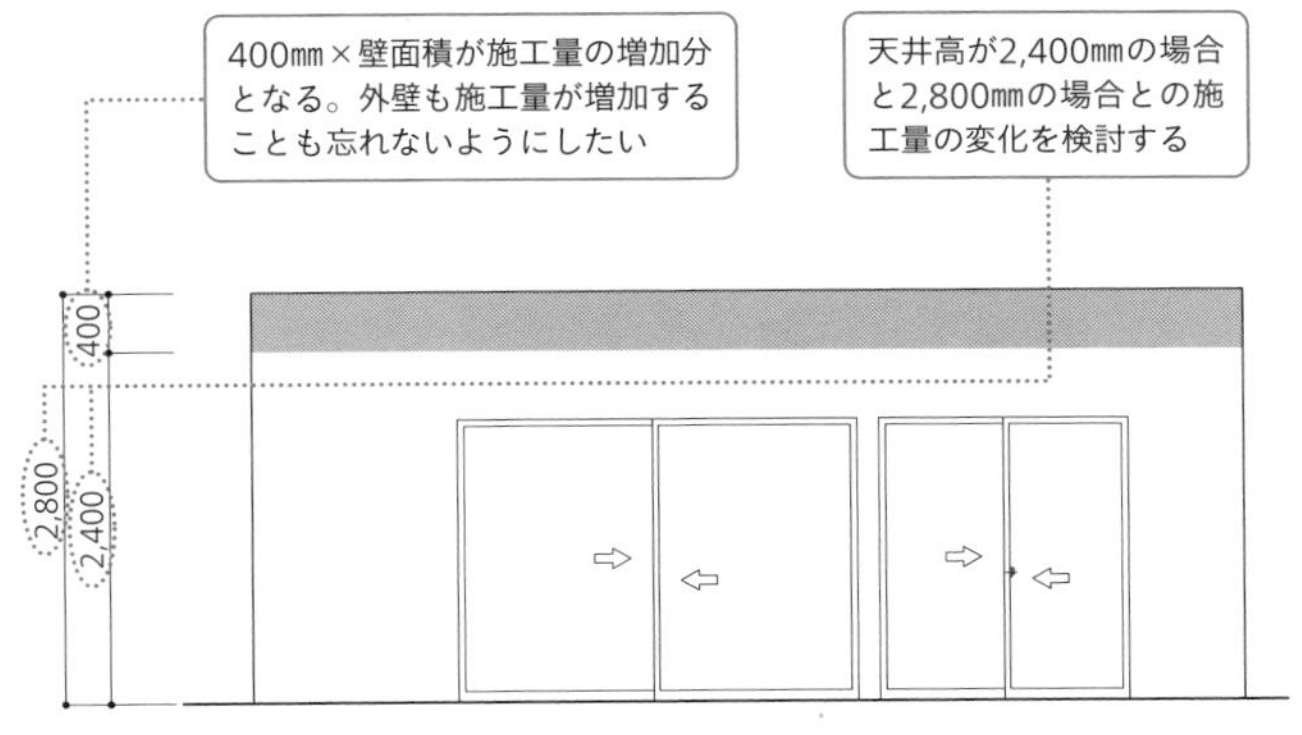

CASE 1 天井高 2,400mm

		数量	単位	単価［円］	金額［円］
仮設工事	外部足場	70	㎡	1,800	126,000
	内部足場		㎡	1,450	0
木工事	透湿防水シート　材工共	58.4	㎡	500	29,200
	外壁胴縁　材工共	58.4	㎡	1,800	105,120
	サイディング　材工共	58.4	㎡	6,100	356,240
	グラスウール　材工共	58.4	㎡	2,930	171,112
	石膏ボード　材工共	94.8	㎡	1,750	165,900
	柱	33	本	4,860	160,380
	間柱	40	本	1,390	55,600
	階段	1	式	0	0
内装工事	クロス張り	94.8	㎡	1,600	151,680
合計					1,321,232

天井高が2,400mmの場合、内部足場は不要

天井高を変更するときに関係する工事項目

図2 天井高を上げれば足場も増加

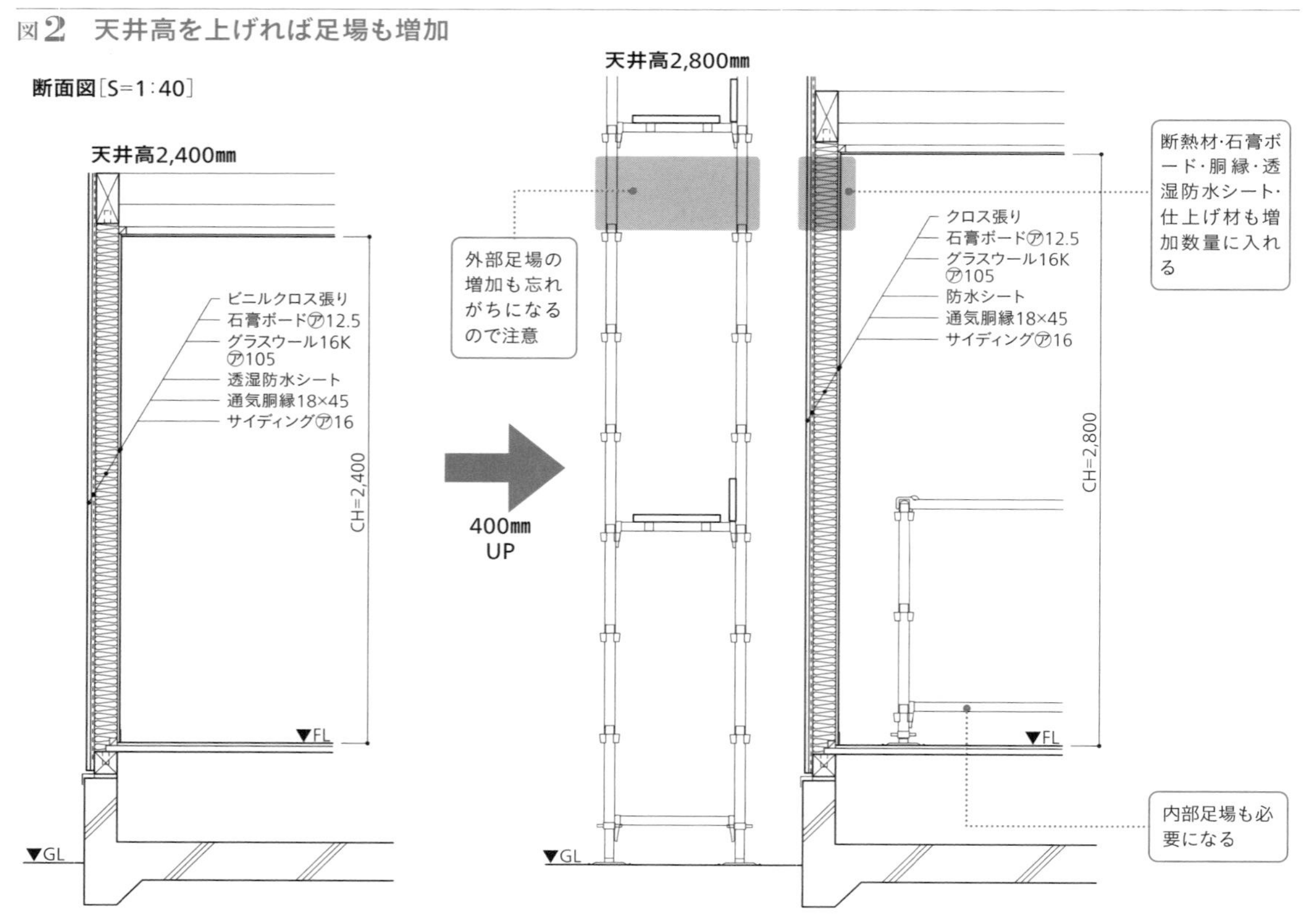

CASE 2 天井高 2,800㎜

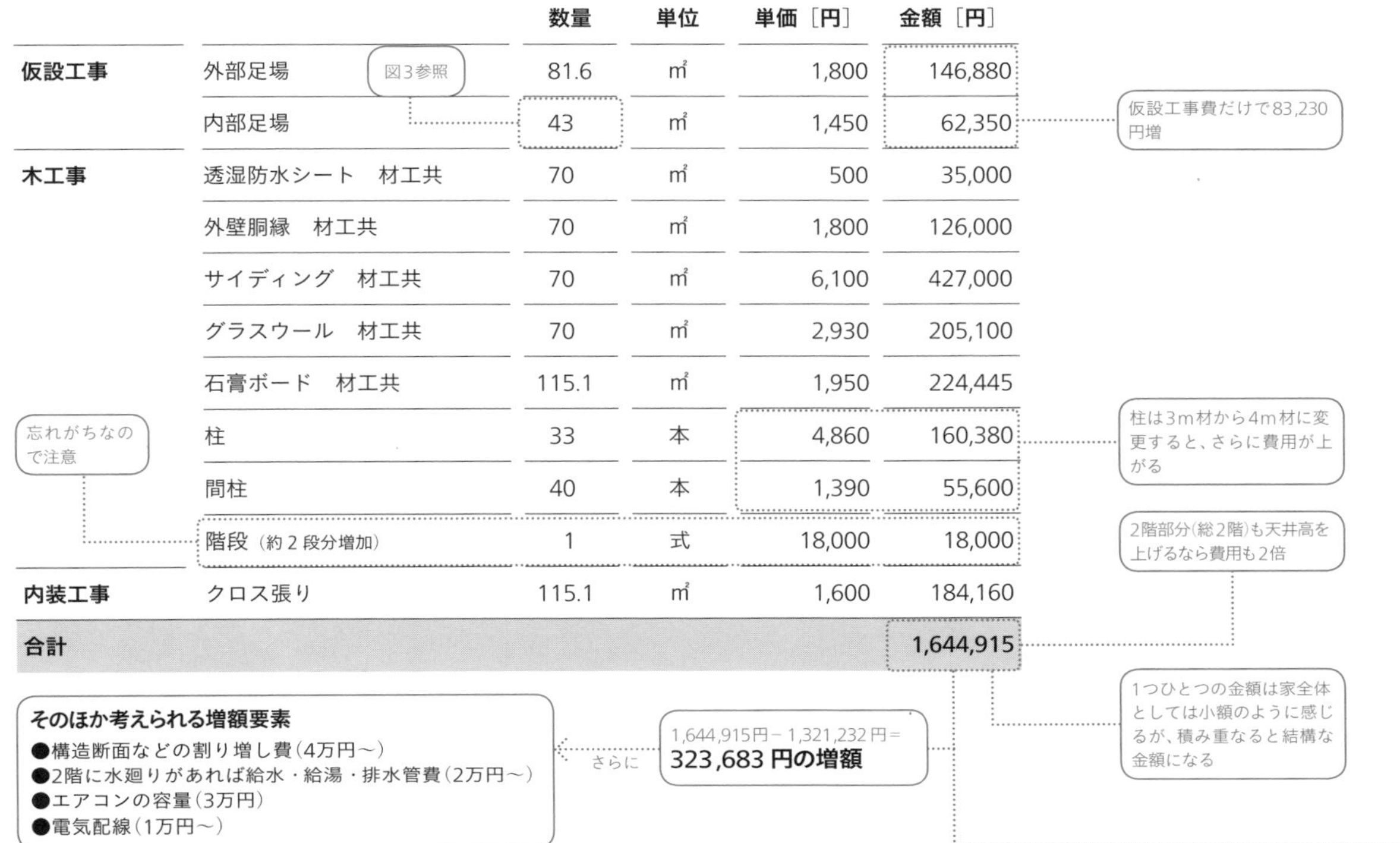

		数量	単位	単価［円］	金額［円］
仮設工事	外部足場	81.6	㎡	1,800	146,880
	内部足場	43	㎡	1,450	62,350
木工事	透湿防水シート　材工共	70	㎡	500	35,000
	外壁胴縁　材工共	70	㎡	1,800	126,000
	サイディング　材工共	70	㎡	6,100	427,000
	グラスウール　材工共	70	㎡	2,930	205,100
	石膏ボード　材工共	115.1	㎡	1,950	224,445
	柱	33	本	4,860	160,380
	間柱	40	本	1,390	55,600
	階段（約2段分増加）	1	式	18,000	18,000
内装工事	クロス張り	115.1	㎡	1,600	184,160
合計					1,644,915

図3参照

仮設工事費だけで83,230円増

忘れがちなので注意

柱は3m材から4m材に変更すると、さらに費用が上がる

2階部分(総2階)も天井高を上げるなら費用も2倍

1つひとつの金額は家全体としては小額のように感じるが、積み重なると結構な金額になる

1,644,915円－1,321,232円＝
323,683円の増額

さらに

そのほか考えられる増額要素
- 構造断面などの割り増し費(4万円〜)
- 2階に水廻りがあれば給水・給湯・排水管費(2万円〜)
- エアコンの容量(3万円)
- 電気配線(1万円〜)

表　施工面積の比較

a. 天井高が2,400㎜の場合

部位	数量	単位
外壁（開口部分は差し引いている）	58.4	㎡
内壁（開口部分は差し引いている）	94.8	㎡
合計	153.2	㎡

31.9㎡増

b. 天井高が2,800㎜の場合

部位	数量	単位
外壁（開口部分は差し引いている）	70	㎡
内壁（開口部分は差し引いている）	115.1	㎡
合計	185.1	㎡

図3　内部足場は全面に

平面図[S=1：150]

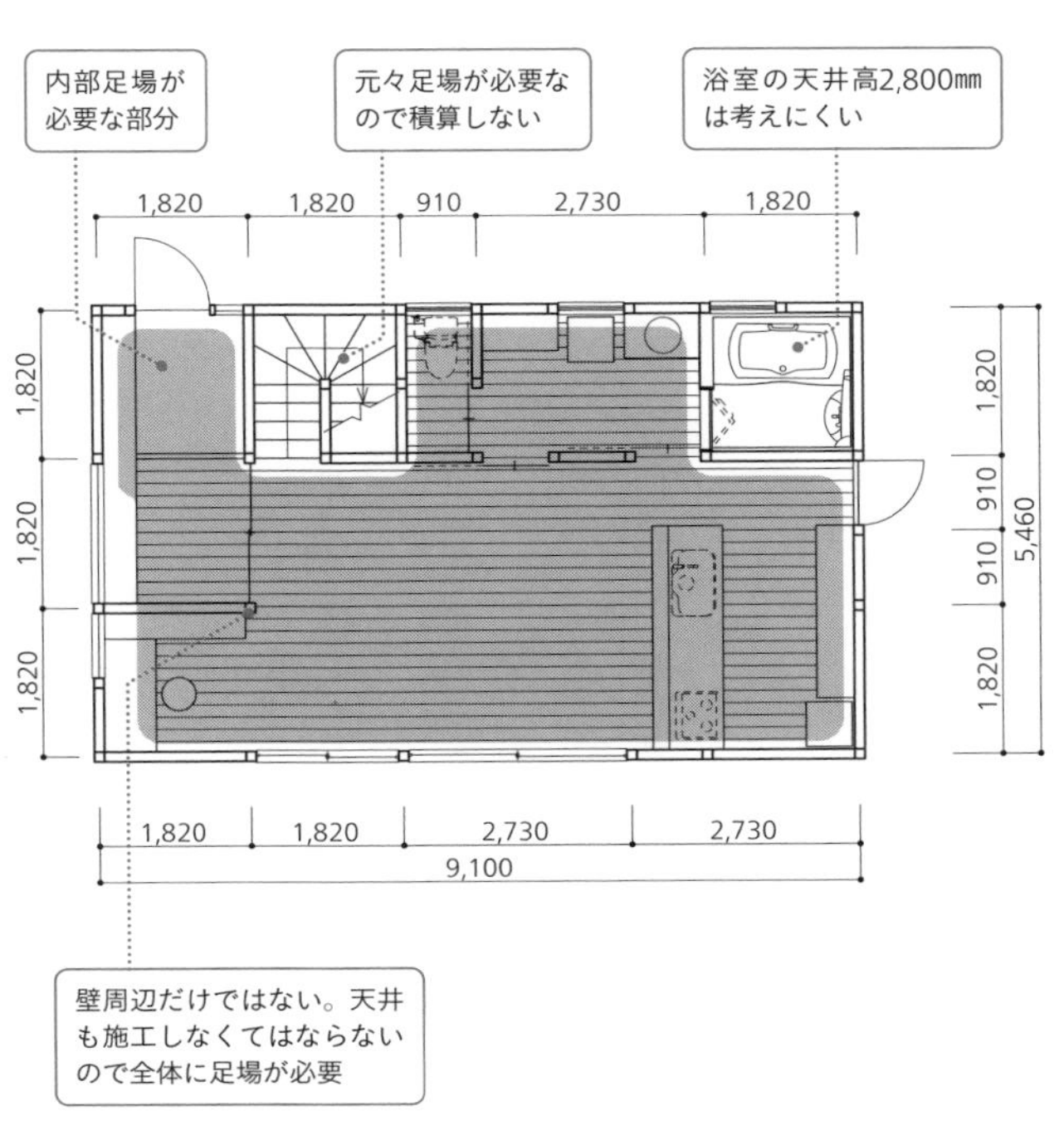

外部開口部

アルミと木建、差は約27万!

CASE 1 開口なし

		数量[*]	単位	単価[円]	金額[円]
木工事	柱	1	本	4,860	4,860
	間柱	1	本	1,390	1,390
外部	透湿防水シート　材工共	3.43	㎡	500	1,715
	胴縁　材工共	2	本	750	1,500
	サイディング　材工共	3.43	㎡	6,100	20,923
内部	グラスウール 16K100㎜厚　材工共	3.43	㎡	2,930	10,049
	石膏ボード 12.5㎜厚　材工共	3.43	㎡	1,950	6,688
	幅木　材工共	1.69	m	900	1,521
内装工事	クロス張り　材工共	3.43	㎡	1,600	5,488
合計					54,134

＊：1,690×2,030㎜の面積で算出

左官材など、仕上げが高価になれば、窓を設けた場合とのコストの差は少なくなる

開口する面積の内壁・外壁のコスト

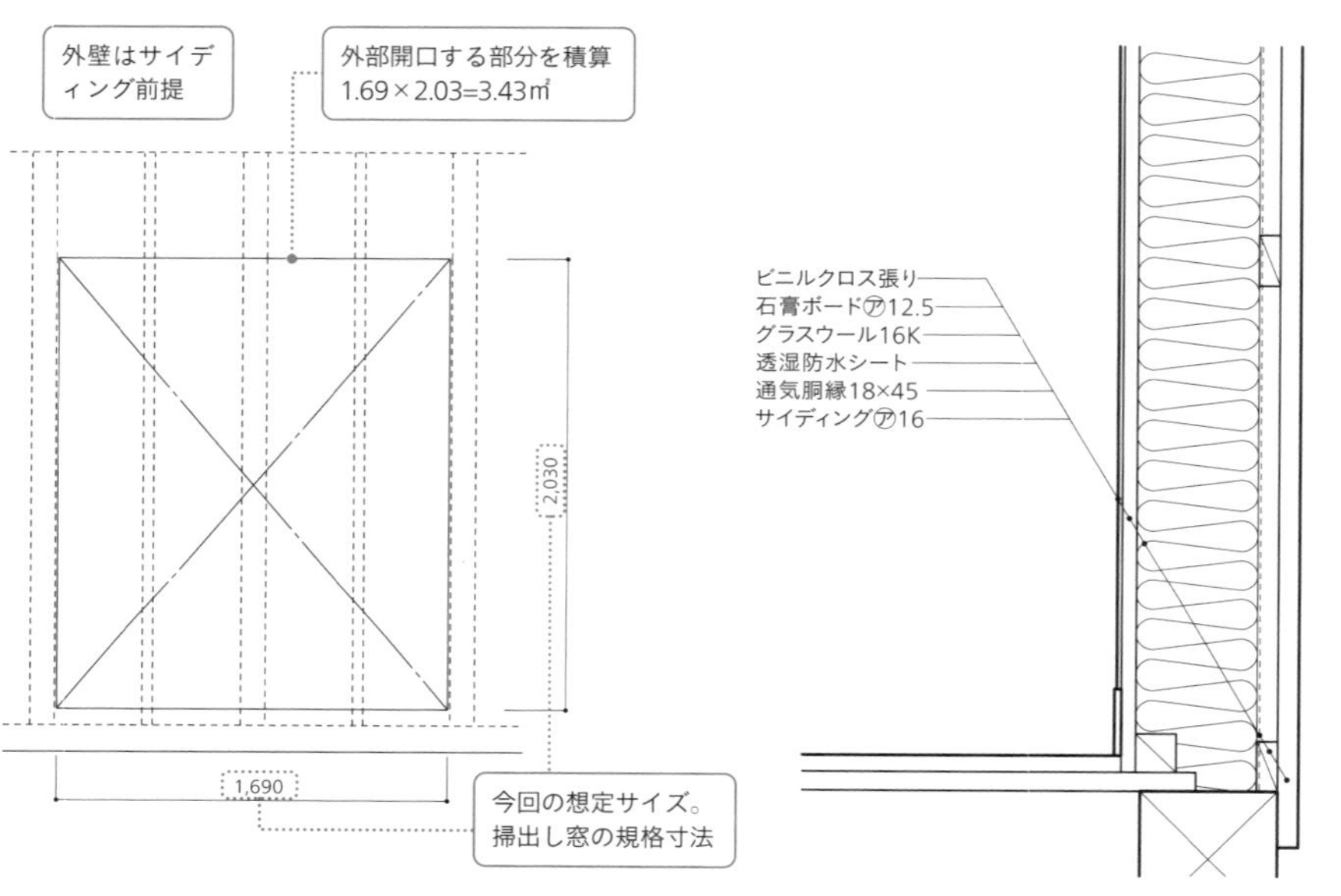

開口(外部建具)をつくればコストは増す
- ●内外壁の仕上げが高価であればコスト差は小さい
- ●開口（外部建具）の数が増えればコストも増える

安くしたいなら窓は減らせ!

ここでは、1つの外部建具を例に、条件変更によるコストの差を検討する。まずは、建具が入らない外壁のコストを積算し、そのうえでアルミサッシ・木製建具のコストを比較した。なお、開口部のサイズは、掃出し窓の既製品の寸法に合わせ、それ以外のサイズはCASE4のなかで別途検討している。

壁に窓を設けた場合は、設けない場合と比べてアルミサッシで約3倍、木製建具だと約8倍ものコストがかかる。外壁の仕様にもよるが、窓を設けるとコストアップにつながることが、改めて理解できる。

開口部の素材による差も大きい。量産により低価格化が図れるアルミサッシと、オーダーメイドの木製建具の金額差は約27万円。掃出し窓4カ所をアルミから木製建具にすると、約100万円のコスト増になる。潤沢な予算がない限り、木製建具は「ここぞ」というところに絞って採用するのが無難だろう。

CASE 3 木製建具

建具金物が高価であることは忘れがち

		数量	数量	単価［円］	金額［円］
木製建具工事	本体　ムク材	2	本	85,000	170,000
	複層ガラス（4 + A16 + 4㎜）	2	枚	19,000	38,000
	網戸　網共	1	本	47,000	47,000
	甲丸レール SUS	3	本	10,500	31,500
	重量用調整戸車	4	個	6,500	26,000
	クレセント	1	個	2,570	2,570
	ピンチブロック	12	m	1,370	16,440
	網戸　戸車	2	個	580	1,160
	建合わせ、ガラス取付け	1	式	25,000	25,000
木工事	外部窓枠 ムク材工共	1	式	19,800	19,800
	同上取付け手間	1	式	8,000	8,000
	内部窓枠 ムクプレーナー共［＊］	1	式	23,300	23,300
	外部防水テープ	7.44	m	250	1,860
	胴縁　材工共	3	本	750	2,250
	まぐさ（プレカットとして）	1	本	1,390	1,390
防水工事	外部シーリング	5.75	m	600	3,450
板金工事	水切　ガルバリウム	1	式	6,000	6,000
合計					423,720

＊：取付け手間含む

CASE 2 アルミサッシ

		数量	単位	単価［円］	金額［円］
アルミサッシ	本体　枠共	1	組	70,900	70,900
	複層ガラス（4 + A16 + 4㎜）	2	枚	19,000	38,000
	網戸	1	枚	10,380	10,380
防水工事	外部シーリング	7.44	m	600	4,464
木工事	内部窓枠 ムクプレーナー共［＊］	1	式	23,300	23,300
	サッシ取付け手間 ガラス運搬費	1	カ所	2,000	2,000
	外部防水テープ	7.44	m	250	1,860
	胴縁　材工共	3	本	750	2,250
	まぐさ（プレカットとして）	1	本	1,390	1,390
合計					154,544

＊：取付け手間含む

コストアップ
壁の部分をアルミサッシにすると
154,544円−54,134円=100,410円

約27万円差

コストアップ
壁の部分を木製建具にすると
423,720円−54,134円=369,586円

建具本体の価格だけでなくそれに付帯する工事の比重も大きいのが分かる

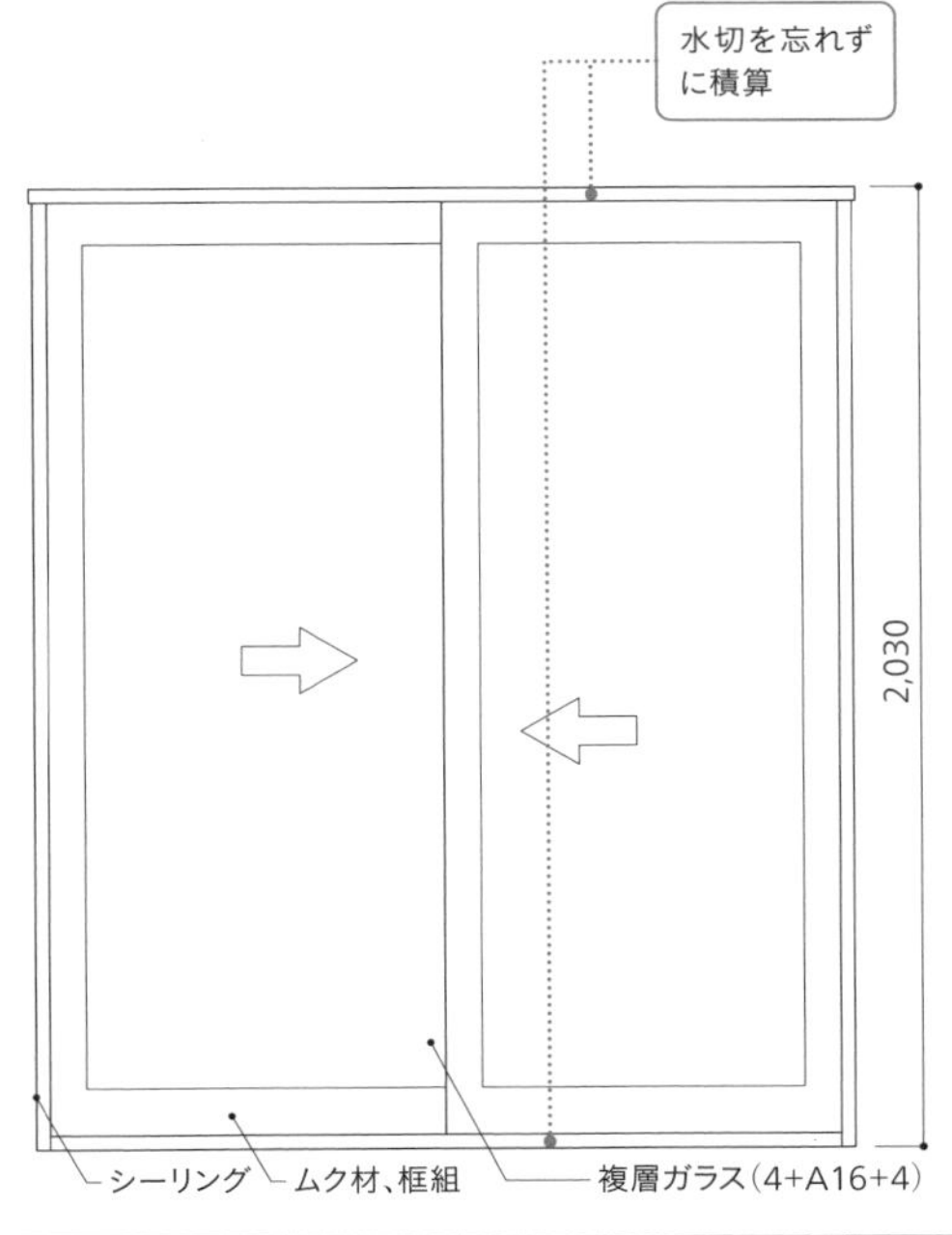

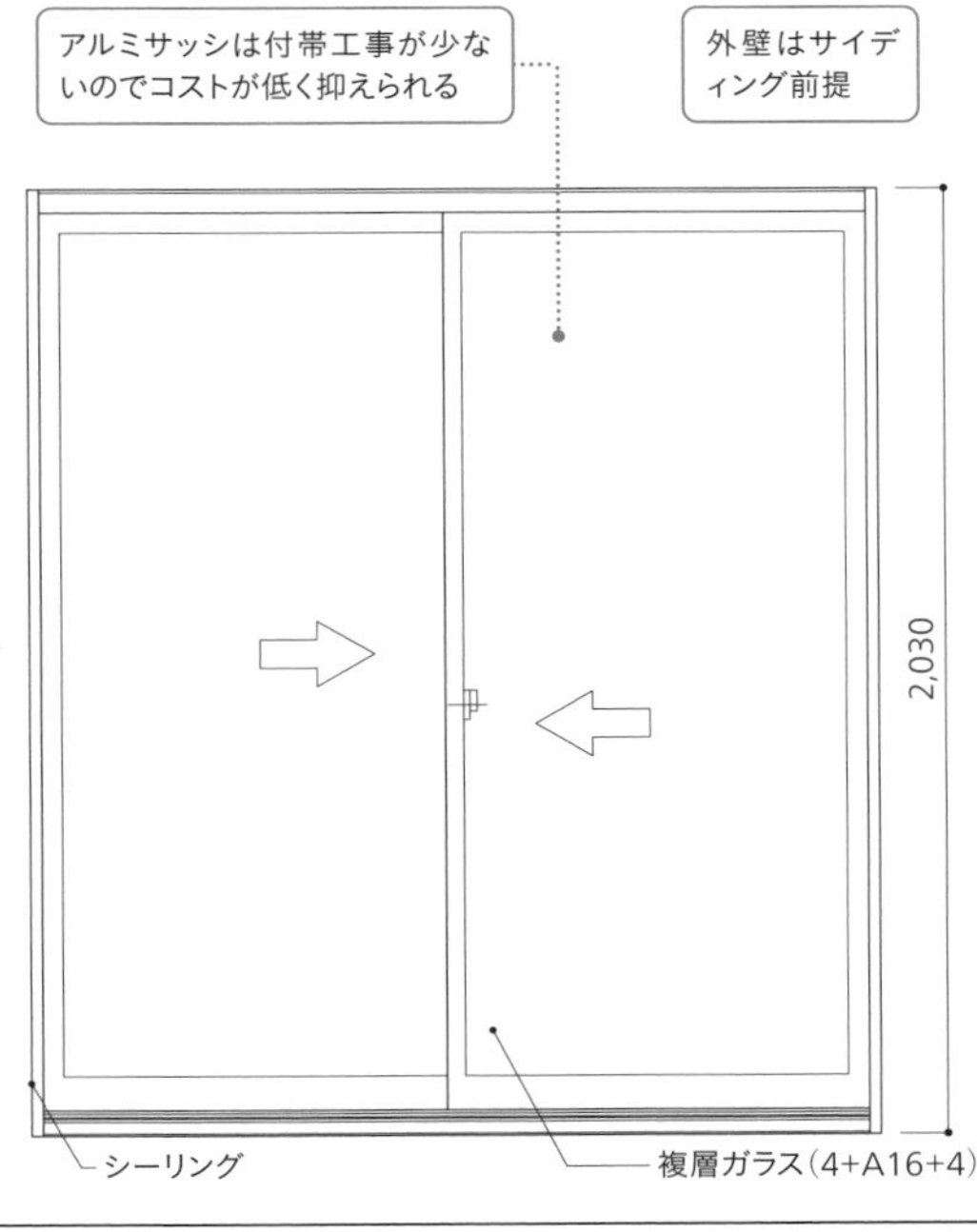

注意：アルミサッシの規格サイズから逸脱すると、そのサイズよりひと回り大きい製品サイズの価格の約1.3倍になる

CASE4 サイズの違い

A. 開口寸法W780×H770㎜の場合

	金額［円］	差額［円］
開口しない場合	9,469	—
アルミサッシ	53,435	43,966
木製建具	130,888	121,419

0.6㎡×15,782円

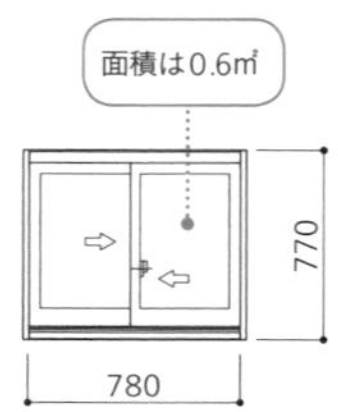

＊：CASE1での想定寸法（1,690×2,030㎜）では胴縁の数量が「2本」となっている。一方、CASE4・A,Bでの胴縁の数量はそれぞれ「1本」「3本」になるので、厳密にはこれらも反映させたほうが正確性は高まる

B. 開口寸法W2,600×H2,030㎜の場合

	金額［円］	差額［円］
開口しない場合	83,328	—
アルミサッシ	259,482	176,154
木製建具	574,362	491,034

Aと同様で、5.28㎡×15,782円

木製建具はやはり高価

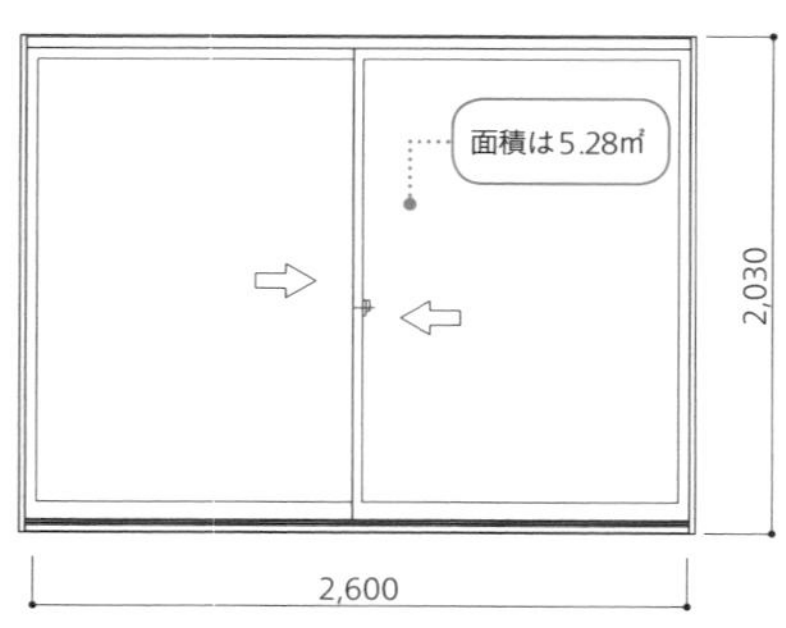

また、腰窓や幅広の掃出し窓でも、CASE1〜3と同様の比較をした。W2600×H2030㎜の木製建具は、開口なしと比べて約50万円のコスト増となった。このくらいまで差額が大きくなると、開口部1カ所といえど建物全体のコストに大きな影響を与えるものとなる。

このほか、窓の数もコストに影響する。同じ面積の開口が必要なら、小さな建具をたくさん設けるより、規格寸法の範囲で1つにまとめたほうがコストダウンにつながる。

このように見てくると、コストコントロールをするうえでは、開口の大きさと数が重要ということが分かる。こういったコスト面も含め、建築主にとって「ちょうどいい」開口の設計をしていきたいものだ。（畠山サトル）

さらにコストが上がる要因

- 丸窓や多角形のような特別な形状のもの。建具本体だけでなく枠などの付帯工事も相乗的にアップ
- 開口面積が同じで小さい窓をたくさん付ければコストアップ
- 2㎡を超えるガラスは別途運搬費が必要になる場合がある
- 2階に大きなガラスを使用する場合、レッカーなどの費用も発生する

COLUMN ネット時代の見積書

あらゆるモノがウェブで購入でき、価格も調べられる現在、見積りにシビアな建築主が増えている。しかし、工事見積書には百万円単位で記入された項目や、不自然なほど値引きされた工務店利益など、丼勘定の部分がいまだに見られる。すべての見積りを明細化することは不可能であり、予算取りのために経験則に基づいた大まかな数値を入れているのが実情だ。

たとえば、「安全衛生管理費（警備員50人含）」という項目があった場合、実際の警備員人数は50人ではないことが多い。人数に応じて金額も増減するというのは、請負金額という制度上、難しいだろう。こうした不確定な項目についても建築主に説明し、事前に合意を得ておくことが肝心だ［※］。

見積りに関するトラブルを避けるために、設計者・工務店の責任として、できる限りの金額の明細化と、明細化できない部分についての説明がこれまで以上に求められている。「総額がおさまれば」という時代から、利益も含めて「明細をより明確に」していく時代へと変わっているのだ。（岡村裕次）

※：また、費用がかからないものだと建築主に思われがちな施主支給品の「受取、開梱、検品、梱包材処分」についても注意したい。これらの手間について、費用が発生すること、そして、これらを誰が請け負い、その費用はどうするのか、事前に説明するのは設計者の責任だ

COLUMN

木造戸建てリフォームの工事費を考える

シロアリは実費精算で！

木造戸建住宅のリフォーム・リノベーションというと、経験不足から不安を感じている設計者も多いのではないだろうか？確かに、既存住宅の品質や性能が曖昧で、解体してみないと分からない欠陥も多く、コストコントロールが非常に難しい。

特に懸念されるのがシロアリ被害の対応だ。シロアリの食害は残念ながら外見からは予測がつきにくく、どこまで進んでいるかは実際に解体してみないと分からない。ひどい場合は2階の床梁まで被害を受けていることも少なくない。

そこでシロアリについては、契約工事金額には含まずに実費精算とし、別途予算枠を確保しておくことが重要だ。併せて、建築主への事前説明や、工事内容に優先順位をつけておくことも必要。予算が厳しい場合には、優先順位の低い工事を取りやめ、その費用をシロアリ対策に回すことも想定して、業務に臨むべきだろう。

既存利用でコストダウン

ここからは、木造戸建住宅のリフォーム工事費について説明する。耐震や断熱改修が求められる築50年前後の建物を内装スケルトンリフォーム（屋根や外壁は既存仕上げを再利用するリフォーム）した場合の、工種別見積内訳の一例を示す［表］。新築と同様、最も多いのは木工事で全体の3割弱を占める。解体工事は全体の5～10％程度と考えてよい。気になる耐震改修［※］については、間取り変更に伴う柱梁の新設や下地のやり替えも伴うため、正確な割合を示すのは難しい。逆にいえば、間取り変更を伴うのであれば、耐震改修費は大したウエイトにはならない。

リフォームのコストコントロールでは、解体工事費の抑制が設計者としての腕の見せ所である。解体範囲が広がれば、解体工事に加えて木工事も増大する。できるだけ既存構造を生かす仕上げやプランニングを心がけたいところ。内装下地が使える状態であれば、積極的に再利用するのが賢明だ。特に2階床については、既存仕上げに重ね張りとすることで施工足場にも利用できるため、検討の価値は大きい。

（中西ヒロツグ）

表　木造戸建住宅リフォームの工事費

木造戸建住宅リフォームの工事費を工種別にまとめた。事例は平成25年基準（等級4）のため、より高い断熱性能を求める場合、鋼製建具や断熱工事（木工事）に費用がかかる。また、金額はウッドショック以前のもののため、建築資材や住宅設備の価格上昇により、現在ではこの1.3～1.5倍の金額になることも少なくない

工事項目		W邸（茨城県）49坪 金額［円］	W邸 工事費割合	O邸（茨城県）61坪 金額［円］	O邸 工事費割合
建築工事	直接仮設	1,010,000	3.4%	1,426,203	4.2%
	基礎・土	382,600	1.3%	95,258	0.3%
	木	8,842,560	30.0%	8,588,566	25.3%
	板金・樋	1,976,790	6.7%	1,066,130	3.1%
	鋼製建具	1,450,000	4.9%	1,080,918	3.2%
	木製建具	2,025,240	6.9%	1,413,547	4.2%
	左官	210,000	0.7%	601,830	1.8%
	防水	130,000	0.4%	90,952	0.3%
	タイル	210,000	0.7%	177,453	0.5%
	塗装	490,200	1.7%	1,124,993	3.3%
	内装	831,200	2.8%	847,778	2.5%
	家具［＊1］			1,080,295	3.2%
	雑	398,320	1.4%	251,366	0.7%
	小計	17,956,910	61.0%	17,845,289	52.5%
給排水衛生設備工事	給排水設備［＊2］	912,500	3.1%	2,129,144	6.3%
	衛星器具設備（別途工事）	359,400	1.2%	4,695,256	13.8%
	（本工事）	1,660,000	5.6%		
	小計	2,931,900	10.0%	6,824,400	20.1%
電気設備工事［＊3］	幹線設備	293,670	1.0%	367,097	1.1%
	電灯コンセント設備	210,015	0.7%	901,101	2.7%
	インターホン設備	10,000	0.0%	99,060	0.3%
	弱電設備	81,930	0.3%	257,744	0.8%
	照明器具	419,790	1.4%	814,406	2.4%
	火災警報設備	57,595	0.2%	48,766	0.1%
	小計	1,073,000	3.6%	2,488,174	7.3%
換気工事		450,000	1.5%	399,879	1.2%
空調設備工事		820,000	2.8%	1,158,833	3.4%
ガス工事［＊4］					
床暖房工事		0	0.0%	556,742	1.6%
解体工事		2,504,000	8.5%	1,665,483	4.9%
外構工事		1,041,500	3.5%	147,071	0.4%
諸経費		2,668,530	9.1%	2,874,315	8.5%
合計		29,445,840	100.0%	33,960,186	100.0%
消費税（8%）		2,355,667		2,716,814	
総計		31,801,507		36,677,000	

木工事は全体の3割程度と考えてよい

解体工事の費用を最小限にとどめることが、設計者としての腕の見せ所

＊1：W邸の家具は大工造作｜＊2：W邸は別途工事、Y邸は引込み工事を含む｜＊3：別途工事｜＊4：別途工事（プロパンガス）｜＊5：金額は、W邸は2019年、Y邸は2015年当時のもの

※：耐震改修については、それぞれ耐震診断（精密診断）の結果にもとづき、基礎の一部新設、筋かいの新設、梁の新設・補強（まくら梁）、接合金物の取付けなどを行っている

CASE1 直階段

①ささら桁納まり

項目	仕様	数量	単位	単価［円］	金額［円］
ささら桁	タモ集成材 4,200 × 2,400 × 30㎜	2	枚	18,200	36,400
踏板	タモ集成材 900 × 240 × 30㎜	12	枚	3,900	46,800
蹴込み板	タモ合板 900 × 225 × 5.5㎜	13	枚	650	8,450
大工手間		2	人工	30,000	60,000
釘・金物		1	式		10,000
塗装		1	式		45,000
運搬費		1	式		17,410
合計					224,060

ささら桁が幅木の役割も兼ねるため、タモ集成材を使用する

②幅木納まり

項目	仕様	数量	単位	単価［円］	金額［円］
ささら桁	ツガ 4,200 × 240 × 30㎜	2	枚	11,800	23,600
幅木	タモ集成材 2,000 × 110 × 15㎜	8	枚	2,000	16,000
踏板	タモ集成材 900 × 240 × 30㎜	12	枚	3,900	46,800
蹴込み板	タモ合板 900 × 225 × 5.5㎜	13	枚	650	8,450
大工手間		3	人工	30,000	90,000
釘・金物		1	式		10,000
塗装		1	式		45,000
運搬費		1	式		17,410
合計					257,260

幅木納まりでは、ささら桁が表面に出ないので、安価なツガを使いコストダウンを図る

下地の製作を要するため、1人工多めにみている

ささら桁納まり断面詳細図［S＝1：20］

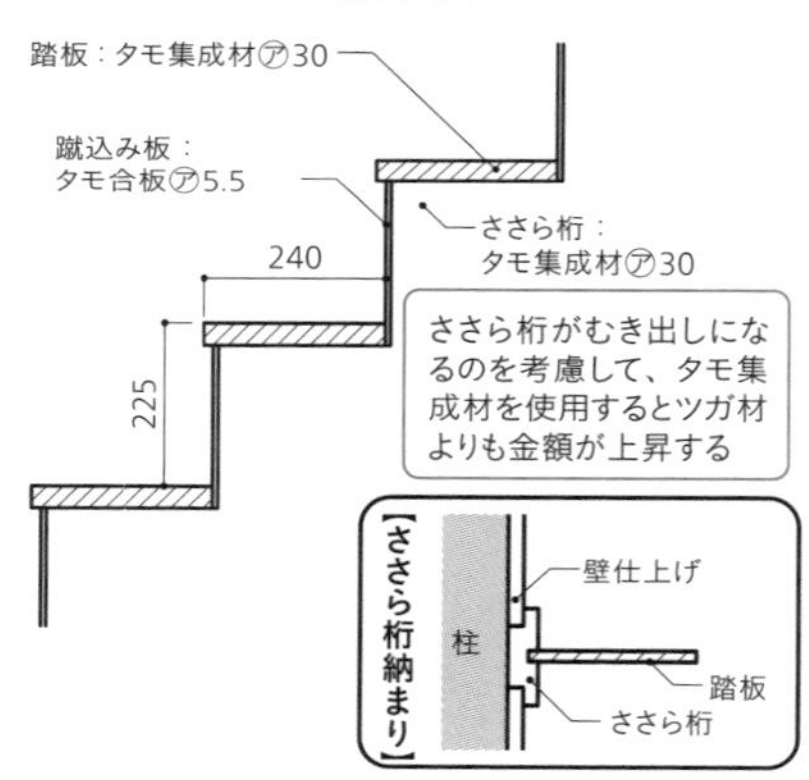

幅木納まり断面詳細図［S＝1：20］

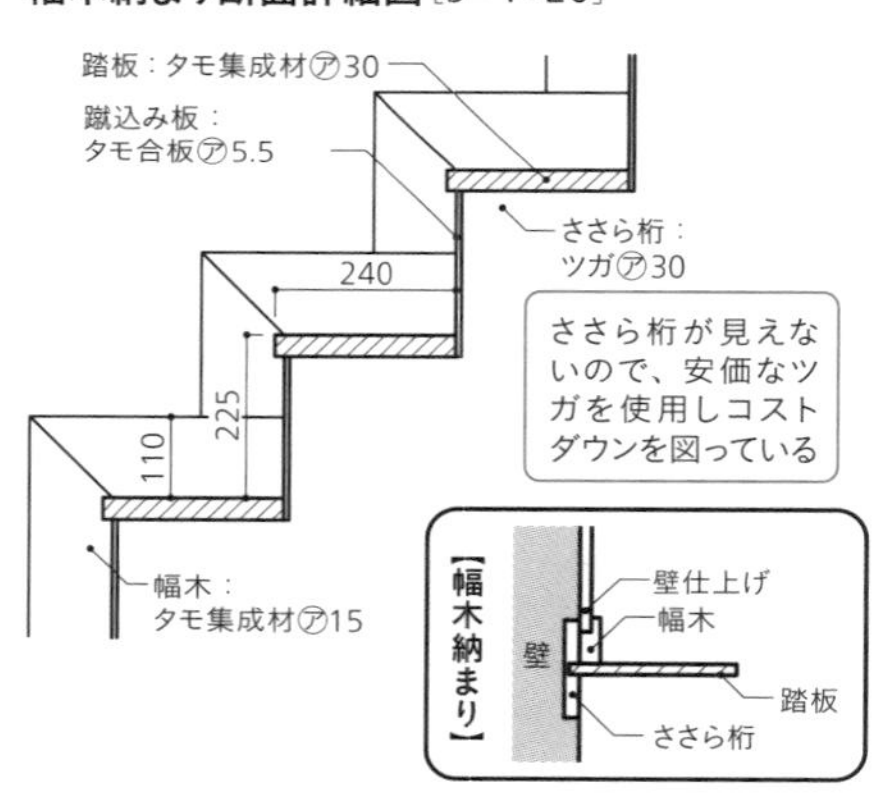

CASE1 直階段×ささら桁納まりでコストダウン

木製階段にはメーカーのシステム階段と製作する注文階段があり、システム階段のコストは注文階段の30〜60％程度である。設計事務所が手掛ける物件では、意匠上の理由から注文階段が主流となる。

ここでは、階段形式別に納まりの違いも考慮し、コストシミュレーションを行った。まず、CASE1のささら桁納まりは、ささら桁を壁に直接釘などで取り付けるため、幅木は必要ない。幅木納まりと比較すると、幅木分の材料費1万6000円分と大工手間1人工3万円がかからないため、4万6千円程度のコストダウンとなる。ただし、ささら桁がむき出しになるため、比較的安価なツガや合板では意匠的に問題がある。ここではやや割高のタモ集成材を使ったが、全体では、ささら桁納まりのほうが幅木納まりよりも約13％割安になった。

CASE 2 折返し階段

①幅木納まり

項目	仕様	数量	単位	単価［円］	金額［円］
ささら桁	ツガ 4,200 × 240 × 30㎜	2	枚	11,800	23,600
幅木	タモ集成材 2,000 × 110 × 15㎜	9	枚	2,000	18,000
踏板	タモ集成材 900 × 240 × 30㎜	10	枚	3,900	39,000
踊場踏板	タモ集成材 1,000 × 1,000 × 30㎜	2	枚	16,000	32,000
蹴込み板	タモ合板 900 × 225 × 5.5㎜	13	枚	650	8,450
大工手間		3.5	人工	30,000	105,000
釘・金物		1	式	10,000	10,000
塗装		1	式	45,000	45,000
運搬費		1	式	17,410	17,410
合計					298,460

②段受け下地納まり

項目	仕様	数量	単位	単価［円］	金額［円］
段受け下地		1	式	5,000	5,000
幅木	タモ集成材 2,000 × 110 × 15㎜	9	枚	2,000	18,000
踏板	タモ集成材 900 × 240 × 30㎜	10	枚	3,900	39,000
踊場踏板	タモ集成材 1,000 × 1,000 × 30㎜	2	枚	16,000	32,000
蹴込み板	タモ合板 900 × 225 × 5.5㎜	13	枚	650	8,450
大工手間		3.5	人工	30,000	105,000
釘・金物		1	式	10,000	10,000
塗装		1	式	45,000	45,000
運搬費		1	式	17,410	17,410
合計					279,860

CASE2
折返し階段は踏板が増える分コスト増に

CASE2では、折返し階段について検討してみた。折返し階段の場合、ささら桁納まりにすると踊場のささら桁が大きく出っ張り見栄えが悪いため、幅木納まりにするケースが多い。

幅木納まりでは、踊場部分の踏板が増えるとともに幅木部分が増える。工事も複雑となるため、大工手間3・5人工必要となり、直階段と比べコストアップとなる。

ささら桁を使わずに段受け下地を使うケースは、外観は幅木納まりと変わらない。1式5000円程度の安価な段受け下地を使えば、ささら桁と比べ大幅なコストダウンが可能となる。ただし、大工には技量が要求される。

階段のコストダウンは、つい安価な材料に頼りがちになるが、納まりや階段形状の工夫でコストを下げることも可能である。

なお、最近では木造住宅でもスチールの階段にするケースがみられる。ただし異質の材料を使うと、素材が安価でもコストはアップする傾向にある。異業種の職人が必要になること、搬入費が別にかかることなどがその要因である。

（朝倉幸子）

平面図［S＝1：60］

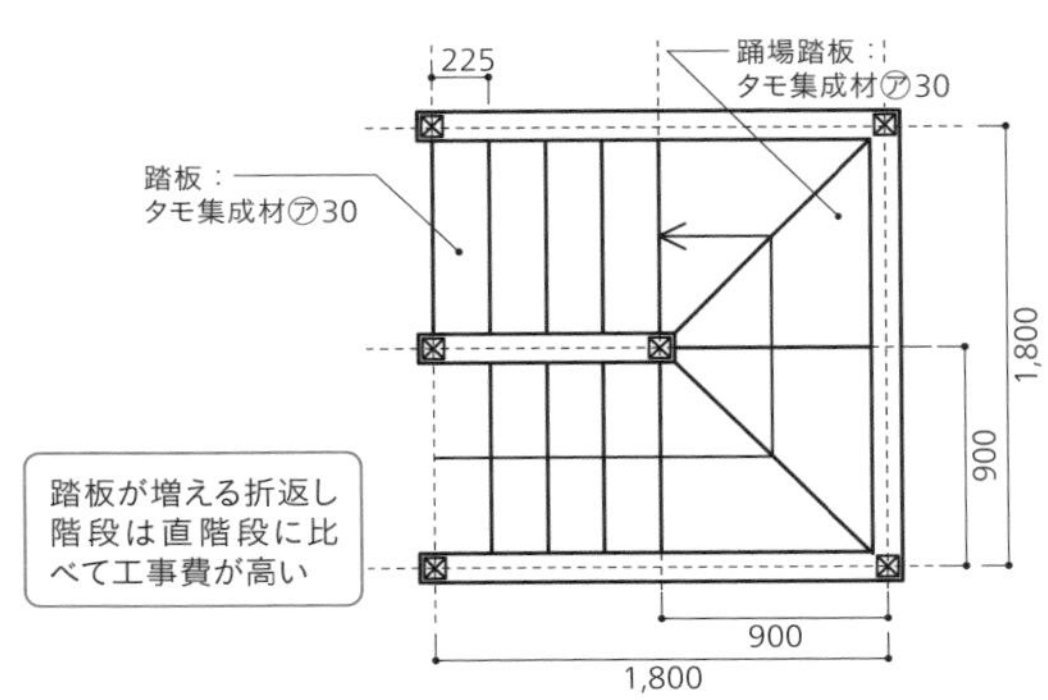

幅木納まり

工事が複雑で、大工手間3.5人工が必要

壁

壁仕上げ

幅木

ささら桁

踏板

段受け下地納まり

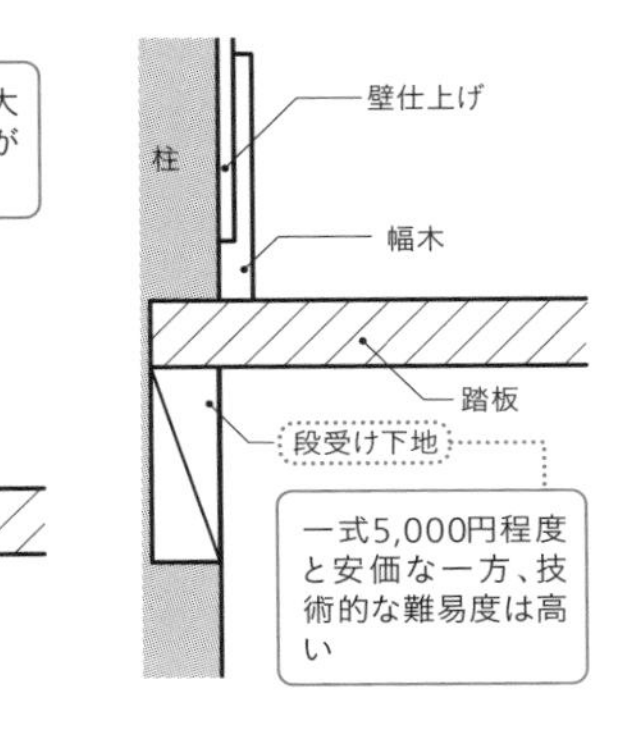

COLUMN

コストを抑え、いかに意匠性を高められるか?

意匠性の高い折返し階段も工夫次第で安価に

住宅の下階と上階をつなぐのが階段だが、「階段室」という室名が普通に使われていたころの階段と最近の設計者が設計する階段とは、だいぶ趣が違っている。住宅の1階と2階を行き来するだけの機能だけではなく、高低差を意匠的な仕掛けとして設計プランに組み込み、かつ、いかに空間を確保するかが現在ではテーマになっているようだ。これは、特に都市部では狭い建物にならざるを得ない日本の住宅事情も反映しているだろう。

木造住宅の階段の種類は直階段や折返し階段のほか、らせん階段などがある。構造的には、ささら桁と段板でつくるものや、壁の中に下地をつくって段板を持たせるなどの方法があるが、それぞれ意匠と深く関係してくる。

また、最近の木造住宅では階段すべてを木で製作するのではなく、たとえば手摺にスチールを用いるなど、別の素材を用いるケースもよくみられる。

ここでは、スチールの手摺を使用した木製の折返し階段のコストを紹介する。

まず、段板と蹴込み板だけをプレカットとし、ほかをすべて大工工事にすることでコストを抑えている。踏板と蹴込み板には、タモ集成材より安いものの見た目はそれほど変わらないゴム集成材を使用。また、階段側壁は別の部位でも多用したシナ合板を使い、仕入れコストなどを抑えている。

なお、この事例では手摺をスチールとしたことでコストがアップしたが、階段本体を安くすることでトータルコストを想定価格以内に収められた。

意匠的には、折返し階段であるが、踊場部分をアールにすることで階段と壁を切り離し、らせん階段のような印象を与えている。これは、1階と2階をつなぐ動線としての階段というイメージを払拭し、家のパーツの一部のような雰囲気を出すための意匠的な工夫だ。また、階段下収納を設けるなど機能性も兼ね備えている。

(光本直人+濱名直子、朝倉幸子)

表　階段見積り

項目	仕様	数量	単位	単価[円]	金額[円]
踊場踏板	ゴム集成材 840×840×30㎜	2	枚	9,800	19,600
蹴込み板	ゴム集成材 840×220×30㎜	12	枚	2,000	24,000
踏板	ゴム集成材 840×240×30㎜	7	枚	2,200	15,400
その他階段材	シナ曲げ合板、ラワン曲げ合板	1	式	7,500	7,500
手摺	スチールFB	1	式	126,000	126,000
塗装		1	式	35,000	35,000
大工手間		4	人工	25,000	100,000
合計					327,500

ほかの部位でも使用し、仕入れコストを抑制

タモ集成材よりローコスト

材料や仕入れコストを抑え、白を基調とした意匠性の高い折返し階段を実現している

図1　階段詳細図(立面)[S=1:50]

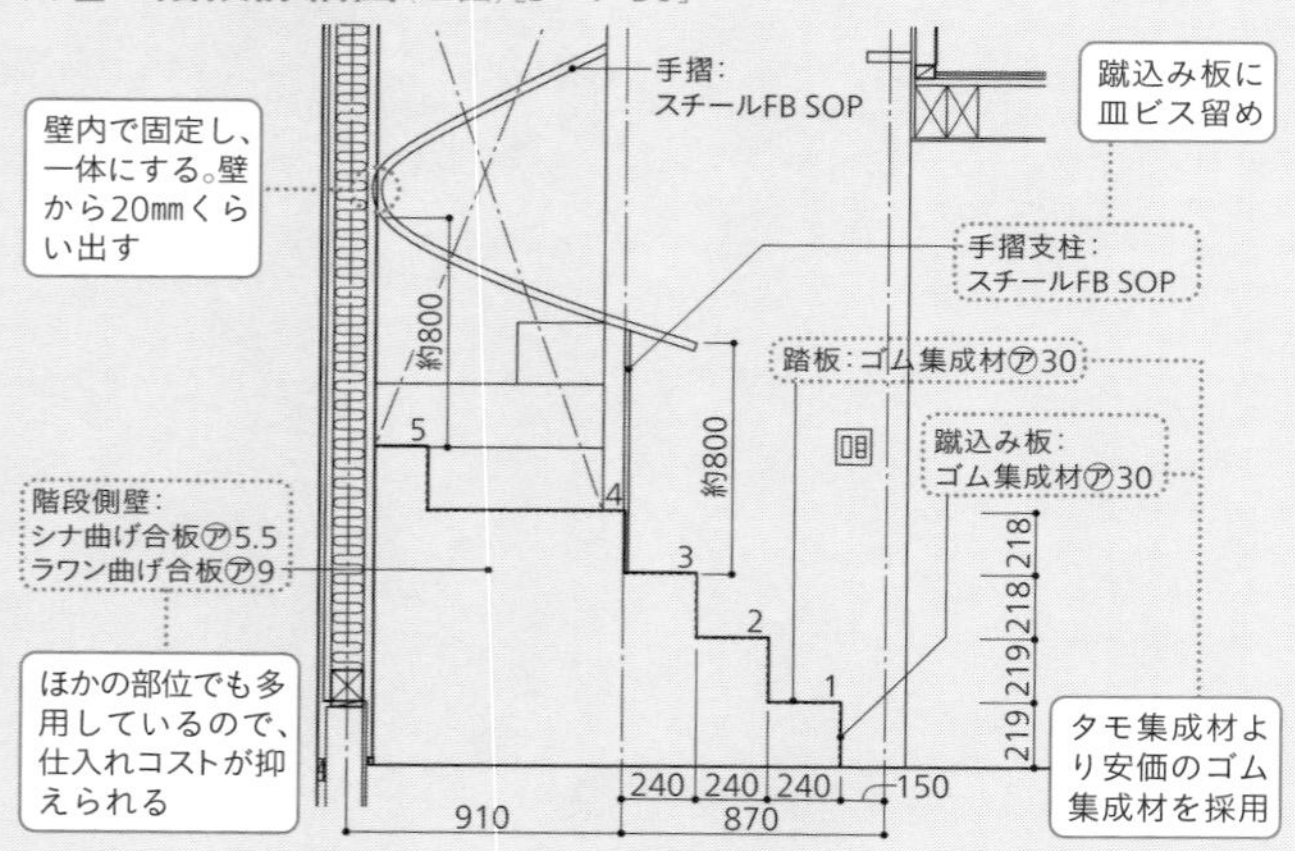

図2　階段詳細図(平面)[S=1:50]

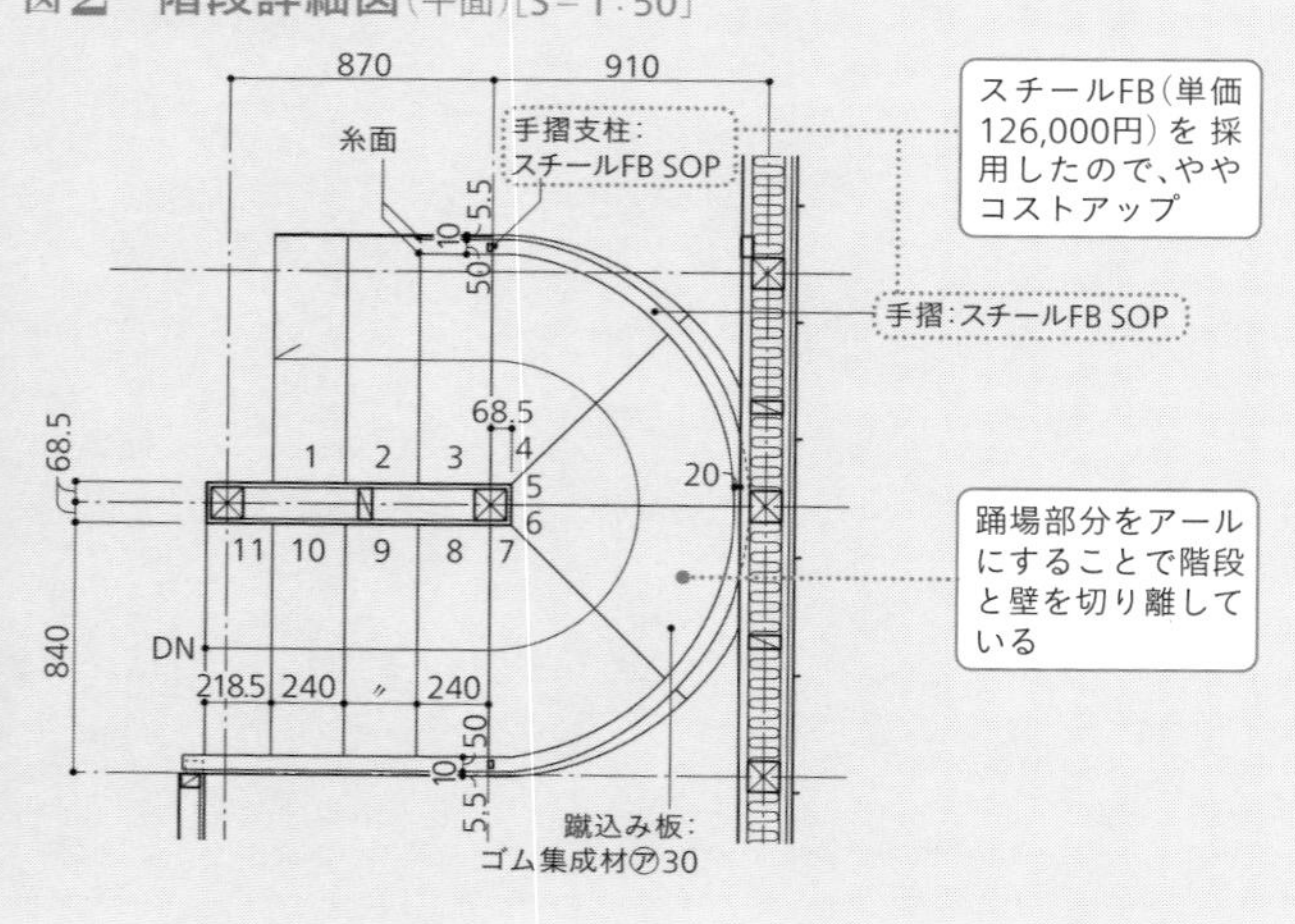

事例:gate(ミハデザイン一級建築士事務所)
写真:堀田貞雄

CASE1 トール収納

①家具工事（製作家具）の場合

項目	仕様	数量	単位	単価[円]	金額[円]
筐体（きょうたい）＋棚板（練付）		1	組		72,000
運搬費		1	式		5,000
現場取付け施工費		1	式		12,000
フラッシュ扉	シナ合板 450 × 2,400㎜ 蝶番・取手・マグネットキャッチ共	2	枚	24,000	48,000
塗装費（扉＋内部）		1	式		34,000
合計					171,000

製品価格には内訳がないのが一般的

製作家具でも扉は現場施工が多い

背板は現場壁面施工のため、造作家具の大工工事に入らない

②大工工事（造作家具）の場合

項目	仕様	数量	単位	単価[円]	金額[円]
天板・側板・底板・棚板	シナランバー合板 21㎜厚 4 × 8 判	1	枚	14,000	14,000
天板・側板・底板・棚板	シナランバー合板 21㎜厚 3 × 6 判	1	枚	7,000	7,000
棚ダボ	金物	1	式		3,000
組立て施工費		1	式		35,000
フラッシュ扉	シナ合板 450 × 2,400㎜ 蝶番・取手・マグネットキャッチ共	2	枚	24,000	48,000
塗装費（扉＋内部）		1	式		34,000
合計					141,000

約17％のコストダウンに。壁に囲まれていれば現場で筐体を製作する必要がないため、さらにコストダウンが図れる

大工手間（1～2人）を見込んでいる

姿図[S＝1：60]

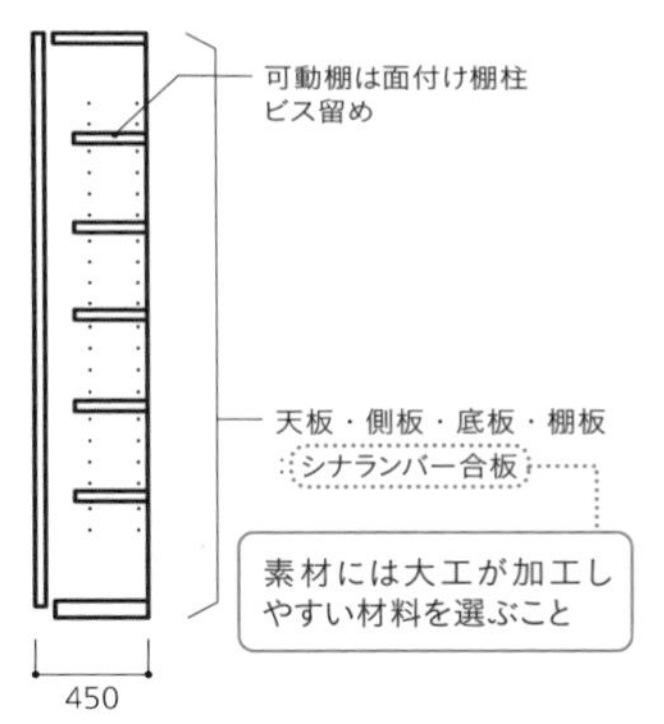

壁に囲まれていれば棚板と棚柱のみの製作となり、現場で筐体を製作する必要はない。さらに15％程度のコストダウンが図れる

素材には大工が加工しやすい材料を選ぶこと

CASE1

大工工事で約17％割安に

造付け家具には、家具職人による製作家具と大工職人による造作家具がある。引出しや特殊な金物（隠し蝶番・スライドレールなど）を取り付ける場合や、突板合板・ポリ合板などで練付け製作する場合は製作家具となる。また資材が現場調達でき、かつ現場加工できる大工職人がいる場合は造作家具となるケースが多い。

CASE1は、木目を塗装で生かしたローコストなシナ合板のトール収納である。製作家具と造作家具でのコストを比較した[※]。扉やその塗装などは建具工事として現場で製作することが多く、このケースでも、製作家具・造作家具ともに見積りに入れている。造作家具では、当然大工工事による組立て施工費がかかるものの、家具工事でも、運搬費＋現場取付け施工費がかかるため、総額の差は3万円程度になる。そのため、材料費の安い造作家具が17・5％程度安価になる結果となった。

※：本項では、それぞれのケースのなかで製作家具と造作家具のコストを比較している

CASE 2 食器棚（作業スペース付き）

①家具工事（製作家具）の場合

項目	仕様	数量	単位	単価［円］	金額［円］
●吊戸棚 筐体＋棚板 （練付け）		1	組		90,000
運搬費		1	式		5,000
現場取付け施工費		1	式		12,000
扉	ナラ突板フラッシュ 400×950㎜	4	枚	12,000	48,000
塗装費 （扉のみ）		4	本	4,000	16,000
合計					171,000

項目	仕様	数量	単位	単価［円］	金額［円］
●下台 筐体＋棚板 （練付け） 甲板とも		1	組		140,000
運搬費		1	式		5,000
現場取付け施工費		1	式		12,000
引戸	ナラ突板フラッシュ 850×750㎜	2	枚	15,000	30,000
塗装費 （扉＋甲板）		1	式		35,000
合計					222,000

②大工工事（造作家具）の場合

項目	仕様	数量	単位	単価［円］	金額［円］
●吊戸棚 天板・側板・底板・棚板	白ポリランバー合板 厚さ21㎜ 3×6判	2	枚	13,000	26,000
背板	ポリ合板 3㎜厚	1	枚		5,000
棚ダボ	金物	1	式		3,000
組立て施工費		1	式		40,000
扉	ナラ突板フラッシュ 400×950㎜	4	枚	12,000	48,000
塗装費 （扉のみ）		4	本	4,000	16,000
合計					138,000

大工手間（1～2人）を見込む

項目	仕様	数量	単位	単価［円］	金額［円］
●下台 甲板	ナラ集成材 30×450×1,800㎜	1	枚	35,000	35,000
側板・棚板・底板	白ポリランバー合板 厚さ21㎜ 3×6判	2	枚	13,000	26,000
背板	ポリ合板　3㎜厚	1	枚		5,000
棚ダボ	金物	1	式		3,000
組立て施工費		1	式		60,000
引戸	ナラ突板フラッシュ 850×750㎜	2	枚	15,000	30,000
塗装費 （扉＋甲板）		1	式		35,000
合計					194,000

大工造作可能な安価な材料を選ぶ

大工手間（2～3人）を見込む

CASE2

大工工事では材料選びがポイントに

CASE2は作業スペース付きの食器棚である。製作家具は、ポリ合板練付け製作。一方、造作家具では白ポリランバー合板を切断して組み立てたうえに甲板を載せるなど、大工が加工できる素材を筐体（きょうたい）や棚板に使用した。下台の甲板には白ポリランバーではなくナラ集成材を使用したものの、製作家具と比べて造作家具では材料費で12万7千円の大幅なコストダウンが図れた。なお、CASE1同様、造作家具では組立て施工費がかかるものの、製作家具でも運搬費＋現場取付け施工費がかかり、総額の差は約6万円となった。

吊戸棚、下台ともに、扉・引戸材料費およびその塗装費は、製作家具でも造作家具でも同様の費用がかかってくる。結果、造作家具のほうが15・5％程度安くつくれることが判明した。

ただし、ポリ合板が白色以外の場合は、市場流通量が少ないため、メーカー取寄せで割高となる。また、筐体の外面が白色になることも、両サイドの見え掛かりも含め、冷蔵庫などで見えない場合や意匠上検討が必要になる。

姿図［S＝1：60］

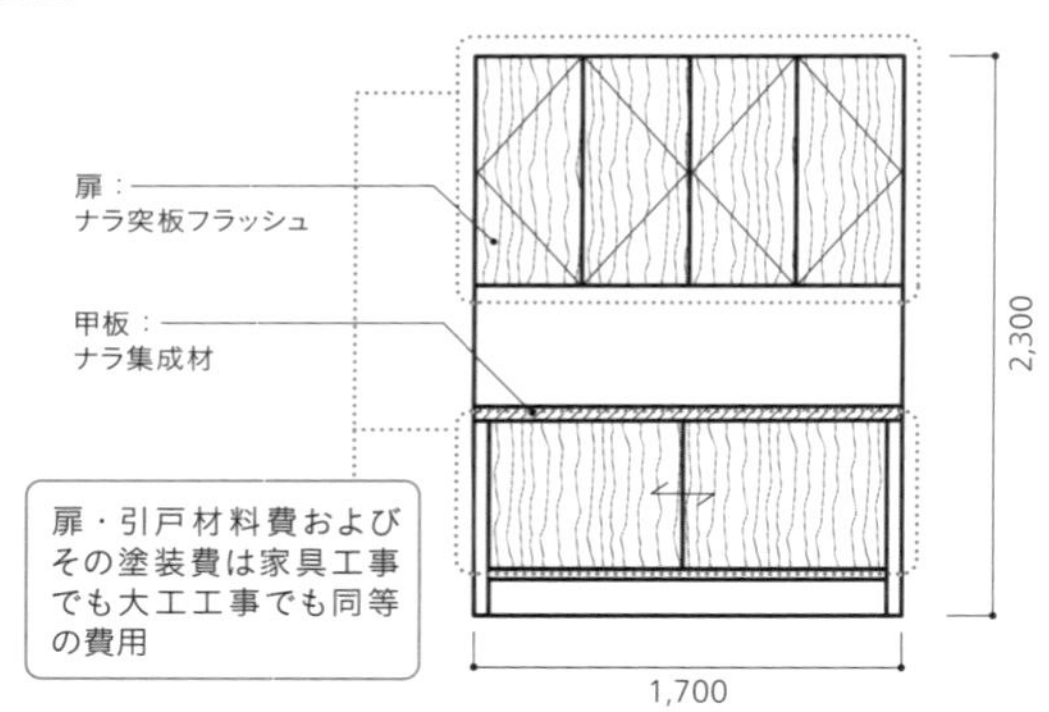

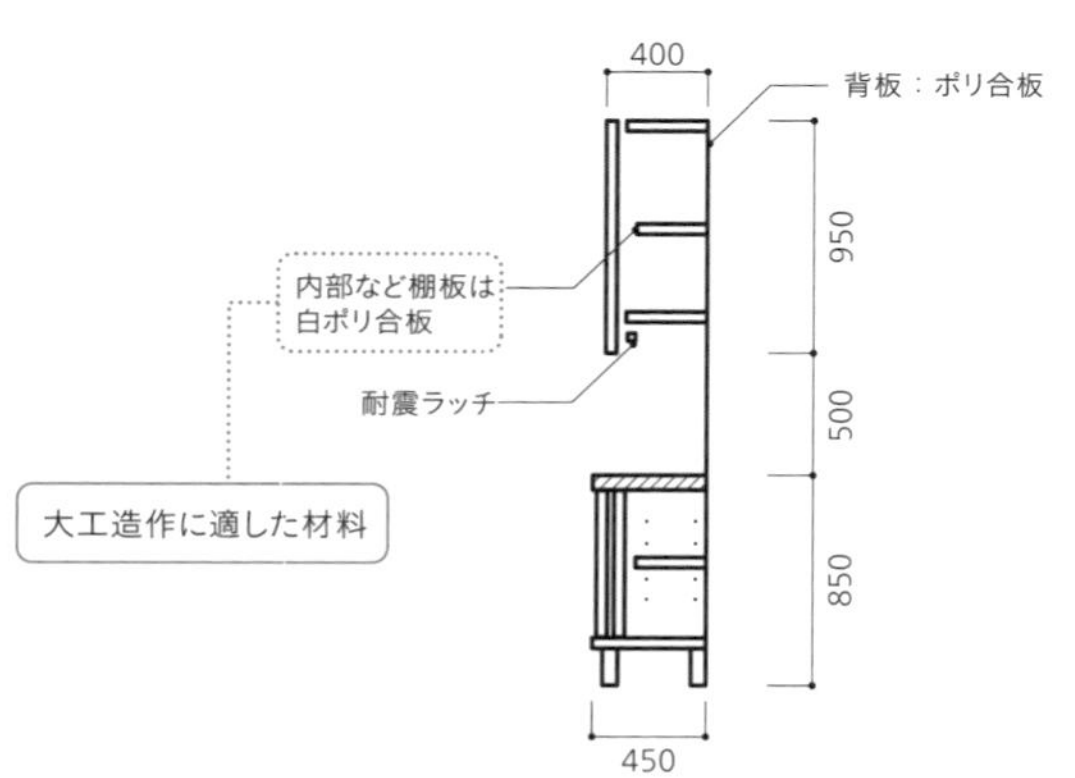

CASE 3 アイランドキッチン

①家具工事（製作家具）の場合

項目	仕様	数量	単位	単価［円］	金額［円］
筐体のみ		1	組		60,000
ステンレスカウンター		1	組		150,000
運搬費		1	式		5,000
現場取付け施工費		1	式		10,000
塗装費		1	式		36,000
合計					**261,000**

②大工工事（造作家具）の場合

項目	仕様	数量	単位	単価［円］	金額［円］
筐体材料費	シナランバー合板 24㎜厚4×8判	1	枚	14,000	14,000
	シナランバー合板 24㎜厚3×6判	3	枚	7,000	21,000
ステンレスカウンター		1	組		150,000
組立て施工費		1	式		25,000
塗装費		1	式		36,000
合計					**246,000**

ポリランバー合板で製作してもほぼ同様となる

簡単な構造のため、造作家具の大工工事は1人工程度の2万5千円。製作家具の運搬費＋現場取付け施工費との差は小さい

背面からの収納や引出し、棚などの機能を加えたり、面材を指定したりすると、大工製作は不能となる

姿図［S＝1：60］

表側側面

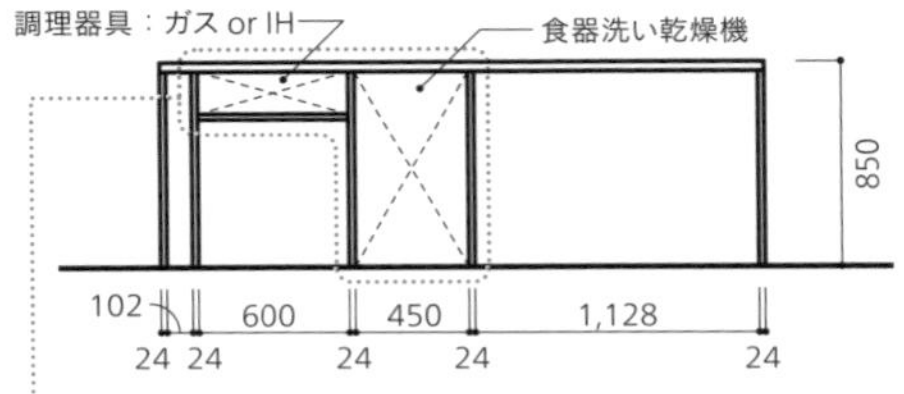

スペースは必要に応じて変更可能。特に食器洗い乾燥機スペースは、後からの設置が可能になるよう、配管スペースとともに計画

システムキッチン

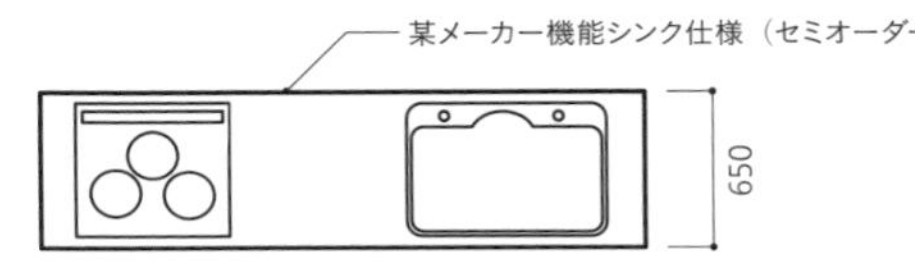

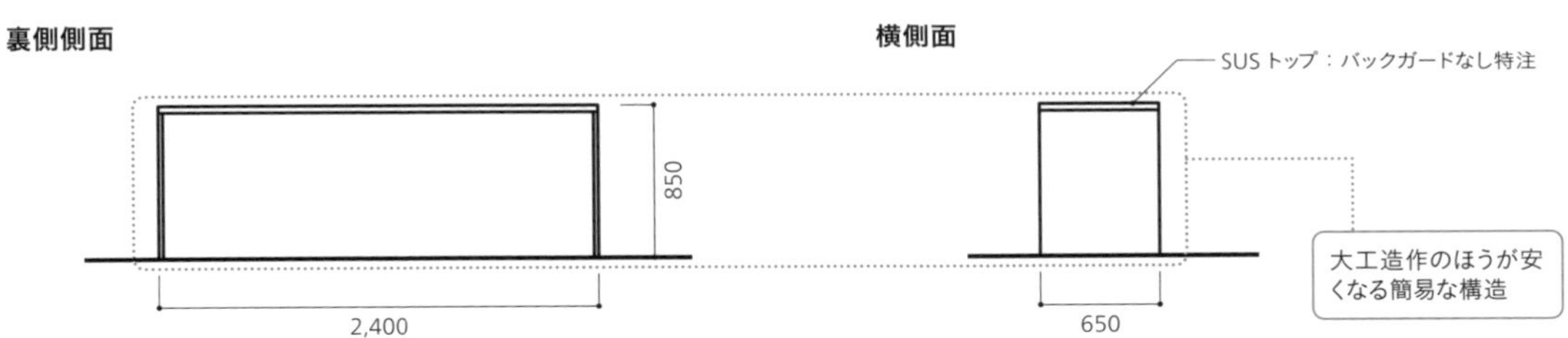

CASE3 難度の低い家具は造作家具に

CASE3は、幅木（足下蹴込み部分）、扉、引出し、棚板などの機能部分なしの簡単なアイランドキッチンである。

簡単な構造のため、製作家具の運搬費＋現場取付け加工費と組立て施工費の差額は1万円とほとんど差がない。ほぼ、製作された筐体と現場で造作する材料の差額しか生じない結果となった。

今回、製作家具と造作家具を比較してみたが、現実には製作材料はほぼ同じである。ではなぜ、価格の差が発生するのだろうか。製作家具の場合は現場の進捗状況に合わせて、①採寸し、その後工場にて家具製作、②現場搬入、③取付け施工となる。コスト比較表からわかるように、この①～③の工程が、大工の造作家具よりコストアップになる要因である。

したがって、複雑な施工を必要としない場合は造作家具とすればコストダウンが図れる。ただし大工工事の場合、出来上がりの精度には大工の技量次第でばらつきが生じる点、現場で作業するためのスペースが必要となる点、家具を造作する期間は家具以外の大工工事が中断する点など、注意すべきこともある。（河合孝）

CASE 1 給排水衛生設備工事

科目名称	中科目名称	数量	単位	金額［円］	備考
衛生器具設備工事		1	式	900,000	WP
給水設備工事	屋外給水設備	1	式	200,000	WP
	屋内給水設備	1	式	200,000	WP
小計				400,000	
排水設備工事	屋外排水設備	1	式	500,000	WP
	屋内排水設備	1	式	400,000	WP
小計				900,000	
給湯設備工事		1	式	500,000	エコキュートにした場合＋25万円 エコワンにした場合＋45万円
ガス設備工事		1	式	300,000	WP
合計				3,000,000	

1階平面図［S=1:300］

2階平面図［S=1:300］

以降下水道本管へ

散水用水栓柱（SUS製）
集水桝300□×H400
グレーチング蓋共

排水公設桝
（既存再利用）

既設放流管
φ150（再利用）

トラップ桝

既設給水引込管
20㎜（再利用）、
ガス新設引込管

止水弁
20m／m

RD
65

20HIVP,
15CU

ガス本管より
（鋳鉄製BOX、蓋共）

ガス遮断弁（BOX共）

量水器 20A
（鋳鉄製BOX,蓋共）

GC

ガスメーター
（マイコンメーター）

ガス給湯器24号
フルオートタイプ

トラップ桝

追焚管
（ペアチューブ）

100VP,
50VP

20HIVP,
15CU

既設の給水引込管がある場合は、できるだけ再利用する計画とする。また、都市ガスを新設にて引込みする場合は、基本的にガス会社負担にて工事を行ってもらえる。また、給水引込管を新設する場合には、負担金や加入金などが必要となるかを水道局に確認しておくことも重要である

外部埋設の配管長さが多くなると、土工費が高額となるので注意が必要

既設の排水公設桝がある場合は、できるだけ再利用する計画とする。公設桝を新設し、既存排水公設桝を再利用しない場合には既存排水公設桝と下水道本管までの放流管の撤去を実費にて行うことになり、莫大な費用負担が発生する。

給湯器の設置場所はできるだけ水廻りの近くに設置するとよい。給湯配管長さを短くする計画とし、配管工事コストを抑えるとともに給湯待ち時間も短時間となる

汚水管と雑配水管はコストを抑えるために1本にまとめたいところだが、配管の詰まりなどの原因となるので基本的に建物内は分流方式とする

給排水設備

給排水設備では、既存の給水引込み管や排水公設枡の位置を必ず確認する。まず、既存の給水引込み管については管轄水道局の埋設管水道台帳にて、引込み管の有無や、口径・管種などの情報を入手するとともに、既存引込み管の再利用の可・不可を担当者に相談する。

排水計画も給水と同様に、既存の排水公設枡（分流地域の場合は雨水公設枡も含む）の位置を管轄の下水道局にて確認する［※1］。ただし、閲覧できる図面だけでは引込みや排水公設枡の位置詳細が分かりにくいため、現地で実際に図面と照らしながら実測することも重要である。雨水の流出抑制がある地域では敷地内で雨水を浸透処理しなければならないため、雨水用の浸透枡や浸透トレンチが必要となるが、非常に高額な費用が発生するため、必ず行政に確認する［※2］。

給排水設備の計画では、何より全体

※1：排水の放流方式は地域ごとに決まっているため、管轄の下水道局に確認する。既設の排水公設枡が存在する場合は、原則として建物排水はそこへ放流する。存在しない場合は新設しなければならない。既存の排水公設枡があっても、それを使用せずに新たに排水公設枡を設置する場合は、使用しない既存の排水公設枡の実費撤去（高額となる）が必要となる。なお、下水道局によっては、上水道と同様に加入（負担）金などが必要になる場合がある

CASE2 空気調和設備工事

科目名称	中科目名称	数量	単位	金額［円］	備考
空気調和設備工事	機器設備工事	1	式	1,200,000	WP
	配管設備工事	1	式	800,000	WP
小計				2,000,000	
換気設備工事（第3種換気）	機器設備	1	式	150,000	WP
	ダクト設備	1	式	200,000	WP
小計				350,000	
換気設備工事（第1種換気）	機器設備	1	式	350,000	WP
	ダクト設備	1	式	200,000	WP
小計				550,000	

1・2階ともに壁掛けエアコンを利用。1階は冷房能力2.2kW×2台、5.0kW×1台。2階は同能力2.2kW×4台。室外機は8.0kW×2台となる

第1種換気のほうが、第3種換気よりも機器設備の分だけ、約20万円高くなる

冷暖房設備図［S=1:300］

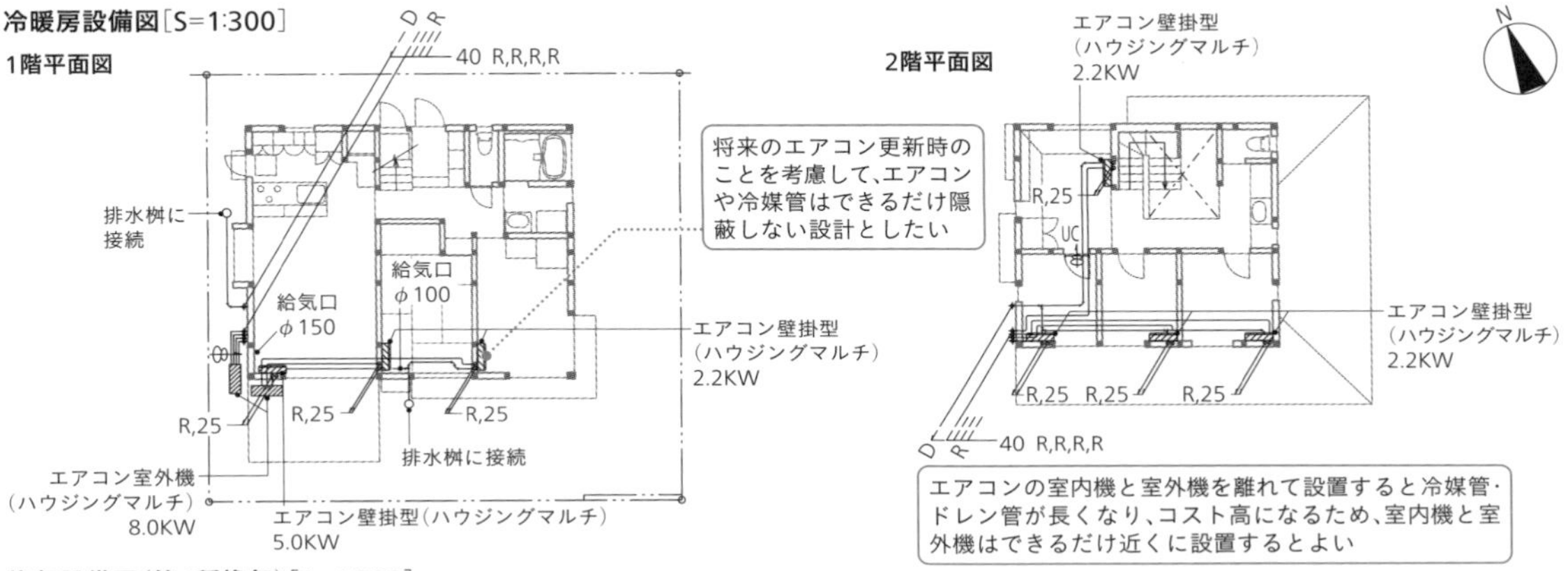

1階平面図

2階平面図

将来のエアコン更新時のことを考慮して、エアコンや冷媒管はできるだけ隠蔽しない設計としたい

エアコンの室内機と室外機を離れて設置すると冷媒管・ドレン管が長くなり、コスト高になるため、室内機と室外機はできるだけ近くに設置するとよい

換気設備図（第1種換気）［S=1:300］

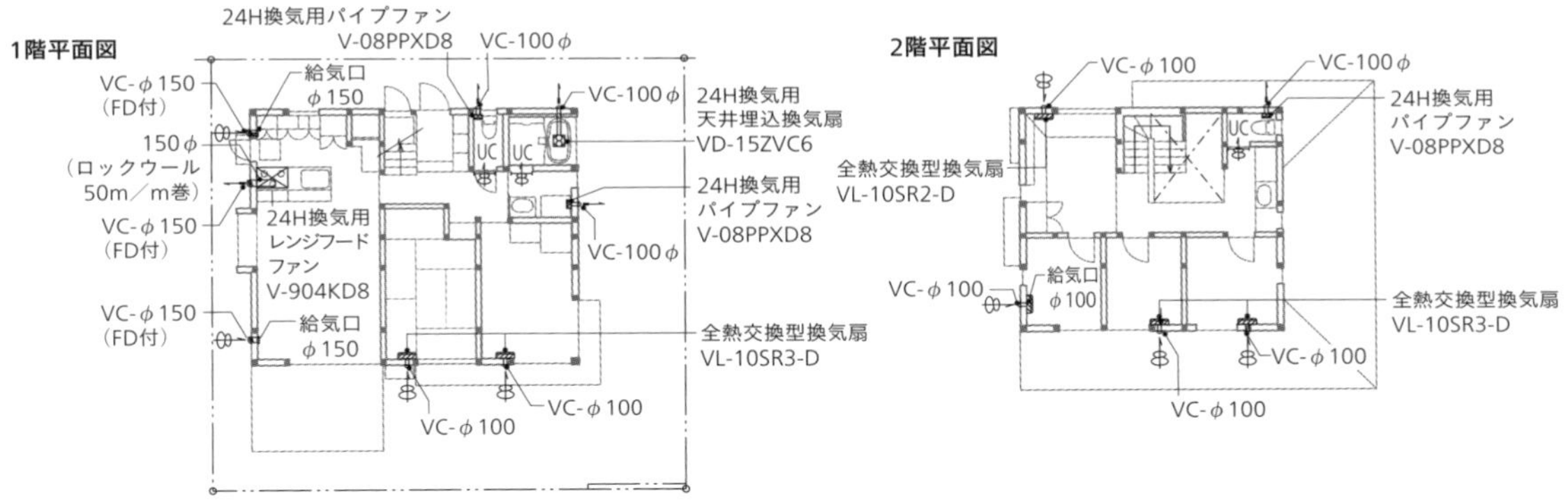

1階平面図

2階平面図

換気設備図（第3種換気）［S=1:300］

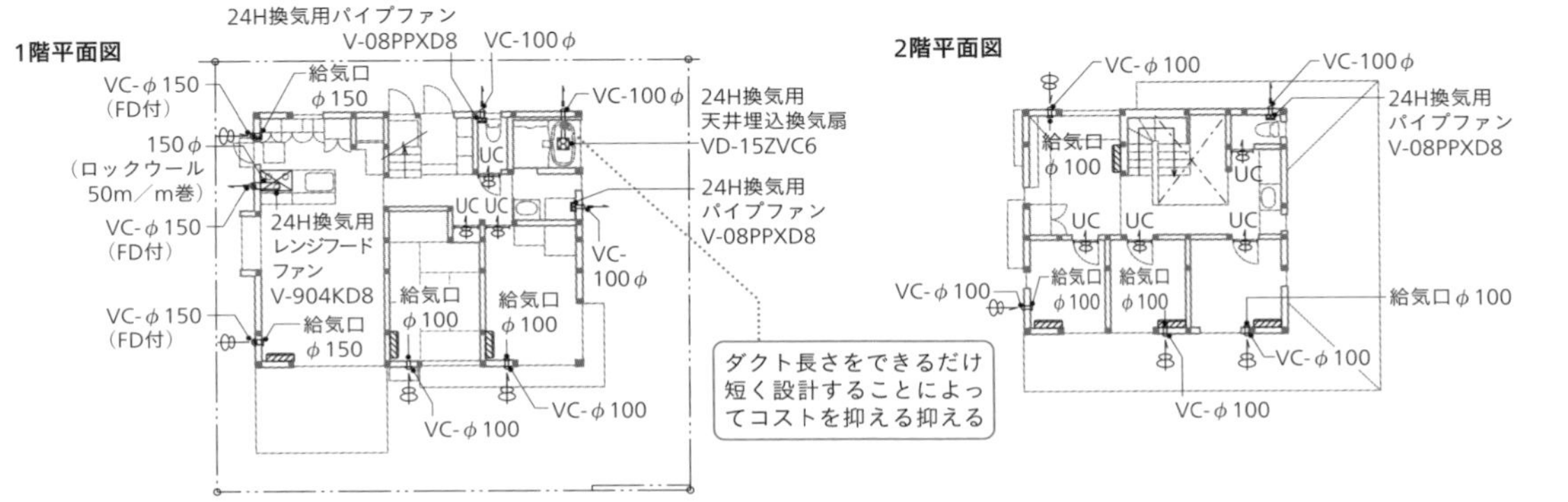

1階平面図

2階平面図

ダクト長さをできるだけ短く設計することによってコストを抑える抑える

※2：自治体によっては補助金や融資の制度があるので、調べておくとよい。なお、下水道がない地域で浄化槽を設置しなければならない場合は、浄化槽設置費用もメーカーに問い合わせ、把握しておく。浄化槽方式の場合は、設置基準や放流水質の基準を確認する

CASE 3 電気設備工事

	金額［円］
電力引込み幹線設備	500,000
電灯コンセント設備	800,000
照明器具設備	500,000
電話（光ケーブル）設備	200,000
テレビ共聴設備	200,000
家庭用火災報知設備	50,000
インターホン設備	100,000
電気設備合計	**2,350,000**

延べ面積100㎡程度、標準的な仕様の木造2階建て住宅であればおおむね200万円強を目安とする

電気プロット図［S=1:300］

1階平面図

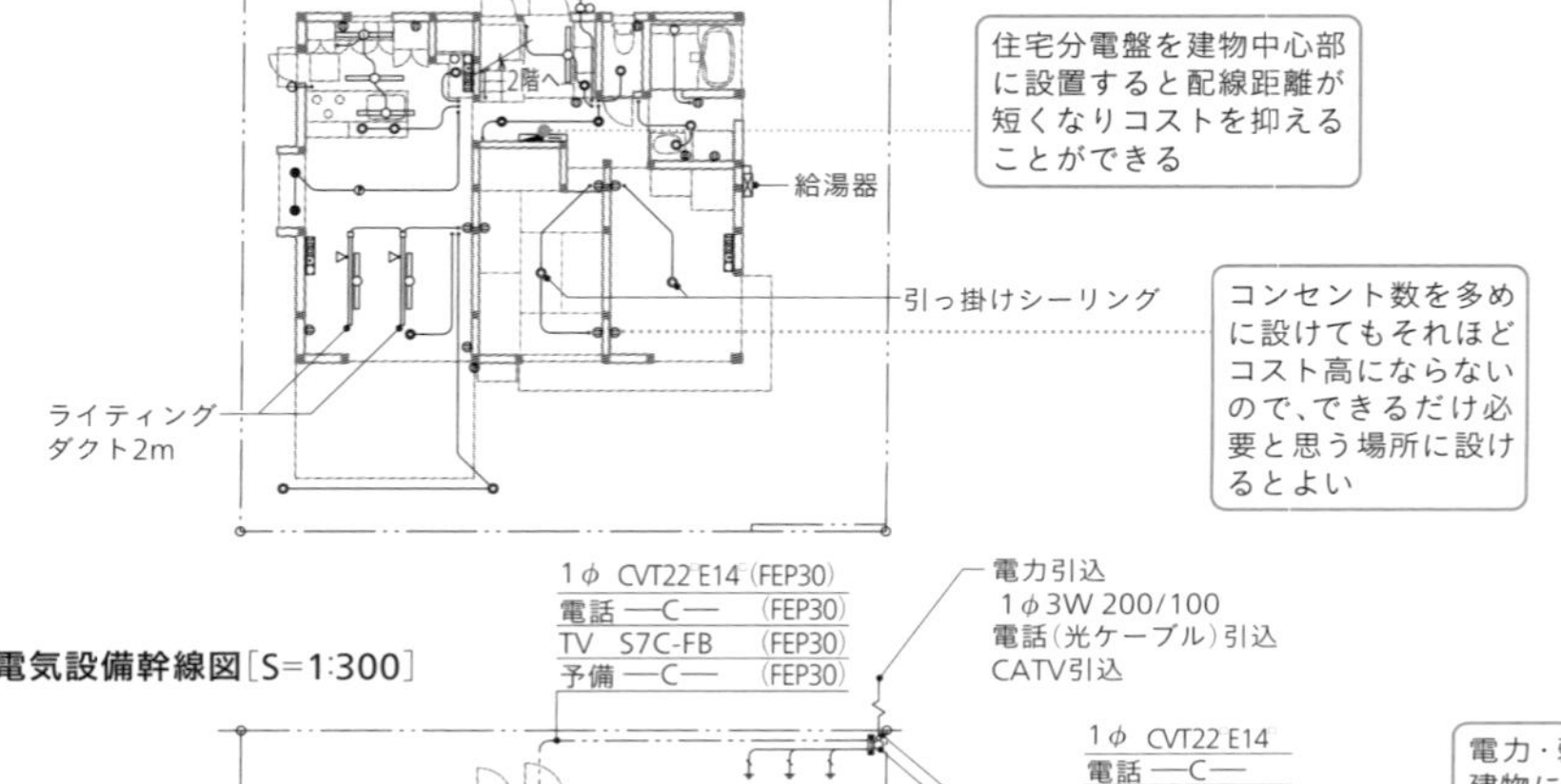

2階平面図

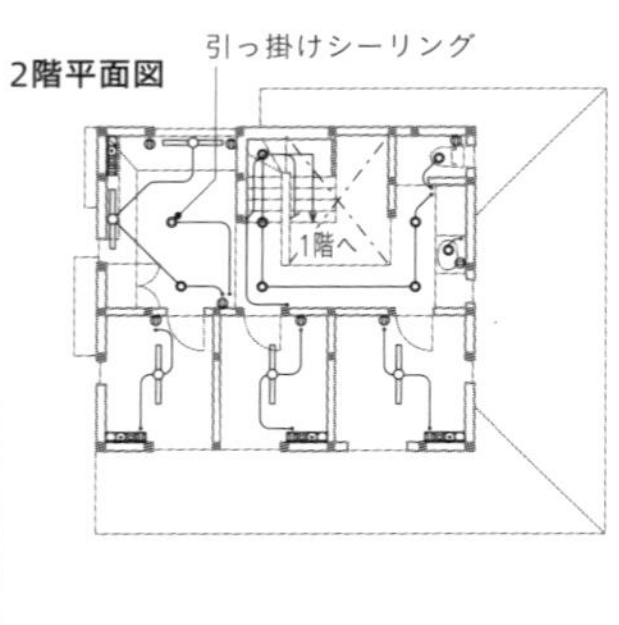

電気設備幹線図［S=1:300］

1φ CVT22 E14（FEP30）
電話 ―C― （FEP30）
TV S7C-FB （FEP30）
予備 ―C― （FEP30）

電力引込
1φ3W 200/100
電話（光ケーブル）引込
CATV引込

1φ CVT22 E14
電話 ―C―
TV S7C-FB
予備 ―C―

引込柱（電力、通信共用）
22mm2用 スッキリポール
全長7.4m電灯・電話・情報・CATV用ボックス付

マルチメディア対応弱電盤
宅内LAN（光コンセント付）＋TV

住宅分電盤
（リミッタースペース付 24回路）

電力・弱電（情報）設備の引き込み方法は、建物に直接受けて引込みを行う「建物直受け方式（架空引込み）」と、敷地、境界付近に引込み用の柱を立てて引込みを行う「引込み柱方式（地中引込み）」の2種類ある。意匠を優先するのであれば、引込み柱方式の方がきれいに納めることができるが、20万〜30万ほど高額となる

の配管を効率的に引き回すことが重要である。浴室・洗面・トイレ・キッチンなどの水廻りを集中させると配管ルートを集約でき、コストも安価となる。また、外部埋設配管を多くすると高額な土工費が必要となり、メンテナンス性も落ちるため、配管はできるだけ建物内部を通す計画としたい。この場合、メンテナンス用の点検口を必ず設ける。

電気設備計画

電力・弱電（情報）設備の引込み方法は、建物に直接受けて引込みを行う「建物直受け方式（架空引込み）」と、敷地境界付近に引込み用の柱を立てて引込みを行う「引込み柱方式（地中引込み）」の2種類がある。後者のほうがきれいに納めることができるが、20万〜30万円ほどコスト高となる。

また、電気配線計画では、住宅分電盤の位置を建物の中心部に設置することを基本としたい。電気配線を効率的に取り回すことが可能となるからだ。近年は弱電（通信）設備だけでも、電話やケーブルテレビ（CATV）、光ケーブルなど多様な設備の引込みが必要となっている。将来対応も含めて、設置可能性のある設備への対応を行っておきたい。

（山田浩幸）

「最新設備」導入コスト

太陽光発電システムや蓄電池などの住宅設備へのニーズが高まっている。そこで、設計者として知っておきたい最新設備の標準的な導入コストを調べた。国や地方自治体による補助金制度を賢く利用したい ［山田浩幸］

機器価格はすべて定価とする

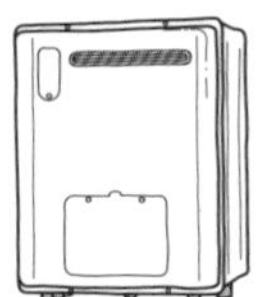

エコジョーズ
（屋外壁掛型24号フルオート）

参考価格：
400,000円（税別）

排気熱・潜熱回収型のガス式給湯機。給湯効率を約95％まで向上している。従来の給湯機に比べて、消費エネルギー、二酸化炭素を確実に低減でき、ランニングコストも削減できる

備考：価格は機器・据付工事費込み

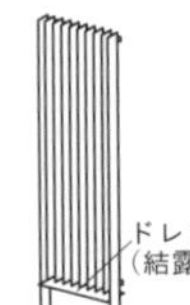

放射冷暖房パネル

参考価格：
1,600,000円（税別）

大型のラジエーター本体内に、夏期は冷水、冬期は温水を通しラジエーターからの冷暖房放射効果により、室内の冷暖房を行う。エアコンなどとは違い、空気の対流が全く無いため、質の高い冷暖房が可能

備考：価格は機器・設備工事費込み

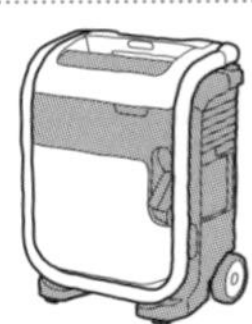

家庭用発電機

参考価格：
110,000円（税別）

持ち運びも可能な小型発電機。燃料に汎用品カセットボンベを使用するため、使い勝手も容易である。発電量は1台で約900W（2時間程度）、2台連結も可能で、その場合は約1,800Wの電力の使用が可能。非常時の電力確保として準備しておくとよい

備考：価格は機器・設備工事費込み

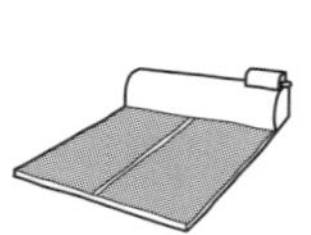

太陽熱温水器
（自然循環形）

参考価格：
300,000円（税別）

太陽の熱でお湯をつくる。集熱部で温めた湯を貯湯タンクに送り込むタイプで、自然循環形と呼ばれる。集熱パネルの厚みが60㎜程度と薄いタイプの製品もあり、美観も向上した

備考：価格は機器・設備工事費込み

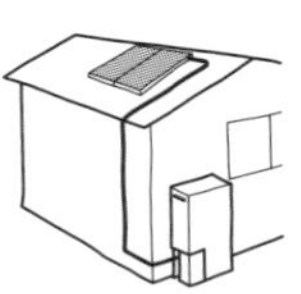

太陽熱利用ガスふろ給湯システム
（強制循環形）

参考価格：
1,000,000円（税別）

太陽熱とガスを併用する給湯機。ガスふろ給湯器が、夜間や雨天・曇天時の給湯をバックアップ。貯湯タンクは地上に置くので屋根への負担も少なく、レイアウトの自由度も高い

備考：価格は機器・設備工事費込み

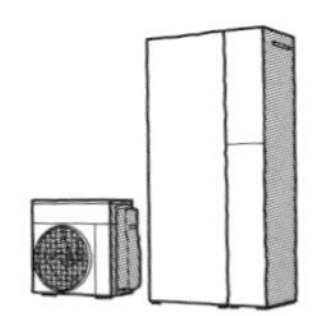

エコワン
（ECO ONE）

参考価格：
800,000円（税別）

エコジョーズ（ガス）とエコキュート（電気）を一体化した給湯器。通常は効率のよいヒートポンプ（電気）でお湯を沸かしてタンクに貯め、供給。大量のお湯が必要なときには、エコジョーズ（ガス）でお湯を供給する。湯切れの心配がなく、光熱費も抑えられる

備考：価格は機器・据付工事費込み

エネファーム
（家庭用燃料電池）

参考価格：
1,300,000円（税別）

家庭向けの発電システムとしては最も新しい技術で、電気と熱を生み出す。エネルギーの利用効率が高く、エンジンやタービンが必要ないので、騒音や振動もほとんど発生しない

備考：価格は機器・設備工事費込み

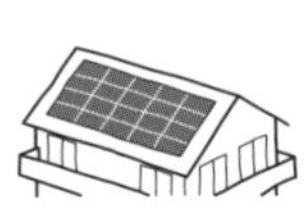

住宅用太陽光発電システム
（4kW）

参考価格：
2,500,000円（税別）

戸建住宅では一般に3～6kWのパネルを設置。イニシャルコストは1kW当たり40～60万円程度

備考：価格は機器・設備工事費込み。

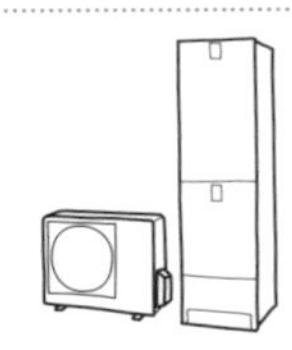

エコキュート
（370ℓ フルオートタイプ）

参考価格：
600,000円（税別）

最先端のヒートポンプ技術を利用。空気から熱エネルギーを取り出して、お湯を沸かす。主に夜間にお湯を沸かすため、電力需要が集中する昼間時間帯のピークカットにも貢献

備考：価格は機器・設備工事費込み

地中熱ヒートポンプ冷暖房

参考価格：
2,000,000円（税別）

地中熱を熱源とするヒートポンプシステム。地中温度は外気に比べて年間を通し安定しているため、これを用いればヒートポンプの効率が高まり、ランニングコストを低減できる

備考：価格は機器・設備工事費込み。ただし井戸掘削工事（約2万円／m）は別途

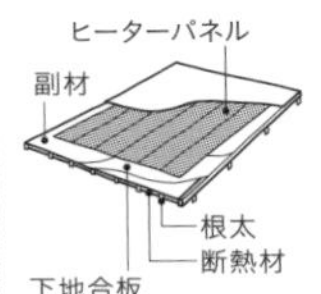

床暖房
（電気式）10㎡程度

参考価格：
500,000円（税別）

電気式床暖房は、大別して、蓄熱式、PTCヒーター式、電熱線ヒーター式の3タイプがある。床下に電熱線ヒーターを内蔵するタイプは、比較的容易に施工できる

備考：価格は機器・設備工事費込み

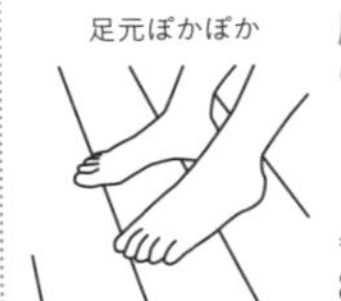

床暖房
（ガス式）10㎡程度

参考価格：
800,000円（税別）

ガス式床暖房は、エコジョーズなど、ガスを使った給湯器で温めた温水を循環して床面を暖める仕組み。リビングや子供室など複数の部屋に使用しても、しっかりと暖かくなる

備考：価格は機器・設備工事費込み。熱源機含む

(!) 価格はあくまでも目安。製品によって異なる場合がある

図　本章で扱うモデル事例

平面図[S=1:200](上:1階、下:2階)

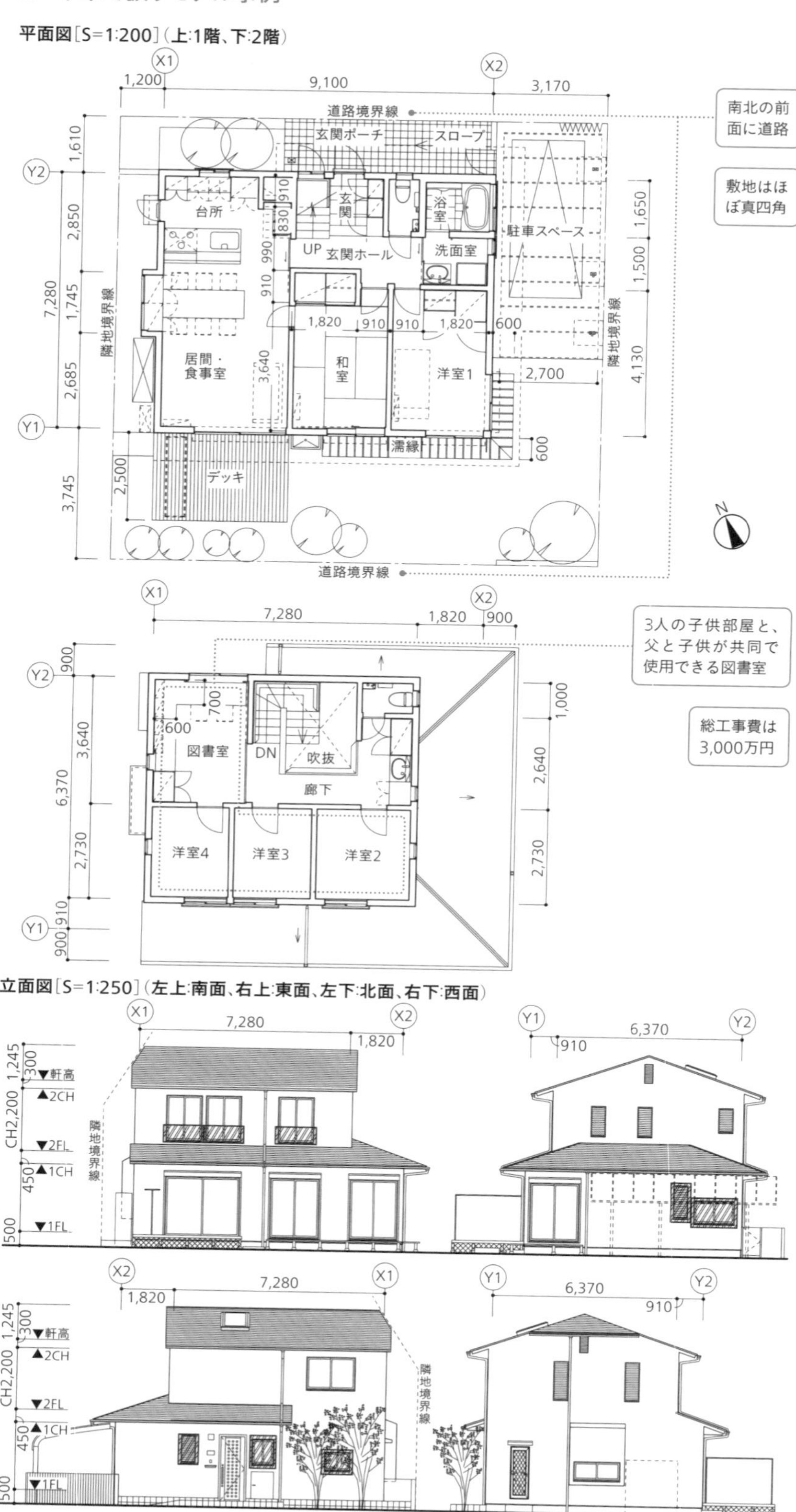

コストシミュレーション[仕上げ編]

表1　モデル事例の仕上表

室名	部位	下地	仕上げ	数量	単位
玄関	床	モルタル	タイル(センチュリーブラック)400mm角	2.42	㎡
	床		幅木	4.9	m
	壁	石膏ボード12.5mm	ナラ杢合板4mm	10.28	㎡
	天井	石膏ボード9.5mm	ビニールクロス	2.42	㎡
	家具		下足入れ、玄関框(タモムク)	1	個
玄関ホール	床	構造用合板12mm	フローリング12mm	3.98	㎡
	壁	石膏ボード12.5mm	ナラ杢合板4mm	10.2	㎡
	天井	石膏ボード9.5mm	ビニルクロス	3.98	㎡
ダイニング	床	構造用合板12mm	フローリング12mm	16.41	㎡
	壁	石膏ボード12.5mm	ナラ杢合板4mm	23.37	㎡
	天井	石膏ボード9.5mm	ビニルクロス	16.41	㎡
	家具		食卓テーブル(ナラ積層60mm)、吊戸棚	1	台
台所	床	構造用合板12mm	フローリング12mm	8.12	㎡
	壁	石膏ボード12.5mm	ビニルクロス	18.42	㎡
	天井	石膏ボード9.5mm	ビニルクロス	8.12	㎡
	家具		システムキッチン、カウンター収納	1	台
洋室1	床	構造用合板12mm	フローリング12mm	10.35	㎡
	壁	石膏ボード12.5mm	ビニルクロス	23.65	㎡
	天井	石膏ボード9.5mm	ビニルクロス	10.35	㎡
	家具		収納	1	台
和室	床	構造用合板12mm	畳	9.34	㎡
	壁	石膏ボード12.5mm	ジュラク吹付け	21.49	㎡
	天井		スギ杢天井	9.34	㎡
			踏込み地板(ヤニマツ)	1	カ所
押入	床		シナ合板5.5mm	3	㎡
	壁		シナ合板4mm	8.23	㎡
	天井		シナ合板4mm	1.5	㎡
脱衣洗面	床	構造用合板12mm	フローリング12mm	2.42	㎡
	壁	石膏ボード12.5mm	ビニルクロス(耐水防カビ)	12.79	㎡
	天井	石膏ボード9.5mm	ビニルクロス(耐水防カビ)	2.42	㎡
浴室			ユニットバス	1	式
便所1	床	構造用合板12mm	フローリング12mm	1.29	㎡
	壁	石膏ボード12.5mm	ナラ杢合板4mm	9.33	㎡
	天井	石膏ボード9.5mm	ビニルクロス	1.29	㎡
階段下収納	床		モルタル金鏝押さえ	1	式
	壁		シナ合板4mm	5.35	㎡
	天井		シナ合板4mm	1.44	㎡
階段	床	集成材30mm	階段ウレタン	5.7	㎡
	壁	石膏ボード12.5mm	ビニルクロス	20.93	㎡
	天井	石膏ボード9.5mm	ビニルクロス	3.1	㎡

室名	部位	下地	仕上げ	数量	単位
廊下	床	構造用合板12mm	フローリング12mm	7.01	㎡
	壁	石膏ボード12.5mm	ビニルクロス	14	㎡
	天井	石膏ボード9.5mm	ビニルクロス	7.01	㎡
2F洗面	家具		収納、カウンター下台	1	台
洋室2	床	構造用合板12mm	フローリング12mm	6.67	㎡
	壁	石膏ボード12.5mm	ビニルクロス	18.92	㎡
	天井	石膏ボード9.5mm	ビニルクロス	6.67	㎡
洋室3	床	構造用合板12mm	フローリング12mm	5.5	㎡
	壁	石膏ボード12.5mm	ビニルクロス	17.49	㎡
	天井	石膏ボード9.5mm	ビニルクロス	5.5	㎡
洋室4	床	構造用合板12mm	フローリング12mm	5.53	㎡
	壁	石膏ボード12.5mm	ビニルクロス	16.97	㎡
	天井	石膏ボード9.5mm	ビニルクロス	5.53	㎡
便所2	床	構造用合板12mm	フローリング12mm	1.18	㎡
	壁	石膏ボード12.5mm	ナラ杢合板4mm	8.31	㎡
	天井	石膏ボード9.5mm	ビニルクロス	1.18	㎡
図書室	床	構造用合板12mm	フローリング12mm	8.98	㎡
	壁	石膏ボード12.5mm	ビニルクロス	20.74	㎡
	天井	石膏ボード9.5mm	ビニルクロス	8.98	㎡
	家具		収納、本棚、机(集成30mm)	1	台
吹抜け	壁	石膏ボード12.5mm	ビニルクロス	9.78	㎡
屋根	天井	構造用合板12mm	石綿スレート葺き	111.17	㎡
	天井	断熱材(グラスウール100mm)		51.68	㎡
			棟(ガルバリウム鋼鈑)	11.4	m
			捨て谷(ガルバリウム鋼鈑)	3.2	m
			雨押さえ(ガルバリウム鋼鈑)	18.7	m
			雪止め	44.5	m
			角軒樋	46	m
			落とし口	6	カ所
			縦樋	25.3	m
			トップライト納め、結露受け(ステンレス)	1	式
外壁1F	壁	断熱材(ポリスチレンフォーム30mm)、構造用合板9mm、ラスモルタル刷毛引き	アクリルシリコン系低汚染左官仕上材鏝塗り	73.38	㎡
	軒天	軒天石膏ボード12.5mm、軒天ケイ酸カルシウム板5mm 軒天ケイ酸カルシウム板5mm	アクリルシリコン系低汚染左官仕上材吹付け	22.05	㎡
			基礎水切り(ガルバリウム鋼鈑)	32.2	m
外壁2F	壁	断熱材(ポリスチレンフォーム30mm)、ラスモルタル刷毛引き、構造用合板9mm	アクリルシリコン系低汚染左官仕上材鏝塗り	68.99	㎡
	軒天	軒天石膏ボード12.5mm、軒天ケイ酸カルシウム板5mm	アクリルシリコン系低汚染左官仕上材吹付け	13.32	㎡

本章のシミュレーションに用いる部位・部屋別の見積り法は、仕様変更時にどの項目の価格が変動するのかが明確になる。そして、部屋別は何より、「施主にとって分かりやすい」というメリットをもたらす。建築主が情報を集めやすくなっている今日、部位・部屋別見積り法は有効だと思われる。今回解説するモデル事例をベースに、仕様変更時にどのように価格が変動するかをシミュレーションできるサイトを、以下のURLに作成したので、参考にしていただきたい。
https://www.kensyo.co.jp/xknowledge/mitumori.htm

表2　各所の面積

1F	床面積	単位	2F	床面積	単位
玄関	2.42	㎡			
玄関ホール	3.98	㎡	洋室2	6.67	㎡
ダイニング	16.41	㎡	洋室3	5.5	㎡
台所	8.12	㎡	洋室4	5.53	㎡
洋室1	10.4	㎡	便所2	1.18	㎡
和室	9.34	㎡	図書室	8.98	㎡
押入	3	㎡	屋根	111.17	㎡
脱衣洗面	2.42	㎡	外壁1F	73.38	㎡
浴室	2.7	㎡	外壁2F	68.99	㎡
便所1	1.29	㎡			
階段下収納	1.44	㎡	1F床面積	66.95	㎡
階段	5.7	㎡	2F床面積	42.47	㎡
廊下	7.01	㎡	延べ床面積	109.42	㎡

※：本項(122～138頁)の単価は2020年当時のデータにつき、参考の数値

本章では、図、表1・2のモデル事例をベースに、仕上げが変更された場合、どれくらいコストが変動するかを部位ごとに見ていく。

仕上材を変更すれば、下地などの構成も変わる。下地～仕上げのコスト変動を把握するために、ここでは合成単価を用いる。合成単価とは、ある部位で使われる下地～仕上げの材工費の合計を㎡などの単価で示したものだ。

本章は、合成単価の算出法を解説するというよりむしろ、仕上材の違いによる合成単価の「差額」に注目している。それを実務上の目安として活用してほしい［※］。（辻隆夫）

COLUMN

部位別 単価見積りの実践

木造住宅なのに木工事はどんぶり勘定

木造住宅では木工事、なかでも大工工事の占める割合が高いのが一般的だ。しかし、大工職人の工事費の考え方には不明瞭な部分が非常に多い。

大工工事は、もともと、どんぶり勘定的な色合いが強く、経験的に木造モルタル住宅で坪当たり約3・34人工とされてきた。昔は坪当たり約5・5人工、高級木材住宅で約7・5～8・5人工などといわれていたが、プレカット化が進んだ今は、土台、柱、梁などの軸組はもちろん、筋かい・間柱・垂木・根太・野地板まで工場でプレカットしてくるため、現場では多少の調整だけで取付けができてしまう。さらに、新建材やシート建材といった施工しやすい材料が増えていることから、「ボード大工」という言葉も生まれてくるほどで、大工技能は低下し、かつ大工手間は下がる一方である。

ローコストのしわ寄せが大工手間に

木工事以外の左官工事やタイル工事などでは、材料、仕上げ別の㎡単価に施工面積を乗じて単価を算出している。そのため、大工以外の職方の多くは、建築主にも明快で納得してもらいやすい見積りを提示できるが、木工事だけは依然不明瞭な状態が続いている。

そのような状況下でローコスト住宅を求めると、必然的に大工職人の手間賃にしわ寄せがくることになる。

部位の分け方について

筆者は国産材を使って住宅を建築する運動を進めているため、木工事の割合が特に高い住宅を扱うことが多い。工務店などの勘と経験、駆け引きで工事金額が決まる現場を何度も見てきた。しかしそれでは説明のつかないケースも多く、建築主、設計者、工務店、大工職人それぞれがきちんと納得する見積り方法を確立する必要を痛感していた。そこで、部位別単価見積りの方法を実践することにしたのである。

大工工事の部位別の分類として、筆者の事務所では表のように分けている。

基本的には、作成された表をもとに、大工工事の歩掛りを参考に見積っていく。実際に歩掛りを記載した見積りを建築主に提出することで、建築主への説明責任を果たすとともに、信頼関係も構築できる。

また、変更工事が発生した場合でも、見積り上の変更個所が明確になっているので、減額や増額処理がスムーズにでき、建築主も大工職人も納得したうえで工事を進められる。大工職人にとっては、自分の施工する工事内容が見えるため、努力し効率よく仕事をすることで、歩掛りより少ない人工で終われば収入増につながる。

なお、筆者の事務所では、現場の状況や関連業者に応じて常に部位別単価見積りの改良を続けている。大工手間の歩掛りの改訂や該当する工事項目がない場合に、すでにある類似工事を参考にして新たに算定している。

部位別単価見積りを多くの建築業者が導入し、設計者も理解することで、建築主との信頼関係構築や大工技能の向上を図っていければと思っている。（鈴木明）

図　木工事の大工手間は部位別に見積りを提示する！

部位別項目	内容および備考
仮設工事	・ここでの仮設は、建築工事の仮設工事ではなく、木工事の中での分類となる ・木工事の養生、清掃、片付け、水盛り遣り方、基礎土台墨出しなどの項目が入る
躯体工事	・土台敷から、建て方、軸組、間柱、筋交い、まぐさ、窓台、トラス、小屋組までの工事内容となる ・リフォーム工事の間仕切、転ばし大引き、根太などの工事も入る ・トップライトの開口補強の補強母屋材の工事は、躯体工事に入る
屋根・屋根廻り工事	・化粧野地板、屋根下地、鼻隠し、破風、隅木・谷木部・厚野地加工などの工事内容となる ・トップライト下地・開口部は、屋根・屋根廻り工事に入る
軒天工事	軒天廻りは、屋根工事に含めず、軒天、野縁、軒天換気溝などの工事内容となる
外壁・下地工事	・防湿防風シート張りから、外銅縁、外壁下見板張り、羽目板張りなどの工事内容となる ・木摺下地、通気用竪同縁の施工手間や大工が製作する木製戸袋の工事もこの項目に入れている
床・内壁・天井・下地工事	根太、根太掛け、内壁の胴縁下地、天井、吊り木、野縁組などの工事内容となる
外部開口部工事	・サッシ取付け、出入り口枠加工取付け、内部サッシ枠加工取付けなどの工事内容となる ・リフォームの、既存サッシ枠の加工、取付けなどもこの項目に入れている
内部・内法工事	サッシ枠や内部建具について、国産材の無垢材を使用している場合と既製品を使用している場合でさらに分ける
部屋別内部工事（床・壁・天井）	・造作工事は、部屋ごとの棚、カウンター、床の間、造り付け仏壇、階段、手すり、玄関框など、部分部位毎の集合としている ・手間の人工は、事務所のデータや経験の無い工事については、大工と協議をする。 ・内部工事は、内部の下地と仕上げ部分の工事。なお、部屋ごとに記載し、仕上げ材などの変更があった際に、再積算しやすいようにしている
内部造作工事	幅木、タタミ寄せ、敷居、鴨居、付け鴨居、長押、帯板、廻り縁、入隅、出隅などの工事内容となる
断熱工事	断熱材の受け材、断熱材の種類による工事など
外部造作工事	外部バルコニーの手すり格子、窓格子、濡れ縁、ウッドデッキなどの造作、取付け工事
解体工事	古民家改修やリフォーム工事において、再使用のため大工が解体する部分（再使用部材やサッシ等）などの工事

CASE1 タイル

項目		材	工	単価［円］	モデル事例の数量
下地材	下地モルタル			2,900	2・42㎡
仕上材	タイル（400㎜角）			20,000	2・42㎡
	合成単価			22,900	
	幅木・役物			7,000	4・9m

材料のみ／工賃のみ／材工共の区別がつくように色分けしている。ここでは材・工の両方に色が塗られている。ここではすべての項目が材工共の価格になっている

幅木・役物分も含めた合成単価は**37,070**円

CASE2 大理石

項目		材	工	単価［円］	モデル事例の数量
下地材	下地モルタル			3,500	2・42㎡
仕上材	大理石			35,000	2・42㎡
	合成単価			38,500	
	幅木・役物			13,000	4・9m

幅木・役物分も含めた合成単価は**64,830**円

CASE3 御影石

項目		材	工	単価［円］	モデル事例の数量
下地材	下地モルタル			3,500	2・42㎡
仕上材	御影石シェットバーナー			30,000	2・42㎡
	合成単価			33,500	
	幅木・役物			7,000	4・9m

幅木・役物分も含めた合成単価は**53,750**円

CASE4 コンクリート

項目		材	工	単価［円］	モデル事例の数量
仕上材	コンクリート直押さえ			9,000	2・42㎡
	合成単価			9,000	

CASE4の断面　**CASE2、3の断面**

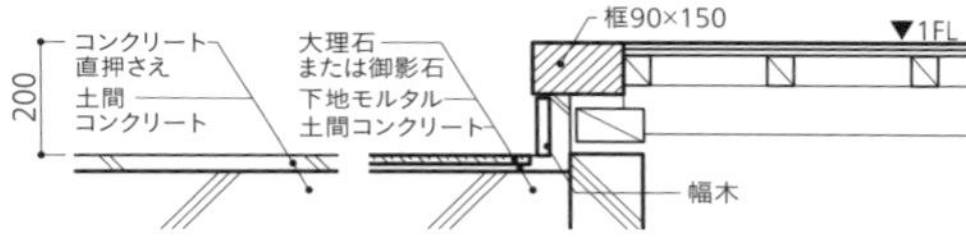

コンクリート仕上げが断然お得

122頁で挙げたモデル事例をベースに、まずは玄関土間について、仕上材ごとの合成単価について解説する。

基準の仕上げはタイルとした。石・タイル工事では、一般に平場の㎡単価と役物のm単価の組み合わせで見積もることが多い。ただし、平場と役物では単位が異なるため、合成単価が生成しづらい。あえて変換するならば、幅木分の4・9m×7000円＝3万4300円を2・42㎡で除して得られる1万4170円／㎡を、既存の合成単価2万2900円に加算する方法（3万7070円）もある。ほかの仕上材に比べ、CASE4・コンクリート直押さえが圧倒的に安い。役物も含めた合成単価で比較すると、コンクリート直押さえはほかの仕上材の4分の1～7分の1程度である。モデル事例は玄関土間だが、土間面積が大きい場合、この差の影響も大きいだろう。

なお、大理石や御影石の見積り額は施工面積・形状によって大きく変動するので、本事例はあくまで参考見積単価ととらえていただきたい。（辻隆夫）

COLUMN 合成単価の単位

一連の見積り作成過程で、㎡単位で算出された材料を定尺寸法の規格品として枚数表示に変換したり、その逆にしたりすることが頻発する。合成単価作成の基本ルールとして、㎡単価以外で表示されている材料費（枚、本、束などで計上されている場合）の合成単価用の㎡単価の算出方法は次のとおりである。（辻隆夫）

石膏ボード張りが243・88㎡と積算された場合

必要枚数

243・88㎡ ／ 1・5㎡ ＝ 163枚（小数点以下切り上げ）と算出

石膏ボードの規格寸法1,820㎜×910㎜＝1・65㎡から、10％をロスと見込んで差し引いた大きさ。フローリングの場合、形状や1梱包の枚数を勘案し、5～10％をロスと見込む

㎡単価

石膏ボードの1枚単価が630円だとすると、
630円／1・5㎡＝420円／㎡となる

CASE1 根太あり、フローリング（1F）

項目		材	工	単価［円］	モデル事例		
					部屋名	数量	単位
下地材	構造用合板／根太		■	2,200	玄関ホール	3.98	㎡
	1階根太（ツガ40×45㎜）	■		760		3.98	㎡
	構造用合板12㎜	■		840		3.98	㎡
仕上材	フローリング12㎜		■	2,200		3.98	㎡
	フローリング12㎜	■		7,590		3.98	㎡
	合成単価			13,590			

大工手間に対応した材木費を加算している

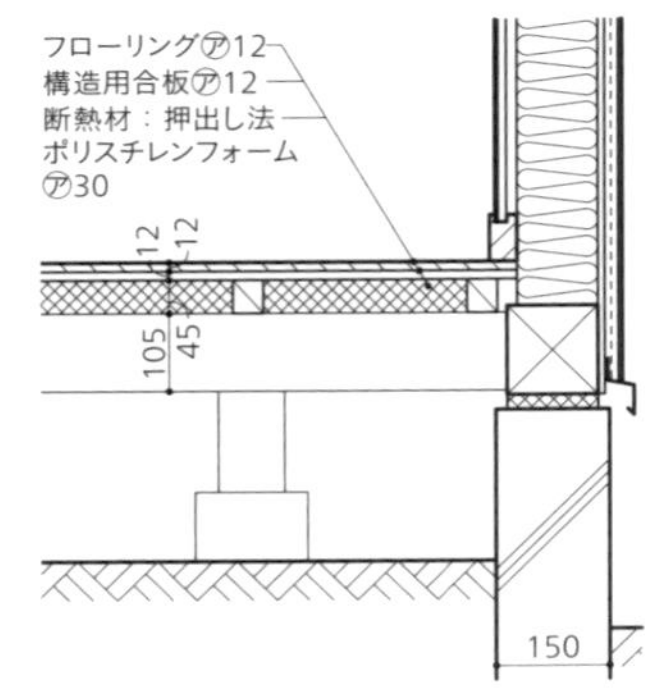

CASE2 根太あり、フローリング（2F）

項目		材	工	単価［円］	モデル事例		
					部屋名	数量	単位
下地材	構造用合板／根太		■	2,200	2階廊下	7.01	㎡
	2階根太（ツガ45×105㎜）	■		1,900		7.01	㎡
	構造用合板12㎜	■		840		7.01	㎡
仕上材	フローリング12㎜		■	2,200		7.01	㎡
	フローリング12㎜	■		7,590		7.01	㎡
	合成単価			14,730			

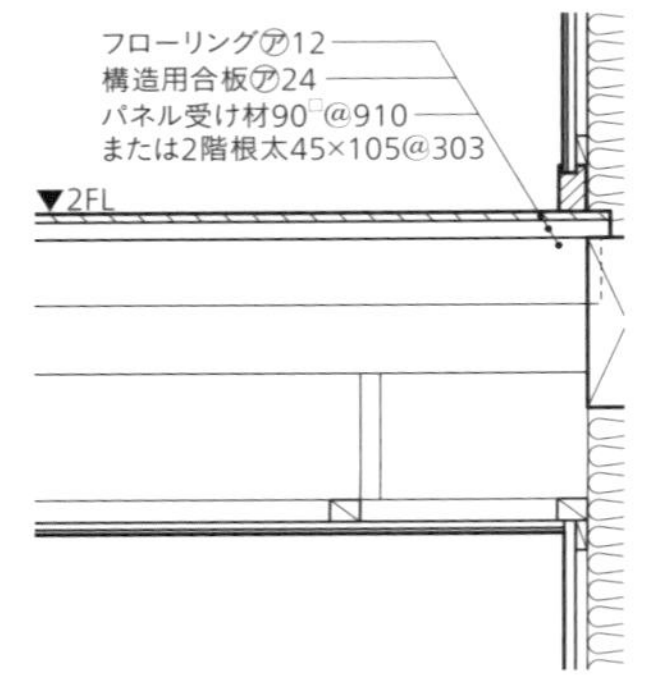

CASE3 根太あり、畳

項目		材	工	単価［円］	モデル事例		
					部屋名	数量	単位
下地材	構造用合板／根太		■	2,200	和室	9.34	㎡
	1階根太（ツガ40×45㎜）	■		760		9.34	㎡
	構造用合板12㎜	■		840		9.34	㎡
仕上材	畳（3×6尺）	■	■	13,000		6	枚
	合成単価			12,150			
	踏込み地板（ヤニマツ）	■	■	30,000		1	カ所

畳㋐60
構造用合板㋐12
根太：ツガ40×45
大引90□@910

琉球畳の場合は、3×3尺（910㎜角）の寸法で3×6尺の畳とほぼ同額なのでかなりコストアップする。13,000円×6枚＝78,000円⇒12,500円×12枚＝150,000円となる

琉球畳は一般的な畳の倍

モデル事例のの玄関ホール、和室、押入、階段、2階廊下の合成単価を合計した価格で比較する。

玄関ホールの合成単価算出の根拠をまとめると以下のようになる。根太組と下地合板張りの大工手間が2200円。部屋別に数量を算出しているので、1階部分（51・91㎡）＋2階部分（34・87㎡）の合計86・78㎡が根太組と下地合板張りの材工費である。下地合板の構造用合板12㎜の必要枚数は、125頁のコラムに示した基本ルールにより、86・78㎡／1・5㎡＝57・85枚、58枚として、木材費のなかに58枚×1260円＝7万3080円と計上している。

また構造用合板の1㎡当たりの単価は1260円／1・5㎡＝840円となる。根太は伏図から本数で拾っており、木材明細の1階根太、2階根太合計金額を㎡数で除した単価は、それぞれ760円、1900円と算出される。合成単価の要素として12㎜厚の構造用合板が840円、1階根太が760円となる。次にフローリング張りの大工手間は2200円だが、材料

CASE6 2重床、フローリング

	項目	材	工	単価［円］
下地材	2重床（床束＋繊維強化セメント板）	■	■	4,200
	構造用合板 12mm		■	630
	構造用合板 12mm	■		840
仕上材	フローリング 12mm		■	2,200
	フローリング 12mm	■		7,590
	合成単価			15,460

木造住宅では1階の土間コンクリートの上などに用いられる

根太レスでも2重床の場合、根太ありよりも高くなる

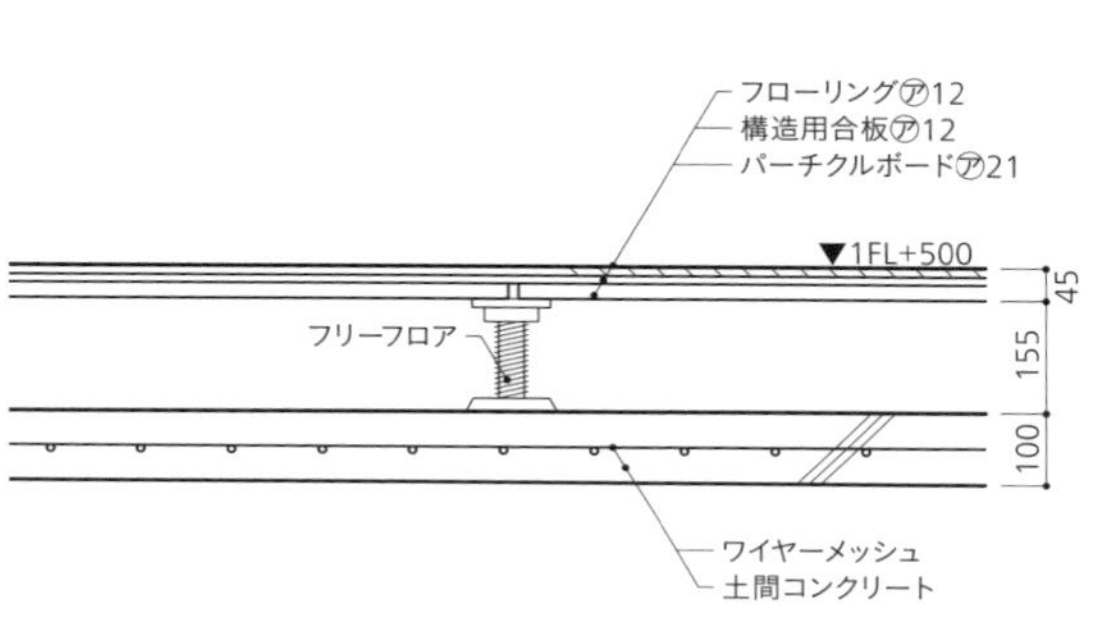

CASE4 根太レス、フローリング直張り

	項目	材	工	単価［円］
下地材	構造用合板 24mm		■	630
	構造用合板 24mm	■		2,330
仕上材	フローリング 12mm		■	2,200
	フローリング 12mm	■		7,590
	合成単価			12,750

CASE5 根太レス、コルクタイル直張り

	項目	材	工	単価［円］
下地材	構造用合板 24mm		■	630
	構造用合板 24mm	■		2,330
仕上材	コルクタイル張り	■	■	9,000
	合成単価			11,960

絨毯（フェルトグリッパー）の場合、12,000円

濃い色合いのものは重厚感があって好まれるが、色合いが濃くなると価格が上がる傾向がある

のフローリングは全体の77・44㎡に対して単純に坪数換算（0・5坪や1坪梱包の製品が多い）し、さらにロス率を5%増しで25坪として材料費を計上している。フローリングの材料費の合計金額58万7500円を77・44㎡で割ったのがフローリングの材料費7590円である。以上の金額を合計したものが玄関ホール床の合成単価**1万3590円**である。

なお、2階廊下は2階の根太の材料費の違いで**1万4730円**となっている。同じフローリング仕上げでも玄関ホールと2階廊下では根太材の違いで合成単価が変わるのだ。

和室の床仕上げについては畳下地の構造用合板張りまではCASE1と同じ（合成単価3800円）で、畳が6畳分（7万8000円）と踏込みの地板を材工単価（3万円）で計上している（踏込み地板は、モデル事例の和室入口のスペースで使用している［122頁1階平面図参照］）。これにより、和室の床仕上げの合計金額は9・34㎡×3800円＋1万3000円×6畳＋3万円＝**14万3492円**と計算される。参考のため、最近好んで使用される琉球畳（3×3尺）の場合は1万2500円×12枚＝15万円となり、畳の値段がほぼ倍増する。

階段は和室と同様に合成単価で表現できるものと、個別単価での表現の混合となる。モデル事例の階段の場合は5・7㎡×4万1500円＋7万円＋1万5000円＝**32万1550円**が階段床仕上げの合計である。

床直張り（根太レス）工法はやはり割安

最近は水平剛性を期待して根太レスで床を仕上げる場合が多いため、その場合の合成単価を追記している。根太レスでは、根太組の作業が省略されるので、大工の手間は630円と安くなる。水平剛性を得るため24㎜厚の構造用合板を使うことが多く、材料費は1㎡当たり2330円と高くなる。フローリングの張り手間と材料費は右記と同じで、合成単価は**1万2750円**となる。構造用合板の厚みは2倍になるが、根太レスなので参考図の1階、2階の床仕上げより1階が840円、2階が1980円安くなる。ただしコルクや絨毯仕上げが混在する場合、床レベルを合わせるために余分な捨て合板張りなどが必要で、その都度合成単価が変化する。

参考のため、根太レスでのコルクタイル張りと絨毯仕上げを表示するが、根太ありの場合は該当部分を差し替えて考えていただきたい。（辻隆夫）

CASE 1 ナラ杢合板、オイルステイン塗り

項目		材	工	単価［円］	モデル事例		
					部屋名	数量	単位
下地材	石膏ボード 12.5㎜		■	650	玄関	10.28	㎡
	石膏ボード 12.5㎜	■		420		10.28	㎡
仕上材	ナラ杢合板 4㎜		■	2,800		10.28	㎡
	ナラ杢合板 4㎜	■		3,210		10.28	㎡
	オイルステイン塗り	■	■	1,800		10.28	㎡
	合成単価			8,880			

CASE1の壁断面詳細図［S=1：20］

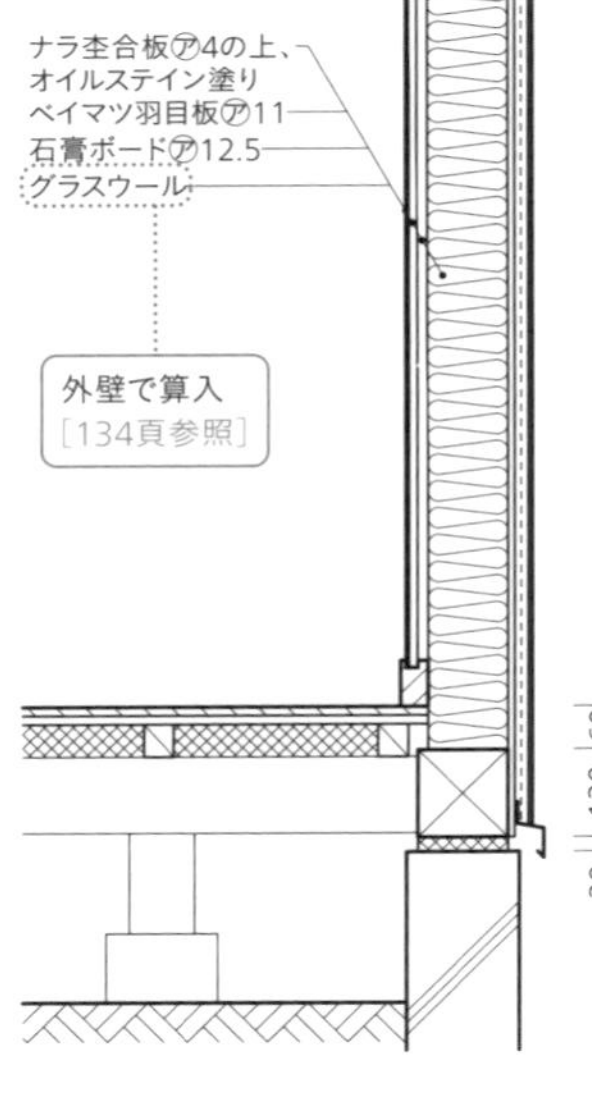

CASE 2 ビニルクロス

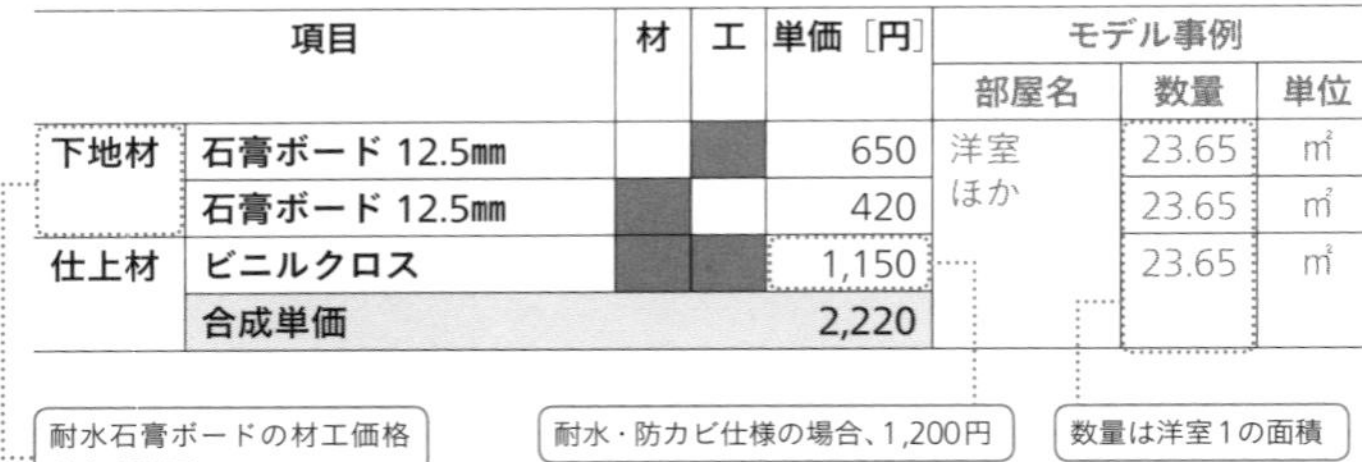

項目		材	工	単価［円］	モデル事例		
					部屋名	数量	単位
下地材	石膏ボード 12.5㎜		■	650	洋室 ほか	23.65	㎡
	石膏ボード 12.5㎜	■		420		23.65	㎡
仕上材	ビニルクロス	■	■	1,150		23.65	㎡
	合成単価			2,220			

耐水石膏ボードの材工価格は1,460円

耐水・防カビ仕様の場合、1,200円

数量は洋室1の面積

CASE 3 ジュラク吹付け

項目		材	工	単価［円］	モデル事例		
					部屋名	数量	単位
下地材	石膏ボード 12.5㎜		■	650	和室	21.49	㎡
	石膏ボード 12.5㎜	■		420		21.49	㎡
仕上材	ジュラク吹付け	■	■	2,850		21.49	㎡
	合成単価			3,920			

CASE8の壁断面詳細図［S=1：20］

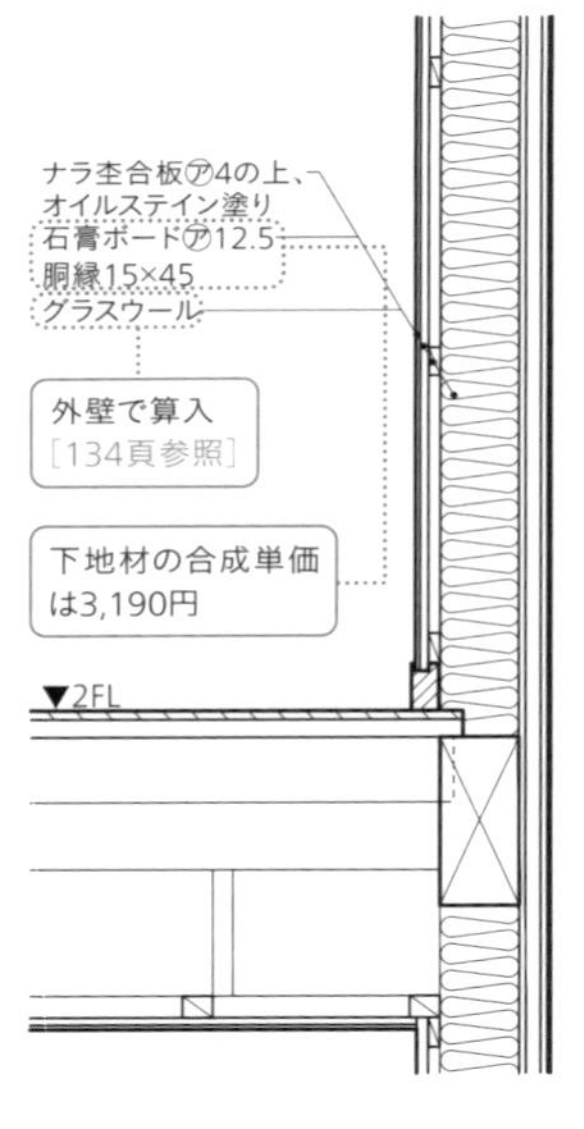

CASE 4 シナ合板

項目		材	工	単価［円］	モデル事例		
					部屋名	数量	単位
下地材	シナ合板 4㎜		■	4,300	押入	8.23	㎡
	シナ合板 4㎜	■		920		8.23	㎡
	合成単価			5,220			

予想以上？ ビニルクロスのコストメリット

モデル事例の化粧合板張り、ビニルクロス張り、ジュラク吹付けのほかに、珪藻土塗り、漆喰塗り、ベイマツ羽目板の合成単価を示す。以前は標準的な方法だった壁胴縁ありの合成単価も作成する。以前と違って構造材に乾燥材や集成材を使用するようになり、柱材の背割りの開きや乾燥収縮が少なくなったことから、労務費の節約にもなる直張りが一般的な工法となった。

まず、**玄関ホール**などに使われているナラ杢合板張りの合成単価算定方法は、表のとおりである。

洋室は下地が同じで仕上げがビニルクロス張りだと合成単価は2220円/㎡。ほかと比べ、ビニルクロス仕上げがいかに経済的かが分かる。ちなみに**脱衣洗面所**は防カビ仕様で、耐水石膏ボードとビニルクロスの組み合わせ。合成単価は2660円だ。通常のクロスから㎡単価50円アップで、耐水仕様のクロスを採用できる。

押入れのシナ合板張りの合成単価をみると、ビニルクロスの場合と比べか

CASE5 漆喰塗り

項目		材	工	単価［円］
下地材	石膏ボード 12.5mm		■	650
	石膏ボード 12.5mm	■		420
	石膏ボード 9.5mm		■	650
	石膏ボード 9.5mm	■		270
仕上材	漆喰塗り	■	■	3,200
	合成単価			5,190

石膏ボード2重張りがコストアップの要因に

CASE6 珪藻土塗り

項目		材	工	単価［円］
下地材	石膏ボード 12.5mm		■	650
	石膏ボード 12.5mm	■		420
	石膏ボード 9.5mm		■	650
	石膏ボード 9.5mm	■		270
仕上材	珪藻土塗り	■	■	4,000～6,500
	合成単価			5,990～8,490

薄塗り（3～5mm程度）だと比較的安くできる。ただ、薄い分、表現の幅は狭まる

CASE7 ベイマツ羽目板、オイルステイン塗り

項目		材	工	単価［円］
下地材	ベイマツ羽目板 9mm		■	2,600
	ベイマツ羽目板 9mm	■		8,700
	オイルステイン塗り	■	■	1,800
	合成単価			13,100

ベイスギの場合、5,800円

CASE8 ナラ杢合板、オイルステイン塗り、胴縁あり

項目		材	工	単価［円］
下地材	石膏ボード／胴縁		■	2,600
	石膏ボード 12.5mm	■		420
	胴縁（15×45mm）	■		170
仕上材	ナラ杢合板 4mm		■	2,800
	ナラ杢合板 4mm	■		3,210
	オイルステイン塗り	■	■	1,800
	合成単価			11,000

胴縁なしだと650円。1,950円のコスト増

表　ナラ杢合板張りの合成単価算定方法

石膏ボード

■大工手間

石膏ボード（12.5mm）張りは、胴縁なしの直張りで650円

■材料費

125頁コラムのルールにもとづき、

1枚630円／1.5㎡＝**420円／㎡**となる

化粧合板

■大工手間

化粧合板張りの大工手間は2,800円

■材料費

化粧合板（ナラ杢合板）の寸法は4×8尺。1,220×2,440mmで1枚の面積は約3㎡だが、1割弱のロスを見込んで2.8㎡とする

モデル事例での必要枚数は

必要枚数

64.19㎡／2.8㎡＝22枚（小数点以下切り上げ）と算出

モデル事例全体で、ナラ杢合板の施工面積［＊］

化粧合板（ナラ杢合板）の寸法は4×8尺。1,220×2,440mmで1枚の面積は約3㎡だが、1割弱のロスを見込んで2.8㎡とする

㎡単価

ナラ杢合板の1枚単価が9,000円だとすると、

9,000円／2.8㎡＝3,210円／㎡となる

化粧合板張り仕上げの合成単価

以上の合計

650円+420円+2,800円+3,220円=**7,090円**

に、塗装工事（オイルステイン）**1,800円**を加算。

7,090円+1,800円

CASE1玄関壁の仕上げの合成単価は**8,890円／㎡**となる。

＊：内訳は、玄関（10.28㎡）、玄関ホール（10.2㎡）、ダイニング（23.37㎡）、1階トイレ（9.33㎡）、2階トイレ（8.31㎡）

なり高い。これは、材料ではなく工賃の差による。よく「ローコスト住宅」と称して壁の仕上げにシナ合板張り（しかも無塗装）が指定される場合があるが、実はシナ合板張りのほうが高くなるのだ。しかも、部屋の壁仕上げのシナ合板は目透かし張りが多く、下地の石膏ボードに目地テープ張りしたうえでシナ合板を張ることが多いので、余計に合成単価はアップする。

漆喰や珪藻土塗りの場合は、ひび割れ防止対策として石膏ボードを2重張りすることが多い。ここでは12・5㎜と9・5㎜の石膏ボードを張った例を示している。従来の珪藻土は施工性が悪く価格も高かったが、樹脂などを混在して施工性を高め、薄塗りを可能とし価格を抑えた製品が多く開発されている。

ベイマツ羽目板張りの合成単価も示したが、羽目板の厚みや塗装などの違いによって合成単価は異なってくる。珪藻土も、コストを抑えた薄塗りタイプの商品が出ているので、商品によって合成単価は大きく変わり得る。

壁胴縁ありの工法はCASE1と比べて、大工手間の増加分1950円と胴縁の材料費分170円の2120円が増加となる。（辻隆夫）

天井

コスト的には懐のない踏込み天井が有利

モデル事例のビニルクロス張り、和室スギ杢敷目板張りのほかに、珪藻土塗りとベイマツ羽目板張りの場合の合成単価を算出する。

まず、ビニルクロス張りの合成単価は以下のとおりである。木造の場合は天井野縁を組んで石膏ボードを張るのは大工なので、その手間分が壁と同様に2600円。材料費として石膏ボード分が270円、天井野縁分が870円、ビニルクロス張りが1150円。これらを合計した合成単価は**4890円**となる。耐水・防カビ仕様の脱衣洗面所では、ビニルクロス張りが1200円と、通常から50円アップ、さらに下地の石膏ボードも防水タイプで700円となるので、合成単価は**5370円**と、通常から480円のアップとなる。

次にスギ杢板張り。モデル事例の和室［122頁］は6畳間に加え、押入と入口部分のスペースがある。押入の天井はシナ合板で仕上げるが、入口スペースの天井は6畳間と同じスギ杢敷目板にしている。通常の6畳間では専用のセット物が使われる。ただしここでは入口スペースがあるため、8畳用のセット物を購入して余りを出さざるを得ない。ところが、在庫で持っていた端板を入口スペースに使用（目違いには目をつぶる）することで、6畳用のセットでまかなえた。

このように、ちょっとした工夫で歩留まりを向上することも、コストダウンを図る有効な手立てである。

ちなみに8畳用で計算すると、9000円×8枚＝7万2000円を施工面積9・34㎡で割って約7710円となり、材料費が960円（1枚分のロスが出る）アップする。

珪藻土塗りの場合は、石膏ボード下地のコスト（大工手間2600円、石膏ボード代270円、天井野縁材870円）に加え、2重張りで石膏ボードを張る大工手間1100円、石膏ボード代270円と珪藻土塗り4000～6000円で、合成単価は**9110～1万1110円**である。

（辻隆夫）

CASE 1 ビニルクロス

項目		材	工	単価［円］	モデル事例 部屋名	数量	単位
下地材	石膏ボード／天井野縁		■	2,600	玄関	2.42	㎡
	石膏ボード 9.5㎜	■		270		2.42	㎡
	天井野縁	■		870		2.42	㎡
仕上材	ビニルクロス	■	■	1,150		2.42	㎡
	合成単価			4,890			

耐水・防カビ仕様の場合、1,200円

脱衣洗面室では防水タイプで700円

CASE 2 スギ杢板

項目		材	工	単価［円］	モデル事例 部屋名	数量	単位
下地材	天井野縁	■		870	和室	9.34	㎡
仕上材	スギ杢／天井野縁		■	4,800		9.34	㎡
	スギ杢	■		6,750		9.34	㎡
	合成単価			12,420			

6畳用と在庫の1枚で見積る場合

CASE 3 珪藻土

項目		材	工	単価［円］
下地材	石膏ボード／天井野縁		■	2,600
	石膏ボード 9.5㎜	■		270
	石膏ボード 9.5㎜ 2重張り		■	1,100
	石膏ボード 9.5㎜	■		270
	天井野縁	■		870
仕上材	珪藻土塗り	■	■	4,000～6,000
	合成単価			9,110～11,110

CASE 4 ベイマツ羽目板

項目		材	工	単価［円］
下地材	ベイマツ羽目板／天井野縁		■	4,400
	ベイマツ羽目板 9㎜	■		8,700
	天井野縁	■		870
仕上材	オイルステイン塗り	■	■	1,800
	合成単価			15,770

CASE 1 特注品（標準）

項目		材	工	単価［円］	部屋名	数量	単位
					モデル事例		
仕上材	建具吊込み費		■	7,000	居間入口	1	本
	ナラ杢合板フラッシュ	■		32,000			
	オイルステイン塗り	■	■	2,640			
	枠加工取付け費		■	18,000			
	枠材（タモ挽立材［＊］）	■	■	25,450			
	建具枠塗装	■	■	4,648			
	建具金物	■	■	18,000			
	6mm強化ガラス（700×2,300mm）	■	■	18,340			
	シリコーン（5×5m）	■	■	2,100			
	合成単価			128,178			

木材や塗装などはm²単価ではなく、建具1カ所で使用した量の単価

それぞれの建具について個別に建具金物費を計上すれば、仕様変更によるコスト検討に対応できる

CASE 2 特注品（高級）

項目		材	工	単価［円］	部屋名	数量	単位
仕上材	建具吊込み費		■	7,000	居間入口	1	本
	ナラムク框戸	■		95,000			
	オイルステイン塗り	■	■	2,640			
	枠加工取付け費		■	18,000			
	枠材（ナラ挽立材［＊］）	■	■	48,864			
	建具枠塗装	■	■	4,648			
	建具金物	■	■	18,000			
	6mm強化ガラス（700×2,300mm）	■	■	18,340			
	シリコーン（5×5mm）	■	■	2,100			
	合成単価			214,592			

CASE1の姿図［S=1：50］

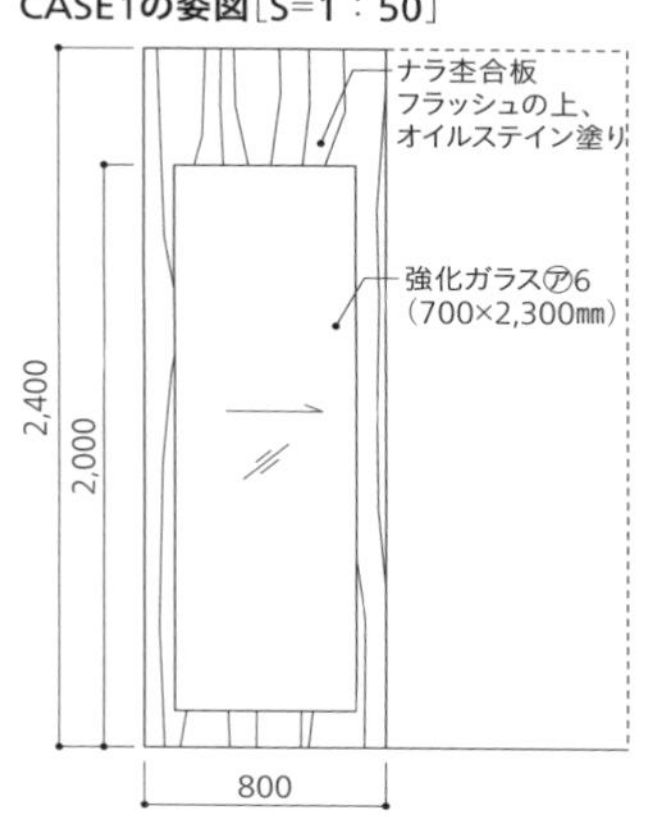

CASE 3 既製品（標準）

項目		材	工	単価［円］
仕上材	樹脂化粧シート扉	■		67,700
	建具セット取付け費		■	7,500
	合成単価			75,200

CASE 4 既製品（標準、集成材）

項目		材	工	単価［円］
仕上材	集成材框戸	■		86,900
	建具セット取付け費		■	7,500
	合成単価			94,400

CASE 5 既製品（高級）

項目		材	工	単価［円］
仕上材	銘木突板扉	■		136,370
	建具セット取付け費		■	7,500
	合成単価			143,870

＊：挽立材とは、注文されたサイズで製材されたものを指す

特注品と既製品 価格差は3万円

ここでは、モデル事例の居間入口扉をベースに、建具1枚の仕様変更時のコスト変動をみていく。

木製建具の施工手順は、特注品と既製品で大きく異なる。前者は、大工による枠材の加工・取付け→建具職人の採寸・製作→塗装職人による建具塗装→建具職人による建具吊込みという流れで進められる。一方、既製品建具の場合は、大工が枠・建具一体型の製品を取り付けるのみである。この手順の違いからも分かるように、両者の価格差は歴然としている。

価格に加え工期も短縮できる既製品は、設計者・施工者にとって採用しやすい。それに押され、特注品の採用は減少傾向にある。

しかしながら、CASE1・合板フラッシュ戸の特注品とCASE4・集成材框戸の既製品を比較すると、差額は3万円強程度である。1枚～数枚程度で生じる価格差であれば、特注品にも十分検討の余地があるのではないだろうか。（辻隆夫）

CASE 1 石綿スレート

項目		材	工	単価［円］	モデル事例		
					部屋名	数量	単位
下地材	構造用合板／垂木		■	2,400	屋根	111.17	㎡
	構造用合板 12㎜	■		840		111.17	㎡
	垂木（ツガ 45 × 105㎜）	■		1,250		111.17	㎡
	断熱材（ポリスチレンフォーム 30㎜）	■	■	1,100			㎡
	アスファルトルーフィング	■	■	480			㎡
仕上材	石綿スレート葺き	■	■	4,000			㎡
	合成単価			10,070			

金額は最も安いが重厚感があるという理由で選ばれることもある

共通項目 屋根付属部材

項目		材	工	単価［円］	モデル事例		
					部屋名	数量	単位
下地材	棟（ガルバリウム鋼鈑）	■	■	2,200	屋根	11.4	m
	捨谷（ガルバリウム鋼鈑）	■	■	1,600		3.2	m
	雨押さえ（ガルバリウム鋼鈑）	■	■	1,600		18.7	m
	雪止め	■	■	1,250		44.5	m
	角軒樋	■	■	2,600		46	m
	落とし口	■	■	2,200		6	カ所
	竪樋	■	■	2,200		25.3	m
	トップライト納め	■	■	20,000		1	式
	トップライトの結露受け（ステンレス）	■	■	28,000		1	式
	現場雑費	■	■	40,000		1	式
	破風板	■	■	3,300		58.8	m
	破風板塗装	■	■	900		58.8	m

谷になる部分がなければ入らない。モデル事例では下屋の屋根と外壁との取合い部分で使っている

単純に合計すると639,150円

付属部材の金額はまとめて約60万円

屋根は付属部材が多く、部材ごとに異なる単価×数量を積み上げて、屋根の部位見積りとして提示している。すなわち、単純に㎡当たりの合成単価では表現できない部位なのだ。そのため本稿では、合成単価で表せる構成部材と、表せない付属部材に分けて考える。

まず合成単価で示すことができる部材について。垂木と野地板張りの大工手間が2400円、垂木材が1250円、野地用構造用合板12㎜が840円、石綿スレートが4000円、下地アスファルトルーフィングが480円、断熱材（ポリスチレンフォーム30㎜）が1100円で屋根の平面積に対する合成単価は**1万70円**である。しかし屋根全体の見積り金額は、トップライトの有無、破風・鼻隠しの仕様などで大きく変化する。

そのほかの屋根仕上げについては主要屋根材の見積金額を列記し、屋根付属の項目については不確定要素が多いので言及しない。銅板葺きの場合は棟・捨谷・雨押さえも銅板となる可能性が高く、金属系の屋根材の場合は防音対策に新たな費用が発生する可能性がある。したがって、ここでは石綿スレート葺き4000円に対して各屋根仕上材の単価の提示に留める。なお、瓦葺きの場合はノシ瓦の段数や棟瓦、鬼瓦、軒瓦の一文字葺きなどの違いにより大きく異なるので、あくまで参考価格を示す。

合成単価で表せない付属部材について、ここでは合計が63万9165円となっている。モデル事例のような標準的な事例の屋根であれば、**60万円前後**と考えておけばよいだろう。（辻隆夫）

図1 付属部材

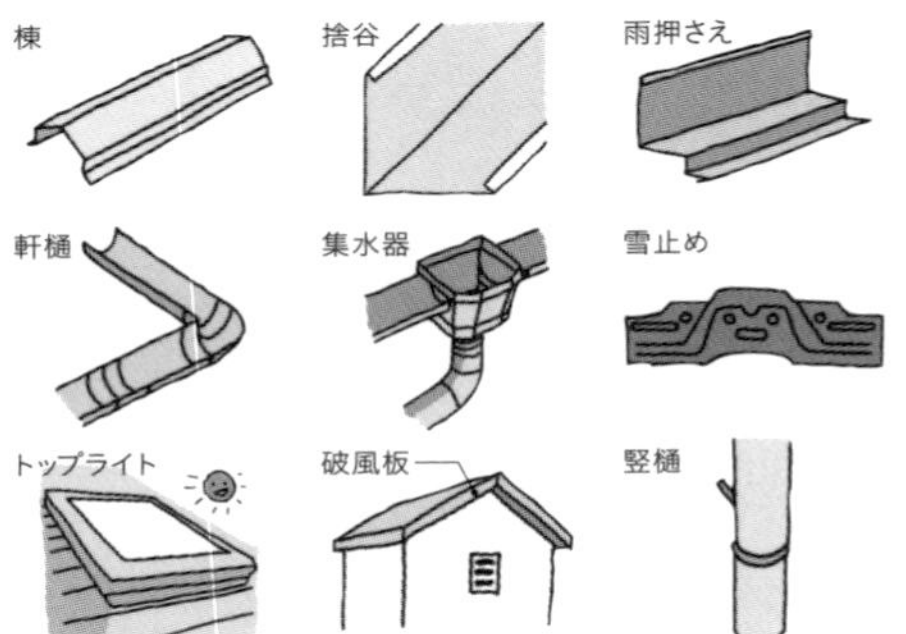

CASE2 ガルバリウム鋼板瓦棒葺き

項目		材	工	単価[円]
下地材	CASE1と同じ			6,070
仕上材	**ガルバリウム鋼板**(0.35㎜厚) **瓦棒葺き**			4,000
	合成単価			**10,070**

ガルバリウム鋼板は、その質感からリーズナブルに軽やかさを演出したい場合に有効である

縦ハゼ葺きだと5,000円前後。ハゼの部分を意匠的なアクセントとして利用できる[138頁参照]

CASE3 ガルバリウム鋼板縦平葺き

項目		材	工	単価[円]
下地材	CASE1と同じ			6,070
仕上材	**ガルバリウム鋼板**(0.35㎜厚) **縦平葺き**			4,100
	合成単価			**10,170**

折り曲げが多い分、瓦棒葺きより100円高くなっている

CASE4 ガルバリウム鋼板断熱ルーフ葺き

項目		材	工	単価[円]
下地材	CASE1と同じ			6,070
仕上材	**ガルバリウム鋼板**(0.35㎜厚) **断熱ルーフ葺き**			4,900
	合成単価			**10,970**

CASE5 ステンレス鋼板一文字葺き

項目		材	工	単価[円]
下地材	CASE1と同じ			6,070
仕上材	**ステンレス鋼板**(0.35㎜厚) **一文字葺き**			12,500
	合成単価			**18,570**

硬くて折り曲げにくい。0.4㎜厚だと職人に嫌がられる

防錆性や防水性といった性能面から選ばれることが多い

CASE6 銅板一文字葺き

項目		材	工	単価[円]
下地材	CASE1と同じ			6,070
仕上材	**銅板一文字葺き** (四つ切り0.35㎜厚)			32,500
	合成単価			**38,570**

施工性は良いが材料費が高い。切り分けが細かくなるほど折り曲げる回数も増えてコストが上がる。ただ、その分重厚感も増す

CASE7 瓦葺き

項目		材	工	単価[円]
下地材	CASE1と同じ			6,070
仕上材	**瓦葺き**			6,000 ～23,000
	合成単価			**12,070～29,070**

瓦の一文字葺きは施工難度が高いため、特にコストが上がる

コスト順に仕上材を並べると、石綿スレート<ガルバリウム鋼板<金属<<瓦<<銅板金属

図2 モデル事例の屋根面積

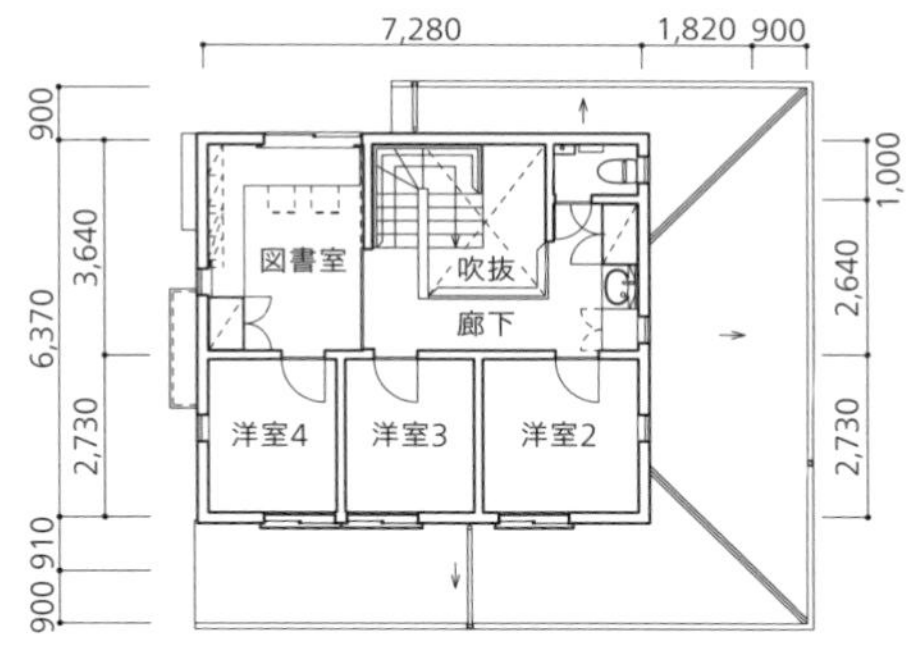

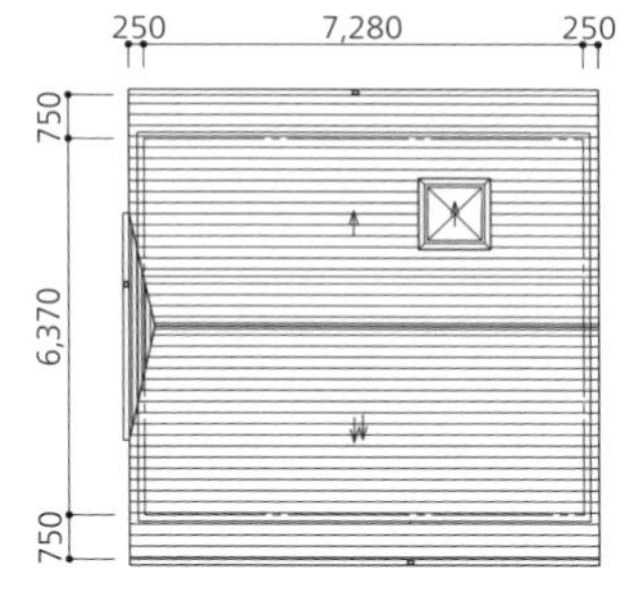

切妻屋根で、一部に斜線制限がかかっている[122頁参照]

CASE 1 アクリルシリコーン系低汚染左官仕上材

項目		材	工	単価［円］	モデル事例		
					部屋名	数量	単位
下地材	構造用合板 9mm		■	1,750	外壁	73.38	㎡
	構造用合板 9mm	■		770		73.38	㎡
	断熱材（ポリスチレンフォーム 30mm）	■	■	1,100		73.38	㎡
	透湿防水シート	■	■	300		73.38	㎡
	ラスモルタル刷毛引き	■	■	4,000		73.38	㎡
仕上材	アクリルシリコーン系低汚染左官仕上材	■	■	3,800		73.38	㎡
	合成単価			11,720			

樹脂を配合することで、施工性・メンテナンス性を向上させ、コストメリットも高めた左官材

CASE 2 珪藻土

項目		材	工	単価［円］
下地材	構造用合板 9mm		■	1,750
	構造用合板 9mm	■		770
	断熱材（ポリスチレンフォーム 30mm）	■	■	1,100
	透湿防水シート	■	■	300
	ラスモルタル刷毛引き	■	■	4,000
仕上材	珪藻土塗り	■	■	7,000
	合成単価			14,920

耐水・防カビ仕様の場合、1,200円

割れのリスクが高く、メンテナンスが必須

塗り厚は10mm

CASE 3 吹付けタイル

項目		材	工	単価［円］
下地材	構造用合板 9mm		■	1,750
	構造用合板 9mm	■		770
	断熱材（ポリスチレンフォーム 30mm）	■	■	1,100
	透湿防水シート	■	■	300
	ラスモルタル刷毛引き	■	■	4,000
仕上材	吹付けタイル	■	■	2,000
	合成単価			9,920

装飾性仕上塗材は3,000円。弾性があるため外装材の動きに追従し、耐久性が高い

下地シーラーや窓養生を含めれば、さらにコストアップ

CASE 4 サイディング

項目		材	工	単価［円］	部屋名	数量	単位
下地材	構造用合板 9mm		■	1,750	外壁	73.38	㎡
	構造用合板 9mm	■		770		73.38	㎡
	断熱材（ポリスチレンフォーム 30mm）	■	■	1,100		73.38	㎡
	透湿防水シート	■	■	300		73.38	㎡
仕上材	サイディング 15mm	■	■	4,950		73.38	㎡
	出隅共材、シーリング	■	■	1,700		73.38	㎡
	合成単価			10,570			

価格の安さと豊富なバリエーションが特徴

役物mを㎡に換算27m×3,000＝81,000。厚みがある分加工手間がかかり、役物ではガルバリウム鋼板より高い

CASE5 ガルバリウム鋼板

項目		材	工	単価［円］
下地材	構造用合板 9㎜		●	1,750
	構造用合板 9㎜	●		770
	断熱材（ポリスチレンフォーム 30㎜）	●	●	1,100
	透湿防水シート	●	●	300
仕上材	ガルバリウム鋼板平板横張り	●	●	4,550
	合成単価			8,470

断熱材付きなどの材料や張り方の違いで幅がある。平板横張りなら4,550円、角波張りなら6,500円

図1 通気工法でのコストアップ

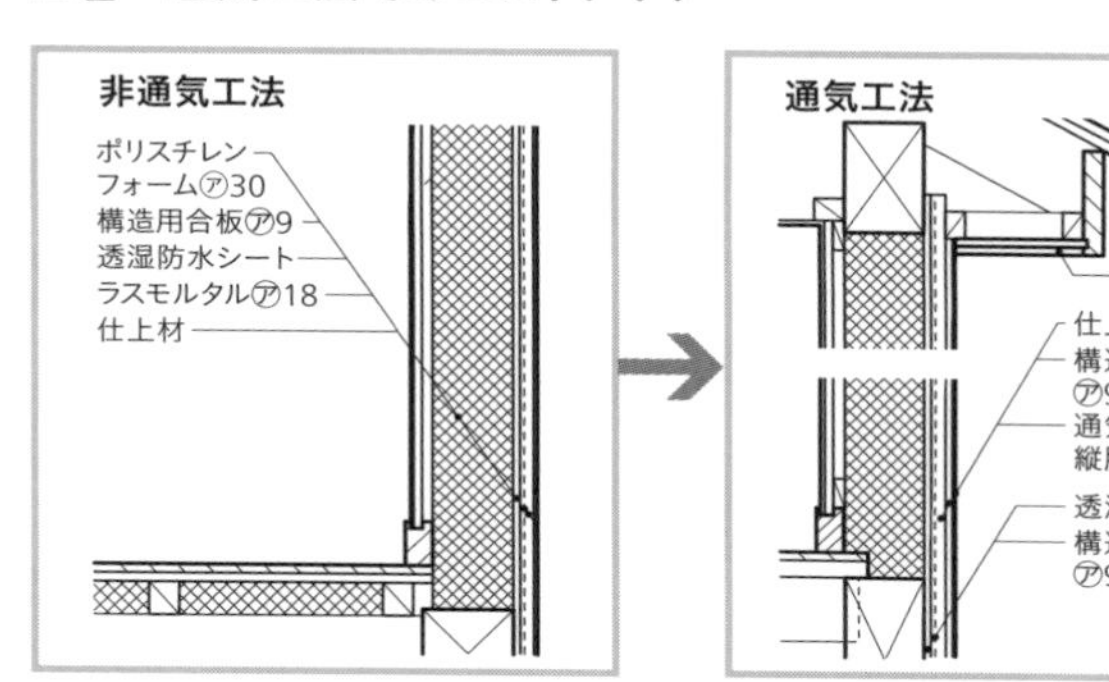

項目		材	工	単価［円］
下地材	縦胴縁（20 × 40㎜）		●	650
	縦胴縁（20 × 40㎜）	●		320
	構造用合板 9㎜		●	630
	構造用合板 9㎜	●		770
	計			2,370

これだけUP

図2 数量の算定法

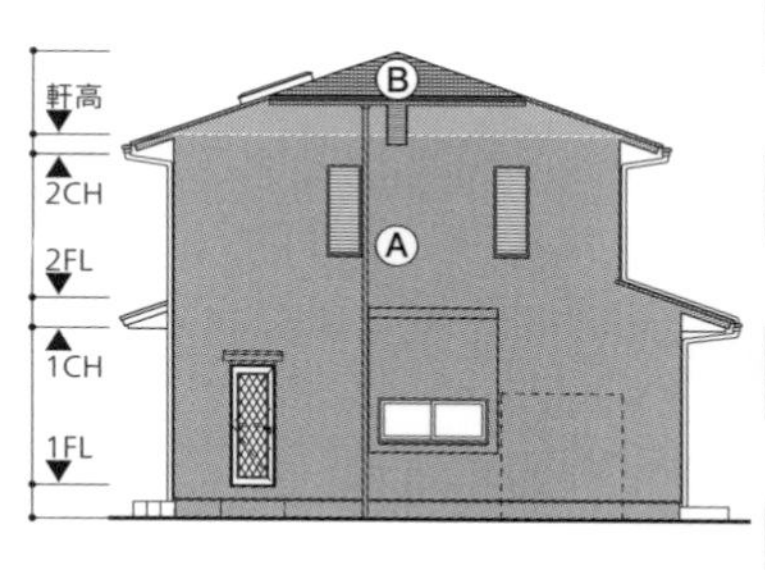

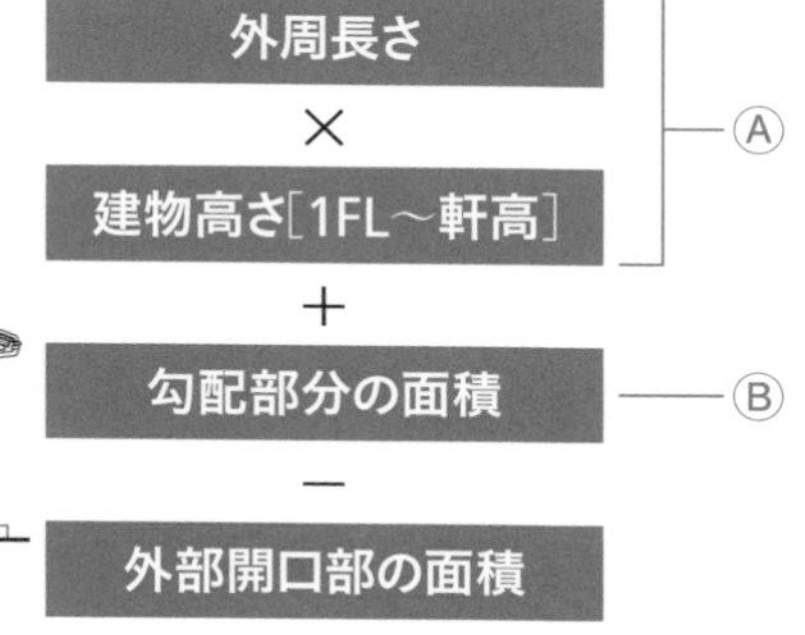

珪藻土はほかの材料の1・5倍

モデル事例の外壁仕上げは、下地合板張りの大工手間が1750円、構造用合板代が770円、透湿防水シート張りが300円、モルタル刷毛引き下地が4000円、アクリルシリコーン系低汚染左官仕上材が3800円に、断熱材のポリスチレンフォーム30㎜の1100円を加えて合成単価が1万1720円となる。

珪藻土塗りの場合は下塗りと仕上げ塗りが7000円で、合成単価は**1万4920円**となる。同様に吹付けタイルの場合は2000円となり、合成単価は**9920円**である。

サイディング（15㎜厚）は4950円、出隅共材がモデル事例では29m分必要で、3000円／mから合成単価用に㎡単価に換算すると1200円となり、これにシーリングの500円を加えた1700円と表示している。合成単価は**1万5770円**である。

今回取り上げた仕上材のなかでは、ガルバリウムが**8470円**で最安値となっている。

ガルバリウム鋼板仕上げやサイディング張りに比べ、珪藻土塗りは4～7割程度高くなる。外壁の表情や質感はよいが、ひび割れを皆無にすることが難しく、予算の面だけでなくクレーム回避の視点からも、積極的に採用しにくいのが実情である。

なお、サイディングやガルバリウム仕上げの場合は縦胴縁の通気工法がよく採用されるが、その場合、縦胴縁と構造用合板9㎜厚の材工単価（320＋650＋770＋630＝）2370円のアップとなる。

（辻隆夫）

CASE1 ユニットバス

項目	材	工	単価［円］	モデル事例 部屋名	数量	単位
ユニットバス	■		572,000	浴室	1	式
搬入取付け費		■	90,000		1	式
合計			662,000			

CASE2 在来浴室

項目	材	工	単価［円］	部屋名	数量	単位	小計［円］
床・天井							
モルタル金鏝押さえ	■	■	3,500	浴室	2.7	㎡	9,450
アスファルト防水	■	■	7,500		2.7	㎡	20,250
下地モルタル	■	■	3,000		2.7	㎡	8,100
タイル張り	■	■	16,500		1.65（洗い場の床部分）	㎡	27,225
バスリブ／天井野縁		■	4,400		2.7	㎡	11,880
バスリブ	■		20,000		1	束	20,000
天井野縁	■		870		2.7	㎡	2,349
浴槽、風呂蓋	■	■	150,000		1	式	150,000
水栓類	■	■	77,000		1	式	77,000
浴槽取付け工事	■	■	105,000		1	式	105,000
浴室ドア	■	■	85,000		1	式	85,000
雑工事（シーリングなど）	■	■	45,000		1	式	45,000
壁							
ラスボード		■	2,600	浴室	13.32	㎡	34,632
ラスボード（7.5mm厚 10 枚）	■		2,000		10	枚	20,000
防水下地モルタル	■	■	3,500		13.32	㎡	46,620
アスファルト防水	■	■	7,500		13.32	㎡	99,900
下地モルタル	■	■	3,000		13.32	㎡	39,960
タイル張り	■	■	22,000		13.32	㎡	293,040
合計							1,095,406

CASE3 在来浴室を 2 階に（CASE2 からの追加分）

項目	材	工	単価［円］	部屋名	数量	単位	小計［円］
床							
構造用合板 24mm		■	630	浴室	2.7	㎡	1,701
構造用合板 24mm	■		2,330		2.7	㎡	6,291
構造用合板 12mm		■	630		2.7	㎡	1,701
構造用合板 12mm	■		850		2.7	㎡	2,295
ステンレス防水	■	■	9,000		2.7	㎡	24,300
合計							36,288

CASE4 ハーフユニット

項目	材	工	単価［円］	部屋名	数量	単位	小計［円］
ハーフユニット	■		420,000	浴室	1	式	420,000
搬入取付費		■	75,000		1	式	75,000
壁							
下地材／防水シート／ヒノキ羽目板		■	4,400	浴室	7.73	㎡	34,012
下地材	■		1,000		7.73	㎡	7,730
防水シート	■		300		7.73	㎡	2,319
ヒノキ羽目板	■		11,000		7.73	㎡	85,030
天井							
天井野縁／ヒノキ羽目板		■	4,400	浴室	2.7	㎡	11,880
天井野縁	■		870		2.7	㎡	2,349
ヒノキ羽目板	■		11,000		2.7	㎡	29,700
雑工事（シーリングなど）	■	■	45,000		1	式	45,000
合計							713,020

仕様にもよるが、ここでの比較ではユニットバスとの差は5万円程度

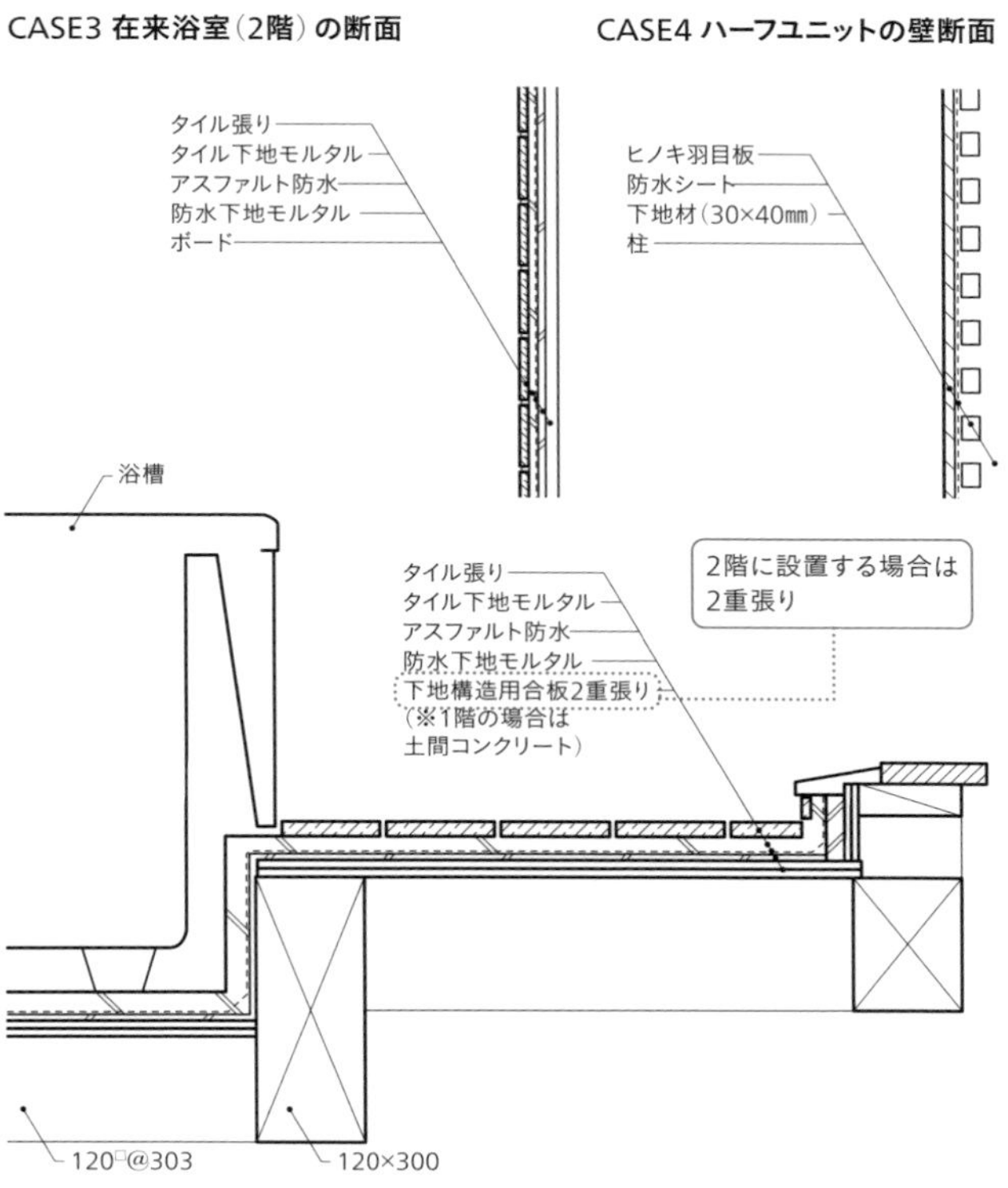

在来とユニットの差は40万円

浴室は、㎡単価にできない浴槽とその関連部材の金額が大きいため、1㎡当たりの合成単価では表せない。モデル事例ではユニットバスを採用しているが、在来浴室とした場合にどうなるかを検討しよう。

1階に設置する場合、土間コンまでは基礎工事に含まれるとして、防水下地モルタル、アスファルト防水、タイル下地モルタル、タイル張りまでが床に関する工種。大工工事でモルタル下地のラスボード張り、防水下地モルタル、アスファルト防水、タイル下地モルタル、タイル張りが壁に関する工種。さらに天井が大工工事でのバスリブ張りとなる。その他浴槽、水栓類、浴室ドアなどを計上すると、在来の風呂工事一式は**109万5406円**となる。**66万2000円**のユニットバスとの価格差は、約40万円と算出された。

2階に設置する場合は床下地工事分が増額となる。基礎工事に含まれる土間コンの代わりに大工手間（構造用合板24㎜＋12㎜の2重張り。材工単価630＋2330＋630＋850＝）4440円のほか、安全のため2重防水でステンレス防水9000円を加える。合わせて1万3440円×2・7㎡＝**3万6288円**の増額となる。実際は梁断面の変更などが生じるのでさらに数万円程度アップするものと思われる。（辻隆夫）

図　CASE3 在来浴室（2階）の断面詳細図［S＝1：20］

CASE3 在来浴室（2階）の断面

タイル張り
タイル下地モルタル
アスファルト防水
防水下地モルタル
ボード
浴槽
タイル張り
タイル下地モルタル
アスファルト防水
防水下地モルタル
下地構造用合板2重張り
（※1階の場合は土間コンクリート）
2階に設置する場合は2重張り
120□@303
120×300

CASE4 ハーフユニットの壁断面

ヒノキ羽目板
防水シート
下地材（30×40㎜）
柱

CASE1 アクリルシリコーン系低汚染左官仕上材

項目		材	工	単価［円］	モデル事例 部屋名	数量	単位
下地材	耐水石膏ボード／野縁		■	2,950	軒天井	22.05	㎡
	耐水石膏ボード 12.5㎜	■		800		22.05	㎡
	野縁	■		870		22.05	㎡
	ケイ酸カルシウム板 5㎜		■	1,100		22.05	㎡
	ケイ酸カルシウム板 5㎜	■		1,130		22.05	㎡
仕上材	アクリルシリコーン系低汚染左官仕上材吹付け	■	■	3,000		22.05	㎡
	合成単価			9,850			

軒天井の仕上材は外壁と一体にすることが多い

CASE4 ガルバリウム鋼板

項目		材	工	単価［円］
下地材	構造用合板／軒天野縁／透湿防水シート		■	2,950
	構造用合板	■		840
	軒天野縁	■		870
	透湿防水シート	■		300
仕上材	ガルバリウム鋼板 縦ハゼ葺き	■	■	6,400
	合成単価			11,360

意匠的なアクセントとして利用できる

軒天井

写真中、縦方向に入った筋がハゼの部分

CASE2 繊維強化セメント板＋塗装

項目		材	工	単価［円］
下地材	耐水石膏ボード／野縁		■	2,950
	耐水石膏ボード 12.5㎜	■		800
	野縁	■		870
	繊維強化セメント板 5㎜		■	1,100
	繊維強化セメント板 5㎜	■		1,820
仕上材	塩化ビニル樹脂アクリル塗り	■	■	1,600
	合成単価			9,140

CASE3 珪藻土

項目		材	工	単価［円］
下地材	耐水石膏ボード／野縁		■	2,950
	耐水石膏ボード 12.5㎜	■		800
	野縁	■		870
	耐水石膏ボード 9.5㎜		■	1,100
	耐水石膏ボード 9.5㎜	■		650
仕上材	珪藻土塗り	■	■	4,000
	合成単価			10,370

図 屋根断面詳細図
［S＝1：10］

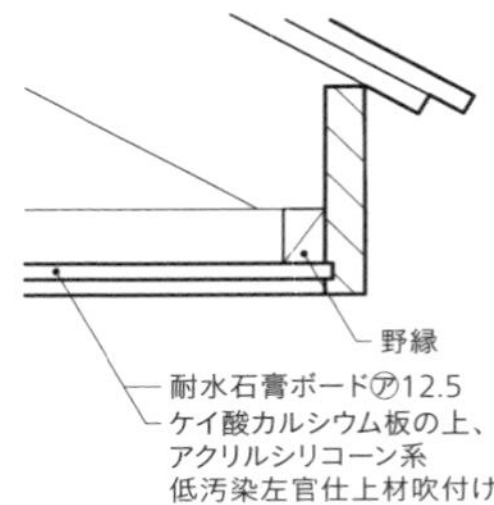

どの仕上げでもおおよそ1万円/㎡前後

軒天井の合成単価については、仕上げ材の違いにかかわらず、ほぼ1万円/㎡前後である。

モデル事例の合成単価は、野縁組と耐水石膏ボード張りの大工手間が2950円、天井野縁材が870円、耐水石膏ボードが800円、ケイ酸カルシウム板張りの大工手間が1100円で材料費が1130円、アクリルシリコン系低汚染左官仕上材の吹付けが3000円。合計**9850円**となる。

珪藻土塗りは**1万370円**となっているが、内部天井の珪藻土塗りの9110円より1260円高い。これは耐水ボードの材料費と外部野縁組の大工手間の分である。（辻隆夫）

木造住宅コスト キーワード250

執筆者プロフィール［五十音順］

朝倉幸子［あさくら・さちこ］TH-1
設計・施工の会社を経て、2005年TH-1設立。建築家の設計する住宅の施工を行っている。建築技術にコラム「施工者に幸あれ」連載中

綾部孝司［あやべ・たかし］綾部工務店
1966年埼玉県川越市生まれ。'89年東洋大学工学部建築学科卒業後、建築企画設計会社にて商業施設の企画および設計、'94年建築設計事務所にて住宅の設計に携わった後、'96年家業である綾部工務店にて大工となる。以来、石場建てを含む伝統的な構法の木造住宅を中心に設計から施工まで一貫して行っている。著書に『家づくりビジュアル大辞典』、『世界で一番やさしい建築図面木造住宅』（いずれも共著）がある

大川照夫［おおかわ・てるお］棟建築事務所
1949年生まれ。明治大学工学部建築学科卒業後、民間の建築設計事務所に就職。'80年に棟建築事務所を設立、現在、同代表取締役。また、'00年NPO法人建築のGメンの会設立に参加、現在同会理事長

大塚泰子［おおつか・やすこ］ノアノア空間工房
1971年千葉県生まれ。'96年日本大学大学院生産工学部建築工学修士課程修了。アーツ&クラフツ建築研究所を経て、'03年ノアノア空間工房設立。現在、大妻女子大学非常勤講師を勤める。著書に『小さな家のつくり方』がある

岡村裕次［おかむら・ゆうじ］TKO-M.architects
1973年三重県生まれ。横浜国立大学工学部建設学科卒業。同大学院工学研究科修士課程計画建設学修了。多摩美術大学造形表現学部デザイン学科助手（2000～'04年）。'03年一級建築士事務所 TKO-M.architects を設立・主宰。'18～'22年名古屋女子大学講師

淡河範明［おごう・のりあき］ホームローンドクター
1965年東京生まれ。1990年日本興業銀行に入行。2000年に退社後、外資系証券会社を経て、'06年、住宅ローンコンサルティング会社であるホームローンドクターを設立。これまで5,000件以上の実績あり

河合孝［かわあい・たかし］河合建築
1958年東京都生まれ。'80年日本大学法学部経営法学科卒業。'84年武蔵野美術大学造形学部建築学科卒業。1級建築士・2級建築大工技能士・1級建築施工管理技士

近藤昇［こんどう・のぼる］近藤総合計画事務所
1947年愛知県生まれ。関東学院大学工学部建築学科卒業。伝建築設計事務所、佐藤兄弟建築設計監理事務所を経て、'87年近藤総合計画事務所設立。元関東学院大学非常勤講師。現在、（公社）日本建築家協会本部建築家資格制度実務委員会元委員長、（公社）JIA関東甲信越支部城南地域会副代表

佐川旭［さがわ・あきら］佐川旭建築研究所
1951年福島県生まれ。日本大学工学部建築学科卒。'89年佐川旭建築研究所設立。2010年第13回木材活用コンクールで特別賞を受賞。さらに、NPO法人アジア教育友好協会の専務理事として、18年間で330校の学校をベトナムやラオスの山岳地帯に建設。『最高の住まいをつくる間取りの教科書』（PHP研究所）など、著書多数

佐藤隆良［さとう・たかよし］サトウ　ファシリティーズ　コンサルタンツ
1946年愛知県生まれ、'69年法政大学工学部建築学科卒業、'06年広島大学大学院工学研究科環境システム専攻博士課程修了。'76年英国民間コストマネジメントコンサルタント（QS）会社勤務、'79年イギリス地方公共自治体建築部勤務、'84年帰国後、大手積算会社勤務を経て、'93年にサトウファシリティーズコンサルタンツ設立

菅沼利文［すがぬま・としふみ］リモルデザイン
1962年東京都生まれ。東京建築専門学校建築学科卒業。相鉄不動産を経て、'00年リモルデザイン設立。2級建築士

鈴木明［すずき・あきら］スズキ建築設計事務所
1950年宮城県生まれ、'68年白石工業高校卒業、'78年スズキ建築設計事務所設立。現在、同事務所取締役・相談役。'86年NPO法人国産材住宅推進協会の一員として参加し、自らもNPO法人木の住まいを創る会を主宰し代表理事、'03年国産材住宅協同組合専務理事。'12年～'19年一般財団法人経済調査会『積算ポケット版　住宅建築編』建築工事研究会の外部編集委員。著書に『なぜ、いま、木の家か。国産材を有効に使った家づくり』、『私の化学物質過敏症　ナチュラル思想の住まいをつくる』（いずれも共著）がある

高橋政則［たかはし・まさのり］高橋建築工房

１９５５年福島県生まれ。'78年日本工業大学工学部建築学科卒業。同年波多野純建築設計室入社、'91年に高橋建築工房設立。木造の文化（伝統木構法）を次世代に伝えるための活動にも取り組んでいる

辻隆夫［つじ・たかお］建匠

１９４７年滋賀県生まれ。'70年早稲田大学理工学部数学科卒業。同年鹿島建設入社（技術研究所勤務）。'75年谷合材木店入社。'77年建匠を設立、現在に至る。鹿島技研時代に積算プロジェクトに参画していた関係で独立後も住宅の建築見積りにオフコン、パソコンを利用し見積りの標準化を目指してソフト開発に注力してきた。業界の標準とされる工種別見積りが顧客にとっては分かりにくい形式であることに着目し、見積りの基本となる床、壁、天井の数量は部位・部屋別に積算して、仕上表の内容により各工事の種別を指定・登録する方式を開発した。この工種による並べ替えが工種別見積り書であり、工種別見積り項目に価格設定（値入）して見積りを完成する。設定した価格を元の部位・部屋別に並べると部位・部屋別見積りとなり、顧客や設計事務所に分かりやすい形式として提供可能となった

中西ヒロツグ［なかにし・ひろつぐ］イン・ハウス建築計画

１９６４年大阪府堺市生まれ。京都工芸繊維大学工芸学部住環境学科卒業後、菊竹清訓建築設計事務所を経て、'99年にイン・ハウス建築計画を設立。個人住宅に加え、集合住宅や店舗、ホテルのリノベーションやコンバージョンなど、設計監理実績多数。著書に『最新版　驚異のリフォーム・リノベーション術』『暮らしやすいリフォームアイデアノート』がある

畠山サトル［はたけやま・さとる］デザイン和俱

１９７４年京都府生まれ。２００７年デザイン和俱設立。『自分でつくる家』で住まいの環境・デザインアワード２０１２住空間デザイン最優秀賞。京都建築大学校講師。著書に『３５０万円で自分の家をつくる』がある

濱名直子［はまな・なおこ］ミハデザイン一級建築士事務所

１９７３年埼玉県生まれ、'96年昭和女子大学家政学部生活美学科卒業。'98年東京理科大学大学院理工学研究科修了。'98年～２００５年architecture WORKSHOPを経て、'08年ミハデザイン設立

星裕之［ほし・ひろゆき］STUDIOPOH

１９６９年栃木県生まれ。'98年STUDIOPOH設立。現在に至る

光本直人［みつもと・なおと］ミハデザイン一級建築士事務所

１９７０年神奈川県生まれ。'95年東京理科大学理工学部建築学科卒業。'97年東京理科大学大学院理工学研究科修了。'97年～２００６年シーラカンスアンドアソシエイツ一級建築士事務所を経て、'08年ミハデザイン設立

迎川利夫［むかえがわ・としお］相羽建設

１９５２年神奈川県生まれ。建築プロデューサー。'77年武蔵野美術大学造形学部建築学科卒業。マツモト建設、ＯＭ研究所を経て、現在、相羽建設相談役。プロデュース物件は、「木造ドミノ住宅」「東京町家」「むさしのｉタウン」「ソーラータウン府中」など、多数

森健一郎［もり・けんいちろう］一級建築士事務所 感共ラボの森

１９６７年東京都生まれ、横浜育ち。'90年神奈川大学工学部建築学科卒業。日榮建設工業、鎌倉設計工房を経て、'98年森建築設計設立。２０１８年現事務所名に改称

柳本康城［やなぎもと・やすき］ゑるぷす

１９６５年静岡県浜松市生まれ。'88年東海大学工学部建築学科卒業。同年～'90年早稲田大学石山修武研究室（１期生）。石川建設を経て'95年に遠州建設設立。２００４年現社名に改称

山田浩幸［やまだ・ひろゆき］ｙｍｏ

１９６３年新潟県新潟市生まれ。'85年東京読売理工専門学校建築設備学科卒業、同年日本設備計画入所。'90年郷設計研究所入所。２００２年yamada machinery office (ymo)設立。現在に至る

山本富士雄［やまもと・ふじお］山本富士雄設計事務所

１９３５年生まれ。'58年早稲田大学第一理工学部建築学科卒業。三座建築設計事務所東京勤務後、'72年に独立して山本富士雄設計事務所を設立。'77年法人化し現在に至る。「建築工事費10%の削減」をモットーに、新築・リフォーム・リノベーションを問わず木造戸建住宅ほかの設計監理を行っている

木造住宅のコストがわかる本　改訂版

2023年8月7日　初版第一刷発行

発行者　澤井聖一

発行所　株式会社エクスナレッジ
〒106-0032
東京都港区六本木7-2-26
https://www.xknowledge.co.jp/

お問い合わせ　**編集**　TEL 03-3403-1381
FAX 03-3403-1345
info@xknowledge.co.jp

販売　TEL 03-3403-1321
FAX 03-3403-1829